中国隧道及地下工程修建关键技术研究书系

特殊地段盾构法隧道施工技术

张旭东　黄　明　王更峰　万维燕　刘　铮　编著

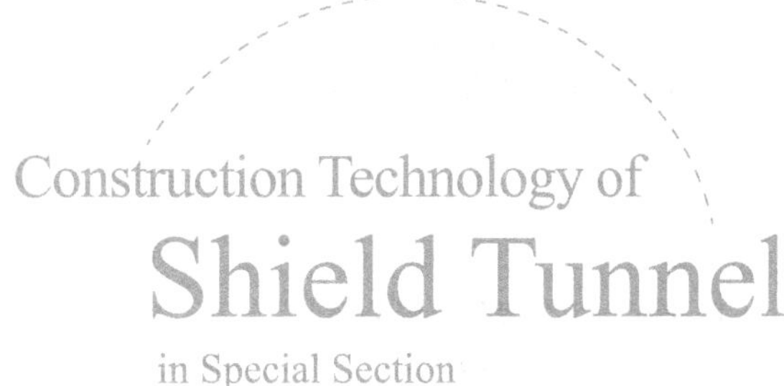

人民交通出版社股份有限公司
北京

内 容 提 要

本书以中铁十一局集团有限公司众多盾构法隧道施工案例为依托,围绕《盾构法隧道施工及验收规范》(GB 50446—2017)涉及的9种特殊地段,系统介绍了特殊地段盾构法隧道的施工技术。全书共分9章,主要内容包括:绪论、盾构施工风险及技术难点、盾构施工适应性选型与配置、复杂地层盾构法隧道施工、近接既有建(构)筑物地段盾构法隧道施工、富水地层盾构法隧道施工、水下盾构法隧道施工、其他特殊地段盾构法隧道施工、辅助措施与工法等。

本书结合实际案例,侧重于工程技术难题的具体应对措施,可供从事隧道勘察、设计、施工和研究工作的技术人员参考,也可作为高等院校相关专业师生的学习用书。

图书在版编目(CIP)数据

特殊地段盾构法隧道施工技术 / 张旭东等编著.
北京 : 人民交通出版社股份有限公司, 2025. 3.
ISBN 978-7-114-20165-3

Ⅰ. U231.3

中国国家版本馆 CIP 数据核字第 2025UR5056 号

Teshu Diduan Dungoufa Suidao Shigong Jishu

书　　名:特殊地段盾构法隧道施工技术
著 作 者:张旭东　黄　明　王更峰　万维燕　刘　铮
责任编辑:李　坤
责任校对:刘　芹
责任印制:张　凯
出版发行:人民交通出版社股份有限公司
地　　址:(100011)北京市朝阳区安定门外外馆斜街3号
网　　址:http://www.ccpcl.com.cn
销售电话:(010)85285857
总 经 销:人民交通出版社股份有限公司发行部
经　　销:各地新华书店
印　　刷:北京建宏印刷有限公司
开　　本:787×1092　1/16
印　　张:17.5
字　　数:416千
版　　次:2025年3月　第1版
印　　次:2025年3月　第1次印刷
书　　号:ISBN 978-7-114-20165-3
定　　价:95.00元
(有印刷、装订质量问题的图书,由本公司负责调换)

序

Preface

近20年来，随着我国经济的发展和人们对便捷交通方式需求的增加，城市轨道交通建设飞速发展，建设规模和运营里程已居世界首位。在城市轨道交通建设过程中，盾构设备的使用和盾构法施工的不断改进，有效缩短了施工工期，提高了施工质量。

我国幅员辽阔，不同城市的自然条件和建设环境差异较大。在城市地铁建设过程中，盾构法的使用常常受到地质条件和周边环境的制约。目前普通地段的盾构法隧道施工技术已较为成熟，但针对特殊地段盾构法隧道施工的科学研究与工程实践有待持续完善，国家标准《盾构法隧道施工及验收规范》(GB 50446—2017)也对特殊地段的场景进行了列举，但并不能覆盖实际工程中遇到的各类复杂问题。

特殊地段盾构施工的难题，其实质是特殊的地质条件、周边环境及线路条件给施工风险控制带来的技术挑战，如岩溶、富水地层、盾构穿江过河带来的涌水风险，近接施工带来的第三方风险，小半径大坡度线路条件带来的管片拼接质量风险等。本书对中铁十一局集团有限公司在特殊地段盾构施工领域的工程经验与案例成果进行梳理和归纳，详细诠释了特殊地段中"特"的表现形式以及包含的具体内容，从风险识别、施工环境条件与盾构相互作用的技术原理出发，较为系统地给出相应的技术实施方案及其处置效果。书中主要介绍了"特殊地段"的概念和范畴，特殊地段盾构施工风险及技术难点，特殊地段盾构适应性选型配置与主要施工方法，以及特殊地段盾构施工涉及的主要辅助措施，是对国家标准的补充，可进一步提高读者对特殊地段盾构法施工技术难点的认知水平，并为类似工程重(难)点问题的有效处理提供参考。

本书主编单位中铁十一局集团有限公司是中国铁建股份有限公司旗下的骨干企业，拥有国家企业技术中心、博士后工作站等多个国家级科研平台，先后承建了北京、上海、广州和深圳等41个城市的地铁和城际铁路工程，在相关领域攻克和掌握了一批具有自主知识产权的核心技术。本书第一作者张旭东博士为中国铁建股份有限公司技术专家，长期从事隧道与地下工程方面的科研与技术管理工作，在城市轨道交通工程建设方面有扎实的理论功底和丰富的实践经验；参加了国家标准《盾构法隧道施工及验收规范》(GB 50446—2017)的修编工作，主持完成了"特殊地段施工"和"施工安全与环境保护”等章节的编写。

综上，我乐于将本书推荐给从事盾构法科研、设计、施工和管理等工作的专业人士，相信可以为广大工程技术人员尤其是一线工程师提供重要的借鉴与参考，以此推动我国盾构法隧道修建技术更快更好地发展。

雷升祥

2021 年 12 月

前　言
Preface

随着盾构法隧道工程建设的快速发展,常规地段盾构施工技术已进入较为成熟的阶段。对于特殊地段,鉴于其地质情况与周边环境通常比较复杂,在该地段修建盾构法隧道对施工技术的要求远高于普通地段。现行规范虽然定义了特殊地段的几种情形,但不够完善。此外,规范仅给出粗略的技术条款,没有诠释清楚特殊地段为什么"特"、"特"在哪里等具体问题。因此,有必要详细地介绍特殊地段盾构法隧道施工的具体实施方案、注意事项和操作流程。这是本书编写的初衷。

本书结合国家标准《盾构法隧道施工及验收规范》(GB 50446—2017),梳理、总结了中铁十一局集团有限公司在特殊地段盾构法隧道施工方面的工程经验与技术成果,详细介绍了规范中"特殊地段盾构法施工"包含的具体内容。希望通过本书较为系统的讲解,可以进一步提高广大读者对特殊地段盾构法施工技术重(难)点的认知水平,并为类似工程重(难)点问题的有效处理提供借鉴与参考,助力我国盾构法隧道修建技术的发展。

本书共9章:第1章为绪论,主要介绍"特殊地段"的概念,以及盾构法施工的现状与发展趋势;第2章介绍特殊地段盾构施工风险及技术难点;第3章介绍特殊地段盾构施工适应性选型与配置;第4章介绍复杂地质地层盾构法隧道的主要施工方法;第5章介绍近接既有建(构)筑物时盾构法隧道的主要施工方法;第6章介绍富水地层的主要施工风险及其施工控制措施;第7章介绍穿江过河等水下隧道的盾构法修建技术难点及技术措施;第8章介绍小转弯半径和大纵坡等特殊地段的盾构法施工技术要点;第9章介绍修建盾构法隧道涉及的主要辅助措施及工法。

本书的编写得到中铁十一局集团城市轨道工程有限公司、中铁十一局集团第四工程有限公司等单位领导和技术人员的大力支持,谨表谢意!

盾构法隧道修建技术处于快速发展之中,作者对于一些工程实际问题及其处置方法的认识难免存在一定的局限,恳请读者批评指正。

作　者

2021年9月

目　录
Contents

第1章

绪论

1.1 盾构施工"特殊地段"的概念

盾构法提出至今已逾200年,随着盾构设备性能的不断改进,该技术逐渐完善与丰富,其目前已完全胜任一般地段的隧道施工。然而,不同于一般地段,特殊地段盾构法隧道施工通常具有掘进施工难度大、沉降控制要求严、安全风险高等特点。一方面,易引起周围地层的移动[如穿越周边房屋、管线、道路等建(构)时产生较大影响],施工时必须严格控制地表沉降以保证建(构)筑物的安全;另一方面,遇到地下障碍物时盾构可能无法掘进(如穿越水域时易引起突水、管涌等灾难性后果)。与此同时,隧道自身也容易出现结构性开裂、渗漏及轴线偏差等病害。特殊地段盾构法隧道的施工安全事故在我国城市地铁建设中时有发生,往往成为线路标段的工程重(难)点问题。因此,迫切需要对盾构法隧道施工中特殊地段的"特"进行充分认识与理解。

《盾构法隧道施工及验收规范》(GB 50446—2017)采用列举法,将下列9种情形定义为特殊地段:①覆土厚度不大于盾构直径的浅覆土层地段;②小半径曲线地段;③坡度大于30‰的地段;④地下管线和地下障碍物地段;⑤建(构)筑物的地段;⑥隧道净间距小于0.7倍盾构直径的地段;⑦水域地段;⑧地质条件复杂地段、砂卵石地段及岩溶地段;⑨存在有害气体地段。规范虽然定义了特殊地段的多种情形,但并没有穷尽对盾构施工产生不良影响的所有不良地质现象。这也是用列举法来定义"特殊地段"的局限性。把9种特殊地段归纳起来可以分为以下四类:①特殊的空间位置关系和线路条件(如浅覆土、大坡度、小半径等);②敏感的周边环境和近接施工[如地下管线和地下障碍物地段、建(构)筑物的地段和小净距隧道等];③复杂的地层或地质条件(如软硬不均地层和砂卵石地层等);④涉水施工、江河地段。那么特殊地段为什么"特"?"特"在哪里?要怎样应对盾构施工中的特殊地段?是值得认真思考和注意的问题。

笔者认为,可以把盾构在其适应的均质的、周边无任何影响的简单地层中的掘进,看作是盾构施工"正常状态"。而特殊地段可以认为是盾构在"正常"掘进路径上,相对于盾构最适应的均质地层附加的"额外"的危险源。这种额外的危险源,可以是地质条件的变化(如从均质地层进入上软下硬地层)，以及地质条件中的不利因素(如富水砂层中的水)，也可以是周边环境中的一些敏感因素[一是盾构施工的扰动对周边环境(如既有的需保护的建(构)筑物)的不利影响，这时盾构施工是环境的危险源；二是周边环境的动态扰动对盾构的影响，这时环境的扰动是盾构的危险源]。一般情况下，将这种相互影响的危险源，都视为盾构施工面临的危险源。特殊地段的特殊性，除这些不利的施工条件外，还在于盾构施工特殊的技术状态(如盾构掘进参数的调整、辅助工法的应用、开仓换刀等特殊情况等)。特殊地段的特殊性，就在于其高风险性。对特殊地段进行管控的本质，就是进行风险管理。

特殊地段不同于特殊地质，特殊地质通常是指工程地质概念上的一些特殊地层(如岩溶区和断层破碎区等地层)，而特殊地段不仅包含了特殊地质情况，还涉及周边敏感环境影响等地段，以及一些特殊的线路条件，强调的是工程风险高和技术难度大。具体而言，特殊地段的特殊性主要体现在施工的高风险和高技术难度两个方面。从风险控制的角度出发，盾构施工的特殊地段可理解为高风险地段。总体而言，这种高风险的来源(风险源)主要表现为：①地下水；②地质状况；③结构特征、平纵面与空间位置关系；④周边环境；⑤施工工法等。例如，盾构法隧道区间长度一般都在1km以上，在某些地段难免会遇到水文地质复杂和周边环境敏感等情况，甚至会与管线、桥桩、锚杆(索)等地下建(构)筑物正面“碰撞”，此时周边敏感环境就是影响特殊地段盾构施工的典型风险源。

危险源演化为风险事件，需要一定的原因和条件。使危险源最终酿成后果(风险事件)的原因，就是风险因素。风险因素既可以是客观存在，也可以是主观因素。对危险源的忽视，或采取的技术措施不当，会造成事故。不能说这种“主观不重视”是一种风险源，但主观“不重视”是一种风险因素。例如，淤泥质地层属于风险源，而淤泥质地层盾构的局部不适应就可能成为风险因素。此外，风险是相对的，和施工工法相关联。相对于土压平衡盾构，泥水平衡盾构对地层的适应性更好，但设备造价及工程造价高，土压平衡盾构在施工中的应用更为普遍；在一个盾构区间，可能出现大多数地段适合土压平衡盾构施工，而个别地段地质条件不适合土压平衡盾构施工的情况，说明盾构施工存在个别地段的适应性问题。即使盾构的适应性不存在问题，一些特殊的地质现象也会给盾构施工带来困扰(如开挖面岩层不均质分布，存在上软下硬地层、花岗岩球状风化地层等)，这些风险源在盾构施工过程中都转变成了风险因素(事件)。与高风险对应的就是高技术难度，如盾构选型配置难(土压平衡盾构与泥水盾构选型难，刀盘的形式、开口率难确定等)，掘进参数、盾构姿态难控制，成型隧道线形与管片拼装质量难以控制等。

总之，特殊地段就是高风险地段。定义盾构特殊地段的意义在于，针对特殊风险采取针对性措施，规避或消除、减轻风险的影响。要做到这一点，必须在弄清特殊地段的风险源类型的基础上明确风险因素，然后对盾构施工面临的风险进行分级管理，最终采取措施控制风险事件的发生。本书首先从特殊地段盾构施工风险分析入手，对特殊地段盾构适应性分析与评估方法、设备选型配置进行阐述，重点分析论证了以下几种特殊地段盾构施工风险及处置对策，主要包括：①特殊地质(断层破碎带地层、岩溶及土洞发育地层、大变形软岩地层和含有害气体地层)；②特殊地层(球状风化孤石地层、级配不均砂卵石地层、富水砂性土地层和软硬不均地层)；③周边敏感环境地段(建筑变形敏感地段、地下管线及障碍物地段、邻近既有隧道地段和邻近既有桥桩地段)；④复杂掘进路径地段(浅覆土地层、大坡度地段和小曲率半径地段)。

1.2 盾构法隧道施工技术现状

从20世纪中叶开始，盾构法逐渐普及到美国、法国、日本、德国等发达国家，随着我国经济的快速发展与城市化水平的提高，盾构法也在我国隧道及地下空间建设中得到广泛应用。虽然我国盾构机研制起步较晚，但通过众多艰险复杂盾构法隧道工程建设经验的积累，目前在盾构设备研制、应对特殊地质与敏感复杂环境方面已处于国际先进水平。下文将围绕特殊地段的具体问题，从盾构设备的制造、盾构施工方法的应用及辅助工法的进展等方面进行简要回顾。

1.2.1 盾构设备制造技术进展

1）国外情况

20世纪60～80年代，新型盾构设备制造就已经得到较大发展。1960年，英国伦敦开始使用滚筒式挖掘机；同年，美国纽约开始使用油压千斤顶盾构；1964年，日本埼玉隧道中首次使用泥水盾构；1969年，日本在东京首次实施泥水加压盾构施工；1972年，日本开发了土压盾构；1975年，日本推出泥土加压盾构；1978年，日本开发了高浓度泥水盾构；1981年，日本开发了气泡盾构；1982年，日本开发了ECL工法；1988年，日本开发了泥水式双圆搭接盾构工法。

总体而言，国外盾构设备制造技术进展较为突出的主要是日本和欧洲国家。

（1）日本。1989～1996年，日本首次采用8台ϕ14.14m（当时世界之最）泥水加压盾构，掘进东京湾海峡隧道。此外，日本东京外环道路工程采用了4台ϕ16.1m大开口率辐条式刀盘的土压盾构，配置各类切削刀具1000余把，刀盘转速0.75～1.0r/min。其中1台设双重刀盘，内圈刀盘可先行30cm，3台盾构设有掘进同步管片拼装系统，实现管片拼装同时掘进。

（2）欧洲国家。2003年，德国海瑞克公司制造的ϕ14.2m复合型泥水盾构掘进易北河第四隧道，盾构端部配有42个超前钻机，可钻探20～25m的地层，并可用它们在盾构前注浆。切削轮中央藏纳有一个独立的ϕ3m中心切削头，可在主切削轮前掘进600mm，还设有超前地层探测系统。同年，荷兰绿色心脏铁路隧道采用NFM制造的ϕ14.89m泥水气平衡盾构，刀盘扭矩36000kN·m，盾构最大推力184300 kN。外径14.5m的衬砌环管片宽2m、厚600mm。管片10块各带有轻微楔形。此外，机载软件为每环推出5种可能设置的方位，可根据盾构位置和隧道设计要求，采用激光量测协助引导管片拼装。2007年，西班牙马德里M30环线工程分别采用德国海瑞克公司与日本三菱重工生产的直径约15m的土压平衡盾构，如图1-1、图1-2所示。

2）我国情况

我国对盾构设备的研究与应用起步较晚。2002年以来，经过探索和创新逐步拥有了土压平衡盾构、复合盾构、泥水平衡盾构三大类盾构的自主设计、制造能力。在土压平衡盾构方面，自20世纪90年代初开始，已从工程总体外包、盾构整机进口并参与施工，逐步发展为技术引进、合作制造并自主施工，现今已进入设备自主研制、自主施工、技术与设备出口的阶段。2004年，上海隧道工程股份有限公司研制成功中国第一台具有自主知识产权和国际先进水平的土压平衡式盾构,并与国外联合制造出刀盘直径达 15.43m 的超大直径盾构。随着国家一系列激励政策的出台和全国盾构设计、制造与应用企业的不断努力,通过原始创新、集成创新等手段,自主品牌的土压平衡盾构产品在国内市场的占有率逐渐增大。以上海隧道工程股份有限公司、中国中铁工程装备集团有限公司、中国铁建重工集团股份有限公司、北方重工集团有限公司等为代表的盾构研制企业,掌握了盾构总体设计、复合式刀盘研制、大功率驱动系统设计、液压传动与控制系统集成、密封系统集成等多项关键技术。"先行号"地铁土压平衡盾构、"进越号"泥水平衡盾构、"中国中铁 1 号"复合盾构等相继开发成功,标志着我国已逐步掌握了自主设计、制造盾构的能力,部分技术达到了国际领先水平,完全摆脱了国外盾构整机企业长期以来的技术垄断和市场垄断。部分国内企业的盾构产品逐步进入国外市场。

图 1-1　德国海瑞克 ϕ15.02m 土压平衡盾构

图 1-2　日本三菱 ϕ15.2m 土压平衡盾构

盾构制造技术的发展与实际工程的需要密切相关,目前主要体现在盾构直径大小和断面形状方面。

1)盾构直径的变化

盾构是技术含量极高的现代大型机电装备,可靠性要求高。由于隧道设计要求以及施工条件的差异,盾构必须进行个性化设计制造,其正向大埋深、超大直径方向发展。2011 年,意大利 SPARVO 隧道采用德国海瑞克制造的一台 ϕ15.615m 土压盾构(图 1-3)施工,盾构最大推力 394850kN,刀盘扭矩 94793kN·m,设 76 个滚刀、216 个齿刀、24 个铲刀、1 个中心刀具,螺旋输送机设 2 道密封,以防易爆气体泄漏。2016 年,用于圣塔·露琪亚隧道的土压盾构(图 1-4)直径达到了 15.87m。2012 年,美国西雅图隧道采用了当时世界最大,由日本日立造船制造的 ϕ17.52m 土压盾构(图 1-5)掘进。我国香港屯门—赤鱲角海底隧道使用的德国海瑞克 ϕ17.6m 泥水平衡盾构,是目前世界上直径最大的盾构设备。

我国的上海、南京、武汉、杭州、深圳等地已建成或在建大量超大直径越江隧道。南京长江隧道盾构直径为 14.93m,上海长江隧道盾构直径为15.43m,杭州钱江隧道盾构直径为15.43m,汕头苏埃湾过海隧道采用的泥水平衡盾构的直径为 15.03m。2018 年,深圳春风隧道采用的盾构直径达到 15.8m,由中铁工程装备集团有限公司、中铁隧道局集团有限公司联合研制,是当时我国自主设计制造的直径最大的泥水平衡盾构。国产大直径盾构如图 1-6 所示。

此外，为了在特殊环境（如城市市政综合管线的建设）下使用，盾构尺寸向微型发展的趋势也越来越明显，目前 ϕ200mm 的微型盾构已在工程中得到应用。

图 1-3　SPARVO 隧道 ϕ15.615m 土压盾构施工

图 1-4　圣塔·露琪亚隧道 ϕ15.87m 土压盾构施工

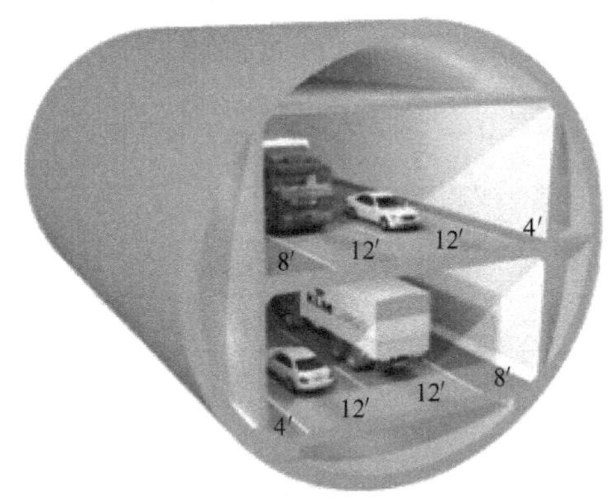

图 1-5　西雅图隧道 ϕ17.52m 土压盾构施工后的效果图

图 1-6　国产盾构

2）异形断面盾构

为适应不同地下空间开发的需要，盾构的类型也越来越多，异形盾构应运而生。目前已生产了断面为圆形、矩形、马蹄形、双圆、三圆、球形盾构、行星切削式盾构和子母盾构等。在异形盾构的制造技术中,异形断面的切削组成形式有多种,通过土压平衡盾构在施工过程中对前方土体的扰动影响分析发现,全断面切削可以使土体的扰动达到最小,通过对全断面异形盾构刀盘的多动力源驱动平衡控制系统的可行性研究,系统掌握类矩形盾构技术。2003 年,我国从日本引入 2 台双圆土压平衡盾构,在上海地铁 8 号线首次采用双圆盾构施工技术。在日本类矩形盾构的基础上,宁波市轨道交通集团有限公司和上海市隧道工程轨道交通设计研究院于 2015 年设计、生产了国内首台类矩形盾构,开创了国内类矩形盾构的先例。我国自主研制的首台超大断面马蹄形土压平衡盾构,于 2016 年在蒙华铁路(浩吉铁路)白城隧道工程成功始发,开启了软土铁路隧道开挖的新模式。代表性的异形断面盾构见表 1-1。

不同断面盾构的发展　　表 1-1

年　份	国家(地区)	盾构断面类型
1834	英国(伦敦)	方形盾构
1869	英国(伦敦)	铸铁管片圆形盾构
1891	美国(巴尔的摩)	长方形盾构
1913	德国(易北河)	马蹄形盾构
1939	日本	圆形盾构
1953	日本	半圆形盾构
1954	中国(阜新)	小直径圆形盾构
1989	日本	双圆盾构
1994	日本	矩形盾构
2003	中国(上海)	双圆盾构
2003	日本(东京)	类矩形盾构
2015	中国(宁波)	类矩形盾构

针对盾构施工过程中刀盘刀具的修复,目前主要的方法为常压修复和带压修复。常压修复是通过竖井或地面加固后开仓修复刀盘,常压修复对停机位置要求高,限制条件多,修复成本和工期压力较大。带压修复是在停机位置刀盘前方建立高压空间,维修人员在该空间进行带压动火修复刀盘。带压动火修复适用于受环境条件限制无法开凿竖井或实施地面加固的位置的修复,有利于拓宽盾构应用范围,同时节约作业成本。目前,为了降低人员作业风险,已开展机器人作业代替人工作业相关技术研究,如高清视频辅助检查作业、机械手辅助清洗刀盘作业以及机械手辅助更换刀具作业等。

随着新技术的发展和应用,盾构机控制和驱动系统的科技含量也越来越高。目前,遥控技术、激光制导技术及陀螺仪定位技术已普遍应用于盾构设备中。永磁同步驱动技术和电液混合驱动技术处于研发之中,不久的将来会进一步改进盾构的驱动系统。

1.2.2　盾构施工技术及辅助工法现状

1874 年,在英国伦敦地铁建设中,格雷蒙特针对黏土和含水砂砾层采用了盾构法施工,较完整地提出了气压盾构法的施工工艺,首创了盾尾衬砌外围环形空隙中压浆的施工方法,开发了用流体支撑开挖面的盾构,弃土以泥水流的方式排出,为现代盾构法奠定了基础。1880～1890年间,美国和加拿大在圣克莱河河床下用盾构法建成一条直径6.4m、长1800余米的水底铁路隧道。1896年Haag在柏林第一次申请了德国泥水盾构的专利,形成了现代泥水盾构的雏形,推动了盾构施工技术的发展。19世纪末到20世纪中叶,盾构工法由英国相继传入美国、法国、德国、日本、苏联等国,并得到不同程度的发展。美国于1892年最先开发了封闭式盾构;同年,法国巴黎使用混凝土管片建造了下水道隧道;1896～1899年,德国使用钢管片建造了柏林隧道;1913年,德国建造了断面为马蹄形的易北河隧道;1917年,日本采用盾构工法建造了国铁羽越线,后因地质条件差而停止使用;1931年,苏联用英制盾构建造了莫斯科地铁隧道,施工中使用了化学注浆和冻结工法;1939年,日本采用手掘圆形盾构建造了直径7m的关门隧道;1948年,苏联建造了列宁格勒地铁隧道;1954年,我国阜新建造直径2.6m的圆形盾构疏水隧道;1957年,我国北京建造了直径2m、2.6m的盾构下水道隧道;1957年,日本采用封闭式盾构建造了东京地铁隧道。

国外对特殊地段也没有系统的定义,大部分情况下以高风险问题进行论述,仅有日本盾构法施工规范对相应特殊地段及辅助工法进行过简单叙述。以下结合特殊地段涉及的主要盾构施工技术与辅助工法进行简要阐述。

1)浅覆土地段

浅覆土的概念与盾构的直径相关,目前针对覆土多深才归属为“浅”并没有一个明确的定论,主要是基于对地表影响的大小来定性判别。一般来说,盾构法隧道最小埋深需在1.0D～1.5D(D为开挖外径),通常情况下认为这个范围以内就可算作浅覆土的范畴,小于这个范围时盾构掘进通常都会对上部地表产生一定影响,其中地质条件较好的浅覆土地段盾构掘进没有太大问题,但是在地质条件较差的浅覆土地段,盾构掘进会出现地面隆起开裂、冒浆透水、盾构管片上浮等风险。盾构法隧道纵断面的形状多根据隧道的使用目的和地质、既有结构物的关系等确定,因此很容易出现比上述最小埋深更小的埋深。针对上述风险,一般采取掘进参数控制、盾构姿态控制、管片拼装控制、注浆处理等措施。在浅覆土地段施工时容许的掌子面压力变化幅度很小,因此在推进时尤其要对掌子面压力进行控制,尽量减小对地表面和地下埋设物的影响。

2)小曲率半径地段

受传统运载系统的制约,地铁的最小曲率半径是300m,改用新型的直线运载系统后,地铁最小曲率半径可以减少到80m,同时最大直径也可以相应地减少1/3～1/4。与直线段盾构施工不同,小曲线半径隧道盾构施工过程中,将对周边环境产生更大的扰动,常常会遇到隧道管片碎裂、渗漏水、隧道偏离轴线等问题。目前施工控制措施通常主要体现在盾构纠偏控制和管片安装质量上,国内外对盾构法隧道衬砌结构的设计主要是采用横向设计,还没有纵向设计的相关规定。由于纵向问题属于三维问题,其结构复杂,对用于纵向设计的结构模型的研究虽有一定成果,但仍不成熟。在小曲率半径地段施工时应根据围岩条件、隧道线形、盾构、管片、超挖量、回填注浆等综合加以判断,采取相应的施工措施。在小转弯隧道施工技术研究领域,日本领先于其他国家,《隧道标准规范(盾构篇)及解说》提出了几种小转弯盾构法隧道施工的有效措施,包括:盾构机长度缩短、盾构机配备中折装置、装备超挖刀、充分富余的刀盘扭矩和管片宽度减小等。

3)大坡度地段

大坡度隧道线形不属于良好情况,但由于受规划及建(构)筑物的制约,在应用上越来越普遍。采用盾构施工大坡度隧道是趋势,并得到很多国家的认可,它的出现打破了大坡度隧道只能依靠钻爆法、冻结法和小型凿岩机施工等传统方法的局限。盾构在大坡度地段掘进过程中调整姿态,管片容易被挤压变形并且电瓶车在大纵坡段易发生溜车事故,安全风险较高。在大坡度地段施工时需考虑围岩条件、材料及渣土的运送设备和安全设备等,要重视对土仓内渣土量的管理以维持掌子面稳定。而且,盾构在大坡度地段掘进过程中,除了要对盾构姿态、管片拼装进行控制,还要采取措施防止电机车溜车。

4)近接施工

盾构法隧道施工不可避免地会引起周围地层和建(构)筑物的扰动,容易引发既有建(构)筑物结构过大变形,影响其使用功能甚至酿成安全事故。新建隧道施工过程中,穿越既有运营隧道、房屋、管线、铁路、公路等都属于施工过程中的重大风险点,要格外重视。在城市地区,新建地铁盾构法隧道穿越既有运营地铁线路施工是一种典型的近接施工工况,目前国内外通用的做法是进行事前调查,掌握既有建(构)筑物的形状尺寸、基础、持力地层、土体基本性质等,同时充分收集类似的接近施工的实例和数据,预测盾构推进对周边地层的扰动和对既有建(构)筑物的影响。施工时设定与容许值结合的安全系数,并根据容许值指标进行掘进,采取既有建(构)筑物加固和地层加固对策,并进行通过前、通过时、通过后3阶段监测,把监控量测反馈至后续施工。

5)始发和接收地段

盾构始发和接收是制约盾构法隧道工程建设的关键节点。根据以往工程资料和实践的统计,盾构掘进过程中的地质条件复杂处(含近接、穿越工程)和盾构进出洞都是事故高发地段。盾构始发施工过程中发生的事故一般是土体自稳性差和地下水渗漏、涌水、涌砂等原因造成的。始发施工是盾构施工控制的关键工序,必须结合地质、地面条件选择合适的端头加固方案。托架与反力架设计、安装,洞门临时挡土墙的凿除,负环的安装与拆除,以及盾构掘进时的姿态设置,掘进参数的设置等是始发施工的关键控制点,确保每个关键点的措施均做到位,才能保障盾构始发的顺利进行。盾构到达接收是盾构法施工的最后一道"关卡",也是盾构法施工的重点和难点,其中端头加固尤其关键。接收施工作为盾构施工的关键工序,需要结合地质、地面条件,盾构定位及接收洞门位置复核测量,端头土体加固,接收架安装,盾构到达端的掘进,封闭管片与主体结构间缝隙等作为盾构接收施工的关键要点。洪开荣提出,对于流塑性地层到达端头的加固长度应大于盾构机体的长度,并于贯通前在盾构机体的外周注入合适的充填材料;武有根等采用SMW工法加固盾构法隧道出洞时周围软土地层,取得了良好的效果;孙平利等结合宁波地铁工程提出用三轴搅拌桩和二重管旋喷桩进行盾构端头土体加固,取得一定成效。

6)穿江过河地段

穿江过河隧道盾构法施工易产生冒顶通透水流、流砂、管涌及管片上浮等风险,且掘进过程中不仅要考虑土压力还要考虑水压力,施工环境更加复杂。穿江过河隧道盾构施工过程中,易产生涌水塌方、盾尾漏浆、江底冒浆、江底土层坍塌、管片上浮等风险,稍有不慎就有可能引发连续性的灾害事故。穿江过河地段施工时应开展水文地质调查,根据围岩的水土压力适当地设定掌子面压力,当水土压力较大时,除控制掌子面稳定、泥浆和添加剂的泄漏和喷出外,还要控制隧道的抗浮和管片的变形等。此外,必要时也需预测盾构施工对河堤、水工建筑物的影响。

7)特殊地质及地层段

针对岩溶及土洞发育地层的盾构施工,首先应对盾构掘进区间内的溶洞、土洞进行处理,使沿线地质条件趋于相对均匀,防止盾构施工中盾构机突然下沉、偏转,保证盾构施工安全。实际工程中,应综合考虑岩溶的规模、位置及施工方法等各项因素,选用合理、高效、经济的岩溶处治技术。针对球状风化孤石地层的盾构施工,就国内地铁盾构法隧道来讲,遇到孤石的工程多在广州、深圳、成都、北京等地。盾构机在含孤石的地层中掘进时刀具多磨损严重,被迫频繁换刀,工程成本增加较多,同时盾构掘进困难,地层扰动和地表沉降加重,可能造成严重的工程事故。韩文忠提出超前钻探或地质雷达物探,提前采取地表或洞内深孔爆破等必要的处理措施;古力提出对孤石周边风化土层进行地面或洞内预加固,并提出洞内静态爆破或火药爆破孤石的措施;靳世鹤提出对开挖面前方进行加固处理后,进仓采用高压空气或液压锤进行孤石破碎的处理措施。

对于级配不均砂卵石地层的盾构施工,王国义研究了传统袖阀管注浆技术在成都富水砂卵石地层中应用存在的问题,提出了粗细颗粒相结合的新型注浆施工工艺,并通过在成都地铁二号线中的实际应用,表明这种新的注浆方法优于传统的袖阀管注浆,可以增强富水砂卵石地层注浆的可靠性,并满足富水砂卵石地层中适用条件。对于上软下硬地层的盾构施工,因穿越地层软硬不均,穿越过程岩土体性质频繁变化,盾构施工将面临许多难题,如盾构机选型和适应性分析问题,刀盘刀具磨损、掘进参数的合理选择问题及掘进过程中对周围环境影响的控制问题等,目前问题主要集中在盾构选型及刀盘、刀具的配置方面。此外,富水砂层作为一种常见的地质条件,因砂层胶结程度差、强度低的特点,致使盾构法隧道在开挖过程中极易诱发涌砂、涌水、流砂等地质灾害。

总体而言,针对盾构设备性能的提升目前已取得较大进展。由于盾构的总功率、扭矩和推力均有较大提升,解决了以往盾构选型需关注的总功率和推力是否满足地层要求等问题,现阶段生产的盾构设备几乎不需要顾及这些方面。此外,盾构破岩能力也有了较大提升,主要体现在刀盘、刀具的进步。复合刀盘的整体承载性能,国产刀具强度、刚度及耐磨性能,刀盘、刀具布局的合理性,以及刀盘结构与开口率等都得到了较好的优化与提升。在总体功率提升的前提下,盾构在软硬不均地层中表现出良好的适应性。此外,盾构设备密封性能的提升,也使盾构的耐压能力得到较大提高,在穿江过河、高水压条件下掘进均有优异表现。最后,对于辅助系统的提升,目前已发展成可搭载超前钻具、一路一泵泡沫改进系统、双螺旋及保压改进系统、刀盘高压冲洗改进系统,全面提高了盾构的渣土改良能力、黏土层掘进能力及防喷涌能力。

1.2.3 盾构法隧道施工“特殊性”问题

随着城市建设的高速发展,修建地铁的空间不断被压缩,大深度、急曲线、复杂立交、多重交叉等困难情况不断涌现。这些特殊地段的存在对我国城市地铁盾构法隧道的建设提出挑战。虽然盾构设备制造及盾构施工技术迅速发展,但特殊地层地质的出现及外部环境的不断变化,使盾构法施工仍然面临许多“特殊性”问题,这些问题总体上可归纳为以下几个方面:

1)地质、地层条件多样化

我国地铁隧道建设的地质条件种类多样,各地差异巨大,东有以上海、杭州等地区为代表的软黏土,南有以广州、深圳为代表的软硬不均复合地层,北有以北京地区为代表的典型砂卵石地层,西有以成都为代表的富水砂卵石地层。此外,我国东北哈尔滨等地存在冻土、云南昆明等地存在泥炭质土,西安、兰州等地存在老黄土,武汉、南京等地存在高磨耗卵砾石地层,重庆、福州等地存在高硬度岩层等。复杂的地质条件给地铁隧道建设带来很多问题,例如,软黏土地层隧道施工的稳定性问题,砂卵石、卵砾石等地层面临的高磨耗问题,大粒径漂石、孤石的通过问题,以及老黄土地层导致的遇水塌陷、地裂缝等问题。

2)建设环境复杂化

一直以来,城市地铁的修建都面临穿越城市建筑密集区的挑战,特别是在现今城市建设速度加快的趋势下,隧道穿越城市密集建筑群、水库、高铁线路、桥基等重要建(构)筑物的情况更是屡见不鲜。同时,近距离交叉、斜交(图1-7)等问题对施工和结构安全都提出了挑战。例如,深圳地铁罗—大区间隧道,不但需要穿越多个密集建筑群,还需应对多种形式的隧道交叉结构问题;北京地铁4号线动物园至白石桥区间隧道,采用盾构法施工与地铁9号线区间暗挖法隧道以约15°的小角度立体交叉,两者相互影响显著。此外,地铁建设也面临着向大深度拓展的挑战。北京地铁3号线与16号线长距离下穿埋置较深的既有暗挖车站和既有线,隧道最大埋深分别为38m和34.5m,大兴机场线与R19快线采用全线重叠形式,最大埋深超过40m。大深度隧道的建设,一方面对施工技术提出了高要求,另一方面对既有的结构分析理论、设计方法提出了极大挑战。而复杂地下交叉结构的实现及其长期的安全保障难度更大,需要在以后的建设过程中不断探索。

图1-7　地铁线路复杂交叉示意图

3)越江跨海常态化

我国水系众多,尤其在东南沿海地区与长江、黄河沿线,河湖较为密集,滨江、临湖城市的地铁穿江越河不可避免。上海先后建成轨道交通4号线越江隧道、轨道交通5号线虹梅南路—金海路越江隧道、轨道交通12号线利津路站—复兴岛站区间越江隧道等城轨交通越江隧道;武汉轨道交通2号线于2011年首次采用盾构法隧道形式穿越长江,兰州轨道交通1号线也面临穿越黄河的问题;福州地铁仅1~6号线穿越闽江、乌龙江就多达8次。是选择抗水压能力更强但造价颇高的泥水平衡盾构,还是充分利用土压平衡盾构的抗水压极限,最终的决策将直接影响隧道施工与运营的安全性与经济性。此外,根据江河地质情况选择刀盘、刀具并进行优化配置,合理处理运营期间水下复杂因素对隧道结构的不利影响,也至关重要。

1.3　盾构法施工技术难题及发展趋势

1.3.1　存在的难题

盾构法作为机械化施工的典范,可兼顾施工安全、掘进速度、复杂地层适应性和地表沉降控制等要求,已成为修建城市地铁隧道的主流工法。根据我国特殊地段地铁隧道的建设历程与发展方向,从以下两方面对现阶段盾构法修建隧道存在的一些技术问题进行分析与探讨。

1)盾构设备自身亟待改进的问题

(1)盾构适应性设计。我国幅员辽阔,东西南北中各个地区的地质条件相差很大,盾构施工普遍存在盾构机与其需掘进地段地质条件间适应性较差的问题,广州、上海、深圳地铁施工过程中都先后出现过这样的问题而影响工程进度。随着盾构设备应用的推广,考虑到地质情况、工程成本及工期等要求,利用一台盾构设备挖掘一条地质变化较大的隧道的情况不可避免,这就对盾构设备的设计和制造提出了新的要求。一般来说,盾构设备的类型与地质条件是相对应的,因而采用的基本都是单模式盾构。传统单模式的盾构在穿越地质情况较为复杂的地段或遇到地表建(构)筑物、江河、管线等复杂环境时容易出现掘进困难等问题,因而双模式盾构应运而生。然而,双模式盾构通常有土压平衡和硬岩敞开两种掘进模式,为了保证土压平衡模式的掘进,双模式盾构没有撑紧盾和防滚系统的设计,而是采用刀盘顺时针转动和逆时针转动相切换的方式来防止盾体转动过大,保持盾体水平。对于硬岩敞开模式,滚刀破岩会产生很多的岩石碎屑、粉尘,虽然在土仓内壁安装了降尘喷淋设备,但效果不明显,造成了隧道内粉尘过重,影响施工环境,虽然近些年做了一些改良优化,但仍没有重大的突破。

(2)盾构掘进系统的自动控制。目前盾构掘进时土压力平衡情况还是通过土压传感器反馈的土仓压力值来判断,采取相应的措施使土仓压力稳定。但是压力波动值取决于操作手的水平,这样的控制方式比较粗犷。盾构掘进系统的另一个压力平衡方式是采用空气压力平衡系统。这套系统也有弊端,如精度高,使用条件苛刻,故障率高,维修成本昂贵,在盾构施工中不能满足经济性要求,只有在泥水平衡盾构和带压换刀时使用比较多。不管是泥水平衡盾构还是土压平衡盾构,渣土改良技术都作为掘进过程中一个关键参数。由于地层的复杂性,目前所有的盾构的渣土改良效果都是通过人工判断，然后调整改良材料的注入量。这一过程的矛盾之处在于地层复杂多变而改良措施相对单一。

(3)盾构姿态控制。盾构姿态监测是通过自动导向系统和人工测量辅助来完成。自动导向系统控制方式简单但在操作中需要结合现场实际情况并考虑诸多因素，主要还是采用人工搬站复测，每台设备配备足够的测量人员，定期到设备搬站，这一过程所需时间由测量人员水平决定。

(4)其他系统的自动控制。主驱动密封系统和密封系统主要保证设备正常、安全使用，其采用了自动润滑系统。渣土改良系统也加入了自动控制系统。目前自动控制系统多以自动控制模式为主，灵活性差，自我反馈滞后。正常掘进时，都是自动控制辅以人工调节参数。目前，国内在利用激光与陀螺并用的盾构自动方向控制系统、基于模糊理论的盾构姿态控制方法等方面取得了一定的成果。但是，国内盾构所用土压探测与传感装置基本依赖进口，根据地表变形和运动轨迹进行实时反馈控制技术尚不完善。另外，与国际先进水平相比，我国在土压盾构的系列化设计、地层稳定与地面沉降控制技术、防水与同步注浆技术等方面存在差距，需要进一步加大投入，提高研发、应用的理论与技术水平。

2)盾构使用技术方面亟待解决的问题

(1)特殊地段盾构施工对环境的影响及控制。特殊地层中盾构施工引起的地层损失、周围受扰动或受剪切破坏的重塑土的再固结及地下水的渗透，是导致地表、建筑物以及管线沉降的重要原因。为了减少和防止沉降，在盾构掘进过程中，要尽快在脱出盾尾的衬砌管片背后同步注入足量的浆液材料充填盾尾环形建筑空隙。通过盾尾注浆管在掘进的同时进行注浆，必要时在管片脱出盾尾后，通过管片上预留的注浆孔进行二次注浆(补强)。注浆量的多少及浆液的参数都会影响注浆的可靠性。另一方面，在软硬不均地层、地下水丰富地段、大埋深区段、硬岩地段，如何合理控制施工参数，保障开挖面的稳定，对盾构施工的安全性至关重要。此外，在复杂的城市环境下采用盾构法修建地铁隧道会面临各种近接施工问题，例如南京地铁盾构法隧道下穿玄武湖隧道、成都地铁下穿铁路轨道，西安地铁区间隧道穿越钟楼和古城墙等国家级文物保护建筑物等。这些地段对控制地层沉降的要求比普通区间更为严格。准确地估算盾构施工对环境的影响，在掘进过程中尽可能地减小或控制对邻近建(构)筑物的影响，是城市盾构法隧道建设的重要问题及难点。

(2)非地质、地层原因的特殊地段盾构施工控制。在非地质、地层原因的其他特殊地段进行盾构施工，也会存在困难，且这些施工难点问题尚未得到很好的解决。例如，在小半径曲线段盾构施工时存在盾构姿态控制、管片成型及隧道超限等问题；在大坡度线段盾构掘进时存在盾构姿态控制、管片安装质量问题；在浅覆土区间盾构掘进时遇到的地层扰动大、易产生不可控的局部超挖甚至地表坍塌等问题。同时，在盾构施工时，盾构始发和接收作为盾构法的关键步骤，涉及工作井端头的设计、端头土体的加固、盾构机械性能及导向系统精度等问题。虽然国内已有几十年的盾构法隧道施工经验，但受盾构外形和复杂的隧道施工环境影响，盾构在始发与接收阶段的事故仍时有发生。

1.3.2 发展趋势

特殊地段盾构法隧道施工给盾构法提出更高的要求，要求盾构具有更高的地层适应性，要求盾构设计特别是刀盘、刀具必须能够适应各种不同地层,要求盾构设备有更长的使用寿命,要求盾构具有更复杂的功能、更简单的操作和更人性化的设计,要求盾构具有更安全、更绿色环保的性能。因此,盾构设备制造技术及盾构施工技术主要有以下几个发展趋势。

1)设备向微型化、超大化及多样化方向发展

为适应不同的地质条件和环境条件盾构机的横断面直径朝着微型化和超大化两个方向发展。此外,为适应不同的隧道工程断面,制造了不同断面形式的盾构机,例如矩形、圆形、椭圆形等,提高了盾构技术对隧道环境的适应能力,促使盾构制造技术向多样化方向发展。

2)设备使用向高度自动化方向发展

现今,我国计算机技术、自动化技术和遥感技术飞速发展,盾构机在使用过程中完全可以借助这些技术,利用传感器检测各种数据是否正常,并与计算机系统进行通信,由计算机判断下一步操作,由此使得盾构施工朝着自动化方向发展。

3)施工过程大数据与智能化

中国盾构技术的愿景是实现数字化设计、模块化制造、智能化掘进、远程化管理,即输入地质参数和隧道结构参数,就能设计出适应工程地质和水文地质的盾构;盾构的施工则实现无人化智能掘进,实现在办公室远程控制盾构操作,在办公室直接从计算机屏幕上获取远程施工的盾构施工图像和参数,并发出指令对盾构进行控制和操作;技术人员只需在办公室就能管理好分布在全世界所有的在用盾构。

第2章 特殊地段盾构法隧道施工风险及技术难点

2.1 概　述

特殊地段盾构施工过程控制的关键,就在于风险管理。所谓风险防控,主要是指可能发生的风险事件。风险防范的重点是风险识别,知风险是风险防范的起点。风险辨识工作包括:辨识出在特殊地段可能发生哪些风险事件,辨识出导致风险事件发生的风险源及其衍生的风险因素。一个已发生的风险事件可以成为另一个风险事件的风险因素。

盾构在掘进过程中,经常穿越特殊的地层或碰到特殊的构筑物,增加了项目施工的难度和风险。以广州的地质环境为例,在花岗岩地区,要重点研究花岗岩球状风化体问题和上软下硬地层施工盾构姿态控制、掘进功效问题;在石灰岩地区,要重点研究石灰岩中的溶洞和残积土层中的土洞问题。而在华南其他地区,是以第四系沉积物和白垩系红层为主的复合地层,没有花岗岩和石灰岩,就不存在上述问题。因此,在一个特定的区域,需要研究的特殊地段问题实际上就只限制在一个或几个地质问题上,并没有理论上那么多。盾构掘进地层即使只有一个特殊地段,盾构施工也会存在许多潜在风险因素,如盾构机刀具配置不合理、盾构机对地层不适应、盾构机操作不当等问题,归纳总结起来,其本质就是盾构机、操作人员及地质特征等三个风险源由于不适应衍生出风险因素进而导致风险问题。因此,本章从多个风险源中筛选出关键的特殊地段风险源、人为风险源及盾构设备风险源,以这三个方面分别对特殊地段地铁盾构施工风险因素进行识别,并从盾构机和作用对象两个方面进行施工控制。

2.2 风险的定义与分类

“风险”的概念起源于法国,在 17 世纪 50 年代出现在英语词汇当中,但其定义在学术界并没有统一的说法,总的来说可归纳为两种观点和三种学说。第一种是风险客观说。这种说法认为风险是客观存在的,因此可以被预测。在大量风险事故的基础上,对风险发生的概率给出较为科学的分析模型,进而对各类风险发生的可能性进行预测。第二种是风险主观说。此观点认为事故的发生是由于不同个体对于事物认知能力的差异,会对事故风险作出不同的判断,因此才产生了各类事故风险,犹如赌博一般,即风险的不确定性是来自主观。第三种是风险因素结合说。此观点认为人类的行为是风险事故发生的主要原因之一,风险是个人认知能力和客观环境复杂作用后产生的结果,风险本身是客观存在的,并且在具备相应发生条件时才转变为客观的事故,对人类活动的目的产生影响,且这种影响程度也具有不确定性(此处的“风险”是广义的风险,是“风险事件”“危险源”“风险因素”的统称)。2009 年 11 月 15 日,国际标准化组织(ISO)召开会议,明确指出“风险”是“不确定性对目标的影响”,是对风险主体目标的影响,对具有悠久历史的“风险”概念进行了全新的概括和总结。我国词典中“风险”一词的解释为“损失或伤害的可能性”。

风险的几个主要特征可以表现为:

(1)客观性。风险是客观存在的,不以个体意志为转移,只能通过采取相应的控制措施来降低风险发生的概率或减小风险事故发生后产生的危害,而不能完全消除事故。

(2)普遍性。风险是在持续产生的,任何个体都需要面对风险,科技进步的同时也伴随着新的风险的产生。

(3)不确定性。风险是不确定的,否则,就不能称之为风险。风险可能在任何时间、空间发生,其发生后的后果也是无法精确计量的。

(4)可变性。风险会随着周边环境的变化而变化,并非一成不变的,条件的改变也会引起风险的改变。

(5)可测定性。在统计学的条件下,大量风险的发生存在一定的规律性,只有少部分具有偶然性,因此可以通过使用概率学和统计学的工具将风险的发生做成数学模型,计算出风险发生的概率及其可能造成的损失。

(6)相对性。同一风险在不同承险个体上发生的概率及其可能产生的损害是不同的,与承险个体的资源、承受能力及管理水平息息相关。

从风险控制的角度,风险有两个显著的特点:一是可预测性。如果潜在风险超越认知,不能被预测,那不是风险,而是“灾难”。二是风险的可控制性。如果已知风险失控,那不是风险问题,而是“事故”,是管理问题。人们常说的“隐患”,可以理解为应该或能够被识别的风险,由于某种原因未被识别出来,从而成为“隐藏”的风险。本书要关注的风险主要是安全风险、质量风险、第三方风险(环境风险)。盾构法施工的隧道工程中曾经发生的主要风险事件包括以下几个方面:

(1)盾构机设备损失,如整机被淹没或设备部件破坏。

(2)工程施工质量问题,如成型隧道的垮塌、线形问题(管片上浮等)、拼接质量、轮廓椭圆度不佳等引起的渗漏问题。

(3)周边环境事件,如地表塌陷或显著沉降引起次生灾害,地下管线破裂引起的燃气管爆炸或水管喷水。

(4)人员伤亡事件,盾构机内由于换刀作业或操作不当引发火灾导致的人员伤亡。

(5)其他或以上组合风险事件。

2.3 盾构法施工安全风险理论

2.3.1 盾构施工安全风险的特点

由于盾构施工属于暗挖作业,其施工场地远不如地面开阔,且面临照明、通风、防排水、塌方等问题。另外,工程地质条件和水文地质条件的多变性、周围建筑物情况的复杂性、地质勘查的局限性等都会直接影响地铁盾构施工的安全、进度和质量,因而地铁盾构施工具有许多独有的特点,主要体现在以下几个方面。

1)盾构施工安全风险隐蔽性强

由于隧道处于地下,在进行施工前,工程地质和水文地质情况都依靠有限的抽样勘测或以前的地质资料得出,因此无法完全确定隧道开挖后会出现的风险因素,有一些安全风险只有当工程开工以后才会随着地质情况的探明而暴露出来,因此盾构施工的安全风险具有很大的隐蔽性。

2)对工程地质条件和水文地质条件的依赖性强

考虑到隧道的地下施工特点,工程地质条件和水文地质条件对施工有至关重要的影响。在工程施工前,应尽量全面勘察地质情况,尽可能全方位掌握工程范围内的岩层性质和强度、地下水压力和高度等资料。

3)对地表建筑物及地下管线安全产生较大影响

由于盾构施工过程中会不可避免地对地层造成扰动,而城市中地上建筑物密集,地下管线种类繁多,盾构在掘进过程中引发的地表沉降可能导致地上建筑物变形沉降,当地层变形过大时,会影响地上建筑物和地下管线的安全。因此,应将地表的沉降值制在合理范围以内。

4)风险后果严重

由于地铁盾构工程的庞大性和系统性,且施工位于地下,工作面狭窄,施工工艺复杂,施工后的变更异常困难,一旦发生风险事件,想补救或排除风险是很困难的,风险事故发生会造成盾构机损坏、工期延误、重大经济损失甚至是人员伤亡。因此,对于安全风险因素应提前预防和排除。

2.3.2 盾构施工风险源与风险因素

风险源是事件的源头,风险事件是风险源在特定环境下触发产生的一种不良结果或效应,当风险源在某种特殊状况下演化为可以诱发灾害的因素,即可能导致风险事件的发生,此时的风险源便成为风险因素。风险源一定范围内包含了风险因素,风险因素是引发风险事件的直接风险源。如果进一步细分,可以把风险源理解为一种“负能量”,风险因素可以理解为让负能量释放的原因或者条件。风险因素既可以是一种客观存在,也可以是一些主观因素,如人对危险状态的认识和管理。控制风险事件的发生就是要针对风险源采取必要措施(工程建设中包括工程措施和管理措施),使得风险因素减少或不存在,由此预防风险灾害事件的发生。

在实际运用中,人们时常把风险源、风险因素、风险事件统称为"风险",三者并没有严格的区分。这在常态化环境下影响不大,但在制定针对性措施时还需要仔细分析。在盾构施工中,技术人员往往分不清风险因素和风险事件,把风险因素和风险事件都笼统地考虑为风险源。风险因素是导致风险事件发生的根源,如特殊地段盾构法隧道施工过程中,复杂地质是风险源,地下水是风险源,盾构开挖是风险源,而地下水的渗流、盾构开挖引起软土地层变形就可认为是风险因素,最终可能导致的后果就是,渗流诱发隧道内管片间隙渗漏水、软土地层变形较大引起周边建筑物失稳,这就是风险事件的产生(即灾害的发生)。此外,由于风险的传递,往往一起风险事件的发生,成为另一起风险事件的诱因,如次生风险及二次灾害等。

为了便于对地铁盾构施工安全与质量风险进行研究,需要对安全和质量风险的来源进行分类。本文根据"人、机、料、法、环"(4M1E)管理理论,结合对已有文献的分析与研究,将地铁盾构施工中的安全与质量风险来源分为人员管理状况、机械设备状况、施工材料情况、施工技术水平、环境问题这5类,而由这5类风险源将衍生出许多风险因素。

1)人员管理状况

由于每个人的性格特点和施工经验不同,围绕"人"的因素进行管理具有一定的复杂性,人员管理不善带来的安全与质量风险也具有多样性。在地铁盾构施工中衍生出的风险因素有很多,如人员管理安全与质量风险因素主要包括人员安全与质量意识薄弱、安全与质量管理制度不完善、施工组织设计不合理、未进行技术交底、未进行安全教育培训、未制定事故应急预案等。

2)机械设备状况

盾构机是盾构施工的主要机械设备,盾构机及其配套设备能否正常运转和工作直接关系到工程的质量、安全、进度及成本。盾构机由许多机械设备组装而成,构成复杂且高度自动化。地铁盾构施工中,机械设备安全与质量风险因素主要包括盾构机选型不合理、刀盘结构和刀具配置不合理、刀盘磨损、推进系统故障、管片拼装系统故障和注浆系统故障等。

3)施工材料情况

施工材料是地铁盾构施工的物质条件。施工材料质量不高、数量不够不仅会影响隧道结构的质量,还会引发安全事故。地铁盾构施工材料安全与质量风险因素主要包括注浆材料不足、进场管片质量不达标等。

4)施工技术水平

施工方法是否得当、工艺是否合格直接影响到地铁盾构施工的安全与质量。施工方法得当、施工工艺良好并进行合理监测是保证地铁盾构施工安全与质量的关键。地铁盾构施工技术安全与质量风险因素主要包括盾构状态不好、端头加固效果不好、地基加固效果不好、反力架及钢支撑效果不好、注浆压力控制不好、土仓压力控制不好、排土量控制不好等。

5)环境问题

地铁盾构施工作业环境位于地表以下,涉及的环境因素复杂多变,对盾构施工安全影响大。盾构施工环境风险源包括基础地质、工程地质、水文地质、地形、地貌、地面建筑物及地下构筑物和管线、人文社会环境等。盾构施工环境风险因素主要包括地质钻孔回填不密实、地下空洞难自稳、软弱地层变形大、复合地质难控制、硬岩地层难掘进、地下水位过高等。

2.4 盾构法施工风险识别

控制风险的前提是知道风险的存在。未能及时识别风险,往往是事故发生的主要原因。风险识别也称风险辨识,是指明确项目实施的全过程中可能出现的不确定因素、风险因素,利用适当的方法,将各种风险罗列出来,编制风险识别报告,为风险估计做好充分的准备。特殊地段盾构施工的主要风险源,就是"三要素"的特殊状态和三者间的相互作用关系,以及其与周边环境的相互干扰、响应问题。对潜在风险的分析,还是要从最基础、最底层的风险源进行针对性控制。盾构施工的三要素为地层地质状况、施工设备及人员,而周边环境属于第三方风险的范畴,即盾构施工过程中容易受到影响或对盾构施工本身产生影响的风险因素,如隧道近接施工的建(构)筑物等。地层是隧道的载体,也是盾构的工作对象,在盾构施工过程中,盾构机是在地下切削掘进的,地质特征对盾构施工有较大的影响。

2.4.1 风险源识别方法及规范

2002 年 10 月 21 日,国际隧道协会刊印了《隧道工程风险管理指南》(以下称《指南》)。该《指南》与盾构施工技术最为密切,且从理论上给出了风险源识别和计算的方法。我国对风险管理的研究始于 20 世纪 80 年代。当时一些学者将风险管理和安全系统工程理论引入国内,但我国大部分企业缺乏对风险管理的认识,也没有建立专门的风险管理机构。2007 年 11 月,建设部发布了"关于印发《地铁及地下工程建设风险管理指南》(试行)的通知";2012 年,住房和城乡建设部发布了《城市轨道交通地下工程建设风险管理规范》。其中,《指南》将工程施工环境影响评估的主要内容规定如下:施工对周边建筑物的影响,施工对周边道路及交通的影响,施工对周边管线的影响,施工对其他地上、地下建构筑物的影响,噪声污染、水污染、施工渣土污染和生态环境的影响等。

《指南》中关于采用盾构法施工风险评估的主要内容有:

(1)盾构机选型与地层适应性风险分析。

(2)盾构机制作、运输、组装调试和交货期风险。

(3)主要施工设备(盾构机和盾尾注浆设备等)风险分析。

(4)盾构机进出洞风险分析(包括地基加固风险分析)。

(5)盾构机推进阶段的施工风险分析。

(6)管片生产、运输和拼装风险分析。

(7)联络通道施工风险分析。

盾构施工面临的水文地质条件存在很大差异,往往不可能找到完全一样的地质剖面,若施工过程中未针对此种差异采取相应施工措施,则难以规避施工事故或不同程度的施工风险。

常用的风险识别方法包括：专家调研法、头脑风暴法、德尔菲法、安全风险检查表法等。可以将多种方法结合应用到同一工程当中，进而获得更佳的风险识别效果。每个盾构工程的建设条件和内容存在一定的差异，需将客观辨识和专家调查法主观辨识相结合，这样可以更好地全面辨识各种施工风险。

1）专家调研法

专家调研法，指对照相关的标准、规定、核对表或凭借研究者的认知、研究能力，通过经验和判断能力简洁明了地评价工程项目存在的风险的方法。专家调研法是风险识别中使用频率最高的方法，优点是简单方便、容易实施，缺点是受限于风险分析人员的知识水平、经验和拥有资料的数量，风险的识别可能不全面。为了对人员分析的不够全面的结果进行补充，一般采取专家会议的方式来互相启迪、交换见解、集思广益，使风险及其因素的识别更加详细、全面。

2）头脑风暴法

集思广益是头脑风暴的同义翻译，既能在小组成员之间开展，也能在各个企业间完成，进而将参与讨论的个体意见进行收集、汇总。若采用小组讨论的形式，参与者在五人左右时效果较好。当将头脑风暴法用于风险辨识领域时，应该提出此类问题：若开展某项工程建设活动，会存在哪些风险因素，其诱发事故发生后将产生何种程度的危害。小组讨论的方式比较适合不太复杂的问题，若研究的问题较为复杂，影响因素过多，则需要先进行问题的拆分和简化，再进行小组讨论。头脑风暴法讨论获得的结果还需要反复研究，分析其合理性和适用性。通常头脑风暴法获得的结果不会很多，只要实用就算达成目的了，某些讨论结果甚至会产生比较大的影响力。即使此法最终没有产生有用的意见，但其对于团队建设也是大有裨益的。

3）德尔菲法

德尔菲法是汇集专家智慧进行的风险预测活动，一般被作为专家对风险进行评估和分析的一种方法，应用于拥有较为复杂的数学模型的风险分析方法中。其有三大特点：匿名参与、利用统计方法处理各类意见、通过征求—反馈循环获取意见，规避一切讨论内容之外的影响因素。处理研讨结果时，应考虑参与者观点的主要方向和相似性，观点的主要方向反映了讨论结果的趋向性，统计学概念称此为集中趋势。相似性反映了参与者观点的分散程度，统计上称此为离散趋势。这两种趋势对于风险的识别和估计都是十分重要的，讨论结果的主要趋势常被当作风险管理的主要参考依据，离散程度则代表着该意见权威程度的大小。

4）核对表法（安全风险检查表法）

核对表即为实际工程中核查安全风险的清单，即将整个待查系统进行分部分项，根据检查的目的逐一核对安全风险的消除情况。检查表格应列出详细且全面的核查项目，使其具备良好的实用性能，能够长期作为风险管理的重要依据。检查表的内容一般应包括检查项目及要求、整改意见、整改完成时间等，使用简单的文字或符号作为销项标记，并由检查者和被检查者签字确认。

除了以上常用的风险识别方法，学者还提出了层次分析法、模糊综合评判法和BP神经网络等多种方法。目前工程上常用的分析方法仍然比较简单，主要是建立在清单核对法基础上，结合专家调研法开展风险判别工作。住房和城乡建设部发布的《危险性较大的分部分项工程安全管理规定》所规定的专家评审工作，其实质就是用专家调研法来控制方案风险。因此，针对盾构法隧道施工的技术手段需要从以下几个方面着手：首先，加强现场周边环境的调查，充分掌握施工区域周边建（构）筑物的具体信息；其次，对施工区域地层地质情况进行详细勘察，摸清潜在的不良地质情况，获取第一手岩土特性参数；最后，开展盾构机适应性评价与验收、专项方案编制与评审、特殊施工条件验收等。

2.4.2 客观和主观风险源

风险源包括客观和主观两个方面，客观风险源主要是盾构设备自身性能等带来的风险，主观风险源主要指人为的风险源。人为风险源是指人员行为活动偏差等因素给施工带来的潜在风险，包括人员的道德、行为、技术和组织等。

1）盾构机设备风险

盾构机是按地质环境量身定做的，因此复合地层的复杂性决定了盾构机适应性的局限性和设备配置的多样性，由此容易导致风险事件的发生。

（1）盾构机适应性在特殊地段的局限性。盾构机适应性的局限性根源于复合地层的复杂性。盾构机是根据特定的地质环境制造的，即所谓的“量身定做”，地质环境变化了，原来盾构机的设计就不免在某种程度上受到限制。事实上，不可能在不同地点找到完全相同的地质环境，从这个意义上来讲，盾构机适应性的局限性是绝对的，这是使用盾构机的最大风险源。

盾构机及盾构施工方法本身是有缺陷的，表现为客观的风险因素有：

①刀盘与盾壳直径不同导致开挖轮廓与盾壳间形成的间隙不能立即填充。

②刀盘与管片直径不同导致开挖轮廓与管片间形成的间隙不能立即填充。

③刀盘与前体盾壳之间有20～50mm的间隙，软弱地层特别是淤泥层、砂层、砾石层的土体会通过这个间隙进入土仓，从而造成盾构机上部地层损失或变形。

④盾构机在推进过程中不可避免地会对前方土体产生一定程度的扰动，会产生地下水的新通道，并在一定程度上破坏局部地层的稳定性。

⑤盾构机在推进过程中不可避免地会产生一定程度的振动，会对上部建（构）筑物的稳定性造成一定程度的影响。

（2）盾构机选型合理性与施工条件的潜在矛盾。

①环保因素。对泥水盾构而言，虽然经过筛分、旋流和沉淀等程序，可以将弃土浆液中的一些粗颗粒分离出来，并通过汽车、船等工具运输弃渣，但泥浆中的悬浮或半悬状态的细颗粒仍不能完全被分离出来，而这些物质又不能随便被处理，于是便形成了使用泥水盾构的一大困难。

②施工的安全性。从保持工作面的稳定、控制地面沉降的角度来看，使用泥水盾构比使用土压平衡盾构的效果好一些。特别是在河、湖等水体下，在密集的建（构）筑物下及上软下硬的地层中施工，两者的效果差别显著。

③辅助工法的运用。盾构机是以施工环境为前提条件选择和制造的，当施工环境变化以后，盾构机的类型也应跟着变化，但在实际操作中这是很难办到的。从这个意义上来讲，盾构法不是万能手段，在盾构施工过程中，由于施工环境和施工条件的变化，不得不采用施工辅助工法（不良地质预处理、软弱地层预加固、新型浆液注浆等）来配合完成这项工程。

（3）盾构刀具配置困难。在复合地层中，施工刀具配置的困难主要反映在以下几个方面：

①选择破岩的滚刀还是选择切削的刮刀。对于滚刀，从理论上讲，单刃滚刀适用于中硬岩

和硬岩,而双刃滚刀和多刃滚刀在软岩中的掘进效率更高。但在实际应用中,不可能根据地层的变化,随时随地任意更换刀具,而且,如果不是特殊设计,单刃滚刀与多刃滚刀的刀座就不能互换。从实际应用来看,在复合地层中配置单刃滚刀的适应性会更好一些,问题是注意调整滚刀的启动扭矩。

②滚刀数量的选择。滚刀数量的问题实际上是滚刀的间距问题。刀间距是影响破岩功能的关键因素之一。刀间距过大,会在两滚刀之间出现破岩的盲区而形成“岩脊”。刀间距过小,会将岩体碾成小块,降低破岩功效。

③刀具的高度及其组合高度差。当刀具较高时,即使刀盘面上结了一些泥饼,只要其厚度不足以将刀具全部糊死,那么刀具仍可起到切削作用。从这个意义上讲,刀具高一些有其优点。刀具高度差大有利于破岩,在岩石地层中破岩主要是通过滚刀对岩石的压碎来实现的,这就要求对滚刀提供一定的正面压力,且使滚刀能贯入岩石中一定的深度才能达到这一目的。

2)人为风险

本书中涉及的人为风险主要指施工单位在盾构施工活动中的人为失误或者偏差造成的风险和事故。归纳起来,人为风险源主要有三个方面:

(1)心智模型风险。心智模型风险是指人们在经历或学习某些事件之后,将事物的发展及变化归纳出一些结论,由此所形成的基本固定的思维认识方式和行为习惯。心智模型一旦形成,将使人自觉或不自觉地从某个固定的角度去认识和思考所发生的问题,并用习惯的方式予以解决。广州地区进行盾构施工的过程中,定义了复合地层、混合盾构机、盾构施工理论体系等概念,并在此基础上归纳总结出处理喷涌、上软下硬地层等方法,解决了许多施工中的难题。这些经验和教训所形成的心智模型,在随后的盾构工程中极大地推动了施工技术的发展。20 世纪 90 年代,广州修建地铁 2 号线时,在盾构施工过程中,有些施工单位言必称上海,上海盾构怎么做,在广州就应该怎么做,因为国内施工单位只有在上海使用盾构机的经历。当把上海盾构施工模式应用到广州地质环境中时,在施工过程中出现了许多意想不到的困难。事实证明,在上海盾构施工中形成的心智模型应用到广州时,若不加以修正,这些风险源就演变成风险因素,必然导致人为风险事件的发生。

(2)人的能力、素质。工程的实施是一个是施工团队的行为,组成这个团队的人的素质是不尽相同的,特别是团队领导人各自的施工经历所形成的心智模型也不一样,这就必然会影响到施工的最后结果。例如,广州地铁 3 号线北延段施工 8 标盾构区间,盾尾有不明气体泄露,随即发生燃烧。施工人员迅速用灭火器将火扑灭,事态得以控制,没有酿成事故。3 号线北延段下伏基岩为第三系的泥岩和泥质粉砂岩,是地壳发展历史中的成煤岩系,如果地层中存在煤层或炭质泥岩层,理论上都有产生瓦斯气体的可能性。因此施工中全线安装瓦斯检测仪。规避了风险事件的发生。

(3)施工管理风险。施工管理风险受施工单位内部管理模型、管理机制、管理水平和约束激励机制的影响,是施工单位自身所能控制的主要风险。其中,组织方式、管理制度、管理措施、道德行为和职业责任等是主要的管理风险源。

减小管理风险的办法是建立制度化管理,就是按照已经确定的规则来推动企业管理。有些风险事件就是人们不按照已经确定的规则行事。例如,广州地铁珠江新城旅客自动输送系统土建施工 3 标工程,右线掘进至 -1 环时,洞门密封下部出现较大涌水涌砂渗漏,在 30 多分钟内，涌水量超过300m^3，夹带的涌砂量超过160m^3，涌水、涌砂迅速灌满始发井的下部，并漫到车站的底板上。造成事故的原因之一是没有按照程序规定，在盾构机始发前仔细检测和确认始发端头的加固效果。事先没有发现问题，当然也就不可能采取任何预防处理措施。

2.4.3 特殊地段盾构法主要风险

盾构施工过程中的大部分问题，都源于人们对不同地段水文地质施工条件差异性的轻视或忽视。盾构施工过程中，应识别以下特殊地段风险源与风险因素：

(1)岩溶及土洞发育地层中，应当对盾构掘进姿态控制困难，甚至出现盾构机"磕头"、螺旋输送机喷涌和地表塌陷等风险严密监控。

(2)球状风化孤石地层中，应当对因超挖导致的地表沉降、刀具破岩引起的盾构姿态控制困难、刀具严重磨损和刀盘卡死等风险严密监控。

(3)级配不均砂卵石地层中，应当对因渣土改良效果差导致的刀盘卡死、磨损导致开口率变大使螺旋输送机损坏或者卡死，以及掘进速度过慢、水土压力过大导致涌水涌砂、浆液糊住刀盘导致盾体被困等风险严加监控。

(4)软硬不均地层中，应当对因盾构向软土层偏移造成的隧道线性偏离中心、管片错台及破损，滚刀偏磨严重等风险严加监控。

(5)近接施工地段主要包括穿越建筑物敏感变形地段、穿越重要管线及地下障碍物地段、邻近既有隧道地段及下穿高铁线路地段，其风险主要是因盾构掘进对地层造成扰动，导致地层损失过大，进而对近接的建(构)筑物造成破坏。

(6)穿江过河地段应当对因掘进参数控制不当导致的击穿河底、渣土含水量过大导致螺旋输送机喷涌、地层含水量高导致铰接处及盾尾密封处漏水、隧道上浮等风险严加监控。

(7)小曲率半径地段常会出现盾构姿态难以控制、隧道偏离中轴线、管片错台甚至破损、管片密封困难出现渗漏水等风险。

(8)若浅覆土地段地质条件良好，盾构施工风险并不大。若浅覆土地段地质条件较差，盾构施工安全性较小。例如，盾构机在水域下浅覆土中掘进时，盾构姿态上扬、隧道上浮，轴线难以控制；盾构机在砂卵石层浅覆土中掘进时，容易引起开挖面超挖从而造成地面沉陷；土压平衡盾构机在富水砂层等软弱地层浅覆土中掘进时，土层振动易液化，易坍塌变形，且在地下水作用下易产生流砂。

(9)盾构在始发、接收段掘进时，在流塑性地层极易发生涌水、涌泥，从而导致地表沉降甚至塌陷；若盾构掘进参数调节不当，盾构推进动力与前方水土压力不平衡，盾构姿态控制困难，偏离隧道轴线，严重影响施工安全。

(10)对于含有害气体地层，盾构施工过程中遇到的可燃易爆有毒气体可能来自3个方面：一是地层中自然赋存的气体；二是施工过程中产生的气体；三是不明来源气体。国内大量施工案例表明，有害气体主要是CH_4和CO。无论是哪种情况，产生的有害气体都会对盾构机土仓压力的建立构成影响，当浓度过大时，则有可能导致爆炸。

(11)对于富水砂层，其主要风险为砂层渗透系数和地下水压力较大，土压平衡盾构机不易建立土压平衡，导致地表沉降甚至塌陷，施工风险极大。隧道处于富水砂层中，浆液注入盾尾后很快被地下水稀释，导致成型隧道管片出现上浮，容易造成错台和破损。

2.5　特殊地段盾构法施工技术的核心问题

2.5.1　动态平衡问题

不管是什么类型的特殊地段，盾构施工过程都是一个地层岩土体不断被切削及盾体不断推进补偿的动态平衡过程。因此，要保证盾构正常掘进，至少要确保 4 个方面的动态平衡关系。

1）受力体系的动态平衡

隧底地基承载力必须不小于盾构设备自重与上覆土体自重之和，这属于动态受力体系中的第一个平衡关系，此时盾构机的自重需要重点考虑，特别是盾构机自重沿纵向非均匀分布情况下，由承载力较好地层向较差地层转换时存在盾体下陷（俗称"栽头"）的风险，而遇到上软下硬地层时则容易发生机头上扬（俗称"抬头"）事故，这种平衡通常依靠盾构同步注浆以及后续跟踪补充注浆来进行动态平衡控制。

盾构法隧道施工中，对于刚脱离盾尾的管片，需要保证隧道管片与上覆荷载之和大于作用在成型隧道衬砌管片上的浮力，否则将出现局部或整体的上浮，表现为管片错台、裂缝、破损，乃至轴线偏位等现象，尤其是穿越河底浅覆土时该问题尤为明显，这属于受力体系中的第二个平衡关系。

盾构掘进过程中，在推进油缸的推力作用下，刀盘旋转切削开挖面土体产生渣土，由刀盘上的开口进入密封的土仓，并通过土仓下部的螺旋输送机进行排土，通过调整盾构掘进速度使盾构土仓压力与开挖面土压力形成动态平衡，可达到受力体系中的第三个平衡关系，这也是盾构机正常施工的关键所在。

此外，还可通过动态调整螺旋输送机的排土速度实现土仓保压，此时土仓压力与螺旋机排土阻力达到平衡，达到受力体系中第四个平衡关系。只有满足了受力体系中以上四个平衡关系，施工过程中开挖面才不易失稳，盾构机才能有效开展工作。

2）地层损失与盾构补偿的动态平衡

随着盾构开挖面处土体的切削，地层在重力作用下向开挖部位弥补土体损失而引起地面沉降，此时盾构机的不断推进就起到体积的补偿作用。若盾构掘进时开挖面土体受到的水平支护应力不足，则引起的地层损失将导致盾构上方地面较大沉降，盾构的体积补偿作用失效；此外，盾构施工中盾尾空隙采用同步注浆充填，若浆液充填不及时、注浆压力不适当、注浆量不足等也将导致盾尾后土体失去原始平衡状态，引起地层损失；再者，隧道衬砌脱离盾壳后在水压力和土压力作用下发生变形，也会引起地层损失。因此，有效控制地层损失的前提是充分发挥盾构法及辅助技术的体积补偿作用。

3）地下水系统的动态平衡

随着隧道的不断掘进，地层中原有的地下水渗流路径将发生改变，原有的地下水循环系统将被打破，如衬砌管片接头橡胶止水失效或壁后注浆效果欠佳引起的渗漏水会导致地层中地下水位的变化，进而引起周边地表沉降、建筑物倾斜和管线差异沉降等事故。这也是地下工程施工经常遇到的问题，因此需要事先对地下水情况进行勘察并在施工过程中采取辅助措施，确保地下水系统的动态平衡不被打破。

4）周边环境影响的动态平衡

隧道施工会对周边既有隧道、桥梁和管线等建（构）物等产生直接影响，这也是地下工程近接施工经常遇到的问题，因此施工过程中必须采取必要的防治措施。

总之，特殊地段的地质条件和环境条件，使得这些动态平衡难以达成，甚至会直接破坏掉已有的平衡状态，造成灾难性的后果。

2.5.2 控制技术核心

要确保前文所述四个动态平衡不被打破，首先要梳理出盾构施工中可采用的控制措施。基于前文对盾构在特殊地段施工风险识别及施工难点问题的分析可知，一些施工风险是由自身或特殊环境引起的，另有一些是地层本身原因导致的。一方面，合理控制盾构机掘进参数就能大大降低施工风险，例如设定合理的土仓压力保持开挖掌子面稳定，设定恰当的同步注浆参数有利于减少地表沉降量，科学地布置刀具实现盾构在软硬不均地层顺利掘进，这些均属于针对盾构设备的控制措施。另一方面，通过对作用对象或周边环境的改变也可以控制四个动态平衡不被打破，例如加固掘进地层和周边影响范围内建筑物基础等，这些均属于针对作用对象的控制措施。

总体而言，特殊地段风险控制措施包括针对盾构设备的控制措施和针对作用对象的控制措施。要弄清这些措施在特殊地段使用时会遇到哪些问题，涉及技术使用的复杂性与不确定性具体体现在哪些方面，由此才能确定控制技术的难点所在，如变形监测的范围及技术指标在深厚软土地区难以确定，刀盘、刀具的配置在特殊地段没有完善的借鉴标准，刀盘的适应性问题有待进一步研究等。下文结合不同类别的控制措施简要分析对应的技术难点。

1）刀具配置技术

刀具是盾构施工的重要部件，在盾构施工时，选用什么样的刀具通常取决于盾构机掘进通过的地层条件，刀盘设计中刀具布置是关键环节。特殊地段尤其是特殊地层中刀盘、刀具的选型是极具挑战的工作，选型得当与否直接关系着盾构法施工的效果。

2）始发和接收技术

盾构的始发和接收是盾构掘进的关键工序，而《盾构法隧道施工及验收规范》（GB 50446—2017）并未纳入特殊地段。特殊地段增加了始发和接收的难度和风险，需要采取特殊的工程技术措施，如邻近水体时采用 U 形地连墙封闭始发段，在闭合的围护结构中进行加固和降水作业等。

3）掘进参数控制

掘进参数包括土仓压力、掘进速度、推力、刀盘扭矩参数、盾构姿态、排土量及注浆参数等指标，是盾构掘进控制的重点和难点，而针对特殊地段的不同控制要求为掘进参数的选用提出更高标准。

4)刀具及盾尾刷更换技术

盾构可能穿越不同特性的岩土地层,刀具作为易磨损件需要经常更换。带压进仓更换刀具对操作人员要求高、作业风险极大,且在高压环境作业,对操作人员健康非常不利,换刀过程中刀盘前方开挖面地层和刀盘仓内气密性要求极高,故仓内气压平衡及开挖面是否稳定关系到开仓换刀施工的成败,特别是穿江过河地段,换刀位置的确定及过程中风险控制是重中之重,必须周全考虑。此外,盾构其他部件的更换也需进行风险评估,如盾尾密封刷的更换是在隧道内进行,特殊地段的水文地质可能更为复杂,对更换工作造成较大风险。

5)渣土改良技术

盾构法施工中渣土改良对添加剂的使用总体上不存在严格的规范标准,渣土改良材料配比和添加剂的用量均由现场试验结合地层参数分析确定,施工过程中,注入参数的选定与控制等均依靠施工技术人员的经验判断。为了适应特殊地层的推进,盾构机配备了渣土改良系统,但仍然存在诸多问题,如膨润土虽然能有效地解决喷涌问题但无法有效地解决刀盘及土仓内结"泥饼"问题。

6)地层加固技术

建构筑物加固技术。对于一些较为敏感的周边环境,例如近接施工地段、大坡度地段、小半径曲线地段、盾构始发和接收地段等,一般采取地层加固方法来降低盾构施工风险。此外,对盾构穿越的既有建(构)筑物进行加固也是特殊地段变形控制的关键措施。虽然通常情况下盾构法施工已经能够较好地预测并控制盾构推进对周围环境所造成的影响,但是在高灵敏度软土地层、近接地段,不同的加固措施对特殊地段的加固效果相差较大,部分情况下仍然会造成较大的地表沉降,引起建构(筑)物基础的不均匀沉降及上部结构的附加变形,可能导致建(构)筑物开裂甚至破坏。

7)沉降及建(构)筑物变形监测技术

在隧道施工期间对结构及其沿线附近重要的地下、地面建(构)筑物,重要管线,地面道路等变形情况进行监测,为施工提供实时准确的信息,用以评定隧道结构工程在施工期间是否安全及施工给周边环境带来的影响程度。常规地段的监测方法及控制标准较为完善,但尚缺少特殊地段监测控制指标的标准。例如,不同土层中地表沉降及建筑物位移控制值差别很大,究竟定多少合适,目前没有很好的结论,即使地方建设单位给出一些控制指标,也仅是从经验上确定的,有时还是范围值。特别地,盾构施工在多种特殊风险因素耦合作用下进行,对监测手段及控制方法提出更高的要求。

8)降水与防水技术

在高承压水头地层中,盾构机始发、掘进、进洞及刀具更换技术难度较大,而在许多大城市中往往不允许降水措施,迫不得已需要采用时应评估降水过程对周边建(构)筑物及管线等的影响。因此,控制地下水系统的动态平衡对确保周边环境的稳定至关重要。此外,盾构法修建的区间隧道由衬砌管片拼装而成,本身就存在无法避免的接缝,其渗漏水通道远多于其他地下构筑物,因此盾构法施工的区间隧道防水要求比一般地下构筑物要高得多。

9)应急机制的启动

在盾构掘进过程中,地层在动态变化,设备参数也在动态变化,技术人员需要预判和应对这些变化,要根据变化去主动控制盾构。要明确盾构参数控制是由操作手还是由土建工程师来决定,如何保证特殊状况应对的及时性和应对措施的准确性。对此,要建立一套完整的应对机制。应对机制主要体现在以下几个方面:

(1)建立监测机制。明确盾构姿态参数、运行参数以及渣土状态的监测方法、频率。

(2)建立信息反馈机制。明确采集信息的责任人、传递路径、信息路径各节点的知情人反馈责任、信息传递可反馈时限等。

(3)建立分级管理机制。对变化量进行分级控制。例如,中铁十一局集团城市轨道工程有限公司盾构分公司规定:

①当盾构施工出现异常情况,姿态下掉超限时,操作手向当班副队长和技术主任汇报;

②当姿态超出 ±50mm 时,技术主任向项目总工、中心技术质量部汇报;

③当姿态超出 ±100mm 时,技术主任向中心总工汇报、项目部向监理单位和建设单位汇报。

2.6 多"特殊"条件组合的风险问题

2.6.1 多"特殊"问题的形态

盾构施工面临的地质条件和周边环境较为复杂,且盾构设备本身由多个复杂的功能系统组成,风险组合较为常见。盾构法隧道施工遇到特殊地段,往往存在多个特殊条件组合影响的情形,由此产生的多种风险因素组合给工程建设带来很大的风险。

富水地层小半径曲线施工中,盾构各组件的间隙发生变化,内侧间隙减小而外侧间隙不断张开,容易导致盾尾刷与管片不能密贴,发生盾尾刷渗漏风险。此外,转弯段盾构机与隧道轮廓的尺寸往往吻合不佳,盾壳与管片间的空隙注浆填充不密实容易导致管片破坏,特别是富水地层容易引起渗漏水甚至突涌水事故,因此两种因素组合作用下使盾构法施工更为困难。

此外,对于上软下硬地层中的上坡施工,盾构推进除了刀盘、刀具偏磨严重之外,软地层土体进入密封土仓非常容易。但是区间掘进范围内的岩体,质地非常硬,很难被破碎,盾构机就很难控制运行姿态。在上坡地段施工容易造成盾体上扬,一旦产生盾体上扬而偏离轴线,想要纠偏就非常不易,单纯将盾体铰接处固定而强行进行纠偏并不可行,如成都地铁某盾构区间掘进过程由于采用固定铰接处强行向下纠偏,导致整个盾体上扬更为严重。

对于复杂地层条件下的近接施工,考虑到复杂地层异于常规的单一地质或力学性质相似的成层土地质(如软硬不均地质条件下盾构机磨损大,软土地层中地层扰动较为严重),在此类复杂条件下进行盾构法隧道的近接施工难度大,对盾构机和操作水平要求高。在建筑物变形沉降控制严格要求下,如何控制施工过程对周边地层及既有建(构)物变形的影响并实现准确预测,如何主动改善围岩应力场使其达到稳定状态,降低施工过程所引起的力学行为影响,减少复杂地层条件下盾构施工对地表变形及建(构)筑物的二次损害,这些增加了工程建设的难度。

由此可见,盾构法施工中多种特殊条件引起的多因素风险组合或耦合问题,是特殊地段施工的“特中之特”，是风险防范的“重中之重”。

2.6.2　多“特殊”问题的系统性解决方法

处理任何问题都要抓主要矛盾，欲解决多“特殊”问题，首先要分析清楚其“特殊”形态、产生的原因以及技术难点，抓住关键风险问题，提出对策。例如，富水砂层中的盾构法隧道曲线施工问题，本质上还是以富水砂层中盾构施工风险问题为主，只是曲线段施工需要考虑到“曲线”这一特殊条件。针对多“特殊”问题，常用的系统性的解决方法主要有以下几类。

1）针对风险源的措施

风险源是任何风险事件发生的源头，也是风险因素产生的前提，因此采取措施从源头进行防控可以起到根治的效果。例如，富水砂层中的盾构掘进，若采取沿线地下降水措施把地下水位降至施工平面以下，那么风险源“水”的问题就不存在了，达到了彻底解决富水问题的效果。此外，合理选用或优化施工工艺（如控制盾构掘进参数）等均属于风险源控制的具体措施。

2）针对风险传递路径的措施

风险灾害事件往往是由风险因素连续作用产生的，这一过程环环相扣，除了可能同时产生多个风险灾害之外，也有可能由于一个风险事件的产生诱发后续新的风险灾害，也可称为二次灾害。例如，近接浅基础建筑的隧道施工，首先盾构掘进将引起地层的损失，扰动严重时地层将产生较大的位移，而地层位移将直接影响到一定范围内建筑地基基础的承载力及其沉降量，可能导致基础上部建筑倾斜甚至开裂。若此时在建筑基础与隧道掘进线路之间布设隔离桩，那么盾构掘进产生的地层位移将由隧道正上方地表发展到隔离桩范围以内而终止，不会再继续延伸到隔离桩外侧建筑基础下方，此时隔离桩措施就起到了隔离风险灾害传递的作用。

3）加强承受风险的能力

加强承受风险的能力主要是针对客体提出的。以盾构法隧道近接建筑物施工为例，若通过加固浅基础下部土层来提高其抗变形能力，或者直接将浅基础换成有一定埋深的桩基础，此时隧道掘进即便产生了较大的地层损失，也不会对建筑物产生较大影响，说明通过对建筑物基础承载性能的优化提高了建筑物这一客体承担风险的能力。

因此，针对特殊地段的盾构法隧道施工，尤其是多因素复合地段的隧道施工，更是“特中之特”，应综合采用以上三个方面风险规避措施，才能达到较好的效果。事实上，由于盾构机是复杂的系统组合，盾构施工也是一个复杂的过程，就算只存在单一的风险也可以采用以上综合性方法进行处理。例如，对于富水地层施工就可以同时采用地层加固、降水、渣土改良、盾构机螺旋机改造等综合方法。归纳起来，以上系统性的解决方法就是环境与作用对象改造、盾构改造、工艺改造等。

2.6.3　二次灾害和次生风险问题

针对盾构施工过程中的问题，采取相应的风险控制措施，虽然规避了可预见的风险灾害，但有时也容易导致其他问题。例如,壁后同步注浆可以较好地约束地层损失产生的地表沉降,但是注浆压力过大往往会导致地表隆起,即产生二次灾害。这样的二次灾害以及次生风险问题还比较多,注浆不当还容易引起盾构刀盘糊死、降水作业容易引起地表沉降等问题。因此,在风险控制措施实施的过程中需要关注措施本身引起的新矛盾、新风险,有效设定措施参数的合理范围。后文各章节将对该类问题进行详细阐述。

第3章

特殊地段盾构法施工适应性选型与配置

3.1 概　　述

盾构机是特定条件下的专用施工设备。新的盾构机是根据一个盾构施工区间的地质条件、水文条件、区间线路条件、周围施工环境条件进行专门设计和制造的;重复利用的盾构机则需要在上场前进行适应性评估,盾构选型要考虑刀盘开口率、刚度、强度、弹性变形量、刀具配置、推进系统、液压系统等。特殊地段盾构法隧道的建设环境和地质条件比较复杂,选型时必须要考虑多方面因素和准则,对不同特殊地段应考虑主要因素。充分利用盾构设备自身功能来规避施工中的各类风险,对盾构施工风险、工期、质量、成本控制方面有着举足轻重的作用。

盾构选型涉及“型”“配置”和“模式”的选择。对于“型”,目前主要包括土压平衡、泥水平衡、EPB-SBM 双模、EPB-TBM 双模等,这些主要是针对地层地质条件的特殊性给出的不同选型,考虑到双模和多模式盾构的特殊性应用,本书不做重点探讨,主要针对土压平衡、泥水平衡的选型问题进行阐述。“配置”就是对盾构机进行针对性功能模块配置,如刀盘系统、排土排渣系统、铰接与密封系统等,新的盾构可以针对功能需要(地质因素或环境因素)一一配对。此外,对于盾构的“模式”,主要分为敞开式、半闭胸式、闭胸式及气压式,同样需要考虑地层地质条件的特殊性进行选择。本章将结合盾构总体选型原则、设备部件使用功能与配置选择的影响因素进行重点阐述。

3.2 盾构选型的原则及依据

3.2.1 盾构选型原则

盾构选型是盾构法施工的关键环节,直接影响盾构法隧道的施工安全、质量、工艺及成本,为保证工程的顺利完成,应重视盾构的选型工作。选型就是选土压盾构或泥水盾构,盾构选型

时主要遵循下列原则:

1)适应性原则

所谓适应性,即所选择的盾构设备对拟建项目的区间地质、水文以及周边风险源应对的适应性,同时满足隧道外径、长度、埋深、施工场地、盾构机及区间周围环境等建设目标要求条件。根据国内已有的盾构施工经验,可概括为适应大多数情况的原则,即确保所选盾构机能满足拟建工程的主要风险指标要求,能有效降低盾构施工风险。通俗地讲,盾构机在不同地层,都要“吃得进、排得畅、稳得住”。吃得进,要求盾构机有足够的破岩能力,有坚硬的牙齿(刀盘),有嚼劲(功率);排得畅,相当于肠胃系统功能强大,涉及刀盘开口、破碎和螺旋机排土等;稳得住,考验的是盾构的平衡能力和控制水平。

2)有利性原则

从国内盾构施工经验来看,除非完全采用新制盾构机,才能实现高度契合拟建工程的地质情况,否则,在多数的盾构机选型工作中,均是对现有的盾构机进行适应性选型。众所周知,设备不是万能的,不能依赖设备解决所有的问题,因此我们提出在这类条件下的盾构选型有利性原则,即将盾构机的性能优点完全放大,通过选择最有利拟建工程的盾构机来进行针对性改造,实现设备效率最大化,特别是后配套设备的能力最好能与主机配套,满足生产能力与主机掘进速度相匹配,同时具有施工安全、结构简单、布置合理和易于维护保养的特点。

3)经济性原则

经济性原则的首要要求是降本降耗,确保盾构机效用最大化。如果盾构机选型没有考虑经济性原则,例如同一洞径条件下,若选择盾构外径更大的盾构机,引起的连锁反应会是什么?可能是盾构掘进断面大造成掘进困难,也可能是盾体与地层间隙增加导致同步注浆方量增加引起水泥用量增加,还可能是管片与地层间隙增加引起的管片不均匀沉降造成管片质量缺陷,这些都是经济性原则要求考虑的问题。

总之,好的盾构选型方案一定是安全可靠、技术可行、经济合理的。在实际盾构选型工作中,可根据以上原则,对盾构的形式及主要技术参数进行研究分析,在保证盾构施工安全的前提下,选择经济性、适应性更优的设备,满足安全、质量、工期、造价及环保要求,选择合理的盾构施工方法和合适的盾构机,实现适应性、先进性、经济性相统一。

3.2.2 盾构选型的依据

选型的主要依据是根据项目现场情况,结合区间地质情况、周边环境情况以及盾构机现状进行综合分析,确定盾构机适应性选型及调整方案,具体选型依据可参考表3-1。

盾构机适应性评审依据一览表　　表3-1

序号	主要依据	备注
1	项目总体概况	外径等
2	区间地质水文条件	关注隧道掘进影响范围地质,尤其是不良地质
3	盾构穿越特殊地层,下穿重要管线、铁路、建筑物等调查报告	关注与建(构)筑物、管线、铁路等位置距离关系

续上表

序号	主 要 依 据	备　注
4	区间重难点分析及对策	
5	盾构机选型及系统配置	重点关注盾构机刀具配置,关注盾构机掘进里程、现有系统配置
6	盾构施工业绩、重大维修保养记录	关注设备维保记录情况
7	盾构设备维修、制造过程的管理情况	

3.3　盾构选型的主要步骤与方法

3.3.1　盾构选型的流程

盾构选型工作通常以是否适应项目施工环境条件为前置条件。图 3-1 所示为中铁十一局集团有限公司进行盾构选型工作规划的组织流程。

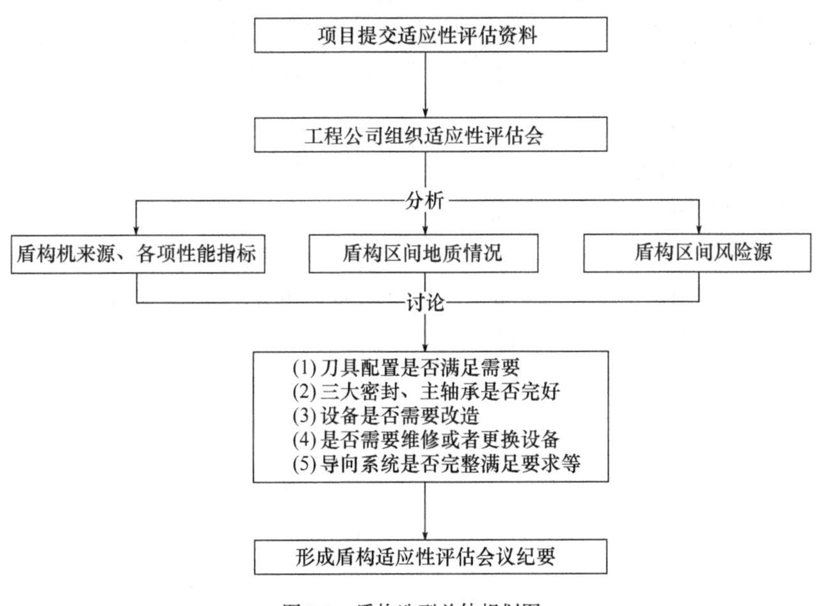

图 3-1　盾构选型总体规划图

3.3.2　盾构选型的主要步骤

盾构选型工作是在全面了解项目情况的基础上进行的,通过对项目情况进行逐步分解,针对性地进行刀盘刀具配置、设备维保改造等前序工作,由点到面,各个击破,保证盾构机满足施工需要。盾构选型的主要步骤按照先后顺序可分为以下几个方面:

1)盾构施工环境分析

城市轨道交通施工环境比较复杂(尤其是在城市中心区域的盾构下穿施工),盾构选型工作开始前,应全面调查区间影响范围内的建(构)筑物现状情况、基础形式等,并且仔细阅读详勘报告及补勘报告。盾构施工环境与选型关系如图3-2所示。

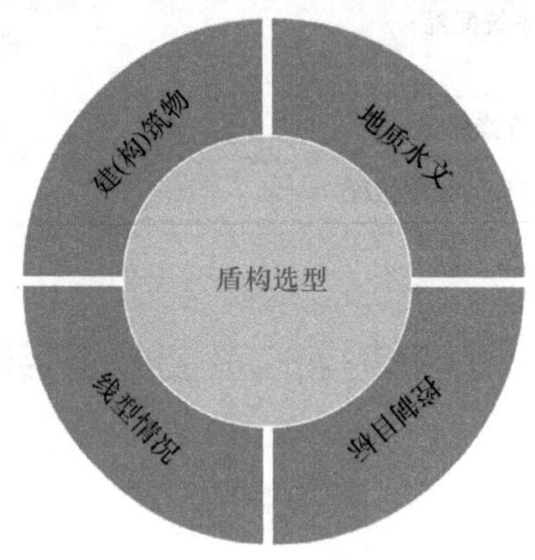

图3-2　盾构施工环境与选型关系图

2)盾构机种类及形式的确定

在获得实际工程全面信息后,结合工程总体的地质水文、周边环境、建设单位的控制目标、设计单位的推荐或要求及盾构施工经济性等因素综合考虑选择盾构形式和种类。本阶段的选型比较粗略,主要是从土压平衡、泥水平衡等模式大类上进行初步选择,并未考虑细节的参数设计。

3)盾构机的适应性设计

在初步选择盾构机的类型之后,结合全面调查掌握的资料,对盾构机进行调整设计,主要对刀盘形式、刀具配置、螺旋机系统、注浆系统等进行全面分析并针对性调整。例如,对长距离下穿盾构施工,应尽量配备全新的掘进刀具,避免下穿过程磨损过大导致停机换刀的风险。

总体来说,针对盾构机适应性设计的考量,应结合区间地质情况具体分析,根据既往的盾构施工经验来看,可参考表3-2进行逐步分析设计。

盾构适应性设计控制项目表　　表3-2

序　号	项目名称	控制项目
1	刀盘	刀盘形式、开口率
2	刀具	刀具类型、刀具材料、配置部位、刀间距
3	铰接系统	密封效果、纠偏能力
4	盾尾刷选型	盾尾刷材料、密封方式
5	螺旋机选型	螺旋轴形式、筒体耐磨板覆盖率、防喷涌能力、排土量
6	渣土改良系统	处理能力、效果评价
7	特殊部位改造	针对性、改造方式、改造措施

4)后配套设备选型

结合项目施工筹划,选择满足盾构掘进施工工效要求的后配套设备,针对重点机械设备进行针对性改造。这一阶段主要针对的是配套性的设备改造,目的是安全提高施工效率,使各项工作达到最佳协调状态。

3.3.3　实际选型的困难

针对盾构机的类型和模式选择,总体上可根据特殊地段的不同情况进行方案比选,但考虑到实际工程中同一线路内地层地质的复杂性和不均一性,不同里程段最佳的盾构选型和模式选择往往不同,而考虑到经济与管理的因素,同一标段的盾构选型往往是固定的,不可能随时更换,因此有些地段就会存在盾构选型的不适应问题。针对以上问题,盾构选型首先会考虑大比例适应原则,当满足绝大部分里程段的要求时,便可作为最优的盾构类型和模式选项,其次是最不利原则,这样就可以满足某个关键控制要求而作为唯一的适应性选项。

设备并非万能,不能完全依赖设备解决所有的问题,往往需要通过人为管控得到最优的方案。前文也指出,最优的盾构配置选型一定具有安全可靠、技术可行和经济合理等特征。因此,施工时应结合自身技术水平、建设工期要求、建设成本控制等目标因子,在满足安全可靠的条件下选择最为合理的盾构类型和掘进模式。然而,在追求以上几个控制目标时往往存在许多矛盾的地方,有时并不能使所有目标因子都达到最优,此时的方案比选就需要进行更为周密更为全面考虑。例如,施工队伍在盾构使用技术方面较擅长,对敏感环境下的盾构掘进参数控制经验丰富,那么在确保安全的同时就可尝试从节约成本的角度对选型及模式进行优化;相比之下,技术水平相对较弱的队伍,首次从事盾构施工经验不足,那么在盾构选型以及辅助措施方面,就需要从确保安全的角度思考技术实施方案的可靠性,以规避潜在的技术风险作为首要考虑的因素进行盾构类型和模式的比选,而对于建设成本的控制仅作为次要因素;再者,对于工期十分紧张的形象工程,资源投入大,标准控制要求高,就需要在节约工期方面做重点考虑,此时施工成本便成为次要因素。

3.4　盾构类型与平衡模式的选择

平衡模式的选择是盾构机选型的起点。在设计阶段已经初步确定,在施工阶段进行平衡模式的更改,需要充分的理由和更多的论证。模式的选择处于在盾构机选型之后,针对硬岩盾构机和土压平衡盾构机都可以实现开胸式、半开胸式和闭胸式掘进。泥水平衡就只能采用闭胸式这一单一的模式,可以采用气压模式,实现类似于半开胸式的掘进模式。

3.4.1　根据地层渗透系数选型

地层渗透系数对于盾构机的选型是一个很重要的因素。土体渗透性越高,土层中水的流动性越大,浆液扩散范围越大,掘进过程中引起地表沉降的可能性越大。此外,土压平衡盾构在富水高渗透性地层中掘进时,若渣土改良效果差,极易导致水夹杂着细小的泥沙从螺旋机中喷涌而出,造成事故。盾构机选型与渗透系数的关系如图 3-3 所示。

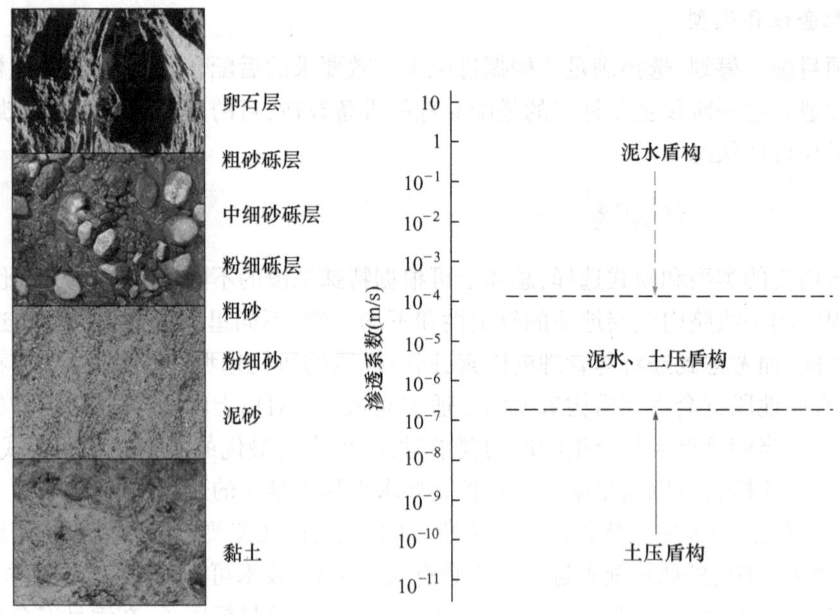

图 3-3 盾构机选型与渗透系数的关系

3.4.2 根据地层颗粒级配选型

土压平衡盾构机主要适用于粉土、粉质黏土、淤泥质粉土、粉砂层等黏性土壤的施工。在黏性土层中掘进时,由刀盘切削下来的土体进入土仓后由螺旋输送机输出,在螺旋输送机内形成压力梯降,保持土仓压力稳定,使开挖面土层处于稳定。一般来说,细颗粒含量多,渣土易形成不透水的塑流体,容易充满土仓的各个部位,在土仓中可以建立压力来平衡掌子面。盾构机类型与颗粒级配的关系如图 3-4 所示。图中黏土、淤泥质土区段,为土压平衡盾构机适用的颗粒级配范围;砾石粗砂区,为泥水平衡盾构机适用的颗粒级配范围。粗砂、细砂区,可使用泥水平衡盾构机,也可经土质改良后使用土压平衡盾构机。

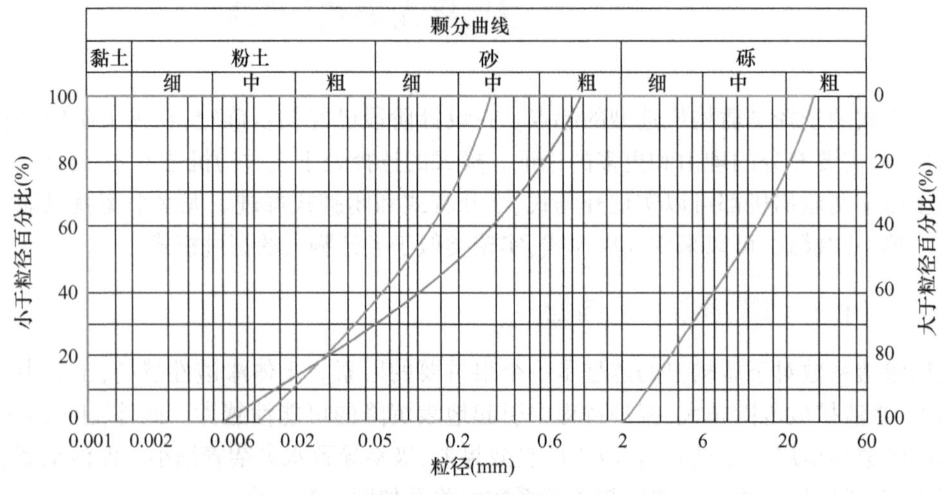

图 3-4 盾构机型与地层颗粒级配的关系

一般来说,当岩土中的粉粒和黏粒的总量达到40%以上时,通常宜选用土压平衡盾构机,相反的情况选择泥水平衡盾构机比较合适。粉粒的绝对大小通常以0.075mm为界。

3.4.3　根据水压和水量大小选型

当水压大于0.3MPa时,宜采用泥水平衡盾构机。如果采用土压平衡盾构机,螺旋输送机难以形成有效土塞效应,在螺旋输送机排土闸门处易发生渣土喷涌现象,引起开挖面坍塌。当水压大于0.3MPa时,如因地质原因需采用土压平衡盾构机,可以考虑增大螺旋输送机的长度,或采用二级螺旋输送机、增设保压泵以及通过渣土改良来有效提高渣土抗渗性。

由于土压平衡造价、渣土运输等方面具有优势,在两者的临界条件下,多采用土压平衡加措施的形式。例如,广州地铁6号线穿越珠江,在始发段存在富水砂层,但还是选用了双螺旋土压盾构。

3.5　盾构机刀盘形式的选择与刀具种类及布置

盾构正常运转状态"吃得进、排得畅、稳得住"均和刀盘有着紧密的联系。吃得进,涉及刀盘的结构形式、刀具配置;排得畅,涉及刀盘的开口率设计;稳得住,和刀盘的结构形式和排土密切相关。

3.5.1　刀盘结构形式

刀盘的结构形式有面板式(图3-5)、辐条式(图3-6)和复合式(辐板式,见图3-7)三种。面板式刀盘开口率相对较小,适用于复合地层;辐条式刀盘开口率较大,适用于软土地层;复合式刀盘开口率适中,既可用于软土地层又可用于复合地层。具体应根据施工条件和土质条件等因素确定。泥水平衡盾构机一般采用面板式和复合式刀盘;土压平衡盾构机则根据土质条件不同可采用面板式、辐条式和复合式刀盘。

图3-5　面板式刀盘

图3-6　辐条式刀盘

图3-7　复合式刀盘

1)*刀盘结构形式与地层关系*

地层的特点决定了盾构机的刀盘结构形式,根据以往盾构施工经验,在选择刀盘时,根据地层情况的不同,可按表3-3进行刀盘选型。

盾构机刀盘选型控制表　　表3-3

序号	适应地层	控制目标	刀盘结构形式
1	软土地层	防结泥饼	面板式
2	砂层、砂砾层	降低刀盘磨损	辐条式
3	硬岩地层	降低磨损，强化破岩能力	复合式
4	复合地层	降低磨损、强化破岩能力、防结泥饼	复合式

2）刀盘开口与地层关系

刀盘开口选型主要包括开口率、开口形状及开口大小三种形式的选择，如果选择了不恰当的刀盘开口率、开口形状及开口大小，可能导致刀盘结泥饼、卡螺旋机、堵塞排浆管、掌子面沉降坍塌、掘进效率低下等风险，因此在刀盘开口的选择上，需要综合考虑，明确地质特性对刀盘的影响。

（1）开口率选择

开口率指刀盘开口面积占刀盘总面积的百分比，主要根据盾构机掘进效率和地层特性进行选择。开口率的大小，直接影响盾构掘进过程中的土仓压力、刀盘扭矩和盾构出土效率，开口率越小，上述三种参数的取值则越小，反之亦然；对于地层特性来说，当开口率较小时，如果土体流塑性差，或者土体切削后粒径大，则容易出现刀盘“结泥饼”或者卡刀盘的情况。

对土压平衡盾构机来说，在流塑性黏土中，选择30% ~40%的开口率是合适的；在硬塑性黏土中，开口率建议不低于50%，主要目的是保证出土顺利；在粉砂地层中，开口率在60%以上为宜，若选择开口率低于40%的盾构机，则需在渣土改良时，增加泡沫剂减摩；针对上述几种地层复合的互层地层来说，应以保证盾构掘进和出土效率的原则来进行开口率的选择，建议根据互层地层中占比大的地层条件综合考虑。

（2）开口形状和大小选择

开口形状和开口大小指开口的截面形状及大小，主要依据渣土排出方式进行选择。例如，泥水平衡盾构机在含有特大卵石的地层中施工，刀盘开口则必须小于盾构机的最大碎石能力，保障进入土仓的特大卵石能够顺利破碎排出。

综上所述，刀盘开口的选型，应结合多方面的因素进行综合考虑，必要时应提前设计针对性的辅助措施，确保刀盘耐久性和掘进效率。根据中铁十一局集团公司在国内的施工经验，对部分地区的刀盘开口率及施工情况进行了统计，见表3-4。

典型城市盾构施工刀盘开口率统计　　表3-4

序号	城市及标段	区间主要地层情况	刀盘开口率	施工情况
1	常州一号线7标	粉质黏土、粉砂夹粉质黏土、粉砂、粉土夹粉砂	34%	基本满足施工需要
2	武汉二号线7标	黏土夹碎石、薄层灰岩、局部穿越黏土、溶洞	31%	基本能满足该标段地层的需要，刀盘开口率合适，推力和速度稳定，大故障相对较少，设备整体性能稳定
3	武汉八号线6标	主要为硬塑性黏土	35%	刀盘开口率小，黏土地层渣土进入土仓困难

续上表

序号	城市及标段	区间主要地层情况	刀盘开口率	施 工 情 况
4	武汉五号线 6 标	粉砂、粉土、粉质黏土互层，粉砂夹粉土、粉细砂。粉质黏土呈软塑—可塑状，粉砂呈松散—稍密状	35%	(1)刀盘开口率过小，面板易被糊住结泥饼，掘进推力大，扭矩大；(2)正常推进速度 40 ~ 55mm/min，刀盘扭矩 2800 ~ 5200kN · m，推力 2400 ~ 2700t
			43.9%	(1)基本能满足要求；(2)正常推进速度 50 ~ 70mm/min，刀盘扭矩 2000 ~ 2500kN · M，推力 2000 ~ 2300t
5	成都五号线 9 标	稍密卵石层、中密卵石层，含水层渗透系数约为 18m/d，为强透水层	35%	能满足该标段砂卵石地层掘进所需要的大扭矩，刀盘开口率合适，推力和速度稳定，螺旋机出土能力和所能排出的最大卵石粒径也能满足地层需要
6	西安一号线 2 标	中砂层，局部穿越细砂及粉质黏土	43%	基本满足施工要求，不足之处是在掘进过程挤压砂层致密，形成铁板砂后，刀盘扭矩大、推力大，需要加强减摩措施
7	西安五号线 7 标	中砂层、细砂层、粉质黏土层	65%	含砂层和粉质黏土层两类地层中，刀盘扭矩和螺旋机压力波动幅度很大
8	郑州四号线 4 标	细砂及中砂层	53%	所选盾构机基本能满足该标段使用
			39%	不足之处在于刀盘开口率(39%)偏小，刀盘扭矩较大
9	北京房北线 1 标	隧道基本位于卵石 6 层，局部位于卵石 5 层，隧道内各围岩均匀性和稳定性较好	65%	基本满足施工需要，工作额定扭矩远小于设计额定扭矩

3.5.2　刀具的种类、破岩机理与配置

1)刀具种类及破岩机理

(1)刀具分类

目前盾构机刀具按切削原理划分，一般公认有滚刀和切削刀两种类型。切削刀又分为齿刀、刮刀和先行刀等。

滚刀的切削原理是依靠刀具挤压掌子面破岩，一般用于岩石隧道的掘进。当然，穿越松散地层但有大粒径的砾石(粒径大于 400mm)、并且砾石含量达到一定比例时，也可采用滚刀型刀具。另外，在隧道地质条件复杂多变、岩石(强度不算太高)与一般土体(或黏土、砂土)交错频繁出现的情况，也有可能采用滚刀型刀具，即在复合式盾构机中采用。

切削刀的切削原理是盾构机向前推进的同时，刀具随刀盘旋转对开挖面土体产生轴向(沿隧道前进方向)剪切力和径向(刀盘旋转切线方向)切削力，不断将开挖面前方土体切削下

来。切削刀一般适用于粒径小于400mm的砂卵石、砂土、黏土等松散体地层。

(2)常见刀具工作原理

①切刀(图3-8 图3-9)。切刀是盾构机切削开挖面土体的主刀具,一般情况下,β(前角)与α(后角)值随切削地层特性不同变化,取值范围在5°~20°,黏土地层稍大,砂卵石地层稍小。

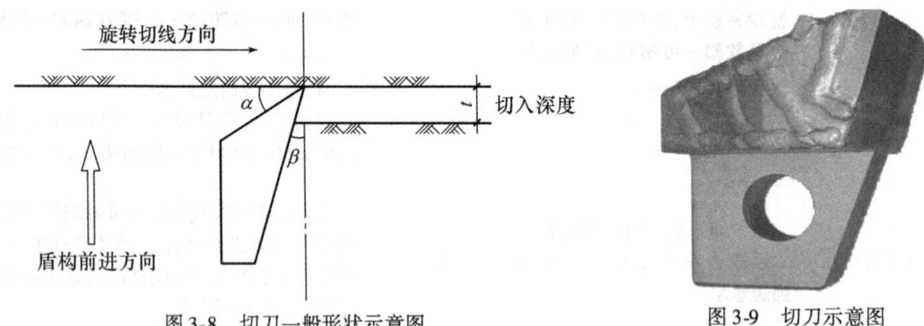

图3-8 切刀一般形状示意图

图3-9 切刀示意图

②先行刀(图3-10)。先行刀即为先行切削土体的刀具。先行刀在设计中主要考虑与切刀组合协同工作。刀具切削土体时,先行刀在切刀切削土体之前先行切削土体,将土体切割分块,为切刀创造良好的切削条件。

③中心鱼尾刀(图3-11)。中心鱼尾刀就是在刀盘设计一把大尺寸的鱼尾形刀具,用来切削和搅拌刀盘中心部位的土体。

图3-10 先行刀示意图

图3-11 中心鱼尾刀示意图

④滚刀(图3-12)。滚刀就是在盾构掘进过程中,刀具不仅随着刀盘转动,自身也可以主动转动的刀具。一般认为刮刀适用于土层及部分软岩,盘形滚刀适用于硬岩,其中单刃滚刀能用在强度很高的岩石中,国外曾有在抗压强度超过200MPa岩石中应用的工程记录。

⑤仿形刀(图3-13)。盾构机一般设计两把仿形刀(一把备用),布置在辐条的两端。施工时,可以根据超挖深度和超挖范围的要求,从辐条两端径向伸出和缩回仿形刀,达到仿形切削的目的。仿形刀伸出最大值一般在80~130mm。盾构机在曲线段推进、转弯或纠偏时,通过仿形超挖切削土体创造所需空间,保证盾构机在超挖少、对周边土体干扰小的条件下,实现曲线推进、顺利转弯及纠偏。

图 3-12　盘形滚刀示意图

图 3-13　仿形刀示意图

2)刀具配置与刀盘布置原则

刀具在刀盘上的合理布置可以提高盾构的开挖性能,刀具在刀盘上的布置一般遵守以下原则:

(1)刀具类型选择。硬岩地层一般以滚刀破岩为主,切刀和刮刀为辅。软弱地层一般以撕裂刀为主,切刀和刮刀为辅。对于软硬不均地层等复杂地层来说,刀具选择相对要复杂得多,常常需将上述两类地层的刀具配置进行组合使用。

纯软土类(淤泥质、粉质、粉细砂、砂)地层,如上海沪崇苏隧道、钱江隧道,在刀具配置中以刮刀为主;硬黏土类(硬塑黏土、强风化泥岩)地层,如扬州瘦西湖隧道,刀具选型时应尽量保证刀具配置情况下增大刀盘开口率;为避免黏土地层中掘进刀盘结泥饼、排浆管易堵塞等问题,应配置刀盘冲刷系统或水刀。松散粒径岩土类(粉细砂、中粗砂、砂砾、卵砾石为主)地层,如南京地铁 10 号线越江隧道、武汉长江隧道等,以重型刮刀、贝壳刀为主,常压换刀为宜。

(2)刀间距的设计。刀间距是指相邻刀刃刃口相对于刀盘中心位置的距离之差,是掘进时相邻刃口形成轨迹的间距,刀间距过大或者过小都不利于破岩,目前常见的整体性较好且岩石强度高的地层,滚刀的刀间距通常为 80 ~ 100mm。

(3)刀具的布局。刀具的空间布局主要是指刀具在刀盘上的平面(径向)和立面(轴向)布局。刀具在刀盘上的平面布局一般有同心圆式和螺旋线式两种布置法,目前应用较为普遍的是螺旋线式布置法。同一切削轨迹上的刀具数量也合理布置,城市地铁 1 个开挖地段一般长度为 1.0 ~ 1.2km,在 1 个区间作业过程中最好做到不要更换刀具。也就是说,在 1 个区间作业过程中刀具的磨损量不超过其许用值,当这个工段完成后再统一换刀,这样可提高施工效率。此外,实际盾构掘进中如果碰到掘进困难的地段,经常需要对刀盘进行正反转来实现盾构机脱困,故要求刀具的布置设计应满足对称组合的要求,即无论刀盘如何正反转,始终保证刀具对掌子面的切削均匀、线性。

(4)外圈刀具强度及切削效率保证。安装在刀盘的外圈的边刀,它的切割轨迹直径为开挖洞径,以保证隧洞直径达到设计要求。尤其是在地层强度较高的地层,应重点保证外圈刀具的强度和切削效率,在保证隧道外径的前提下,提高盾构机掘进效率。

(5)刀具的立体布局。刀具的立体布局实质上是指刀具的安装高度。当地层中黏性颗粒含量较高时，若刀具布置高度较低，刀盘面板结泥后易将刀具全部“糊死”，使刀具失去切削作用；当地层中有硬岩时，如果滚刀和切刀的高差过小，滚刀破岩贯入深度小于此高差，切刀就会“顶住”岩面而限制滚刀进一步贯入，从而影响滚刀的破岩能力，加速刀具的磨损。以软土地层盾构机刀具纵向高度差设置为例，鱼尾刀的顶部刀刃最突出，一般设计成突出刀盘辐条平面500～600mm，其次为先行刀，突出刀盘辐条平面150～200mm，切刀刀尖比先行刀缩进40～50mm。这样设置更具有整体性和立体性，刀具的使用也更合理。

3）刀具磨损的地域划分

近年来，随着盾构大数据的不断发展，结合现有盾构施工经验，通过建立盾构大数据库，对全国范围内的盾构施工情况进行汇总、建模、分析，可将国内地质情况分为：极易磨损区、易磨损区、中等磨损区以及低磨损区共计4类。

（1）极易磨损区。将砂卵石含量很高、上软下硬、极硬岩和花岗岩球状风化体岩层等复杂地层划归为极易磨损区。极易磨损区土体物理力学参数特征是：卵石含量高于50%，内摩擦角大于或等于35°，石英含量很高；地层中孤石粒径大、强度高、分布多；基岩岩石饱和单轴抗压极限强度大于150MPa。其刀具失效类型一般有刀圈断裂，滚刀出现裂缝，切刀和周边刮刀磨损、脱落和崩断，贝壳刀磨损等。针对不同磨损类型，刀盘须合理配置滚刀、切刀、周边刮刀及超前刀，通过增大刀盘开口率，允许破碎后的卵石通过刀盘面来降低刀具磨损。极易磨损区城市分布、地层条件及建议刀具配置见表3-5。

极易磨损区城市分布、地层条件及刀具配置　　表3-5

城　　市	地　　层	建议刀具配置
北京、广州、成都	砂卵石地层	滚刀＋切刀＋周边刮刀＋超前刀
广州、深圳	上软下硬地层	
广州、深圳	极硬岩地层	
深圳	花岗岩球状风化体岩层	

（2）易磨损区。易磨损区特点包括：砾石、圆砾石广泛分布，卵石含量低于50%，内摩擦角30°～50°，石英含量高，地层中含孤石，基岩岩石饱和单轴抗压极限强度较大（大于或等于100MPa）。其刀具失效类型一般有：滚刀磨损，切刀、周边刮刀磨损，齿刀磨损及中心刀磨损等。刀盘可适当配置滚刀或切刀，同样通过增大刀盘开口率的途径降低刀具磨损。易磨损区的城市分布、地层条件及建议刀具配置见表3-6。

易磨损区城市分布、地层条件及刀具配置　　表3-6

城　　市	地 层 描 述	刀具配置建议
沈阳	粉质黏土、中粗砂、砾砂和圆砾地层	切刀＋周边刮刀＋贝壳刀
厦门	粉质黏土，砂质、砾质黏性土，下伏微风化基岩岩石饱和单轴抗压强度最大值接近150MPa	滚刀＋切刀＋先行刀＋中心刀＋周边刮刀
武汉（长江三级阶地）	黏性土，细砂，中细砂混砾、卵石。含砂黏土内摩擦角最大值30°左右，砾石主要成分为石英、长石，且砾石含量最高	滚刀＋切刀＋中心刀＋周边刮刀

续上表

城　　市	地层描述	刀具配置建议
福州	黏性土、含碎石黏性土地层,含孤石,中风化基岩岩石饱和单轴抗压极限强度最大值接近100MPa	滚刀+切刀+周边刮刀
哈尔滨	粉砂、中砂、砾石内摩擦角接近35°,颗粒成分为石英、长石	滚刀+切刀+中心刀+周边刮刀
大连	卵石(透镜体状)+含碎石粉质黏土(厚层状)+碎石,下伏基岩为板岩、石英岩和凝灰岩。卵石含量高、粒径大,成分为石英岩	滚刀+切刀+先行刀+中心刀+周边刮刀
长沙	粗砂+圆砾+卵石(含砂、砾石),石英质,砾石粒径大	
南宁	圆砾(厚层状)+砾砂,圆砾层中砾石颗粒较大、含量高,以石英岩、硅质岩为主	
昆明	圆砾,碎石含量高(50%以上),粒径较大,卵石、砾石成分主要为砂岩、石英等;下伏基岩灰岩为次坚石	
南京	砂土+含砾粉质黏土(内摩擦角接近30°),砾石含量较高,磨圆度差,主要成分为石英	滚刀+切刀+周边刮刀
东莞	黏性土+风化岩,上软下硬,地面以下5~25m范围内微风化,岩石饱和单轴抗压极限强度101MPa,局部含球状风化体	滚刀+切刀+先行刀+周边刮刀
乌鲁木齐	粉土+砾石土	切刀+先行刀+中心刀+周边刮刀

(3)中等磨损区。中等磨损区的地层为局部含卵石的中粗砂且卵石含量较高(20%~30%),粉质黏土层中黏粒含量高,极易在刀盘中心结泥饼,进而造成刀具偏磨。其刀具失效类型一般有滚刀偏磨,刀圈断裂、刮刀脱落等。刀盘布置以切刀和刮刀为主,部分配置滚刀,调整刀盘开口率。中等磨损区城市分布、地层条件及建议刀具配置见表3-7。

易磨损区城市分布、地层条件及刀具配置　　表3-7

城　　市	地层描述	刀具配置建议
西安	黄土为主,局部为含卵石的中、粗砂	滚刀+切刀+周边刮刀
太原	粉土(局部夹中砂透镜体)+中粗砂(矿物质成分主要为石英、长石、云母等,级配不良)	切刀+周边刮刀
宁波	砂质黏土+淤泥质(粉质)黏土+粉质黏土	切刀+周边刮刀
南昌	砾砂+粗砂(内摩擦角最高为36.5°)+砾砂夹圆砾,母岩成分以石英岩、砂岩为主,圆砾含量较高,粒径较大,中粗砂填充,砂成分以石英、长石为主	切刀+周边刮刀+周边保径刀+撕裂刀+鱼尾刀+滚刀
合肥	粉质黏土+黏土+全中风化泥质砂岩(极软岩)	辐条式刀盘:切刀+撕裂刀+鱼尾刀+周边刮刀+保径刀+圆环保护刀+超挖刀+贝壳刀
兰州	卵石层厚度大,为砂土充填,充填程度高,母岩以石英岩、长石砂岩为主	滚刀+切刀+周边刮刀

(4)低磨损区。低磨损区的软土地层以黏性土为主,地层均匀、单一,很少或不含粗粒土,或者砾石埋深较大,几乎不在盾构掘进范围内。盾构在此类地层中施工时受力均匀,能顺利运转和前进。低磨损区常发生的刀盘、刀具失效类型有刀盘中心结泥饼、刀具偏磨等。盾构选型方面,以刮刀为主,盾构施工中添加土体改良材料,避免发生结泥饼或开挖面失稳,以降低刀具的损坏率。低磨损区的城市分布、地层条件及建议刀具配置见表3-8。

低磨损区分布、地层条件及建议刀具配置 表3-8

城市	地层描述	刀具配置建议
上海	黏性土(软土层)	中心鱼尾刀+切刀+周边刮刀
天津	黏性土	
郑州	厚层砂质黄土、黏性土	
长春	地层以粉质黏土、黏土、粗砂为主	
苏州	粉质黏土+粉土+粉砂+碎石土(埋深较大)	
杭州	黏性土+淤泥质粉质黏土,粉细砂、砾砂和圆砾埋深较大	
石家庄	黏性土+含卵砾石中砂+卵石层内摩擦角局部达40°,但埋深较大(地面以下40m)	
无锡	黏性土	
贵阳	黏土+强~中风化泥岩(软岩)	
常州	黏性土+粉砂	
温州	粉细砂+黏土+淤泥质黏土	
徐州	粉砂+粉土+黏土	
济南	黏性土+粉砂	
西宁	黏性土	

3.5.3 不同地层刀盘布置典型范例

1)上软下硬复合地层刀盘布置范例

上软下硬地层主要以广州、深圳等城市为代表,上部软弱地层承载力低,扰动后沉降速率快,下部硬岩地层强度高,刀具磨损严重。在该类地层中进行刀具配置设计,主要是考虑岩层强度与盾构掘进速度的关系,通常采用复合式面板配置全滚刀进行施工。下面以广州某项目盾构机刀具为例进行探讨。

(1)项目地质概况。广州某项目地质情况主要表现为上软下硬及岩溶发育。根据详勘报告来看,区间主要穿越地层为:粉细砂层、风化页岩、灰岩层以及裂隙发育高风险溶洞区。

(2)刀具配置情况。项目采用海瑞克盾构机,刀盘为复合刀盘(图3-14)。刀具配置情况见表3-9。

图 3-14　广州某项目盾构机刀盘

上软下硬复合地层刀具配置表　　表 3-9

序　　号	刀具位置	刀具名称	刀具数量	主要用途
1	刀盘中心	双刃滚刀	4	破岩
2	刀盘正面	单刃滚刀	31	破岩
3	刀盘辐条两侧	正面刮刀	64	刮渣
4	刀盘边缘	边缘刮刀	8	保径

(3)刀具使用效果。采用该刀具组合的刀盘,基本能满足广州复合地层全断面硬岩、上软下硬地段盾构掘进的需要,由于该项目区间岩层强度较高,故需要频繁更换刀具来保证盾构掘进速度,正常掘进条件下,掘进 20 环左右就需要对刀具磨损情况进行检查,对需要更换的刀具进行拆卸更换。通过采用这种刀具组合,在上软下硬地层,单日最高可完成 16 环管片拼装工作;在全断面硬岩中,单日正常条件下可完成 4 环管片拼装。

2)富水砂卵石地层刀盘布置范例

富水砂卵石地层主要以北京、成都、沈阳等城市地层为代表。根据砂性土或砂卵石的基本特性表现,一般为摩擦阻力大,渗透性好,在盾构的推进挤压下水分很快排出,土体强度提高,故盾构推进摩擦阻力普遍较大;另外,盾构土仓内刀具切削下来的砂土不易搅拌成均匀的塑流体,且砂性土中石英含量较大,容易使刀具磨损严重;再者,大粒径砂卵石切削或破碎困难,而且切削下来的渣土排出也十分困难。因此在刀盘设计时,应对刀盘形式、刀具形状及布置方式、加泥加泡沫系统配置等内容作为重点统筹考虑。下面以成都某项目盾构机刀具配置为例进行探讨:

(1)项目地质概况。成都某项目地质情况主要表现为强透水的砂卵石地层,含水层渗透系数 k 约为 18m/d,卵石和漂石强度高,卵石和漂石单轴抗压强度预计高达 55 ~ 165MPa。

(2)刀具配置情况。该项目采用中国铁建重工集团股份有限公司生产的盾构机,刀盘为复合式刀盘(图 3-15),刀具配置情况见表 3-10。

图 3-15 成都某项目盾构机刀盘

富水砂卵石地层刀具配置表 表 3-10

序号	刀具位置	刀具名称	刀具数量	主要用途
1	刀盘中心	双联滚刀	4	破岩
2	刀盘正面	单刃滚刀	22	破岩
3	刀盘辐条两侧	正面刮刀	28	刮渣
4	刀盘边缘	边缘刮刀	8	刮渣
5	刀盘边缘	边缘滚刀	10	破岩/保径

(3)刀具使用情况。采用该刀具组合的刀盘,确保成都项目顺利完成富水砂卵石地层的盾构掘进工作。单线掘进完成后,刀盘整体刀具磨损不大。采用这种刀具组合,在砂卵石地层盾构施工中,单日最高可完成 16 环拼装。

3)*砂层刀盘布置范例*

砂层主要以郑州、西安等城市为代表,该类地层对盾构机刀具配置要求不高,主要是满足渣土改良和沉降控制要求。下面以郑州某项目盾构机刀具配置情况进行探讨:

(1)项目地质概况。郑州某项目地质情况主要为细砂及中砂层,地下水位较低,主要位于区间隧道以下,区间纵坡设计为"V"形坡,最大纵坡为 2.5%,最小纵坡为 0,区间最大埋深为 16.52m,区间最小埋深为 9.25m。

(2)刀具配置情况。该项目采用中铁工程装备集团有限公司生产的盾构机,刀盘为辐条式(图 3-16),刀具配置情况见表 3-11。

图 3-16　郑州某项目盾构机刀盘

砂层刀具配置表　　表 3-11

序　号	刀具位置	刀具名称	刀具数量	主要用途
1	刀盘中心	中心刀	1	搅拌/切削
2	刀盘正面	切刀	80	切削
3	刀盘正面	贝壳刀	58	刮渣
4	刀盘边缘	超挖刀	2	超挖
5	刀盘边缘	保径刀	8	保径

(3)刀具使用情况。采用辐条式刀盘在无水砂层中进行盾构施工,一是开口率大,保证了切削砂层的出土效率;二是一定程度上避免了刀盘中心结泥饼的情况,提高了盾构掘进速度。

4)软土地层刀盘布置范例

软土地层以上海、南京、天津、北京、西安、无锡等城市为代表,主要地质为粉质黏土、淤泥质黏土、粉细砂、黄土等。下面以无锡某项目盾构机刀具配置为例进行探讨:

(1)项目地质概况。无锡某项目区间主要穿越地层为粉质黏土、黏土等软土地层。

(2)刀具配置情况。该项目采用日本小松集团生产的盾构机,刀盘为面板式(图 3-17),刀具配置情况见表 3-12。

软土地层刀具配置表　　表 3-12

序　号	刀具位置	刀具名称	刀具数量	主要用途
1	刀盘中心	中心鱼尾刀	1	搅拌/切削
2		切刀	78	切削
3	刀盘正面	双刃刮刀	4	刮渣
4		仿形刀	2	控制超挖
5	刀盘周边	周边刮刀	12	保径/切削

图 3-17　无锡某项目盾构机刀盘

(3)刀具使用情况。采用面板式刀具配置,在粉质黏土地层中掘进效果较好,刀具磨损不大,单日最高可完成 10 环管片拼装。

3.6　盾构铰接选择

3.6.1　铰接系统类别

铰接系统是盾构机系统的重要组成部分。盾构施工过程中,由于掌子面前方的土体强度不一,地质情况比较复杂,使刀盘整体受力不均匀,引起盾构机逐步偏离原隧道设计轴线。铰接系统的作用就是通过设置铰接液压油缸,对盾体姿态进行缓慢调整,使盾构机逐步回到正常线路。盾构法隧道曲线施工,实际上是通过铰接不断纠偏拟合的过程。盾构铰接系统按照铰接装置结构形式的不同可以分为:中盾和尾盾之间的被动式铰接和前盾和中盾之间的主动式铰接。

1)主动铰接

主动铰接的工作原理主要是依靠千斤顶的主动伸缩使盾构机的前后发生弯折(图 3-18)。盾构推进千斤顶固定在盾构机的后部,推进千斤顶产生的推力作用在盾构机的后部,再通过铰接千斤顶传递到盾构机前部。此外,主动铰接的主要特点可归纳为以下几个方面:

(1)盾构机的弯曲角度可以根据铰接油缸的行程设置任意进行弯曲。

(2)盾构机的方向控制除通过选择推进油缸数量、设定最大推力以外,还可以通过设定铰接油缸的行程来实现。

(3)掘进推力过大时,先用铰接油缸让前盾往前推进,然后用推进油缸让盾尾往前推进,可以实现脱困。

(4)铰接油缸的推力很大,因此和盾尾牵引方式相比价格较高。

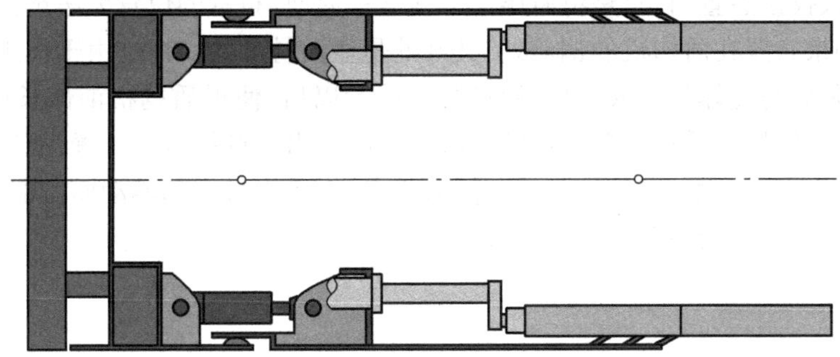

图3-18 主动铰接示意图

2)被动铰接

被动铰接的工作原理与主动铰接不同,其主要是依靠外力使铰接千斤顶伸缩,从而使盾构机前后部发生弯折(图3-19)。推进千斤顶油缸的后端顶在盾构机的前部,油缸的前部搁置在摆动支承上,推进千斤顶的推力直接作用于盾构机前部。其主要特点可以归纳为以下几个方面:

(1)盾构机的弯曲角度无法任意设定。

(2)盾构机的方向控制只有通过设置推进油缸的数量和最大推力来实现。

(3)盾尾的阻力很大时,铰接油缸会自然伸出(有时会导致托架损坏)。

(4)铰接油缸较小,和前盾推挤方式相比价格便宜。

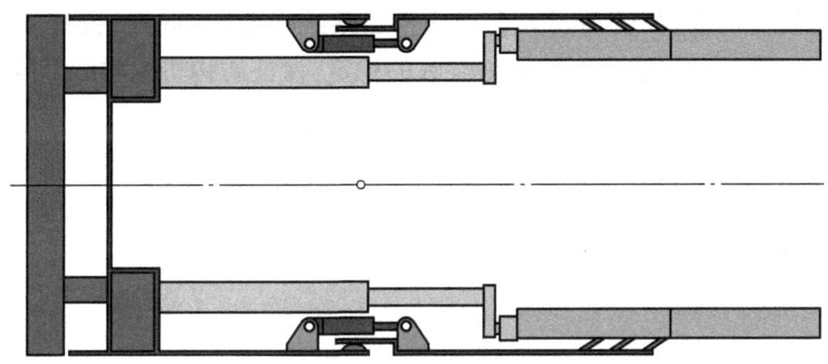

图3-19 被动铰接示意图

主动铰接和被动铰接作用原理不同(表3-13),两种铰接的区别主要表现在以下几个方面:

主动铰接与被动铰接性能区别 表3-13

性能指标	主动铰接	被动铰接
转弯灵活性	灵活	一般
转弯时两侧推进缸的压力差	小	大
铰接油缸受力	推力	拉力
铰接油缸承力	大	小
铰接部分承受扭矩	大	小
转弯时铰接油缸的状态控制	手动或自动控制	随动、不控制
相同管片外径下盾壳直径	小	大
铰接部分机械结构复杂性	复杂	简单

对于被动式铰接装置,它只是将盾尾部分拖挂在后面,布置的位置无法选择。但对于主动式铰接装置,如果布置在盾构机的偏前处,其好处是显而易见的:首先,由于作用在盾构机壳体上的土体摩擦阻力与壳体长度成正比,铰接装置前置以后,使得盾构机前部长度尺寸减小,土体摩擦阻力减小,铰接千斤顶的载荷也随之减小;其次,由于铰接装置前置,使后部壳体的长度比前部长,重量也大大增加,当铰接千斤顶同时收缩时,盾构机后部不动而前部后退,刀盘正面的刀具也随之从岩土中后退,这样便于更换。

3.6.2 铰接系统选型

铰接装置应根据隧道轴线、地质条件、盾构的灵敏度等因素选型,铰接装置处应装有密封装置,并通过集中润滑系统注入润滑油脂,使其保持一定的密封压力,抵御盾构外部土砂和泥水的侵入。

1)小半径、大坡度铰接系统选型

根据线形选型,即根据盾构区间线形情况确定是否需要纠偏能力更好的主动式铰接系统。随着城市盾构的发展,越来越多的小半径、大坡度的盾构区间开始出现,进行该类区间施工时,应提前确定盾构机铰接性能,根据铰接最大角度、油缸行程等参数,合理选择主动式铰接系统。

2)复杂地质条件铰接系统选型

铰接系统作为调整盾构机姿态的辅助手段,需要根据纠偏实时调整,避免大角度折弯,减少对铰接密封的硬性伤害(如受剪过大会造成密封系统扭曲)。同时,铰接系统、推进系统配合使用,并维持土仓压力、推进速度等掘进参数的稳定,保证盾构机的轴线沿既定线路推进,可有效实现对铰接密封的保护。

在复杂地质条件中进行盾构施工,需要根据地质情况合理选择铰接系统。例如,在富水地层,应选择密封性能好的铰接系统,在上软下硬地层则应根据线路要求,选择更容易进行线路纠偏的主动式铰接系统。

3.7 盾尾刷选择

3.7.1 盾尾刷的组成及工作原理

盾构机盾尾通常有三道盾尾刷,即刷式密封1、刷式密封2、刷式密封3,三道密封刷之间可形成两道环形的空腔,如图3-20所示。盾构机盾尾油脂泵通过盾尾壁埋设的油脂管道不断地向两个空腔内注入一定压力的油脂来隔离盾构机盾尾和管片之间的空隙,防止地下水、泥沙进入盾构机盾尾内。一旦盾尾刷失效损坏,盾构机盾尾处会漏水、漏浆,严重时会使泥沙涌入盾尾,后果十分严重。

3.7.2 富水地层盾尾刷选型

盾尾刷选型主要是确定盾尾刷设置道数和盾尾刷材料。为了实现更好的密封效果,避免盾尾漏水(尤其是在富水地层中),应尽量选择密封性能好的盾尾刷材料和性能优良的盾尾密封油脂。盾尾刷材料选择与地层关系见表3-14。

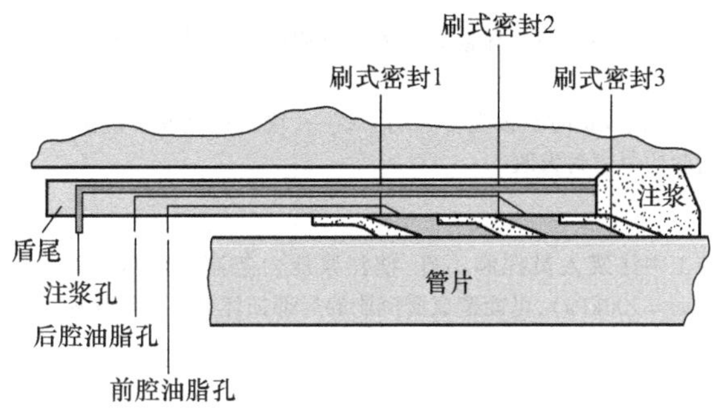

图3-20 盾构机盾尾密封剖面示意图

盾尾刷材料选择与地层关系 表3-14

序号	地层类别	盾尾刷配置	性能区别	备注
1	富水地层	2道钢丝刷+1道钢板束或者4道钢丝刷	钢丝刷不用手涂油脂,由于钢板层与层紧密接触,砂浆不容易进入,能有效避免板结,避免钢板刷的失效,而且在推进过程中可以节省大量密封油脂	需要选用材料性能好的加强型盾尾刷
2	无水地层	3道钢丝刷	止水止浆效果相对较差	通常采用标准型盾尾刷,材料性能略低于加强型尾刷

3.7.3 盾尾刷损坏原因及对策

盾尾刷损坏引起盾尾漏浆的原因有很多方面,实际施工中,应结合盾构施工参数、地质情况、管片拼装情况等因素进行系统分析,在做好盾尾漏浆处理的基础上,积极分析漏浆原因,采取切实有效的办法,避免盾尾刷损坏事故继续发生。常见的盾尾刷损坏的原因见表3-15。

盾尾刷损坏原因及对策 表3-15

序号	主要原因	原因说明	应对措施
1	管片拼装问题	(1)管片拼装时出现错台现象,导致盾尾刷不能完全紧密地包裹管片,当注浆压力或地下水压力大时从错台的地方漏出,出现漏水漏浆现象; (2)盾构机掘进时姿态较差或管片选型错误,造成盾尾间隙过小,盾尾刷由于挤压管片失去弹性而失去密封效果	(1)合理控制盾构掘进姿态,控制好线路趋势; (2)正确认识管片选型重要性,确保管片拼装质量
2	油脂填充不实	(1)掘进时盾尾油脂注入量少、油脂注入压力小于同步注浆压力或外部水压力时,也会造成盾尾刷密封失效; (2)盾尾刷焊接好后,手涂油脂没能均匀涂入盾尾刷钢丝内,致使在钢丝与钢丝之间形成通道.也会出现漏浆、漏水现象	跟踪控制盾尾油脂填充质量,保证盾尾密封效果

续上表

序号	主要原因	原因说明	应对措施
3	盾尾刷焊接质量	(1)盾尾刷焊接不牢,导致盾构掘进过程中受压脱落,造成盾尾密封失效; (2)盾尾刷焊接时护板交替方向不统一,块与块之间有缝隙,也会引起盾尾密封失效	盾构机下井前必须保证盾尾刷的焊接质量,避免掘进当中盾尾刷开焊脱落
4	注浆压力过大	在施工中注浆人员控制不好,使注浆压力忽高忽低或超过5bar(1bar = 100kPa),可能造成盾尾刷的局部损坏而引起盾尾密封失效	注浆压力一般控制在2.5 ~ 2.7bar,最大不能超过5bar

3.8 螺旋输送机选择

3.8.1 螺旋输送机作用

螺旋输送机(图3-21)主要用在土压平衡盾构机中,其将土仓中的渣土输送到后方,同时通过调节出土速度,控制土仓中的压力保持在合理范围。工作时,泥土充满筒体,并随着螺旋轴旋转上升,开挖的渣土从后料门排到皮带机上。

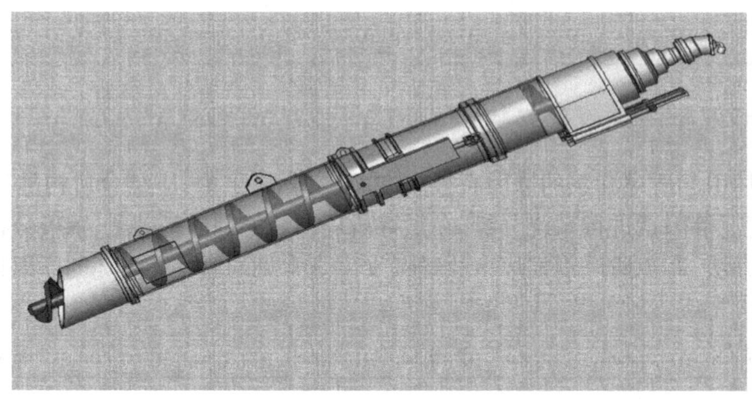

图3-21 螺旋机系统示意图

土压平衡盾构机施工时,螺旋机不仅可排除土仓内的渣土,还可以通过控制螺旋机底部的压力,保证土仓内外压力平衡。影响螺旋机选型的因素主要有保压能力、排渣能力和防喷涌能力。

1)保压能力

螺旋输送机是土压平衡盾构机出土系统中的重要组成部分。在盾构开挖过程中,螺旋输送机不仅具有排土功能,通过控制螺旋输送机转速的方式控制出土量,使盾构进土量与出土量始终保持动态平衡,从而使盾构开挖面处于稳定状态。

2)排渣能力

在盾构实际施工过程中,由于开挖土层往往不是均一地层,不同土体自身性质不同,致使松散系数也不同,因此盾构开挖过程中,需要根据实际情况合理调整螺旋输送机的转速来控制出土量。出土量过大,会导致盾构开挖面地层损失过大而坍塌,或者引起地表沉降过大,出土量过小,使土仓内压力迅速增大,导致开挖面上方地表隆起。

3)防喷涌能力

土压平衡盾构机在穿越富水地层时,由于地下承压水压力较大,极易出现大量泥浆、泥砂等从螺旋机出土口喷射出来的不利情况,因此螺旋机选型时,应对螺旋机防喷涌能力进行有效复核。

3.8.2　螺旋机的主要类型

1)有轴式和带式

螺旋机根据螺旋结构分为有轴式螺旋机和带式螺旋机(图3-22和图3-23)。有轴式螺旋机的螺旋轴采用高强度热轧钢管,重量较小。螺旋叶片采用钢板压制成型,焊接后整体机加工。有轴式螺旋机的优点是止水性能好,缺点是可排出的砾石粒径小。带式螺旋机的优点是排出砾石粒径较大,为同规格轴式螺旋机排出砾石的1.5倍,缺点是叶片厚重,同时止水性能较差。

图3-22　有轴式螺旋

图3-23　带式螺旋

2)单螺旋和双螺旋

螺旋机根据螺旋轴数量分为单螺旋式螺旋机和双螺旋式螺旋机。在含水的地层中开挖时,可通过控制螺旋输送机前闸门及出土后闸门的开闭来控制螺旋输送机内水压的大小,从而防止产生喷涌现象。在地下水含量丰富的地层中施工时,为了实现螺旋输送机的上述功能而设计了具有双螺旋结构的二级螺旋输送机。其中,一级螺旋输送机构与正常采用的螺旋输送机结构基本相同,而二级螺旋输送机构则是额外增加的一段螺旋输送机。一级螺旋输送机构的出土口与二级螺旋输送机构的进料口相连接,且二级螺旋输送机构渣土输出量要大于一级螺旋输送机。单螺旋和双螺旋的性能对比见表3-16。

单螺旋和双螺旋的性能比较　　表 3-16

螺旋轴数量	优　势	劣　势
单螺旋	在软土、硬岩、砂层等地层具有较快的渣土输送能力	富水地层掘进时防喷涌能力较弱
	具备螺旋轴伸缩功能，便于螺旋轴的维修	
	螺旋输送机占用空间较小	
双螺旋	具有较强的渣土降压能力，具有较强的防喷涌能力	仅适用于富水等易喷涌地层
		不具备螺旋轴伸缩能力，不便于螺旋轴维修
		螺旋输送机占用空间较大

螺旋机根据驱动形式分为后部中心驱动式螺旋机、后部周边驱动式螺旋机和中间周边驱动三种驱动方式的对比见表 3-17 所示。

三种驱动方式的性能比较　　表 3-17

驱动形式	优　势	劣　势
中间驱动	螺旋机出渣位置相对靠后，皮带机布置角度较小	驱动密封易失效，易导致驱动装置故障
		驱动位置易形成土塞效应，降低渣土输送能力
		螺旋输送机中部空间占用较大
中心后驱	螺旋轴为柔性连接，不易断裂	螺旋输送机扭矩相对较小
	螺旋机空间占用较小	驱动装置成本较大
周边后驱	螺旋轴布置在后部，不易断裂	螺旋输送机后部空间占用大

3.8.3　螺旋机选型

螺旋机选型应结合区间地质情况具体分析，螺旋机作为土压平衡盾构机输送系统的重要组成部分，必须具有较好的排渣能力和保压能力。

1）*岩层、复合地层螺旋机选型*

当区间存在砂卵石、孤石、硬岩等不良地质时，为了降低破碎石块对螺旋机叶片、筒体的磨损，应加强螺旋机整体的耐磨性能；同时，由于该类地层情况复杂，一旦长时间掘进，极易由于螺旋机磨损过大造成内部损坏严重，应增加相应的螺旋机维修措施，确保螺旋机损坏后能及时维修。同时，在该类地层中，由于各种粒径的石块堆积，极易引起螺旋机堵管问题，故应注意选择筒径大、螺距大的螺旋机进行区间施工，螺旋机筒径取决于盾构机整体的直径，螺距主要受自身强度限制。

2）*富水地层螺旋机选型*

当开挖面水压力较大，且地层渗透系数较大时，可能从地层中向土仓内进入过多的地下水，使螺旋输送器内的渣土压降很小，导致无法保持土仓压力，从而引发喷涌造成掌子面失稳，这正是土压平衡盾构在富水地层施工困难的原因。因此，在该类地层进行盾构施工，应重点加强螺旋机防喷涌措施，通过增设二级螺旋机或者保压泵，确保仓内压力稳定。

实际选型时，应结合地质情况，对螺旋机的各组成部分进行综合考量，针对软土和复合地层的复核方法可参考表3-18。

螺旋机组成部件选型与水文地质关系　　表3-18

<table>
<tr><th colspan="3">水文地质条件</th><th colspan="8">螺旋机设备选型</th></tr>
<tr><th rowspan="2">地层类别</th><th rowspan="2">地层渗透系数(m/s)</th><th rowspan="2">地下水压(MPa)</th><th colspan="2">螺旋轴耐磨块</th><th colspan="2">筒体耐磨板</th><th colspan="2">防喷涌措施</th><th colspan="2">维修措施(隔板仓门、伸缩筒)</th></tr>
<tr><th>无</th><th>有</th><th>无</th><th>有</th><th>无</th><th>二级螺旋机或保压泵</th><th>无</th><th>有</th></tr>
<tr><td rowspan="2">软土地层</td><td rowspan="2">$\leq 10^{-4}$</td><td>≤0.3</td><td>√</td><td></td><td>√</td><td></td><td>√</td><td></td><td>√</td><td></td></tr>
<tr><td>>0.3</td><td>√</td><td></td><td>√</td><td></td><td>视情况确定</td><td>视情况确定</td><td>√</td><td></td></tr>
<tr><td rowspan="4">复合地层</td><td rowspan="2">$\leq 10^{-4}$</td><td>≤0.3</td><td></td><td>√</td><td></td><td>√</td><td>√</td><td></td><td></td><td>√</td></tr>
<tr><td>>0.3</td><td></td><td>√</td><td></td><td>√</td><td>视情况确定</td><td>视情况确定</td><td></td><td>√</td></tr>
<tr><td rowspan="2">$>10^{-4}$</td><td>≤0.3</td><td></td><td>√</td><td></td><td>√</td><td>√</td><td></td><td></td><td>√</td></tr>
<tr><td>>0.3</td><td></td><td>√</td><td></td><td>√</td><td></td><td>√</td><td></td><td>√</td></tr>
</table>

3.8.4　排渣量计算方法

螺旋机的输送能力需要针对以下几个方面进行复核计算：

(1)盾构开挖渣土量可根据盾构机基本掘进参数采用式(3-1)计算。

$$Q_d = \frac{\pi}{4} \times D_d^2 \times \frac{v}{1000} \times \lambda \times 60 \tag{3-1}$$

式中：Q_d——最大出渣量，m^3/h；

D_d——盾构直径，m；

v——盾构最大推进速度，mm/min；

λ——渣土松散系数，根据当地同类地质情况确定。

(2)螺旋输送机出渣量的确定。螺旋输送机理论出渣量 Q_L 等于被输送物料层横断面面积 F 与物料轴向最大运动速率 V 的乘积，可采用式(3-2)进行确定：

$$Q_L = 3600 \times F \times V \tag{3-2}$$

被输送物料层横断面面积 F 可采用式(3-3)计算：

$$F = \frac{\pi}{4} \times (D^2 - d^2) \tag{3-3}$$

式中：D——螺旋输送机内径，m；

d——螺旋杆直径,m。

物料轴向最大运动速度 V,可按照式(3-4)计算:

$$V = \frac{S \times n}{60} \tag{3-4}$$

式中:S——螺旋叶片节距,m;

n——螺旋输送机最大速度,r/min。

(3)将螺旋输送机出渣量 Q_L 与盾构开挖渣土量 Q_d 进行比较,可判断螺旋输送机的输送能力是否满足盾构施工要求。

3.9 泥水盾构泥水处理系统选型

3.9.1 泥水处理系统作用

泥水盾构施工前,需要根据盾构区间情况,合理选择配套泥水处理循环设备,保证泥水处理系统能满足盾构掘进进度要求及泥浆处理需要,根据泥水盾构施工经验来看,泥水处理系统主要有三个方面的作用:

(1)将盾构切削的土砂与泥浆混合物进行分离处理,泥浆回收调整再利用。

(2)提供泥水盾构掘进施工所需的合格泥浆。

(3)废弃浆液压滤分离,滤液水循环再利用,实现工程施工"零排放"。

泥水环流系统的组成和合理布局应与地层特性相适应,根据泥水流量、流速、管径、泥水管路压力损失、泥水管路连接及泥水泵扬程综合确定。含黏粒较大地层应配备反冲洗系统,防止管路阻塞,前闸门增加冲刷管路防止进浆口淤堵。

3.9.2 选型依据及方法

根据泥水盾构施工经验来看,泥水处理系统的关键设备主要是分离设备、制调浆设备及压滤设备,以下将对分离设备和压滤设备的选型依据和方法进行说明:

1)分离设备选型及计算

分离设备选型主要依据是盾构区间的废浆处理需求量、浆液输送量及旋流设备的种类及数量。其中,旋流设备根据地质情况进行确定。分离设备处理量 Q 原则上应大于盾构掘进时的最大排浆量 Q_{max}。实际选型前,应结合区间情况进行理论计算对比,可按式(3-5)进行计算:

$$Q_1 = \frac{\pi}{4} \times D^2 \tag{3-5}$$

式中:Q_1——每米干渣出渣量,m^3;

D——盾构机开挖直径,m。

计算出 Q_1后,即可计算出达到最大掘进速度时单位时间干渣出渣量 Q_{maxD}:

$$Q_{maxD} = V_{max} \times \frac{60}{100} \times Q_1 \tag{3-6}$$

式中：V_{max}——最大掘进速度，cm/min。

单位时间干渣出渣量明确之后就可采用式(3-7)确定最大排浆量 Q_{max}：

$$Q_{max} = Q_{maxD} \times (1 + n) \tag{3-7}$$

式中：n——水渣比例。

根据上述计算结果，以分离设备的最小分离处理量 $Q > Q_{max}$ 为标准，结合设备情况合理选择分离设备。

2）压滤机选型及计算

压滤机选型不受地质情况影响，主要是根据每小时最大干渣出渣量来进行选择，根据经验每小时最低处理量 $Q_{minC} > 0.3Q_{maxD}$，每小时最大处理量 $Q_{maxC} < 0.5Q_{maxD}$。因此，压滤机干渣处理量的选择范围可设定为 $0.3Q_{maxD} < Q < 0.5Q_{maxD}$。

3.10　特殊地段设备的针对性改进

随着隧道施工的发展，盾构施工技术的应用越来越广泛，而盾构机作为地铁隧道施工的重要设备，由于其自身设计生产时，是专为某一类型的工程进行设计制造的，存在一定的设备局限性。为了满足设备重复周转使用的需要，同时也为了降低施工成本，提高盾构机的通用性，需要按照不同项目条件的需求进行一定的盾构机设备改造。

1）常规壁后注浆系统改造

壁后注浆系统的改造主要是针对不同地层地质特性及出于稳定性考虑所进行的改造，例如，针对软弱地层或需要进行超前注浆加固的地层，可考虑对同步注浆系统进行针对性改造，特别是针对沉降控制，盾构机增加两台同步注浆泵单独在盾体上部径向注浆；而针对不稳定且设备容易上浮的地层，盾构机可增加一台双液注浆泵，通过双液浆快速凝固的性能及时止水封闭，避免管片上浮；此外，针对砂卵石地层，需增加膨润土拌制系统及一台挤压泵，可有效加强渣土改良，避免砂卵石卡刀盘、出渣不畅的问题。

2）增加特殊浆液补充系统

常规的土压平衡盾构机掘进过程中，为保证盾构机正常掘进，刀盘的直径一般大于盾体 2 ~ 3cm，掘进过程中为减少沉降在盾尾注入同步浆液，用以填充盾尾内管片外径与盾尾外渣土轮廓的净空。但遇到特殊地层，尤其是对沉降要求高的地层时存在刀盘到盾尾区段的沉降，由于地层沉降速率快、风险控制要求高，需要采用特殊浆液来充分填充盾体与地层间隙，因此对该类地层，需增设盾构机特殊浆液注浆系统。特殊浆液补充系统的工作流程如图 3-24 所示。

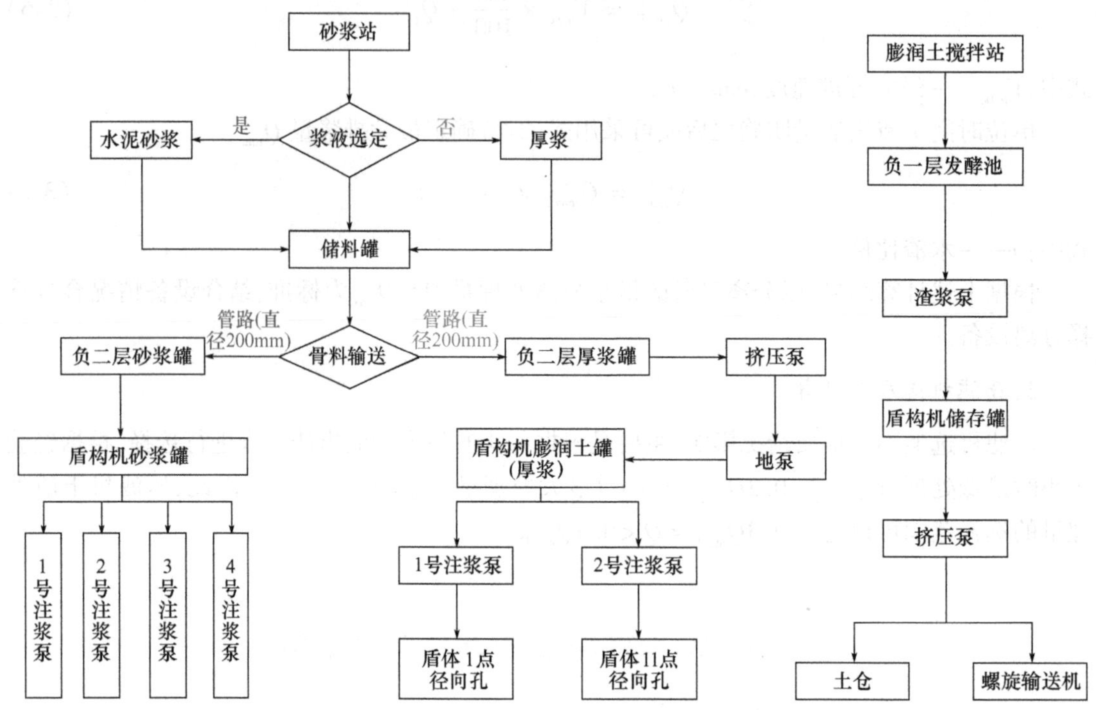

图 3-24　特殊浆液补充系统工作流程图

3)泡沫管路单管单泵改造

泡沫单管单泵改造主要是防止进入刀盘进行渣土改良的泡沫管路堵塞导致改良效果降低。

4)防结泥饼高压水刀

在黏粒含量较高的地层中掘进,盾构机刀盘容易结泥饼,因此在遇到超黏土地层时,可在盾体内增设高压水泵、高压水管,将高压水通过安装在前盾的高压喷嘴喷射到开挖仓,如图 3-25所示。其中,高压水泵采用柱塞式水泵,喷射压力可达到250Bar,流量为80L/min;高压水管由 DN25 无缝钢管及高压软管组成,高压喷嘴安装在盾构机前盾破碎壁下部,左右各有一组高压喷嘴,每组高压喷嘴有多个喷射口,将高压水分流注入盾构机的不同部位。有的喷射口注到刀盘背面,将粘在刀具上的黏土冲洗下来;有的喷射口注到圆锥破碎体上,将圆锥破碎体上的黏土冲下,改善开挖仓内黏土的流动性;有的喷射口将高压水注入开挖仓内,改善渣土的流动性。高压喷嘴的喷射范围可遍及整个开挖仓、破碎椎体和破碎机构排料口处,将粘在设备上的黏土冲洗下去,增加了渣土的流动性,使其可以顺利排出。

5)增设超声波探测系统

对于岩溶发育区、孤石分布区等特殊地段,可考虑在盾体设置超声波探测系统,如图 3-26所示。通过发射超声波,对刀盘前方一定范围内的不良地质进行探测,利用专业软件对接收到的反射波进行分析,可精确判断刀盘前方地质情况。这种方式对于不具备地面地质补勘条件的区段盾构施工有一定的预警作用,提前采取应对措施,保证盾构掘进的安全。

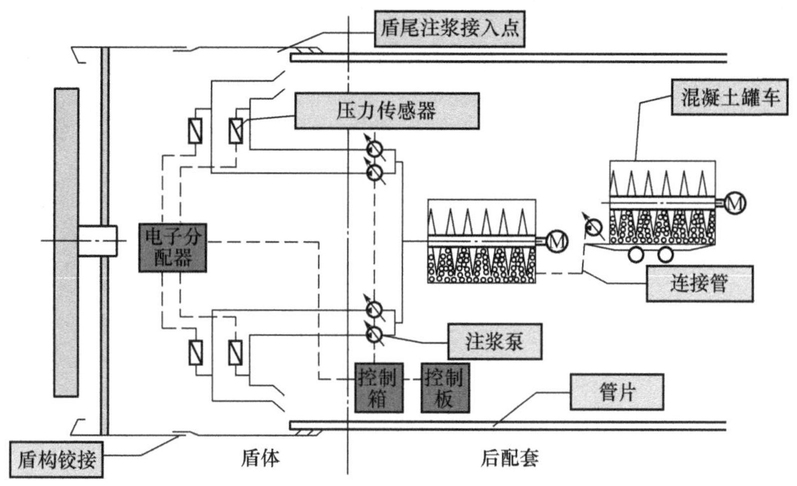

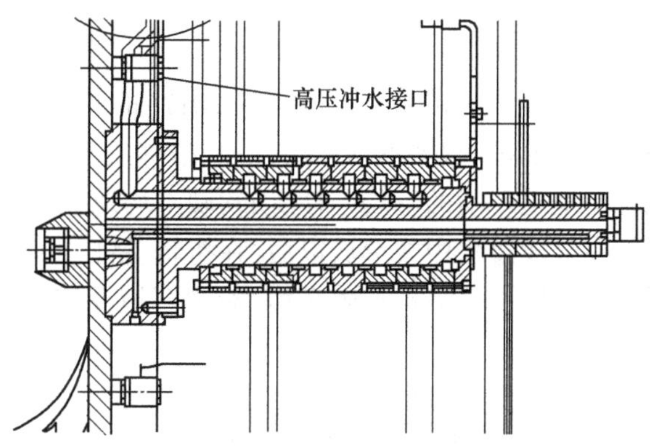

图 3-25　盾构机高压管路示意图

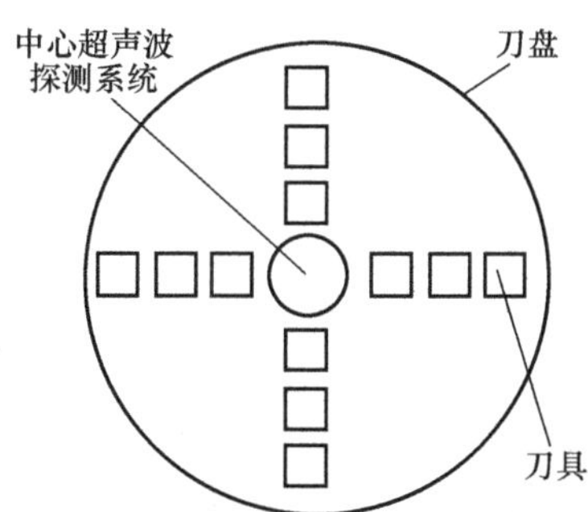

图 3-26　盾构机超声波探测系统示意图

第4章

复杂地层盾构法隧道施工

4.1 概　　述

按照《盾构法隧道施工及验收规范》(GB 50446—2017)的要求,特殊地段与地质因素相关条件主要包括:地质条件复杂地段、软硬不均互层地段、砂卵石地段和江河地段。地质条件复杂地段,主要指盾构施工的地质环境的不均一性,如软硬不均地层、不同岩性互层地段、富水地段等。复杂地层,即岩层在形成过程中或形成以后,在扭转、挤压、风化、搬运、沉积、溶蚀等内、外动力地质作用下,形成松散层、破碎带、孔隙环境、裂隙环境及溶隙性环境,这是盾构施工中经常遇到的地质情况。

从国内盾构施工经验来看,复杂地层主要以溶土洞、风化岩及以上软下硬地层为代表的软硬不均地层为主。本章针对上述几类不良地质进行剖析,结合地质特征提出针对性处理措施并进行总结,辅以具体案例进行说明。

4.2 地质补勘方法与要求

盾构施工的三要素即地质、设备和人。对于复杂地层施工,地质勘察工作是风险识别的前提,其重要性是不言而喻的。

盾构施工前的地质补勘和盾构施工中的渣土分析,是非常必要的地质工作。这与山岭隧道施工的超前地质预报和掌子面地质素描工作类似。然而,设计阶段提供的详细勘察资料由于线路长、范围广,数据通常比较粗略,精度不能满足复杂地段的施工需求,需要在设计阶段的详勘报告的基础之上查漏补缺。详勘是对区间整体情况进行大致勘察并初步明确勘察重点,而补勘则是通过分析详勘报告并结合施工需要,对影响施工的重点区域进行加密勘察,获得局部深入的地质信息,为施工预处理、盾构掘进过程处理等施工方法的选择提供支撑信息。

大盾构在空间充足的条件下,可以搭载钻机及一些探测接收设备来进行超前地质预报。然而,地铁施工等情况采用常规直径的盾构,空间有限,很难在盾构设备上搭载探测设备来进行超前地质预报，主要还是通过地质补勘等手段来识别风险。地质补勘方法主要有钻探和物探两大类，其中，钻探按照设备的不同可分为洛阳铲、地质钻机等方法；物探按照勘察方法的不同可分为电法勘探、弹性波方法及电磁类方法等。不同地层补勘方法及要求见表 4-1。

不同地层补勘方法及要求　　表 4-1

序号	地层名称	补勘方法	补勘重点要求	备注
1	岩溶地层	弹性波 CT、高密度电阻率法、钻探等	查明溶洞土洞的边界位置、填充情况、周边水系连通情况及岩溶发育情况等	隧道线路轮廓线周边 5m 范围内
2	差异风化球状孤石地层	垮孔 CT 法、微动探测法	查明孤石粒径、强度、分布位置（与线路关系）、周边地层情况等	探明隧道范围内的孤石情况
3	砂卵石地层	钻探、人工探井、电阻率法、地质雷达、振动波法	查明砂卵石地层厚度、粒径、强度、地下水情况等	隧道底部至地表范围内
4	软硬不均地层	钻探、高密度电阻率法	查明软硬地层分界面位置、不同地层强度、地下水情况等	隧道掘进范围内

4.3　软硬不均地层

严格说来，软硬不均是地质的常态，砂卵石地层某种意义上来说也是软硬不均地层的特例。盾构施工的理想状态是在均质地层中掘进，但是实际施工时，由于线路高程不断变化，加上不同区段水文条件的差异，盾构施工穿越不同岩层界面是不可避免的，即在软硬不均地层中掘进是盾构施工的常态。

4.3.1　地层特征与潜在风险

1）地层特征

就隧道穿越的地层情况而言，软硬不均地层的含义是，在隧道掘进断面范围内，同时存在高强度岩层和软弱地层。其中，高强度岩层常见表现形式为：强、中、微风化的岩石、泥岩、密实砂岩、喀斯特地层及黏性钙质结合层等；软弱地层常见表现形式为：松散的卵石层、粗砂砾层、中细砂砾层、粉细砂层、粗砂层、中砂层、细砂层、粉土层、淤泥质黏土、淤泥及黏土层等。我国主要软硬不均地层常见于沿海沿江城市、喀斯特地貌地区及漂石或孤石地区，分布规律见表 4-2。

我国主要软硬不均地层分布情况表　　表 4-2

序号	地质种类	分布地区（省、市）
1	沿海沿江地区	深圳、东莞、广州、厦门、长沙、青岛、大连等
2	喀斯特地貌地区	云南、贵州等
3	漂石或孤石地区	成都、北京、西安、石家庄、武汉等

注：按照穿越地层的软硬分布形式，可以将地层分为上软下硬、上硬下软、左软右硬、左硬右软及复合无规律形式等。

2)主要风险

对于盾构施工来说,软硬不均地层是一种非常矛盾的地质,它同时具有软岩地层稳定性差的特点和硬岩地层强度高的特点。盾构机在这类地层中推进施工时,对于刀盘切削工作面而言,软地层土体进入密封土仓非常容易,但是区间掘进范围内的岩体,质地非常硬,很难被破碎,盾构机就很难控制运行姿态,一旦控制不好,将会出现地层不规则沉降、盾构机损坏甚至人员伤亡等问题。在该类地层中进行盾构掘进主要存在如下风险:首先,在软硬不均地层(尤其是上软下硬地层)进行盾构掘进,由于盾构掘进刀盘切削掌子面,上部软弱土体更容易受到扰动后进入土仓,而下部硬岩地层强度较大造成掘进进尺缓慢,刀盘长时间扰动导致更多的软弱土进入土仓,如果盾构机长时间无法破岩,一旦土仓内土压平衡损失,后果可能是上部土体大量塌陷,引起地表沉降;其次,盾构机在软硬不均地层掘进时,由于地层摩擦阻力不一,极易出现盾体向软土地层方向滑移的情况,造成隧道线形偏离中心,导致管片破损、错台以及隧道线形偏差巨大,这种偏差想通过纠偏调整比较困难(成都某项目曾发生过为了防止盾构继续上升而通过焊接锁死铰接系统的错误做法);再者,在软硬不均地层中掘进时,由于刀具不断地在硬岩与软土地层交替切削,除了对掘进参数控制要求更高,还容易导致刀具偏磨严重,刀具磨损大,需要频繁进行开仓换刀作业。

4.3.2 基本处治原则

对于软硬不均地层盾构施工来说,可从隧道地层本身和盾构机本身两个“本身”来思考处治对策的针对性。

首先,地层本身的问题可概括为:破岩难、沉降控制难、姿态控制难三个方面。破岩难主要是由于岩层强度太大,导致盾构机刀具磨损过快、推进困难;沉降控制难则是地层软硬不均的特性导致软土地层受到刀盘扰动后,失稳变形速度过快,引起上覆地层沉降;姿态控制难同样是地层软硬不均导致掘进参数需要不断调整,并且地层的不均匀性也会影响刀盘各个方向上的推进油缸进尺深度,引发姿态不稳。

其次,盾构机本身的适应性是这类地层中盾构掘进成败的关键因素之一,其中盾构机的掘进扭矩、刀盘形式和开口率大小、刀具配置、渣土改良系统及同步注浆系统的适应性是重中之重。

总体来看,要想在上软下硬地层中做好盾构掘进施工,就应该从以上两方面着手有针对性地解决,系统地考虑设备和地层的预警风险和预控措施。此外,在软硬不均地层中进行盾构掘进时,应重点关注刀盘扭矩、推力、推进速度土仓渣位、土压变化、出渣量这几项参数,同时应重点关注渣土温度监测,当刀盘扭矩突然增大、渣温升高超过35℃、渣土内发现石块、盾构推进速度突然放缓时,则表明前方可能有硬岩出现,需要尽快调整掘进参数,避免磨损刀盘、损坏刀具。

以某项目为例,正常软土地层中掘进和硬岩地层中掘进的参数变化见表4-3。对比表中的参数可知,在推力几乎不变的情况下,其他参数变化明显。故在该类地层中进行盾构掘进时,应随时关注参数和监测数据的变化。

软硬不均地层交界面参数变化 表 4-3

参数类型	地层类别	
	软土地层	硬岩地层
刀盘转速(r/min)	1.0~1.2	1.3~1.5
刀盘扭矩(kN·M)	≤2800	≤3000
推进速度(mm/min)	45~55	20
推力(t)	1300~1400	1300~1500
土压(bar)	1.4~1.6(埋深 15m)	1.3~1.5(埋深 18m)

4.3.3 具体施工措施

1)预控措施

在软硬不均地层中进行盾构掘进作业时,必须制定完整的预控方案及应急预案,做好地基预加固及试掘进段的盾构参数选择,并对区间施工的实施过程进行动态监控,确保软硬不均地层盾构施工安全。

通过地质详勘报告和针对性的地质补勘报告,可全面分析拟建隧道穿越范围内的地层情况,这对盾构机选型及其相关配件设计和施工参数确定都有很大帮助。地质详勘和补充勘察的重点见表 4-4。

软硬不均地层地质调查重点信息 表 4-4

序号	关键信息	主要关注点	备注
1	地层比例	软硬不均区段占比;软硬不均段软、硬地层比例;软硬不均段岩面走势	控制钻孔垂直度,降低地表起伏对钻探的影响,避免补勘成果偏差
2	隧道上覆地层	上覆地层组成 (地层厚度、风化状况、发育情况、强度等)	
3	特殊地层	是否存在孤石地段; 特殊地段的区段长度、位置	

通过全面预判区间地质情况,确定盾构机配置需求。在软硬不均地层,盾构机主要配置需求可从稳定掌子面、防螺旋机喷涌、刀具配置更换等方面进行考虑,具体可参考表 4-5 进行配置。

软硬不均地层盾构机配置需求及方法 表 4-5

序号	配置需求	配置方法
1	稳定掌子面	增加超前注浆孔,合理选择盾构掘进模式
2	防喷涌	增加两级螺旋
3	防螺旋机卡死	扩大螺旋机筒体直径,加大螺距
4	隧道纠偏	主动铰接,分区油缸,增加扩挖刀
5	刀具配置	采用可拆卸刀具,增加耐磨焊
6	刀具更换	采用可拆卸刀具,配置人舱

2)施工过程控制措施

在通过软硬不均地层时,应在施工现场安排专人24h值班,每2h监测一次,监测数据异常时每1h监测一次,并根据监测数据指导现场施工,加强监测及纠偏。同时,应重点关注盾构机姿态,当导向系统数据出现异常跳动时,可通过铰接系统对盾构姿态进行调整,适当加大硬岩区的顶推力,控制好整体的推进合力,从而保证隧道轴线行进趋势符合设计坡度要求。

在软硬不均地层掘进时进行有效的渣土改良也是控制的重点。通常采用的渣土改良剂主要是发泡剂,也可按比例加入适量膨润土。针对高承压水地层,则可添加适量的高分子聚合物作为辅助材料。使用发泡剂可有效润滑隧道开挖断面,且发生喷涌后的高分子聚合物处理效果明显。通过添加适量的渣土改良剂,可以有效地改善渣土的和易性。在盾构施工前,应合理调配渣土改良剂,并在试掘进过程中,通过对渣样的检查(观测渣土塑性、温度等),及时评价渣土改良效果是否满足施工需求,动态调整渣土改良剂配比。

盾构掘进过程中操作手应密切关注盾构机各项掘进参数变化,尤其是盾构机推力、扭矩、盾尾间隙及每环出土量等重要数据,并根据上述数据反馈的信息,及时调整盾构掘进参数。对于土仓压力的选择,应在能保证地面环境安全的前提下,选取尽可能小的土仓压力进行掘进。其他掘进参数以控制贯入度为基准、控制总推力为目的进行调整。刀盘转速则根据掘进时刀盘前方的响声及振动情况确定,一般应选取较低的刀盘转速进行掘进。硬岩处刀盘的滚刀受力较大,局部硬岩对刀具及刀盘的损伤较大,应适当降低刀盘转速,使刀具受到的瞬时冲击小于安全荷载。鉴于刀盘和刀具的受力不均匀性,如果单纯考虑硬岩掘进增加推力的话,势必造成超挖和地表沉降。掘进时应保持较高的土仓压力与掌子面的压力平衡。此外,对于部分刀具提前破坏甚至刀座变形的情况,应在软硬不均地层盾构施工前合理选择换刀点,提前确定换刀加固施工的方案,及时更换刀具,在确保盾构掘进安全的前提下,保证盾构机掘进工效及使用寿命。

4.3.4 案例

莞惠城际铁路GZH-3标位于东莞市区,起止里程GDK15+025~GDK19+780,始发井至东城南站盾构区间的地质主要为粉质黏土、残积土、全风化混合片麻岩、强风化混合片麻岩、弱风化混合片麻岩,隧道顶部最大埋深为36m,最小埋深为11m,主要地质组成情况如图4-1所示。

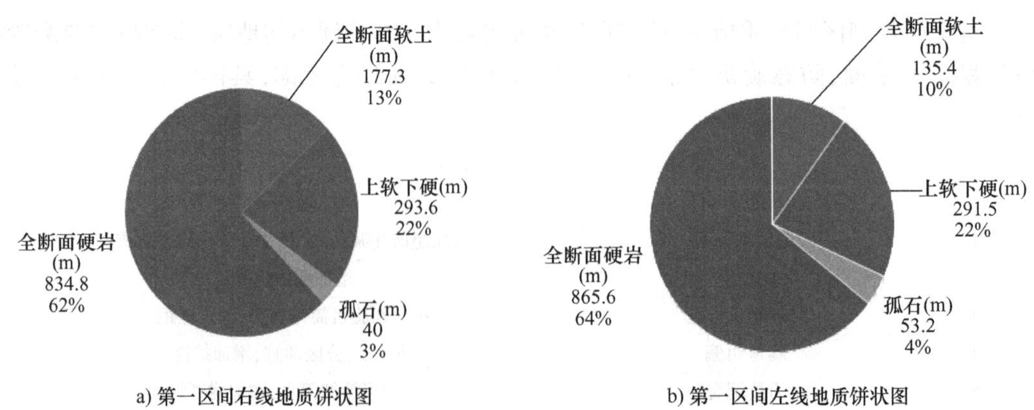

a) 第一区间右线地质饼状图　　b) 第一区间左线地质饼状图

图4-1　莞惠城际GZH-3标始发井至东城南站盾构区间地质组成情况

为进一步了解盾构法隧道沿线地质情况,准确划分岩层分界里程,掘进前利用地质钻机进行取芯补勘,上软下硬地层沿隧道掘进方向取芯间距为 5m,如地表存在建(构)筑物且建(构)筑物内部无法取芯,则在建(构)筑物前、后 1m 位置取芯,每个断面布置 3 个取芯孔。补勘取芯如图 4-2 所示。收集取芯结果并整理,重新绘制隧道地质纵断面图,通过区间补勘,形成需预处理的硬岩区段成果,结合引孔爆破和旋挖破碎等方法进行提前处理。

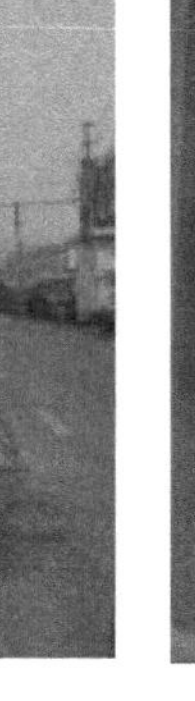

a) 补勘取芯　　b) 芯样

图 4-2　补勘取芯及芯样照片

在弱风化和强风化混合片麻岩地层中掘进时,渣土中岩石坚硬,特别在渣土失水的情况下,石粉与碎石沉淀固结密实,强度高,内摩擦力大。从而导致螺旋机叶片磨损量大,在出土过程中容易发生卡螺旋机现象。因此,在盾构在进入软硬不均地层之前,应拆开螺旋机盖板,检查螺旋机叶片情况,螺旋机叶片磨损量较大时应及时修补,并在叶片上加耐磨焊条;同时,在掘进过程中,应根据螺旋机扭矩大小及渣土干湿程度,及时向螺旋机内注入膨润土润滑,减小摩擦力及螺旋机扭矩。磨损的螺旋机叶片如图 4-3 所示,补焊后螺旋机叶片如图 4-4 所示。

图 4-3　磨损的螺旋机叶片

盾构机在全断面硬岩地层或者上软下硬地层中掘进时,严禁急纠偏,特别是在刚进入上软下硬地层时,盾体位于岩层分界面处,刀盘位于上软下硬地层,掌子面上部全风化混合片麻岩强度低,下部弱风化混合片麻岩强度高,盾构机前点姿态容易上抬。如姿态纠偏过急,则容易发生卡盾体现象,严重时可能会导致筒体变形。因此在掘进时,必须严格按照测量系统的方向,在允许范围内(2 ~ 3mm/环)进行姿态调整。在莞惠城际 3 标岩层强度高的条件下进行盾构施工时,掘进速度较慢,扭矩较大,通过合理控制土仓压力达到真正的土压平衡比较困难。为了避免软硬不均地层由于土仓压力过大引起地层隆起、掌子面失稳等情况,土仓压力控制时,采用了气压平衡或者半气压平衡模式。

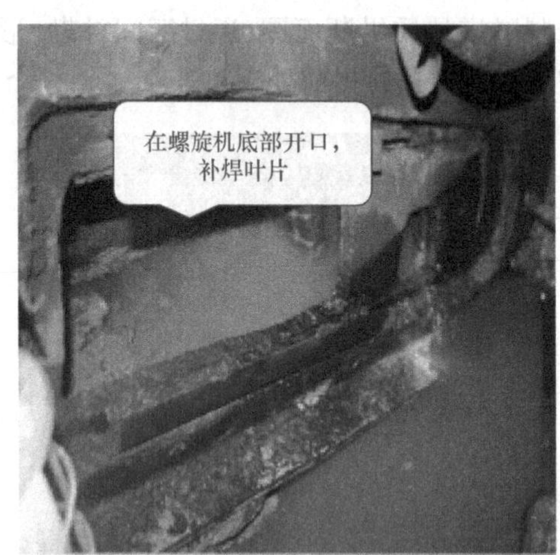

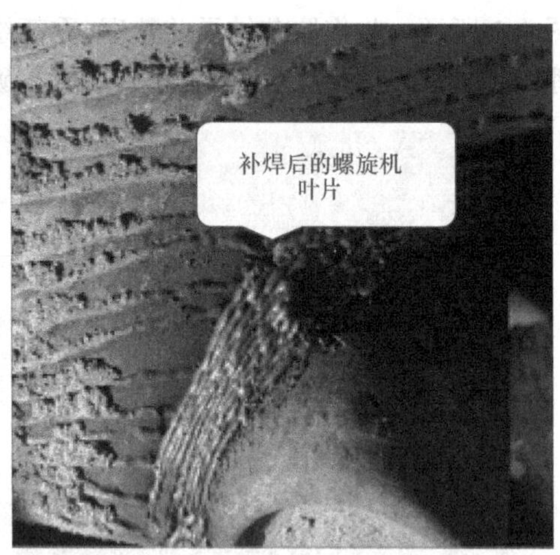

图 4-4　补焊后的螺旋机叶片

莞惠城际 3 标掘进过程中做到了随时观察渣样(渣样干稀程度和流塑性等),同时测量渣温,及时与操作手进行沟通,对渣土改良剂用量做出调整,发泡倍率控制在 15 ~ 20 倍。当泡沫无法满足掘进要求时,加入膨润土或者水辅助改良。掘进时采用了质量较好的泡沫,并定时测量渣温,当渣温超过 38°时向土仓内注入膨润土或者水,降低渣温,防止渣土结泥饼。在开始出土前统计好每一渣斗残余土量,掘进完成后准确计算每斗土方量,渣土中含水较多时计算出渣土中的含水量,每环实际出渣量记录在规定表格内并存档。通过现场测量发现超挖或者欠挖时,及时将超方情况告知盾构施工管理人员。当单环土方量不足或者超出理论土方量的 3% 时,立即停止掘进,采取跟踪注浆方式处理后,方可恢复掘进。

莞惠城际 3 标实际施工时,刀具磨损情况比较突出,偏磨、撕裂、断裂及刀具轴承损坏等问题时有发生。在后续软硬不均地层施工中选用优质刀具,对刀盘进行耐磨处理和结构加强,根据实际情况合理设计刀间距,提高刀具高差,延长刀具使用寿命。在进入上软下硬地层之前 5 环时,坚持每环开仓检查刀具,确保整盘刀具完好,同时在上软下硬地层中掘进时根据掘进参数、渣土中岩石大小、形状的变化,判断刀具磨损情况。若参数异常则立即停机带压进仓检查刀具,在保证刀具良好的基础上向前掘进。在上软下硬地层掘进过程中,定期检查刀具磨损情况,结合刀具更换标准对需要更换的刀具尽快组织更换,刀具更换标准遵循五条原则:正面滚刀刀圈磨损量超过 25mm,边缘滚刀刀圈磨损量超过 15mm,中心滚刀刀圈磨损量超过 25mm,边缘刮刀及齿刀出现较严重崩齿或刀具上的合金堆焊层磨损较严重,滚刀出现偏磨、刀毂炸裂、刀圈脱落等情况。施工过程中刀具磨损情况如图 4-5 所示。

总体上讲,由于地层分界面处岩石较软,渣土中大块颗粒较多,在掘进过程中操作手时刻观察螺旋机扭矩,尽量少停转螺旋机,防止螺旋机卡死。施工过程中卡螺旋机时,若螺旋机扭矩超过 130kN · m,应提高螺旋机转速,转速应大于 10r/min,并向螺旋机内注入高稠度膨润土;若扭矩超过 180kN · m,继续提高转速至最大并持续向螺旋机内注入高稠度膨润土;螺旋为进一步了解盾构法隧道沿线地质情况，准确划分岩层分界里程，掘进前利用地质钻机进行取芯补勘，上软下硬地层沿隧道掘进方向取芯间距为 5m，如地表存在建(构)筑物且建(构)筑物内部无法取芯，则在建(构)筑物前、后 1m 位置取芯，每个断面布置 3 个取芯孔。补勘取芯如图 4-2 所示。收集取芯结果并整理，重新绘制隧道地质纵断面图，通过区间补勘，形成需预处理的硬岩区段成果，结合引孔爆破和旋挖破碎等方法进行提前处理。

a) 补勘取芯　　　　b) 芯样

图 4-2　补勘取芯及芯样照片

在弱风化和强风化混合片麻岩地层中掘进时，渣土中岩石坚硬，特别在渣土失水的情况下，石粉与碎石沉淀固结密实，强度高，内摩擦力大。从而导致螺旋机叶片磨损量大，在出土过程中容易发生卡螺旋机现象。因此，在盾构在进入软硬不均地层之前，应拆开螺旋机盖板，检查螺旋机叶片情况，螺旋机叶片磨损量较大时应及时修补，并在叶片上加耐磨焊条；同时，在掘进过程中，应根据螺旋机扭矩大小及渣土干湿程度，及时向螺旋机内注入膨润土润滑，减小摩擦力及螺旋机扭矩。磨损的螺旋机叶片如图 4-3 所示，补焊后螺旋机叶片如图 4-4 所示。

图 4-3　磨损的螺旋机叶片

盾构机在全断面硬岩地层或者上软下硬地层中掘进时，严禁急纠偏，特别是在刚进入上软下硬地层时，盾体位于岩层分界面处，刀盘位于上软下硬地层，掌子面上部全风化混合片麻岩强度低，下部弱风化混合片麻岩强度高，盾构机前点姿态容易上抬。如姿态纠偏过急，则容易发生卡盾体现象，严重时可能会导致筒体变形。因此在掘进时，必须严格按照测量系统的方向，在允许范围内(2～3mm/环)进行姿态调整。在莞惠城际 3 标岩层强度高的条件下进行盾构施工时，掘进速度较慢，扭矩较大，通过合理控制土仓压力达到真正的土压平衡比较困难。为了避免软硬不均地层由于土仓压力过大引起地层隆起、掌子面失稳等情况，土仓压力控制时，采用了气压平衡或者半气压平衡模式。

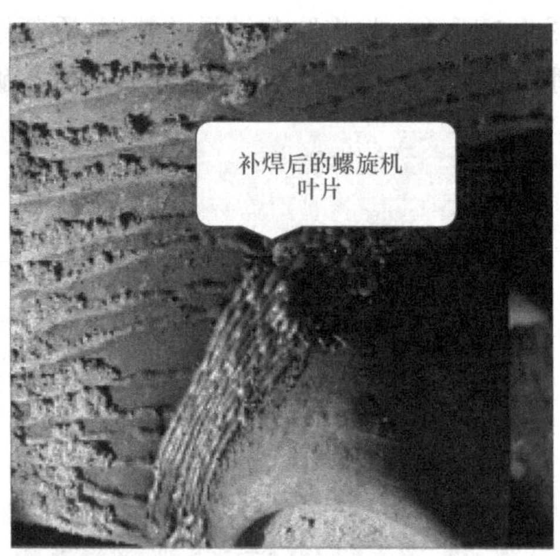

图 4-4 补焊后的螺旋机叶片

莞惠城际 3 标掘进过程中做到了随时观察渣样（渣样干稀程度和流塑性等），同时测量渣温，及时与操作手进行沟通，对渣土改良剂用量做出调整，发泡倍率控制在 15 ~ 20 倍。当泡沫无法满足掘进要求时，加入膨润土或者水辅助改良。掘进时采用了质量较好的泡沫，并定时测量渣温，当渣温超过 38°时向土仓内注入膨润土或者水，降低渣温，防止渣土结泥饼。在开始出土前统计好每一渣斗残余土量，掘进完成后准确计算每斗土方量，渣土中含水较多时计算出渣土中的含水量，每环实际出渣量记录在规定表格内并存档。通过现场测量发现超挖或者欠挖时，及时将超方情况告知盾构施工管理人员。当单环土方量不足或者超出理论土方量的 3% 时，立即停止掘进，采取跟踪注浆方式处理后，方可恢复掘进。

莞惠城际 3 标实际施工时，刀具磨损情况比较突出，偏磨、撕裂、断裂及刀具轴承损坏等问题时有发生。在后续软硬不均地层施工中选用优质刀具，对刀盘进行耐磨处理和结构加强，根据实际情况合理设计刀间距，提高刀具高差，延长刀具使用寿命。在进入上软下硬地层之前 5 环时，坚持每环开仓检查刀具，确保整盘刀具完好，同时在上软下硬地层中掘进时根据掘进参数、渣土中岩石大小、形状的变化，判断刀具磨损情况。若参数异常则立即停机带压进仓检查刀具，在保证刀具良好的基础上向前掘进。在上软下硬地层掘进过程中，定期检查刀具磨损情况，结合刀具更换标准对需要更换的刀具尽快组织更换，刀具更换标准遵循五条原则：正面滚刀刀圈磨损量超过 25mm，边缘滚刀刀圈磨损量超过 15mm，中心滚刀刀圈磨损量超过 25mm，边缘刮刀及齿刀出现较严重崩齿或刀具上的合金堆焊层磨损较严重，滚刀出现偏磨、刀毂炸裂、刀圈脱落等情况。施工过程中刀具磨损情况如图 4-5 所示。

总体上讲，由于地层分界面处岩石较软，渣土中大块颗粒较多，在掘进过程中操作手时刻观察螺旋机扭矩，尽量少停转螺旋机，防止螺旋机卡死。施工过程中卡螺旋机时，若螺旋机扭矩超过 130kN · m，应提高螺旋机转速，转速应大于 10r/min，并向螺旋机内注入高稠度膨润土；若扭矩超过 180kN · m，继续提高转速至最大并持续向螺旋机内注入高稠度膨润土；螺旋机超过最大油压仍无法转动时,停止掘进,正反转螺旋机并持续向螺旋机内注入高稠度膨润土。软硬分界面处地下水丰富,容易出现喷涌现象,通过控制螺旋机后闸门开口大小防止喷涌,不暂停转动螺旋机且保持转速大于4r/min,若掘进过程中同时出现喷涌和卡螺旋机现象,应优先保护螺旋机。

图4-5　莞惠城际3标上软下硬地层中施工时刀具磨损情况

4.4　岩溶地层

由于盾构法隧道与车站站位之间的线路关系,通常埋深较小,一般位于岩溶残积层、垂直循环带中。岩溶发育的条件主要有三个方面:①具有可溶性岩石;②具有溶蚀能力的水;③具有良好的水循环的条件。岩溶地层往往具有高水压、富水、溶洞及断层等特征,对盾构区间施工危害极大,故盾构施工前应全面了解场区岩溶发育情况。

4.4.1　地层特征与分布区域

1)岩溶

岩溶又称喀斯特(karst),由于长期受地下水、地质运动(挤压褶皱运动)及洞内填充物不断累积的影响,岩溶地层(图4-6)表现出高富水、高水压、连通性强及洞穴群体发育的主要特征。由于岩溶地层的上述特征,使得该类地层在受到盾构扰动后,极易发生空洞塌陷,引起地表沉降。我国是世界上岩溶发育最广泛的国家之一,岩溶地貌主要分布在广东、广西、湖南、湖北、云南、贵州、四川等省(区),在广东、广西两省(区)占比极大。

2)土洞

土洞是因地下水或者地表水流入地下土层内,将颗粒间可溶成分溶滤,带走细小颗粒,使土体被掏空而形成的洞穴,如图4-7所示。土洞主要发生在黏性土层中,砂土和碎石土层中少见,这是因为黏性土的黏聚力好于砂土和碎石土,能形成土拱,进而发育成真空腔。土洞常见于上下水位交接线附近。在该区域上下水位分界,上层水的水量、水压均高于下层水,易形成水土溶蚀,产生真空腔。

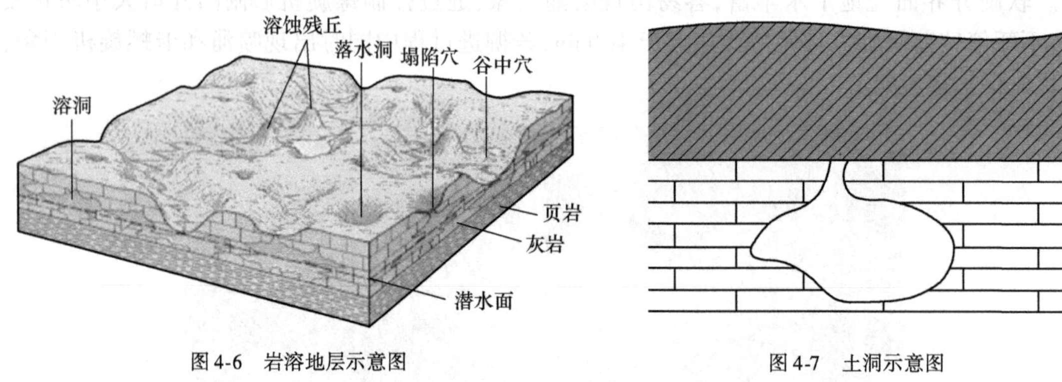

图 4-6　岩溶地层示意图　　图 4-7　土洞示意图

3）红黏土

红黏土主要特性表现在以下几个方面：高塑性、高液限、高孔隙比、含水量高、易吸附水、渗透性差、胀缩性好。对于红黏土地层来说，除了其本身具有的不良特性以外，在其上部和下部范围内同样可能存在土洞和溶洞的发育情况，需要综合进行考虑，红黏土芯样如图 4-8 所示。

图 4-8　红黏土芯样

4.4.2　典型城市岩溶特征

城市地铁施工中，由于隧道与车站的位置关系及区间线路的坡度要求，车站及区间的整体埋深基本处于覆盖型岩溶发育区，部分过江过河隧道考虑到河床埋深的问题，线路深度更大一些。部分工程项目岩溶情况见表 4-6。

主要城市岩溶情况汇总　　表4-6

序号	城市	项目位置	工程地质、水文特征及岩溶发育程度	附近水系
1	广州	白云区	岩石主要为灰岩、炭质灰岩、炭质页岩、泥岩等，大部分为半填充或全填充状态，土洞、溶洞呈层状分布，整体较发育	珠江水系
2	武汉	江夏区	岩溶形态为溶蚀裂缝和溶洞，岩石主要为薄层灰岩、角砾状灰岩，填充物为黏土或黏土夹碎石，发育程度介于弱～中等发育	汤逊湖水系
		东西湖区	岩石主要为白云岩、硅质白云岩，主要为全填充和未填充溶洞，填充物为淤泥、松散砂层、软塑状泥炭质黏土和粉质黏土，发育程度为弱～中等发育	府河水系
3	南宁	良庆区	下伏基岩为泥盆系泥岩、泥灰岩及灰岩，岩溶水量大、中等富水，属于承压性质，断裂构造发育，发育程度介于中～强发育	邕江水系
4	深圳	龙岗区	岩石多为大理岩和白云岩，部分为结晶灰岩，发育类型主要为溶洞和溶隙，无充填溶洞所占比例较大，属于强发育区	三棵松水库
5	杭州	余杭区	岩石主要为泥质粉砂岩、钙质泥岩和灰岩，承压水位高，洞一般以溶沟、溶槽和溶洞的形式产出，溶洞高度0.2～6.7m不等，溶洞中多充填黏性土混砾石、含黏性土碎石、淤泥等，局部为空洞，岩石中局部岩溶发育	余杭南湖

城市岩溶主要分布在靠近水系和湖泊的分布有碳酸盐岩、灰岩、白云岩且具有地下水流通路的地区。在该类特殊地质中进行盾构施工前，应全面调查周边水系、湖泊及地下水系的连通情况，并在补勘阶段尽可能地完成水流通道的分析调查，便于对岩溶进行预处理，即封堵水路、填充岩溶。

4.4.3　盾构施工风险

1）溶洞土洞发育地层

总体来看，溶洞土洞地层由于其形成机理的特殊性，导致该类地层岩石强度较低，极易产生“漏斗效应”，影响上部地层稳定性，造成基岩面不均匀起伏。盾构在岩溶地层的施工风险，与岩溶发育的程度、岩溶水、岩溶空洞的大小及隧道的相对位置关系强相关。具体到盾构施工，主要有以下四方面的潜在风险：岩溶溶腔大于隧道直径（图4-9），岩溶与隧道局部相交（图4-10），充填物情况（图4-11），承压岩溶水情况。

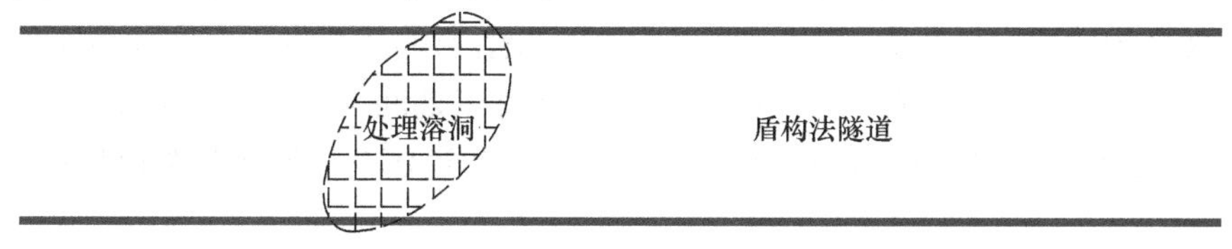

图4-9　岩溶溶腔大于隧道直径示意图

当隧道范围内的岩溶溶腔大于隧道外径时，盾构机就会被这类大型溶腔上方、下方、前方三个方向的土体形成“三面围攻”的局面，即一旦盾构机推进破坏溶腔稳定，则溶洞另外三个方向的土体将迅速失衡，引发地表塌陷、盾体栽头、掌子面前方土体垮塌等风险。

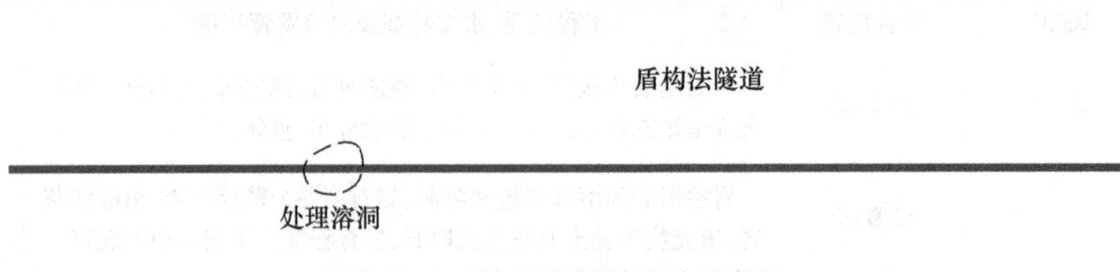

图 4-10　岩溶与隧道局部相交示意图

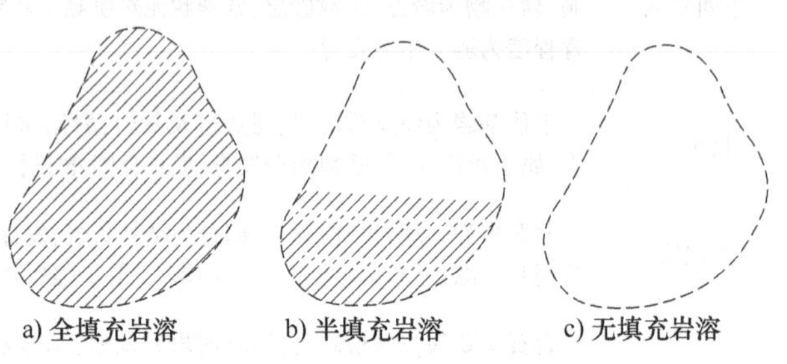

图 4-11　岩溶填充形态示意图

当溶洞与盾构法隧道呈现局部相交时，不管是上部还是下部，均应提前采取措施进行预处理。若不能有效填充上部溶洞，则盾构推进至该位置时，极易引起地表塌陷；若不能有效填充下部溶洞，则盾构机易出现"栽头"，导致隧道姿态突变，引发成型管片失稳。

岩溶填充情况对盾构掘进施工的影响大小按照填充形式的不同，由大到小排序为：无填充岩溶 > 半填充岩溶 > 全填充岩溶。无填充岩溶最危险的原因仍是其中空特征，一旦稳定性被破坏，塌陷极快。

而对于全填充岩溶来说，若不能有效处理岩溶填充物，而采取盾构直接推进通过，则由于填充物的软硬不均匀特性，可能导致成型隧道管片不均匀沉降，引起隧道质量问题。部分岩溶地层可能与承压水系联通，地下水进入岩溶空洞，造成螺旋输送机喷涌甚至淹没隧道。

2）岩溶残积层（红黏土地层）

在复杂红黏土地层中进行盾构施工时，容易导致刀盘结泥饼，刀盘温度升高、刀具磨损严重；同时易引发螺旋机排土困难、土仓压力上升、出土口喷涌等事故，诱发地表沉降和盾构机损坏。由于红黏土地层高分散性、高塑性、高孔隙比的特性，导致该类地层承载力较差，压缩性高，极易导致盾构机栽头、管片破损、错台等问题，影响盾构掘进姿态。由于红黏土地层的周围地层中常伴有溶洞土洞等不良地质，故在盾构施工期间可能由于电瓶车行走、其他设备和物资运输产生的扰动，地下水水位、流向变化，导致隧道沉降，进而出现管片破损、错台等问题。

4.4.4　主要技术难点

由于溶洞土洞存在的不确定性及发育的无规律性，导致进行现场勘察时，很难完整判断出溶洞土洞的现状，即难以明确其具体空间形态。由于确定岩溶范围困难，必然导致施工风险的加大。在无法完整判断溶洞土洞边界的情况下贸然进行填充加固施工，可能导致钻杆掉转、注浆漏浆甚至是地表塌陷，造成设备人员被埋的不利后果。目前溶洞土洞的加固方式主要为填充加固，由于岩溶发育的不规则性，导致通过注浆量、注浆压力等很难判断是否填充密实。实际施工中，通常通过取芯检测的方法来判断加固效果，但也只能判断主要部位的加固效果，针对岩溶地表的高渗透性的特征，还是缺乏准确的效果评价方法。跟踪监测难主要是由岩溶发育的延滞性导致的，即跟踪监测可能是一个长期过程，并且由于局部的细微变化可能对地铁区间隧道产生不可逆的破坏，故对于跟踪监测的精确度、及时性都有很高的要求。

为了应对上述难题，应形成系统性的“勘察—设计—施工”一体化作业流程，即从项目整体出发，通盘考虑建设期和运营期的岩溶治理应对措施，预留后期注浆维保接口，做长远设计。

4.4.5　风险发生机理及处治原则

由过往经验可知，岩溶问题的本质是“失衡”，主要包括三个方面：地基承载力失衡，盾构机与开挖面的平衡状态丧失，地下水系固有平衡状态丧失。

(1)突变现象是岩溶地质特有的现象，破碎岩体易被溶蚀，空腔与岩壁界面清晰，承载力差异极大，若地表预处理未能完全处理区间线路上的溶洞空腔，且在盾构推进过程中碰上无填充的溶洞，将由于地基承载力的突然降低甚至消失而导致盾构机“栽头”。

(2)盾构掘进过程中，不管是土压平衡还是泥水平衡，都是通过建立开挖掌子面与盾构机之间的物理平衡状态来确保土体稳定。若在线路上有未处理的溶洞，盾构机推进时会出现类似气球“泄气”的压力释放状态，这种状态打破了开挖面与盾构机之间的平衡关系，引起地表塌陷或者泥浆迅速漏失，产生土体应力释放，造成失稳。

(3)盾构掘进过程中的同步、二次及跟踪注浆会不断填充地层间隙、切断原来地下水的通路，造成原有地下水路通道的改变，岩溶地层的富水特性则会使淤积的水流重新切开地下通路，形成新的水流通道，造成次生危害，即引起相邻地层的既有平衡状态的失稳，产生地层损失。

以上三个方面的平衡突变，产生的次生灾害具有“延滞性、隐蔽性、灾难性”的特点，部分突变是一个缓慢的发育、变化的过程，因此岩溶问题的治理应是一个长期的工作，尤其是对于岩溶发育强烈的地区，应保持持续观测，做好应急预案。

以某项目为例，当盾构机由微风化灰岩地层进入未完全处理的溶洞时，掘进参数的典型变化见表4-7，由表中数据可看出，由灰岩地层进入溶洞时，推进速度和推力突然呈现反比变化，与此同时，遇岩溶地层后，土仓压力增大明显，需注意增大压力确保掌子面稳定。

遇溶洞时盾构参数变化　　表4-7

参数类型	地层类别	
	微风化灰岩	遇溶洞地层
刀盘转速(r/min)	1.5~1.8	1.5
刀盘扭矩(kN·M)	≤3000	≤2500
推进速度(mm/min)	≤20	30~50
推力(t)	1500~1800	1300~1500
土压(bar)	1.7~1.8(埋深20m)	1.7~2.0(埋深20m)

4.4.6 处治原则及方法

1）处治原则

根据《岩溶地区建筑地基基础技术标准》（GB/T 51238—2018）的要求，岩溶地区地基处理与施工时，应根据岩溶发育特征和地表水径流、地下水赋存条件制定截流、防渗、堵漏或疏排措施。对塌陷、浅埋溶洞、土洞宜采用挖填夯实法、跨越法、充填法、垫层法进行处理；对深埋溶洞、土洞宜采用注浆法、桩基法、充填法进行处理。对落水洞及浅埋的溶沟（槽）和溶蚀（裂隙、漏斗）等，宜采用跨越法、充填法进行处理。对于岩溶地区地貌、地质、水文条件复杂及塌陷量大、影响范围大的地段，可采用多种方法综合处理。

岩溶地基处理与施工时，应对岩溶水进行疏导或封堵，减少淘蚀、潜蚀。对于流量较小、水路复杂、出水点多、影响范围广、水流分散不易汇集等地段，可采用与水流方向垂直设置的截水盲沟、截水墙、截水洞等截流或截渗方法。对于流量大而集中的岩溶水，可采用设置与水流方向一致的油水洞、管道、桥涵及明沟等疏导方法。对覆盖型岩洞、土洞发育地段的地下水越流渗透进行处理时，可采用钻孔注浆、旋（摆）喷注浆等措施进行截渗处理。岩溶处理的部位及范围体现在溶洞与隧道轮廓线的位置关系上。相同大小和填充性质的溶洞，在不同空间位置处，应根据水文地质条件，排除突水突泥情况后，再结合施工阶段、运营阶段的承载力需求进行综合考虑。

以深圳地铁盾构区间岩溶预处理为例，处治范围的判断通常按照下述思路（图 4-12）考虑。

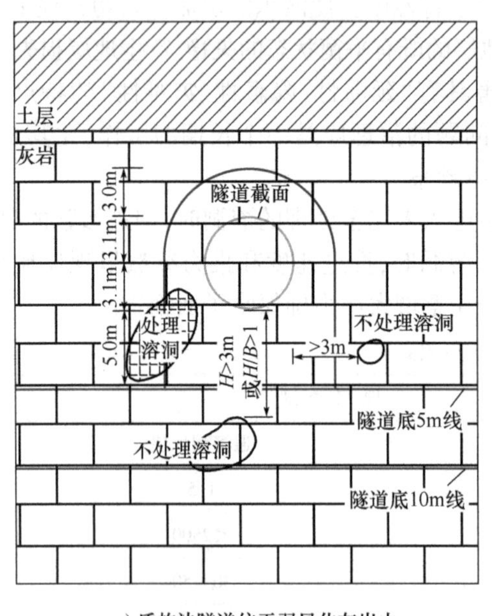

a）盾构法隧道位于弱风化灰岩中

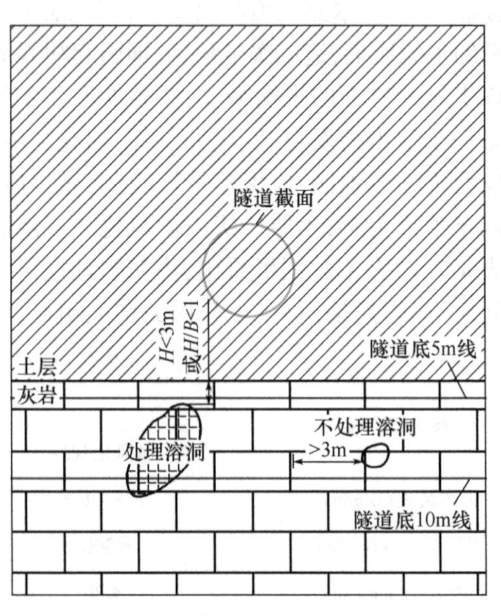

b）盾构法隧道位于灰岩上覆土层中

图 4-12

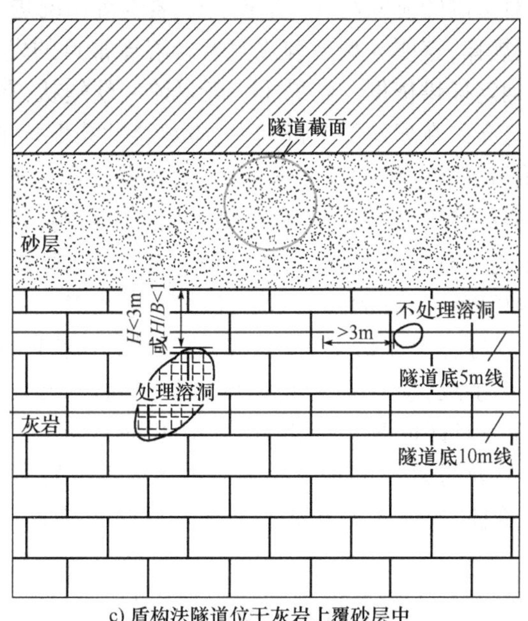

c) 盾构法隧道位于灰岩上覆砂层中

图4-12 盾构法隧道岩溶处理示意图

盾构法隧道外径两侧3m,隧道底部以下5m范围内的所有溶洞均需处理。隧道底板以下5~10m范围内的溶洞,溶洞稳定岩面顶板高度小于3m或覆跨比小于1的溶洞,需进行充填处理。鉴于溶洞土洞发育的不确定性,实施过程中当发现非上述处理范围的特大型溶洞直径大于5m时,应及时会同参建各方完成岩溶处理方案评审,通过多种岩溶处理试验,确定最优的岩溶处理方案。

2)处治方法及步骤

对于盾构区间的溶洞土洞不良地质,应按照详勘报告揭示的岩溶孔位进行补勘,补勘的主要目的是了解溶洞土洞的边界位置、填充物等信息,即掌握溶洞土洞的洞高、洞径等数据,便于后续的岩溶处理工作开展。岩溶补勘首先要综合评价该地区的工程地质情况,通过收集附近同类工程的地质资料,仔细阅读详勘报告了解本场区地质概况等方法,对补勘工作提供大样本,然后开展针对性的岩溶补勘工作。补勘的主要方法有:综合地质调查、钻探、物探、水文试验及室内试验等方法(表4-8)。

岩溶补勘主要方法 表4-8

序号	补 勘 方 法	工 作 方 式
1	综合地质调查	在收集区域性资料的基础上,开展工程区域的工程地质、水文地质调查工作
2	钻探	进行孔内原位测试,采取代表性岩土样进行室内试验及化学分析
3	物探	通过电磁波CT、弹性波CT、孔内电视录像等方式确定岩溶大小
4	水文试验及观测	利用水文地质钻探孔进行单孔或多孔抽水试验
5	室内试验	评价该地区不同地层时代灰岩演变情况,结合钻探成果进行分析

采取上述方法,针对溶洞的洞穴高度、填充方式、岩性等情况进行全面探测分析,充分了解场区内岩溶发育特征及规律,查明大型溶洞或大型岩溶异常点的发育空间立体特征及充填情况,为岩溶处理方案的确定提供依据。红黏土一般呈流~软塑状,在地下水动力作用下易形成土洞,影响地铁施工及运营。在岩溶补勘过程中,应结合钻孔取样的芯样分析,详细查明红黏土在场区内的分布埋藏特征、性状、物理力学性质,为软弱红黏土处理提供依据。在岩溶发育区内施工,由于岩溶地质的特殊性,相邻工程极易互相产生影响,导致不利后果。为此,应重点调查场区影响范围内其他工程的施工情况,调查是否有爆破、锤击、夯击及工程降排水等施工措施,结合周边情况,分析对该工程的施工影响,做好应急预案。

岩溶补勘过程中,极易发生掉钻、垮塌、卡钻等事故,在施工前应做好应急预案;施工过程中如果发生掉钻、卡钻事故,应详细复测孔位,记录钻杆长度、掉落位置、直径等数据,并在盾构施工前完成处理。对区间地质补勘来说,封孔非常重要,可有效防止地铁盾构施工引起的漏浆、冒浆,同时,及时封孔可减少地表水体下渗引起岩溶地表塌陷。为了保证封孔质量,应严格做好过程管控,及时采用水泥砂浆或双液浆封堵孔口,深度大于0.5m,确保盾构施工安全。

对于地铁工程来说,溶洞土洞处理应在建设期进行,避免给后期运营留下隐患。结合过往经验来看,溶洞土洞的处理应是一个系统的工作:勘察阶段大致摸清线路范围内的溶洞土洞赋存情况;设计阶段进行线路设计调整,尽可能规避溶洞土洞,降低处理难度和风险;施工阶段根据线路周边溶洞土洞情况,制定合理的处理措施,保证处理效果。根据过往的施工经验来看,岩溶处理的方法可总结为:注浆封闭大溶洞、切断岩溶地层地下水流通路、填充加固溶土洞。

(1)注浆封闭大溶洞。对于勘察阶段发现的溶洞,可根据溶洞的现状形态和发育情况进行风险判断,按照风险高低分级。对于高风险的溶洞必须进行大范围的处理才能达到预期效果,对于埋深较小的溶洞,可采用开挖回填、注浆填充等措施处理,而对于埋深较大的溶洞,通常采用注浆帷幕封闭,再对洞内进行注浆加固的方法进行处理。

(2)切断岩溶地层地下水流通路。为了保持原来的径流通道的畅通,采用同步注浆和二次注浆切断沿隧道轴线新形成的水流通道。对于岩溶地层地下水的处理,应在施工前完成隧道周边的水路切断,同时应坚持“宜排不宜堵”的策略进行水害治理。对于岩溶隧底水的处理,可考虑通过井点降水等排水措施,也可以采用注浆封堵的方法进行切断。另外,由于岩溶地层高富水、高发育的特性,对于地下水流动情况应进行跟踪观测,随时把握岩溶水流向的变化,方便对盾构区间隧道情况进行风险评估。

(3)填充加固溶土洞。为了避免隧道上浮及地表沉降,对于填充型溶洞土洞应根据位置关系进行填充处理:隧道顶板以上全部处理、左右两侧5m内全部处理、隧道底部5m范围内溶洞全部处理。

按照区间上覆环境情况、线路与溶土洞空间位置关系两个方面来看,可将溶洞土洞处理分为地表钻孔填充处理和隧道内管片填充两种方法。当区间地表情况开阔,具备地表钻孔填充条件时,可以对按照线路与溶土洞的关系,对区间线路前后5环范围内的溶洞土洞进行注浆填充。不同岩溶洞穴高度及充填类型的岩溶地层的处理方法见表4-9。

不同岩溶洞穴高度和充填类型的岩溶地层的处理方法　　表 4-9

充填类型	岩溶洞穴高度(m)	岩溶处理措施
全充填溶洞	<3	采取袖阀管注浆方法,利用双塞芯管,分层压力加固
	>3	地表 WSS 注浆加固凝结
无填充溶洞和半填充溶洞	<3	采取间歇式静压注浆进行加固注浆
	3～5	首先进行混凝土喷射机吹砂充填,然后利用粒径为 5～10mm 的碎石,填满溶洞。若效果欠佳可采取砂浆充填,并分层压力注浆
	>5	回填混凝土处治

当地表不具备钻孔填充施工条件时,可通过对管片增加注浆孔的方法,对成型管片进行隧道内注浆来填充溶洞土洞。采用隧道内填充处理溶洞的方法存在一定的缺陷,即无法保证填充效果。隧道内处理的溶土洞主要是为了降低地铁运营风险,可以通过对管片相应位置增设专用注浆孔的方法实现钢花管或者袖阀管的填充注浆,常见管片注浆孔设计方式如图 4-13 所示。

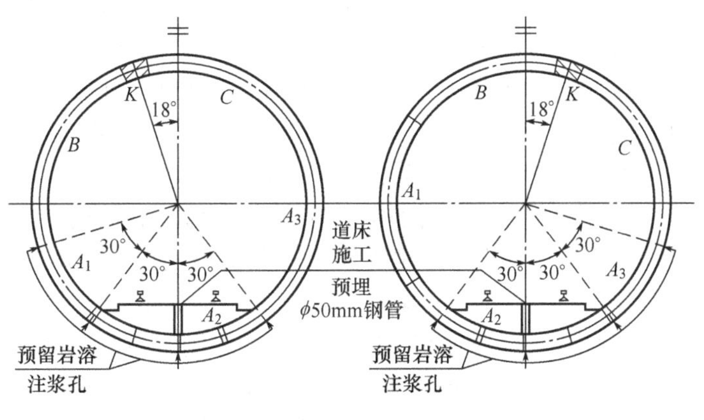

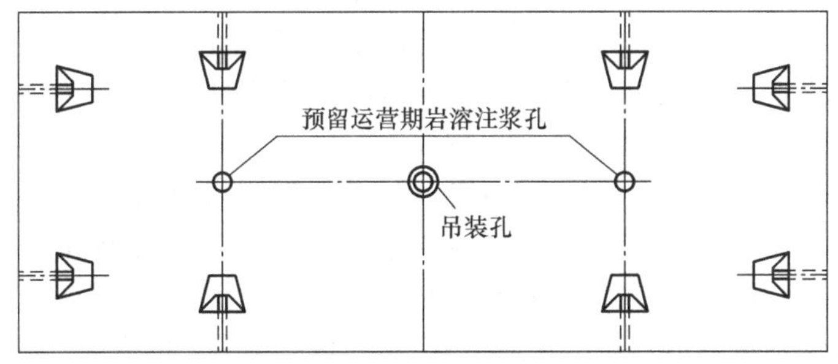

图 4-13　常见注浆孔设计方案

对于岩溶发育强烈的地段,可考虑增设更多的注浆孔来确保溶洞土洞的填充效果以及后期持续填充作业的预留注浆孔需要。这类地段的管片注浆预留孔的设计可参考图 4-14。

红黏土处理优先采用地表深层搅拌桩加固处理,当地表无加固条件时,采取盾构掘进通过后,洞内注浆加固处理。对于具备地表加固条件的盾构区间,应在盾构始发前,通过深层搅拌桩对红黏土地层进行加固。深层搅拌桩是利用深层搅拌机械在红黏土地层软弱地层内,通过搅拌土体的同时喷射浆液,使浆液与土体充分拌和在一起,形成抗压强度比天然土高很多并且

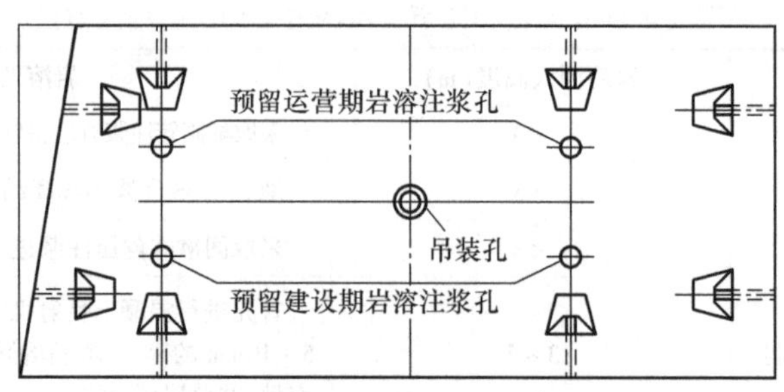

图 4-14　特殊地段预留注浆孔设计方案

整体性更好的桩柱体。施工前需进行注浆材料配比试验,确定合理的成桩参数,施工时根据地质情况合理控制加固范围内水泥掺量标准、喷浆量及喷浆时间,确保红黏土地层加固到位,满足盾构施工及运营期间的承载力要求。如果盾构区间地表不具备加固条件,则在盾构穿越红黏土地层的过程中,通过对隧底进行深孔注双液浆的方式进行地基加固。本方式的主要原理是通过深孔注浆方式对红黏土地层进行加压排水注双液浆,使土体中的孔隙水加压排出,并借助双液浆的快速凝结有效固结土体,形成抗压强度高、完整性好的地基持力层。

通常来说,针对盾构掘进遇岩溶的情况,盾构施工前就应该对溶洞土洞地层进行全面勘察及预处理,以有效确保施工安全,但是在掘进过程中仍存在遇到未处理的溶洞土洞及红黏土地层的不利情况。若掘进过程中碰到这种情况,应控制盾构姿态,快速通过该区段,并结合后续的管片补充注浆,尽可能地填充溶洞,并通过对管片进行连接加固、施作止水环等方式做好盾构通过后的工后处理。盾构掘进过程中,如突遇溶洞土洞区段,盾构机参数中出现明显反应的是盾构推力和扭矩下降,盾构机导向系统姿态跳动,同时,出土口可能出现喷涌。如掘进过程中出现上述情况,可基本判断刀盘前方可能有未处理完整的岩溶地层存在。若掘进过程中突遇溶洞土洞,应按照"快速推进、跟踪注浆、缓慢纠偏"的原则进行盾构掘进施工,必要时可通过封闭出土口的方式,迅速建立土仓压力,确保掌子面稳定。

穿越过程中,通过人工监测,对周边土体进行水平、垂直方向变形的监测。发现异常立即上报,并尽快找出原因,弄清溶洞准确位置进行注浆填充和加固等措施。为加强对盾构姿态的监测,防止盾构机遇溶洞出现"栽头""上浮"等问题,引起较大的姿态突变,影响隧道质量。一旦发现盾构姿态在单环推进过程中参数出现较大变化,应立即停机分析,并采取在盾头或者盾尾注浆等措施。突遇溶洞后,应尽快通过该区段,并加强注浆填充。同时,对此段成环隧道和在拼环片进行监测。一旦发生变形或者突变立即找准原因,采取注浆加固。

盾构掘进穿越溶洞土洞地层时,应及时通过管片预留注浆孔采用双液浆进行二次补浆,尽快封闭形成止水环,封堵隧道背后汇水通道,阻断来自盾尾后方的水流;同时,整个过程应尽量保持连续掘进,避免掌子面前方土体内部形成流水通道。由于溶洞土洞地层的特殊性,盾构掘进过程中当突遇未处理完全的溶洞土洞时,应尽快采取措施通过该区段,并对该区段拼装管片以及区段前后至少 10 环的管片进行槽钢拉结加固,确保成型隧道整体性,并结合跟踪补充注浆的方式,保证隧道沉降可控。根据以往的施工经验,盾构穿越过后,原有隧道的后期沉降是一个长期的过程,因此在盾构穿越后必须进行跟踪注浆,跟踪注浆的注浆量和注浆部位必须根据监测数据合理确定。跟踪注浆采用双液浆,只有在通过后续长期监测显示本段隧道稳定后方可停止跟踪注浆。

4.4.7　典型案例分析

广州地铁八号线北延段施工 9 标包括两个区间：亭岗站—白云湖区间、出入段线，采用两台泥水平衡式盾构机。

溶洞土洞处理采用密布的压浆孔揭露土洞，压浆充填洞穴。浆液扩散渗透消除或击破了相邻土洞使之坍塌，随即进行处理。浆液进入岩土界面可固结土体或破碎带，阻隔地下水与土洞的联系，从而阻止或减弱了土洞的发生和发展。压浆还提高了土体的密实度，增加了土体强度，增强了抗管涌和潜蚀能力。

溶洞土洞探测分成两阶段：区间补勘和溶洞土洞钻孔探边。为探明区间溶洞土洞发育情况，根据原详勘和初勘情况进行补勘，区间在隧道中心线布孔，岩溶发育区布孔间距为 5m，非发育区为 10m。河涌上方区间在隧道两边 500mm 处布孔，每侧布孔间距均为 3m。区间补勘采用 XY－1 型地质钻机，钻 91mm 孔（图 4-15），并对每孔进行取芯钻探，每台钻机配备 2～3 人。补勘孔深度为隧道底下方 3m。补勘后需及时采用 1∶1 水泥浆进行封孔，采用地质钻机抽吸水泥浆，从孔底直至地表严格控制封孔质量。

图 4-15　区间补勘和溶洞土洞探边

根据原初勘详勘和补勘探明的溶洞土洞孔为基准，采用 XY－1 地质钻机向四周发散探边，探边间距为 2m，梅花形布孔，钻 91mm 孔取芯。当钻孔中遇到溶洞土洞时向四周发散钻孔探测，当外围孔无溶洞土洞或探至区间处理范围外边，完成溶洞土洞探边工作。探到溶洞土洞时下 ϕ48mm 袖阀管，且在溶洞土洞范围内下花管，其他部分为实管，下管至溶洞土洞底部 0.2m。下管后及时采用套壳料回填，并采用水泥浆封孔，封孔深度不小于 1m。溶洞土洞探边后及时对无溶洞土洞孔进行封孔，确保封孔质量。根据探边情况绘制溶洞土洞平面包络图（图 4-16）和剖面包络图（图 4-17），计算出溶洞土洞体积，根据溶洞土洞体积计算出溶洞土洞注浆预估量。

溶洞土洞处理完成且检测合格后进行盾构掘进。掘进过程中结合溶洞土洞探测结果，重点监测排泥量，发现排泥量少于理论排泥量时及时分析原因，在盾构前方进行钻孔取芯。同步注浆须实时监测注浆压力，保证盾构顺利掘进，并在盾构前方采用超前钻取芯检测。

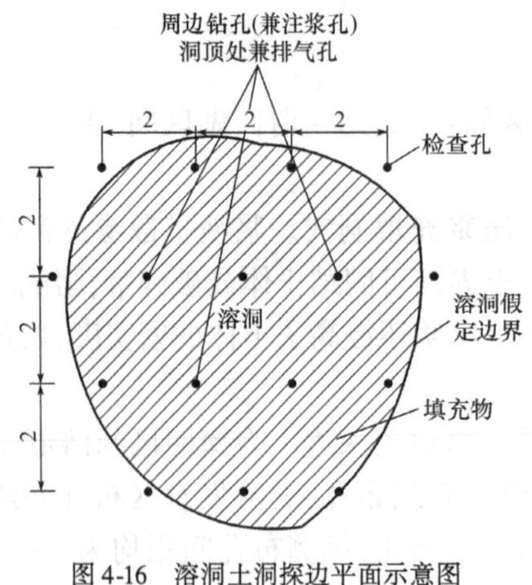

图 4-16 溶洞土洞探边平面示意图
(尺寸单位:m)

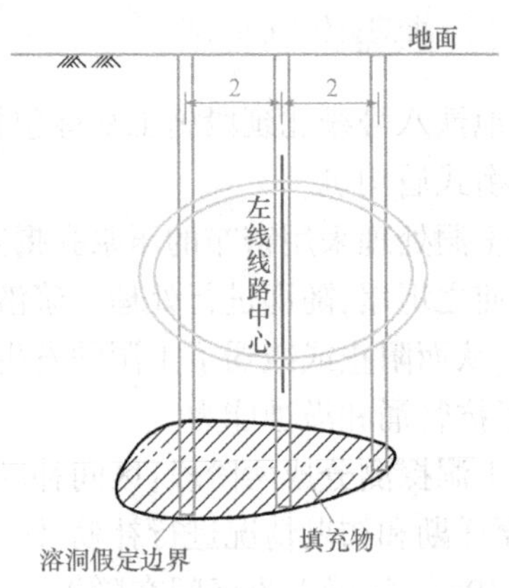

图 4-17 溶洞土洞探边剖面示意图
(尺寸单位:m)

掘进中遇到溶洞土洞停止掘进,对溶洞土洞采用双液浆进行注浆处理,如图 4-18 所示。溶洞土洞采用 48mm PVC 材质的袖阀管注浆,注浆管采用 1 寸(约 3.3cm)注浆芯管,下至溶洞土洞底部。水泥采用 42.5 级普通硅酸盐水泥。注浆设备采用 BW-150 或 BW-250 泥浆泵,为保证注浆质量采用小压力,小流量注浆,注浆档位选择最低档。

a) 下注浆芯管

b) 注浆压力表读数

图 4-18 注浆处理

为控制注浆效果及注浆量,进行了多次小压力注浆;为防止跑浆、串浆现象,采用跳跃注浆。溶洞土洞处理范围的外排注浆孔采用注双液浆封边,当注浆压力达到设计压力时提注浆芯管,注浆提管每次不超过 800mm。为控制注浆量,每孔注浆 2 - 3 次,每次间隔 6 ~ 10h,同时严格控制周边孔注浆质量。内侧注浆孔注普通水泥浆,浆液水灰比为 1:1,注浆压力控制在 0.4 ~ 0.6MPa,注浆速度 30 ~ 70L/min。当注浆压力达到设计压力时提注浆芯管,注浆提管每次不超过 800mm。为控制单孔首次注浆量,每米溶洞土洞注浆量控制在 5m^3 以内。超过此方量达不到注浆压力时提管 800mm 后进行注浆。

溶洞土洞注浆完成 28d 后进行注浆效果检测,填充率及密实程度采用钻孔取芯法和原位标贯法测定,取芯后做抗压试验,要求无侧限抗压强度不低于 0.2MPa,标贯击数应不小于 10 击,这两种检测满足标准时为合格。检测数量为注浆孔数量的 1%,且每个溶洞土洞、检测数量不少于 1 处,每个分部工程不少于 3 处。采用抽芯钻孔和标贯钻孔检查溶洞土洞的充盈程度。要求洞内全填充,达不到要求时应补充注浆。通过现场抽芯结果,加固后溶洞土洞上部能达到 18 击,溶洞土洞中部达到 15 击,溶洞土洞底部达到 13 击,能满足检测要求,溶洞土洞注浆完成后岩芯如图 4-19 所示。

图 4-19　溶洞土洞注浆完成后岩芯情况

盾构掘进前对区间地质进行详细补勘,普通区间补勘孔布设在区间中线位置,溶洞土洞发育部分孔间距为 5m,溶洞土洞不发育部分孔间距为 10m。跨河渠时,为保证盾构安全,补勘孔布置在隧道两侧 500mm 处,间距为 3m。

盾构掘进前对影响隧道施工安全范围内溶洞土洞进行注浆处理,控制溶洞土洞注浆质量。补勘孔及探边孔(无溶洞土洞)及时进行压浆封孔,确保封孔质量,保证不冒浆,确保泥水盾构施工压力。

盾构掘进中重点监控出土量或泥浆量、同步注浆压力,发现异常时停止掘进,在刀盘前方进行钻孔探测,确认溶洞发育情况,当遇未处理溶洞时采用注双液浆及时处理,处理完成后继续掘进。

4.5　差异风化球状孤石地层

花岗岩在形成演化期间由于受构造应力和风化应力的影响,形成许多相互正交的节理,在这些节理切割形成的花岗岩块状岩石露出地表后不断受风化作用的过程中,其突出棱角部位易受风化并趋向球形,便形成了球状风化体,俗称“孤石”。孤石的存在对地下工程尤其是盾构法隧道工程施工影响极大,容易导致地表沉降、设备损坏、隧道质量事故等风险,是盾构施工的“天敌”之一。

4.5.1 地层特征与孤石探测

花岗岩地层由于其物质组成特点，在风化过程中很容易发育出未风化或者微风化的坚硬球状体，即“孤石”。花岗岩球状风化体的分布虽无固定规律，但也有一些明显特征。花岗岩的大小随着风化程度的增强而减小，而数量却随着风化程度的增强而增加，但在垂直风化剖面上具有“上多下少、上小下大”的特点。孤石地层的地层特征主要有以下几个方面：孤石粒径不一，从几十厘米到几米都有；按照风化程度所产生的孤石抗压强度差异较大，甚至有的孤石抗压强度超过1000MPa；相对于孤石来说，包覆这些孤石的周边风化土层的强度则小得多，且容易遇水软化崩解，造成孤石滑落、挤压，引起地层变化。球状风化花岗岩孤石如图4-20所示。

图4-20 某地铁车站基坑开挖时出现的球状风化花岗岩孤石

盾构在掘进孤石群时，主要靠刀盘上的滚刀挤压破碎岩土前进，而滚刀能否顺利破岩主要取决于盾构能否提供足够的切削力破岩以及孤石是否足够稳固（即没有滚动摩阻）。盾构在通过孤石群地层时，由于孤石粒径的差异化，主要风险可概括为：大型孤石影响掘进，小型孤石堵塞土仓，高强孤石加速刀具磨损。根据过往的差异风化球状孤石地层掘进经验，孤石地层中盾构掘进速度慢，掘进参数波动大，对周边地层扰动较大，容易超挖，导致地表沉降风险；掘进时周边软弱土体破坏，引起孤石滑动，导致盾构姿态难以控制；孤石强度太高或孤石滚动使滚刀无法顺利破岩，引起盾构刀具磨损失效，导致盾构无法正常掘进，甚至停机；孤石粒径大小不一，极易由于刀盘开口率不够，导致孤石积累在土仓，刀盘卡死，影响盾构掘进；盾构在孤石群中连续破岩掘进，需要频繁开仓换刀，而孤石群周边地层自稳性差，加上掘进施工扰动和环境复杂，开仓作业及相关施工十分困难。在盾构掘进过程中，遇到差异风化球状孤石地层时，掘进参数可能出现明显陡增现象。

目前，我国工程中遇到孤石地层情况在东南沿海（香港、广东、福建）一带较为常见，东南沿海地区也是我国花岗岩地质地貌分布最为广泛的地区之一。作为盾构施工来说，花岗岩球状风化后形成的各种粒径的孤石，对盾构掘进影响很大。

4.5.2　孤石处理

盾构机遭遇孤石，主要是“吃不下，排不出”，掘进遇阻，在同一地点反复研磨，导致松散、失稳。要盾构机“吃得下，排得出”，针对性的措施就是将大孤石提前处理到合适大小，并加固稳定地层，防止刀盘区域范围外的孤石进入开挖区域。

在详细探明孤石位置、数量、大小、强度的前提下，孤石处理的主要原则是“破大为小，降低影响”。按照孤石大小将孤石分为四类，第一类为较小型孤石，可采取盾构直接掘进的方式穿越该类孤石；第二类为小型孤石，遇到孤石群的可能性较大；第三类为中型孤石，可采取预爆破清理孤石再掘进的方式穿越该类孤石；第四类为大型孤石，粒径大于 7m，可采取复合盾构直接掘进的方式穿越该类孤石。球状风化孤石地层盾构施工总体思路如图 4-21 所示。

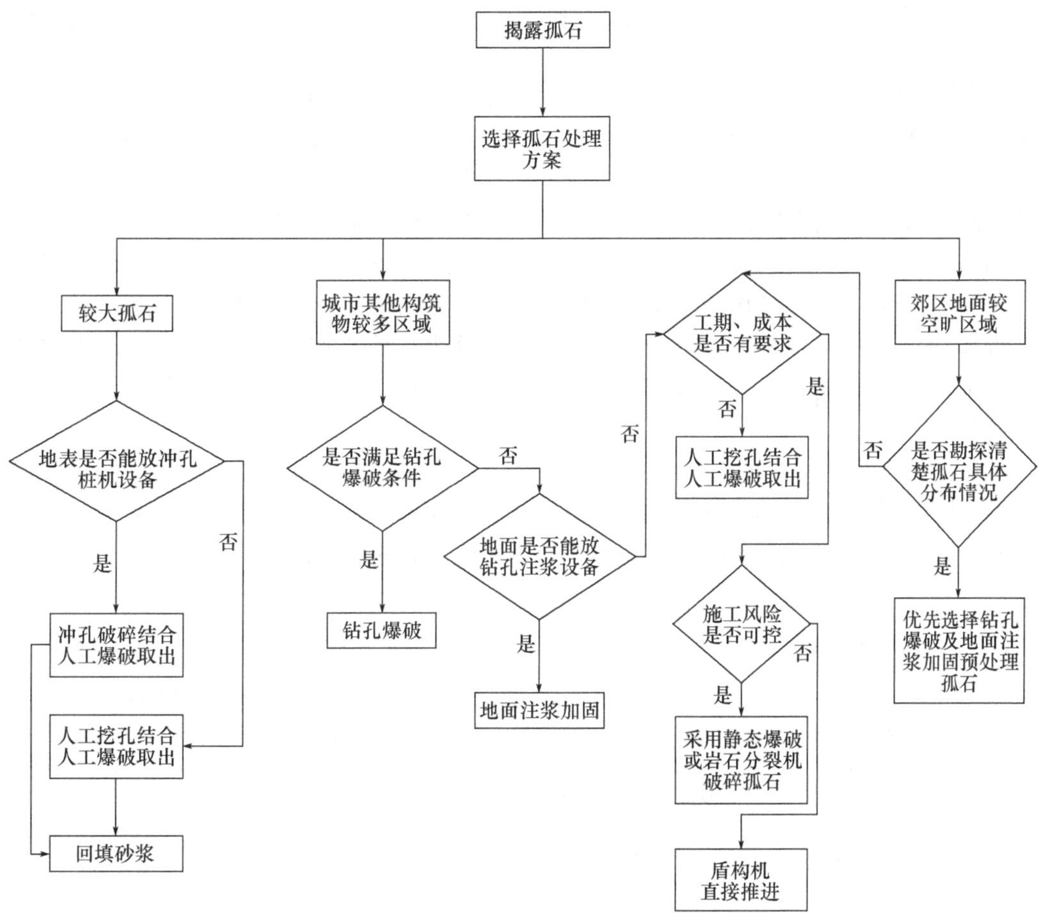

图 4-21　球状风化孤石地层盾构施工总体思路图

目前国内所采用的孤石处理技术手段主要是“钻探 + 物探”结合的方法，结合目前的施工经验来看，采用两种或者两种以上的勘探方法组合，互相对比、互相验证，对于提高补勘精度有很大帮助。各类补勘方法详见表 4-10。

常见孤石补勘方法　　表4-10

序号	补勘方法	工作方式	备注
1	重力探测	通过地表观测孤石引起的重力异常，推断孤石分布范围、粒径大小	精度较差
2	探地雷达	通过发射天线向地下发射高频电磁波，根据接收到的电磁波波形、振幅强度和时间变化等特征推断孤石位置、大小等	探测深度低
3	跨孔超高密度电阻率法（钻孔CT法）	通过地表钻孔，在3个或者3个以上平行钻孔中一次布极，根据任意组合电极间的电位信息，结合反演技术计算断面真电阻率数值，判断孤石形态	精度随孔深和孔间距比例系数增大而提高
4	微动探测	利用微动信号中的面波，通过对频散曲线的反演，获得地下介质横波速度结构，从而完成孤石勘探	精度有待提高，适合城市环境探测

目前国内所采用的手段主要是钻孔CT探测和物探结合的方法，虽然这种方法具有一定的实际指导意义，但是对于探测精度的帮助有限，根据厦门地铁的孤石补勘经验，采用“微动探测”的方式进行孤石补勘工作，相对其他方法的结果精度更高。微动探测是一种基于微动台阵探测地球的物理探测方法，其基本原理是发射体波和面波产生振动后，采用空间自相关法从微动信号中提取瑞雷波频散曲线，并对频散曲线进行反演，从而得出该类地层中的波形特征，结合频散特性与介质结构的相关性分析可获得地质结构信息。将微动探测技术应用于地铁工程孤石的探测，可以极大地减少钻探工程量。微动探测在交通繁忙、钻探无法实施的地段具有其独特的优势，特别适合在城市环境下使用，是一种很有前景的物探方法，具体应用见下文案例部分。

传统的孤石预处理方式有盾构机直接切削孤石、液压劈裂机预处理孤石、洞内火工爆破处理孤石、冲孔预处理孤石、人工挖孔挖除孤石、地下深孔爆破孤石等。根据国内各项目施工经验可知，引孔爆破法处理孤石的方法居多。孤石处理方案见表4-11。

孤石处理方案比选　　表4-11

序号	处理方案	处理措施
1	旋挖钻＋冲击钻对块石进行预处理	根据探测块石所在的位置，旋挖钻机就位旋挖，开挖到块石高程后，若旋挖钻机能将块石破碎或搅入渣斗内，则采用旋挖钻将块石抓取出来；若块石太大，旋挖钻不能将块石取出，则立即更换冲击钻将块石破碎，破碎至粒径0.3m以下，钻孔深度要求到达块石标高以下1m
2	引孔爆破法施工	对已探明球状花岗岩和基岩突起采用地表地质钻垂直打孔，装炸药爆破隧道范围内岩石，使岩石成为单边长度小于30cm的碎块
3	孤石区注浆区域加固	对于补勘探明比较破碎的孤石区段，可通过袖阀管、钢花管等劈裂注浆的方式加固孤石区段，使孤石与周边地层强度基本一致，一是避免盾构掘进过程孤石滑动磨损刀盘刀具；二是强度均一后，便于盾构掘进通过
4	盾构直接破岩通过（预加固地层后掘进）	对区间已探明的块石采用上述方法进行预处理后，方可进行盾构施工，盾构机刀具配置必须满足块石地层中掘进需要，针对可能遗漏的块石，只能全滚刀直接破除通过

特别需要注意的是，实施引孔爆破施工后，爆破孔的存在容易使盾构掘进过程中出现冒泥浆或漏气的问题，故要求爆破后周边区域的钻孔必须封好。一般是采用钻机从钻孔底部自下而上灌满水泥浆，如需要短时间内凝固可采用水泥—水玻璃双液浆灌注。盾构在孤石群中掘进，应遵守“勤检查、勤换刀”的方针，尤其是在掘进过程中出现异常时要及时检查换刀，不能盲目掘进。孤石地层盾构施工措施见表4-12。

孤石地层盾构施工措施　　表4-12

序号	主要措施	措施说明
1	合理选择换刀点	在块石地层中掘进，刀具受力过大易造成刀具磨损严重，为了保护盾构机，确保盾构机正常掘进，应该定期进行刀具检查，总结刀具磨损规律，在稳定地层中合理选择换刀点，及时进行换刀
2	合理调整掘进参数	盾构在块石地层的掘进模式应根据地层情况合理调整，为了防止刀盘振动和刀具受力过大波动，在块石地层中掘进时不宜片面地追求掘进速度，各项掘进参数应实时动态调整，做到对刀具的有效保护

4.5.3　案例

1）莞惠3标“洞内导洞+超前大管棚支护”处理孤石带

标段控制性工程为盾构始发井—东城南站区间，上软下硬地层中含大量孤石导致施工风险极大。盾构区间过上软下硬孤石群地层，刀盘前方大量孤石并非主要来自掌子面正前方，而来自隧道上方因不均匀风化形成的块石，在该地层中掘进，由于刀盘扰动土体，极易导致上覆孤石滑落进入隧道范围，造成盾构施工困难。同时，隧道拱顶埋深达31.5m且盾构机上方均存在既有建筑物，地表无加固条件，盾体与孤石位置关系图如图4-22所示。

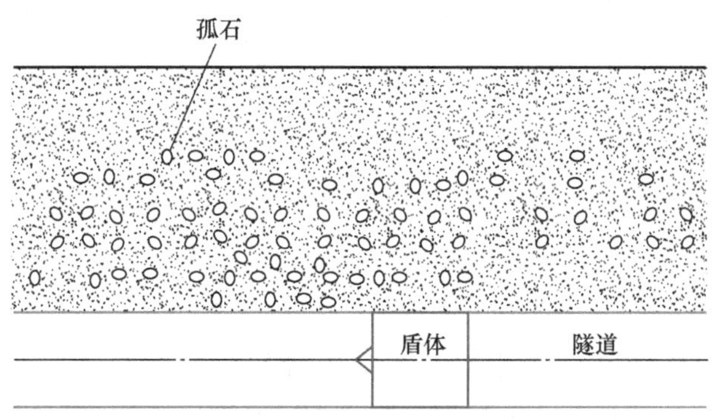

图4-22　盾体与孤石位置关系图

该项目在左右线隧道之间开挖平行导洞，在隧道正洞上方采用“管棚+注浆”对孤石段进行处理。考虑施工安全、隧道出渣以及注浆机、管棚施工所需作业空间，设计导洞净空尺寸为3.5m（宽）×3.5m（高），导洞与隧道平面位置如图4-23所示。

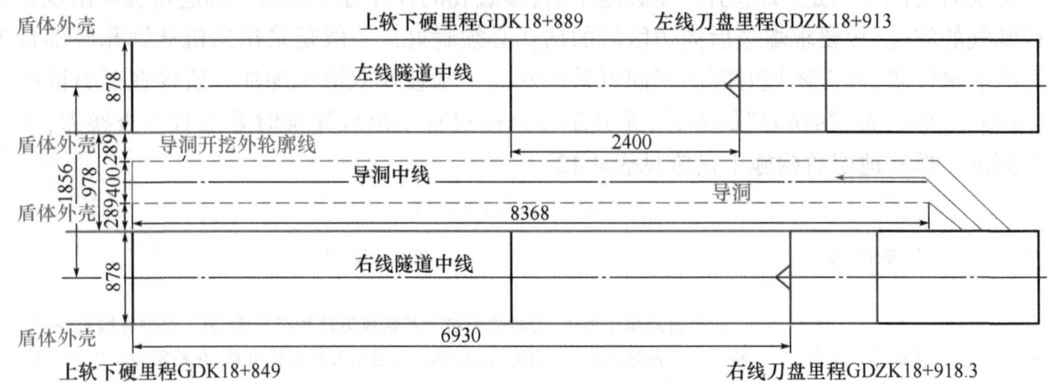

图 4-23　导洞与隧道正洞平面位置关系图(尺寸单位:cm)

导洞位置选择在全断面硬岩段,根据地质情况及始发井盾构机结构,导洞在距右线盾构机刀盘后方 20m 处硬岩段开洞,开洞中心里程为 GDK18 + 938.3。施工首先对开洞处前后 10 环管片进行补充注浆,保证管片背后密实。对开洞两侧各 4 环管片进行钢支撑加固,先对导洞两侧各 4 环管片进行钢支撑加固,开洞环与紧邻的非开洞环的接缝处架设钢支架环,其余非开洞环钢支架环撑于管片正中,通过 4 根 I40b 工字钢实现纵向连接。钢支撑环安装完成后若与管片存在间隙则用木楔楔紧。钢支撑布置图如图 4-24 和图 4-25 所示。

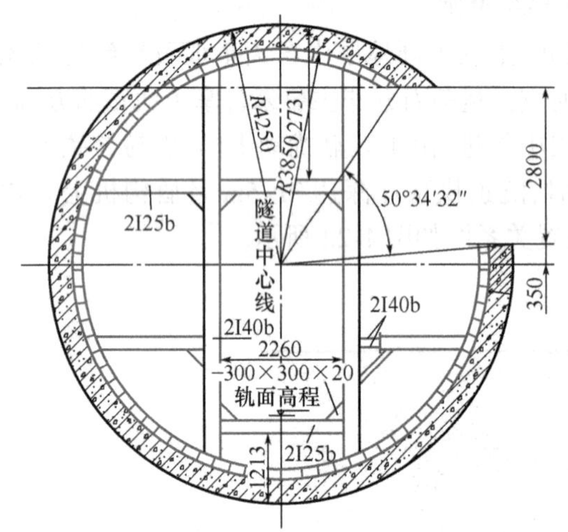

图 4-24　开口环钢支撑布置图(尺寸单位:mm)

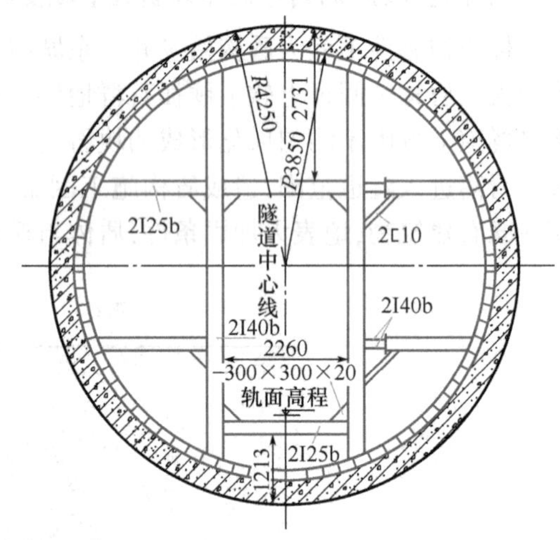

图 4-25　相邻环钢支撑布置图(尺寸单位:mm)

对开洞位置进行放样并标识于管片上。距开挖轮廓线外 50cm 处,管片切割后施作 ϕ108mm 管棚(t = 6mm),管棚长 3m,环向间距为 50cm,施工完成后对管棚进行注浆。切割管片后施作开洞环梁,开洞环梁尺寸为 45cm(宽) × 40cm(厚),采用 C35 钢筋混凝土结构。待开洞环梁混凝土强度达到设计强度,完成受力体系转换后采用矿山法开挖导洞。

根据地表初步探测,右线隧道 GDK18 + 918.3 - GDK18 + 849 段均为上软下硬孤石群地层,导洞终止里程为 GDK18 + 849,总长 90m。为降低爆破施工对成型盾构法隧道的影响,硬岩段导洞开挖采用台阶法爆破开挖,单循环进尺 1m,全断面软土地层导洞采用全断面注浆加固，台阶法开挖。注浆采用水泥—水玻璃双液浆，注浆范围为开挖轮廓线外2m，断面注浆以右线进入上软下硬里程 GDK18 + 924 为起点。导洞采用喷锚构筑法施工；拱部180°范围采用 ϕ42mm 双排小导管（$L=3$m）进行超前支护；初期支护全环设置 I18 工字钢，间距为0.5m，全环设置 ϕ8mm 双层钢筋网片、边墙设置 ϕ22mm 玻璃纤维筋锚杆；拱架采用 ϕ22mm 连接筋连接，拱架未落脚处打设两根 ϕ42mm 锁脚锚管。导洞施工完成后，底板施作20cm厚C30钢筋混凝土，加强导洞结构稳定，防止底板隆起。导洞支护结构如图4-26所示。

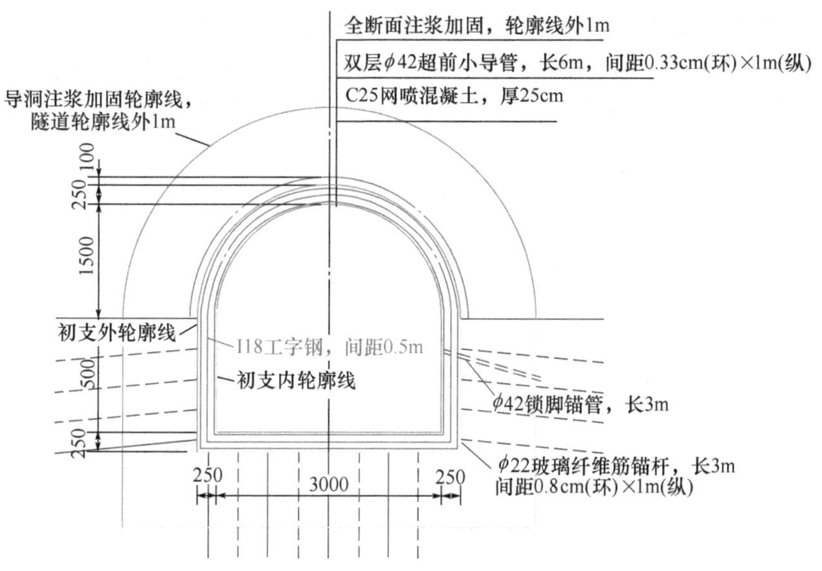

图4-26 导洞支护结构示意图（尺寸单位：mm）

导洞开挖支护完成后，由导洞内向隧道正洞拱顶上方1m处施作 ϕ108mm 管棚并注浆，管棚施工完成后，对隧道洞顶上方及隧道周边进行注浆加固。管棚采用壁厚8mm的热轧无缝钢管 ϕ108mm，分节长度为2m、2.5m，管棚内外车丝，采用丝扣连接。第一节管棚尾端设置成锥形。管棚上开孔，孔径 ϕ10mm，间距15cm，梅花形布置，尾端设置1m止浆段。管棚距隧道正洞拱顶上方1m，水平间距33cm（中心间距），竖直偏角1°，为保证潜孔钻施工空间，其水平偏角取66°。管棚打设时，管棚底距隧道外轮廓边线3m，相邻两钢管接头采用不同管节组合方式错开。为提高管棚刚度，管棚内插入3根 ϕ20mm 螺纹钢，呈三角形布置，管棚内插钢筋如图4-27所示。注浆采用1∶1水泥单液浆，水泥采用 P·O 42.5 硅酸盐水泥，注浆初始压力0.5～1.0MPa，终止压力1.5～2.0MPa。

管棚施工完成后，采用 WSS 注浆工艺，对隧道洞顶上方3m、隧道洞身及隧道轮廓线外5m范围内进行注浆加固，防止盾构机掘进过程中隧道上方及侧面土体坍塌，造成地表失稳沉陷及房屋沉降。注浆材料：水泥—水玻璃双液浆，水泥采用 P·O 42.5 硅酸盐水泥，水泥浆水灰比为1∶1；水泥浆∶水玻璃浆体积比为1∶1，注浆终止

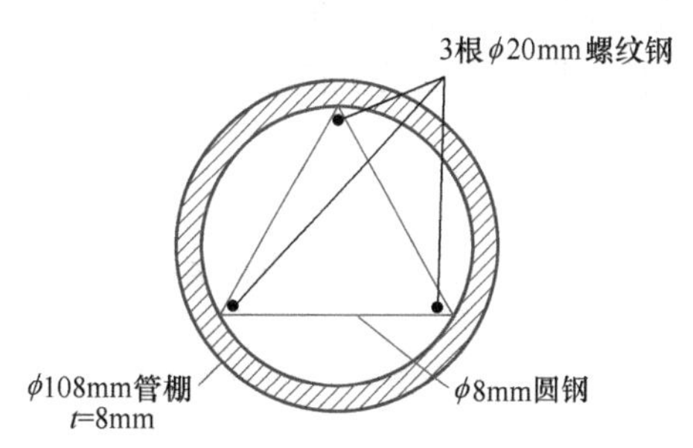

图4-27 管棚内插钢筋示意图

压力 2.5～3.0 MPa。

加固后管棚净间距设为 22.2cm，从管棚间隙掉落的孤石最大直径为 22.2cm，粒径小于 22.2cm 孤石可通过 30cm 的刀盘开口进入土仓，通过螺旋机运出。注浆加固后，刀盘前方土体稳定，常压情况下，可进入土仓和刀盘前方，对滑落孤石进行清理，使刀盘运转，同时降低刀具非正常磨损。导洞开挖初期支护和正洞加固期间以及管棚支护体系形成后，正常掘进过程中均对影响范围内的建筑物、地表沉降、既有盾构法隧道进行了实时监测，监测显示变形量均在规范要求范围内。由此可见，盾构下穿既有建筑物并且区间上悬孤石群时，利用导洞法加固技术，能有效地控制盾构机在上软下硬地段掘进过程中的超方，阻止隧道上方孤石、抛石进入刀盘前方，保证盾构顺利掘进。孤石层地段经过加固处理，在上软下硬孤石群地层且下穿房屋地段，盾构机每天能完成 1 环 1.6m 的掘进，隧道正洞加固如图 4-28 所示。

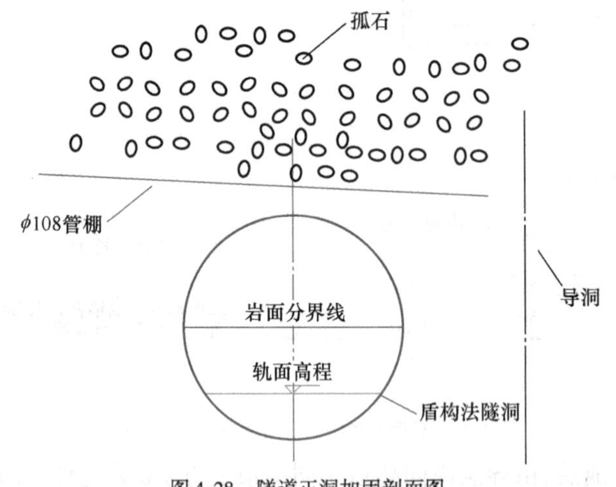

图 4-28　隧道正洞加固剖面图

使用横向管棚加固孤石地层，是一个比较极端的特例。地表无处理条件的情况下通过开挖导洞对掌子面上前方的孤石进行爆破预处理，主要目的是确保地层中孤石不随着塌落的土体进入土仓，避免孤石在土仓内堆积，卡死刀盘，堵死螺旋机。

2）厦门 2 号线 2 标微动探测结合钻爆法处理孤石

厦门 2 号线 2 标建业路站—湖滨中路站区间隧道穿越的岩土层主要为：残积砂质黏性土、全风化花岗岩及强风化花岗岩，局部位置为碎裂状强风化花岗岩与中（微）风化花岗岩，建业路站—湖滨中路站区间地质纵断面图如图 4-29 所示。

微动探测方法的工作原理如图 4-30 所示，主要仪器配置见表 4-13。

微动探测主要仪器配置表　　表 4-13

序　号	名　称	数　量
1	EPS 系列一体化微功耗数字地震仪	6 台
2	方向控制板	1 片
3	钢卷尺	1 把
4	50m 皮尺	1 把

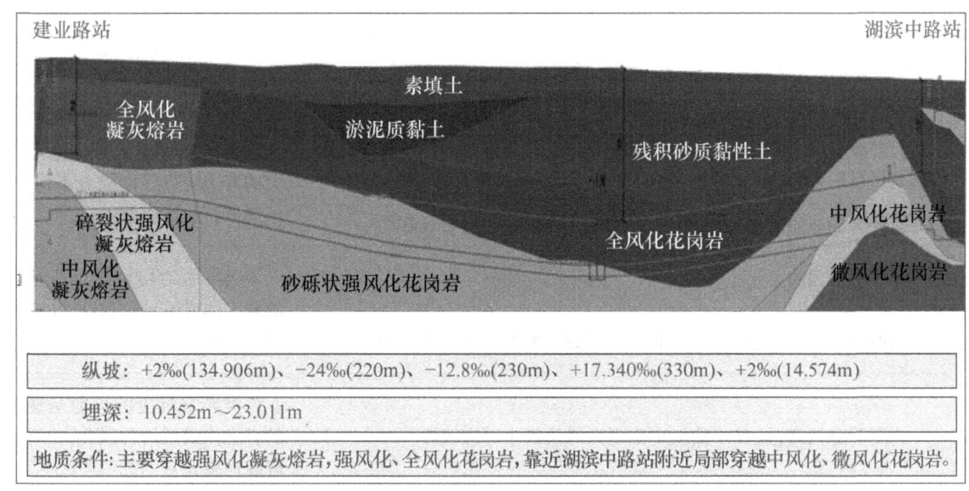

图 4-29　建业路站—湖滨中路站区间地质纵断面图

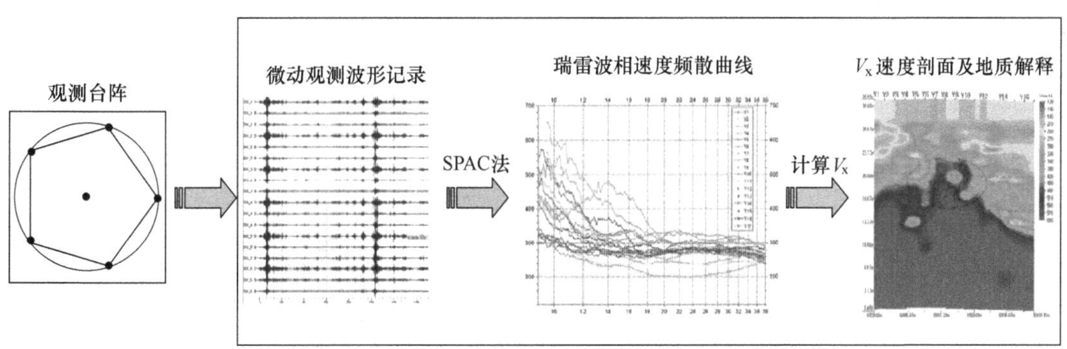

图 4-30　微动探测工作原理图

微动探测主要是依据仪器接收的剪切波速结合地质详勘报告进行全面分析来判断孤石分布情况，微动探测前需测试仪器的一致性，以确保观测资料可靠、有效，具体方法是将全部仪器放置到同一点处同步记录 10min 左右，由该点记录计算各台仪器的功率谱、功率谱之比、相干系数和相位差，以对仪器的一致性进行判断。

现场数据采集应按照孤石分布情况分为两步，第一步是对详勘报告中已探明的孤石进行微动探测，获取该类地层中孤石存在时圆形台针 H/V 曲线形态特征；第二步才是对盾构掘进范围内的孤石进行探测，根据第一步中探测出的特征曲线进行总体判断。根据不同地层条件，总结得出主要判断依据，见表 4-14。

微动探测判断依据　　表 4-14

异常分类	分类依据	评　价
Ⅰ类	局部速度(稍)偏高	该类异常对应的可能是岩土层分界面或者不均匀风化，出现孤石的可能性极小
	速度无明显偏高，但 H/V 曲线中出现小峰值频率对应较好	

续上表

异常分类	分类依据	评价
Ⅱ类	局部速度(稍)偏高,且 H/V 曲线中出现小峰值频率对应较好或大峰值频率对应较差	该类异常对应的可能是阻抗比较大的岩土层分界面或者不均匀风化,出现孤石的可能性较小
	速度无明显偏高,但 H/V 曲线中出现大峰值频率对应较好	
Ⅲ类	速度明显偏高	该类异常对应的可能是速度较高的岩土体或不均匀风化,出现孤石的可能性较大
	局部速度(稍)偏高,且 H/V 曲线中出现大峰值频率对应较好	
Ⅳ类	速度明显偏高,且 H/V 曲线中出现大峰值频率对应较好	该类异常对应的可能是速度较高的岩土体或不均匀风化,出现孤石的可能性极大

微动探测采用图 4-31 所示的正五边形阵列观测系统,每个圆形阵列由放置于五角星顶点和中心点的 6 个摆及一套记录仪组成。

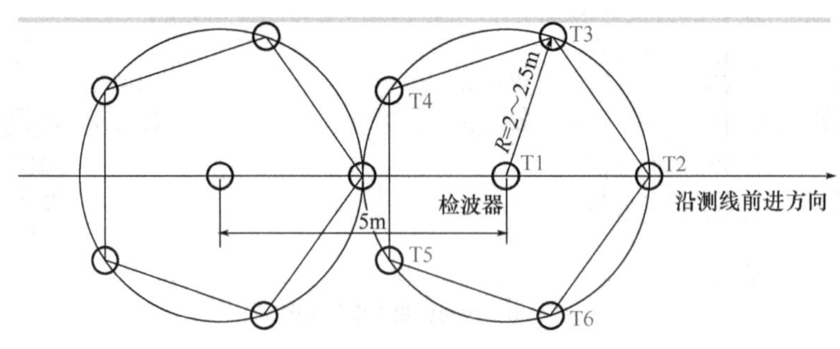

图 4-31　五边形阵列观测系统示意图

在仪器放置到位,确保进入正常工作状态后,尽量保持周围环境相对安静,以有效记录数据。实际施工时按照设计的观测系统沿测线逐点进行观测,单点每次观测时间为 15 ~ 20min,观测结束后将整个台阵移动到下一个勘探点观测,观测点阵列实景如图 4-32 所示。

综合建业路站—湖滨中路站区间 8 条微动探测剖面的分析,推断微动探测成果,进行安全性分区,见表 4-15。

建业路站—湖滨中路站区间微动探测成果　　表 4-15

序　　号	里　程　段	分析推断结果	盾构安全评价
1	ZDK22 + 726 ~ ZDK22 + 768	基岩凸起、孤石	危险区
2	ZDK22 + 768 ~ ZDK22 + 797	孤石或不均匀风化体	警示区
3	ZDK22 + 797 ~ ZDK22 + 808	存在孤石可能性小	安全区
4	ZDK22 + 808 ~ ZDK22 + 858	不均匀风化体或孤石	警示区
5	ZDK22 + 858 ~ ZDK22 + 873	存在孤石可能性小	安全区

续上表

序　　号	里　程　段	分析推断结果	盾构安全评价
6	ZDK22 +873 ~ ZDK22 +960	不均匀风化体或孤石	警示区
7	ZDK22 +960 ~ ZDK23 +028	存在孤石可能性小	安全区
8	ZDK23 +028 ~ ZDK23 +043	不均匀风化体或孤石	警示区
9	ZDK23 +043 ~ ZDK23 +073	存在孤石可能性小	安全区
10	ZDK23 +073 ~ ZDK23 +121	不均匀风化体或孤石	警示区
11	ZDK23 +211 ~ ZDK23 +288	孤石或不均匀风化体	危险区
12	ZDK23 +288 ~ ZDK23 +343	孤石或不均匀风化体	警示区
13	ZDK23 +343 ~ ZDK23 +373	孤石、基岩凸起	危险区
14	ZDK23 +373 ~ ZDK23 +438	不均匀风化体或孤石	警示区
15	ZDK23 +438 ~ ZDK23 +468	存在孤石可能性小	安全区
16	ZDK23 +468 ~ ZDK23 +498	孤石或不均匀风化体	危险区
17	ZDK23 +498 ~ ZDK23 +513	不均匀风化体或孤石	警示区
18	ZDK23 +513 ~ ZDK23 +601	孤石、基岩凸起	危险区
19	YDK22 +675 ~ YDK22 +752	孤石、基岩凸起	危险区
20	YDK22 +752 ~ YDK22 +807	孤石或不均匀风化体	警示区
21	YDK22 +807 ~ YDK22 +867	存在孤石可能性小	安全区
22	YDK22 +867 ~ YDK22 +882	不均匀风化体或孤石	警示区
23	YDK22 +882 ~ YDK22 +912	存在孤石可能性小	安全区
24	YDK22 +912 ~ YDK22 +967	不均匀风化体或孤石	警示区
25	YDK22 +967 ~ YDK22 +982	存在孤石可能性小	安全区
26	YDK22 +982 ~ YDK22 +992	孤石或不均匀风化体	警示区
27	YDK22 +992 ~ YDK23 +017	存在孤石可能性小	安全区
28	YDK23 +017 ~ YDK23 +072	不均匀风化体或孤石	警示区
29	YDK23 +072 ~ YDK23 +120	存在孤石可能性小	安全区
30	YDK23 +290 ~ YDK23 +322	孤石或不均匀风化体	危险区
31	YDK23 +322 ~ YDK23 +342	存在孤石可能性小	安全区
32	YDK23 +342 ~ YDK23 +392	孤石或不均匀风化体	警示区
33	YDK23 +392 ~ YDK23 +427	存在孤石可能性小	安全区
34	YDK23 +427 ~ YDK23 +435	孤石或不均匀风化体	警示区
35	YDK23 +435 ~ YDK23 +600	孤石、基岩凸起	警示区

图4-32 数据采集现场照片

根据同类工程施工经验,结合项目实际情况,为了达到更好的碎裂效果,炸药单耗取值需高于爆破试验中的取值,以确保爆破后的碎石块度长边尺寸满足小于30cm的工程要求;并严格控制每次爆破的最大段药量和总装药量,以确保地下各市政管线、地表各周围建筑物的安全。为了确保爆破效果,建业路站—湖滨中路站盾构区间的孤石和凸起岩石爆破预处理的炸药单耗分别不小于4.5kg/m^3、6kg/m^3。增加地下岩石的自由面,设置不装炸药的空孔;增强岩石的破碎效果,采用高密度、高威力、少气体的高性能抗水乳化炸药;增强起爆和传爆的可靠性,以避免盲炮(瞎炮、拒爆炮孔)现象,每个炮孔增加起爆雷管、设置导爆索;减少爆破危害,每次爆破不超过10个炮孔以控制总装药量;每个炮孔装药长度不超过3m以控制最大段药量。

对到达盾构刀盘前的遗漏孤石,除采用现行的全套管钻机直接排除外,还采用了聚能药包和炸药爆炸超高压切割气楔进行处理,以提高孤石处理功效,减少负面影响范围,降低费用;对重要建筑物进行爆破振动监测,发布爆破安全告示,临时阻断交通,加强警戒;结合"爆破+旋挖钻"技术对孤石进行预处理,将区间存在的大粒径孤石处理成小粒径的块石,确保盾构机顺利完成孤石地层的盾构掘进,同时,通过控制爆破技术,有效降低对周边环境的影响,整体的工法组合效果较好;对于盾构穿越孤石群地层,根据地质和周边环境情况,从降低盾构破岩难度、减少刀具磨损和保证及时更换刀具等方面综合考虑措施,确保盾构机在掘进中能平稳、安全。

在孤石群地层中,系统采用了地下爆破预处理孤石、控制参数保证盾构机平稳掘进、压密注浆法辅助带压开仓检查换刀的措施,使施工风险可控,施工工效明显提高,施工成本降低。采用地下隐蔽岩体爆破技术预处理孤石群,其关键要使岩石破碎后尺寸减小,利于进入刀盘并方便螺旋机排出,以降低盾构机的掘进难度。爆破地下孤石采用钻孔分段微差爆破的方法以解决地下爆破没有临空面的难题。

在孤石群地层中开仓安全风险大,尤其是爆破施工后开仓成功率很低,不能保证及时更换刀具,造成盾构掘进困难甚至停滞。采用带压开仓换刀前先进行压密注浆,以较低的成本和工期改良刀盘周边地层,并封阻爆破施工形成的漏气通道,大大提高了开仓的成功率,并且在压气作业过程中采用了盾壳后部止水、掌子面泥膜护壁等辅助措施。

总体上讲,盾构机掘进孤石群过程中应严格控制推力、扭矩、贯入度、姿态、排土量等各项参数,并可通过听掘进声音、观察渣样、分析参数的方法来判断掘进异常情况,及时检查更换刀具,使盾构机保持平稳掘进。孤石群是盾构工程的重大风险,对工程的进度、成本、质量具有巨大影响,有时甚至成为决定项目成败的关键,因此,对孤石的处理,建议工程参建单位提前策划、综合考虑,在勘察阶段提供出详细准确的地质信息,在设计阶段尽量规避孤石密集区域,在施工阶段尽量在盾构掘进前处理,把风险降低到可控范围。

4.6　砂卵石地层

4.6.1　地层特征与潜在风险

1)地层特征

砂卵石地层大多是由河流冲刷和堆积沉降作用形成的,源区岩石的不同和河道的变迁导致砂石层的成分、厚度、分布区域多变,砂卵石层中砂层透镜体分布不均。通过研究成都地区富水砂卵石地层勘察报告(表 4-16),对卵石层的渗透系数、标准贯入度等数据进行分析,可以判断,砂卵石地层具有岩体松散、无胶结、自稳能力差、单个石块强度高、渗透系数大、中低压缩性的工程特性,属不稳定地层。

成都地区砂卵石地层勘察数据　　表 4-16

地层名称	岩土特征	地 层 分 析	开挖后的稳定状态	渗透系数(m/d)	变形模量(MPa)
一、成都地铁 6 号线 9 标					
卵石土 +	密实	卵石含量约 70% ~75%,粒径一般为 2 ~20cm	自稳性差	18	49
二、成都地铁 17 号线 5 标					
冰水沉积、冲积卵石土	稍密	漂石含量约 4%,最大粒径 22cm,卵石含量 65% ~80%,卵石点荷载换算抗压强度为 22.50 ~98.00MPa	自稳性较差,扰动后易发生涌砂,易局部坍塌	27	52.21
三、成都地铁 5 号线 9 标					
卵石土	密实	粒径 >20mm 的颗粒含量为 70.4% ~74.5%,粒径为 2mm 的含量为 10.5% ~22.0%	自稳性差	18	38

由表 4-16 可以看出,砂卵石地层主要有以下几个方面的地层特性。

(1)自稳能力差,受外界扰动地层反应灵敏且成拱性差,极易出现土体滑移引起垮塌。

(2)表中明显看到卵石土地层的渗透系数均在 18m/d 以上,属于渗透系数大的地层,这是由于级配不均匀砂卵石的存在,导致该类地层孔隙不均一,易形成渗水通道(图 4-33)。

(3)砂卵石级配不均匀,单个石块的强度较大。

(4)砂卵石颗粒的流塑性极差,同时,地层几乎没有黏聚力,导致该类地层整体性差且不同地质交叉互层情况严重。

图 4-33　级配不均匀砂卵石地层

结合国内盾构经验来看,地下水位的高低对砂卵石地层盾构施工的影响最大。白永学等对成都地铁 5 号线和 6 号线砂卵石地层盾构施工的研究表明,同类地层条件下,内摩擦角和地下水位的高低是决定砂卵石地层稳定性的关键因素,有地下水时建立土压平衡所需的土仓压力比无地下水时可以高出数倍。总体来看,由于砂卵石地层天然的自稳能力差、黏聚力低和透水性强的特征,导致该类地层受到扰动后,表现出明显的“有水失稳、无水稳定”特点。

2)分布规律

根据国内地铁施工经验分析,目前级配不均匀砂卵石地层主要分布在成都、西安、北京等地,其中北京、成都为典型的级配不均匀砂卵石地层场区。我国级配不均匀砂卵石地层主要分布区域见表 4-17。

级配不均匀砂卵石地层主要分布区域　　表 4-17

序号	地区	地质概况	备　注
1	成都	以卵石为主,属补给充足的强透水砂卵石,个别粒径较大,偶有漂石,充填物以细砂、中砂为主,局部大粒径砾石含量较高且局部富集成群	主要为富水砂卵石
2	北京	分为无水砂卵石和有水砂卵石,地层以卵石为主,大于 200mm 的漂石含量约为 15% ~45% ,充填物为粗砂和中砂	分为无水和富水
3	西安	地层以黄土为主,靠近汾河、渭河一带有砂卵石土分布,砂卵石含量较少,主要以中砂层为主,局部穿越细砂	卵石含量少
4	石家庄	分为上部强富水岩段和下部弱富水岩段,上部主要以砂卵石、砂砾石、中粗砂夹砂质黏土和砂质黏土为主,下部主要为卵砾石和砂砾夹砂质黏土	砂卵石、砂砾石为主

3)主要风险

通过对该类地层特性进行分析,结合现有的盾构施工经验可以判断,当盾构法施工在砂卵石地层条件下掘进时,由于地层上述特性,极易造成盾构机刀盘、刀具及螺旋机磨损严重,降低掘进效率且严重情况下引起开挖面失稳、地表沉降等严重后果。

综合来说,砂卵石地层施工的潜在风险包括:开挖面失稳,地表沉降,掘进效率下降,注浆失控,盾体被困。前文提到,由于砂卵石地层的天然特性,对盾构掘进的土仓压力控制要求极高,一旦出现压力损失,或者压力波动,会立刻引起开挖面失稳。在砂卵石地层中,由于砂卵石的挤密性及具有一定强度的特性,导致在该类地层中进行盾构掘进,常会发生一系列的设备问题,引发掘进效率下降。

当盾构机在砂、卵石地层中掘进时刀盘极易磨损,特别是辐条式刀盘外周环的前面、外周的表面及外周的后面最易磨损。另外,在卵石地层中掘进,由于卵石粒径不一,可能导致卵石在土仓中堆积,不能及时排出和破碎,造成刀盘推进扭矩逐渐增大,最终超过脱困扭矩进而引发刀盘卡死。同样,由于卵石在土仓中堆积,大粒径的卵石进入土仓进而进入螺旋输送机,超过了螺旋输送机的输送能力,造成螺旋机卡死。

由于富水砂卵石地层的特殊性,除了同步注浆还需及时跟踪二次补注浆,一般是双液浆。当盾构穿越密集建(构)筑物或管线时,跟踪二次补注浆位置离盾尾较近,在下坡坡度较大时,浆液很容易糊住盾尾,从而困住盾体。此时单液浆和双液浆也容易混流到刀盘前面而糊死刀盘。

4.6.2　处治对策

砂卵石地层可能存在滞排(排不出)的风险,合适的刀盘开口率设置、渣土改良是有效的针对性措施。地层稳定的问题通过合理的土仓压力、掘进速度、排土量设定来解决,必要时可通过降水作业增加地层稳定性。在无水条件下,砂卵石的自稳能力大大提升。

根据砂卵石层的特性,处治措施主要从降水、设备适应性、操作控制及渣土改良辅助措施着手,其关键点是设备的适应性。

1)设备方面

应当优先选择辐条式刀盘或辐条 + 面板式刀盘,刀盘整体开口率提高到 35% ~40% ,且开口率可调。刀盘耐磨性的提高一般是采用在刀盘面板堆焊格栅状特殊耐磨材料的工艺措施，在刀盘面板外周、刀盘边缘侧板等处焊接格栅状耐磨条，增加加强钢板，增强刀盘外周及相关部位的强度和硬度，提高其耐磨性。刀具的刀刃上应使用硬度大、抗剪性好的超硬钢材，特别是在切削砂卵石地层时，可沿刀具表面实施硬化堆焊，提高刀具自身的耐磨性。刀具出现较大磨损需要及时更换。应结合线路地质情况及周边建(构)筑物情况选择合理的换刀点，并提前对换刀点进行加固，确保盾构到达换刀点时刀盘前方掌子面稳定，满足换刀施工要求。

针对成都地区砂卵石地层，主要采用刮土进仓的齿刀。为适应地层及减少切削过程中对地层的扰动，改进刀盘和螺旋出土器的结构形式，优先选择辐条式刀盘或辐条+面板式刀盘，刀盘整体开口率提高到35%～40%，且开口率可调。由于掘进速度一般通过调整盾构推进力和转速(扭矩)来控制，排土量一般通过调整螺旋输送机的转速来调节，而在实际掘进过程中，这两项参数须根据地质条件、排出的渣土状态及盾构机的各项工作指标等动态地调整优化。刀盘刀具的布置应当进行段差设计，适当减少滚刀数量，充分发挥各类刮刀的作用。盾构在砂卵石地层中掘进需要配备滚刀，但砂卵石地层中滚刀的布设应适当减少，同时，加大滚刀刃的轨迹间距。利用刀具形态的变化形成刀具段差，减少刀具扭矩。刀盘中心部位的中心双刃滚刀的设置应视情况而定。在遇到较软地质条件时，可考虑使用贝壳刀取代滚刀。

2)降水处理

对于富水砂卵石地层来说，由于地下水对于砂卵石的稳定性影响较大，故对于线路周边建(构)筑物环境不复杂、无重大建(构)筑物的情况，可通过提前降水，使地下水位降至隧道范围以下的方式来确保盾构施工。必要时也可通过提前对掌子面注入具有一定强度和密封性的“特殊浆液”来稳定刀盘前方掌子面，辅助带压开仓更换盾构机刀具。

3)掘进参数

在操作控制方面应适当提高掘进土仓压力，土仓压力一般设定为理论值的1.0～1.2倍，以防止涌砂突水，并在掘进中不断调整优化。土仓压力通过采取设定掘进速度、调整排土量或设定排土量、调整掘进速度两种方法建立，并维持切削土量与排土量的平衡，使土仓内的压力稳定平衡。施工时建议盾构机的推进速度控制在30～50mm/min，并根据监测结果和排土情况调整。螺旋机转速根据设定土压力与推进速度匹配。

以成都某项目富水砂卵石地层盾构掘进参数为例，该工程区间主要地质为卵石土，局部夹杂细砂。盾构的掘进参数见表4-18。

成都某工程盾构机过富水砂卵石地层掘进参数　　表4-18

编　号	项　目	参　数
1	土仓压力	1～2bar
2	刀盘转速	1.0～1.5r/min
3	推力	900～1200kN
4	推进速度	30～50mm/min

4)渣土改良

渣土改良系统在砂卵石地层中可减少刀具磨损、保证开挖面稳定、减少盾构机负荷，提高掘进效率，应采取既能在土仓内改良，又能在刀盘面板前面改良的双重改良方式。掘进时，采取渣土改良措施增加渣土的流动性和止水性，密切观察螺旋输送器的土塞和出土情况以调整添加剂的注入量。对于富水砂卵石地层，改良后的渣土应“含水而不带水”，含砂成糊状且膨胀效果明显。当采取以膨润土等加泥材为主的改良方式时，要对膨润土注入系统（尤其是注入管路）、注入方式等进行改进，控制膨润土的加入量，当土仓内卵石堆积或超方导致土仓汇水偏稀发生喷涌时，应调整膨润土的掺量；对于无水砂卵石地层，渣土改良应采用泡沫剂 + 膨润土根据配比适量添加，主要以膨润土加泡沫改良，保证拌和后的渣土具有足够的流动性，渣土的渣样和易性好，渣土中卵石和砂子不离析并能够托起卵石。

4.6.3　案例

1）工程概况

成都地铁 10 号线 1 标，盾构主要穿越全断面卵石地层，地层中卵石含量高且粒径大，如图 4-34所示。该区间隧道穿越地层主要为：中密砂卵石层、密实砂卵石层、中密卵石层、密实卵石层，局部夹有粉细砂层。

图 4-34　砂卵石地层实况

盾构施工存在下穿建筑物、河流及管线，开仓换刀及更换盾尾刷，始发与接收等风险源，该标段隧道所穿越的岩层以密实卵石和密实卵石土为主，开仓后刀盘上方的土体如图 4-35 所示。该层卵石含量最高达 60% ~ 80%，充填中细砂，均一性差，并随机分布透镜体砂层；局部含有大粒径、高强度漂石。区间内地下水位高，地下水位埋深为 3 ~ 11m；地层渗透系数高达 23m/d，透水性极强。卵石和漂石强度高，区间地层卵石和漂石单轴抗压强度高达 55 ~ 165MPa。土仓中降水不完全的土体如图 4-36 所示。

根据成都地铁施工经验，大量的大直径且高强度的卵石对盾构刀具造成异常严重的磨损，刀具使用寿命短，导致频繁停机检查和更换刀具，既加大了施工成本，耽误了工期，又增加了安全风险。由于地表上各种管线繁多，交通繁忙，盾构施工无法完全避开这些风险源，并且会侧穿或正穿建（构）筑物、立交桥等特重大风险源，合理地选择检查点、换刀点及换刀方式，才能保证隧道施工的顺利进行。盾构区间沿线的民房，多为浅基础，地基较浅，建筑年代较长，且经过 5.12 地震后房屋出现了不同程度的裂缝，盾构掘进可能会对砖房地基周围土体产生扰动，造成不均匀沉降，导致结构开裂。

图 4-35 开仓后刀盘上方的土体

图 4-36 土仓中降水不完全的土体

2)现场处置措施

(1)刀具选型

根据成都地层的特殊性及过往施工经验,考虑对刀具的配置进行优化,刀具具体配置为:4 把17 寸中心双联滚刀,22 把 17 寸单刃滚刀,10 把 17.6 寸双刃滚刀,28 把刮刀,8 把边刮刀,20 把导流刀。能够保证掘进 500m 以内不换刀。成都 10 号线 1 标刀盘刀具配置如图 4-37 所示。

图 4-37 成都地铁 10 号线 1 标刀盘刀具配置情况

(2)刀盘刀具设计

根据早期盾构刀盘和刀具设计情况,结合该标段的实际情况,做出相应的改进措施。结合实际工程地质条件,羊角刀更换为中心滚刀,缓解中心处结泥饼现象,在中心羊角刀刀刃与刀体之间加焊耐磨块,防止磨损;刀圈刀刃厚度从 20mm 提高为 28 ~ 30mm,刀毂表面加焊耐磨措施。在刮刀方面,除了将原来的小刮刀改为大刮刀,在合金含量上也做了提高,确保刀具掘进里程可达1km；在滚刀方面，刀箱四周焊接耐磨块，有效保护刀箱及刀具；在刀盘结构方面，刀盘周边焊接一定数量保护刀，刀盘面板加焊耐磨层及耐磨网格，有效保护刀盘结构不受磨损。对U形块尺寸进行改造，一般可根据实际情况确定前突安装量。以前突安装10mm为例，则极限磨损量为：正面滚刀由原来的25mm增加至35mm，提高使用寿命40%，边缘滚刀由原来的15mm增加至25mm，提高使用寿命67%，并且刀具的成本基本没有改变，只是增加了刀圈增大的成本，由原来的17寸变为17.6寸。

对盾构机设备进行改造，泡沫系统可采用单管单泵，刀盘前方增加两个膨润土管路；或者将两根泡沫管改为膨润土管。5号台车后面增加小平台，供二次注浆使用，方便快捷提高补浆效率。

(3)盾构掘进控制

针对在掘进过程中容易出现超方的现象，制定一系列应对的措施，掘进速度控制在40～65mm，减少刀盘对土体的过多扰动并快速通过，特别是过房屋时连续快速通过，减少扰动。由于速度过快，渣土改良跟不上，也容易出现刀具和螺旋机叶片磨损过快，导致出现卡刀盘和卡螺旋机的现象，因此通过加水和合理使用膨润土有效改良了渣土，使速度与渣土改良相匹配，高效、快速、安全地通过建(构)筑物。

在掘进过程中渣土的改良具有提前性，掘进过程中所见到的螺旋机口出来的渣土，其实是改良后的渣土，因为土仓有一定空间，有效储存渣土的容积大约25m^3左右，从刀盘切削掌子面土体到土仓搅拌均匀，再到螺旋机口出来需要一定的时间，而这个时间过程可以通过刀盘转速、泡沫、膨润土的添加及加水等参数的调整，来缩短渣土改良的时间。因此，在实际操作中提前预判渣土改良效果极其重要。在掘进完成和下一环开始前的渣土改良及一环掘进到管理行程最后20cm时，持续(2～4min)往土仓注入1～2m^3膨润土来改良土仓渣土；若两环间隔停机时间太久，超过两个小时也应该在停机过程中间隔性地加入一定量的膨润土，以保证土仓渣土的和易性；在掘进开始前提前注入0.5～1m^3的膨润土，用来改良土仓土体和刚进土仓的渣土。

针对因刀盘扭矩过大导致卡刀盘现象，可采取相应措施，主要是利用膨润土、水、泡沫的有机结合，有效地改良渣土使出土顺畅；另外，尽量缩短停机时间，保证推进的连续性。把刀盘工作油压控制在180bar以内，刀盘转速一般控制在1.4r/min左右，在过砂层时采用较小刀盘转速并快速通过，减少刀盘对土体的扰动。推力的大小需找到一个平衡点，从总推力的构成分析，除了要克服盾体前进时的摩擦力和刀盘正面破碎岩石的正压力外，还要克服土体对掌子面的正压力，因此当土压升高时总推力会快速上升，掘进时应要保持适当的土压。推进油缸的推力大小和分布很重要，均匀分布不仅可以提高掘进速度，而且不会对管片造成局部受力过大而出现破损严重的情况。因此，合理地控制推力对盾构机掘进至关重要，在掘进过程中不能盲目通过增加推力的办法来增加掘进速度，推力过大时推进速度初始会有所增加，但是刀盘扭矩也会随之增加，进而导致卡刀盘、降速度的情况；但是，如果速度增加了，可以适当减小推力，保证扭矩到达合理范围值，速度也不会随之而减小，由此将越掘越顺畅，速度越来越快。因此，推力、速度、扭矩这三者之间的关系，相辅相成密不可分。

在富水砂卵石地层中进行盾构施工，极易发生喷涌事故，土仓压力控制较为困难，波动较大，对地表沉降控制较为困难，特别是在成都地铁4号线的施工过程中有密集建筑群和众多风险源，因此预先采取了盾构沿线降水的施工技术作为保障措施。在降水成功的条件下再采取土压平衡模式进行掘进，过房屋与过路面时必须首先准确掌握土仓压力是否一致，正确控制土仓压力才能保证盾构掘进的安全进行，防止地表过大沉降发生。

螺旋机出土以保证土压值稳定为标准，不能太慢或者太快。太慢会导致土仓里大量大粒径卵石堆积，影响刀盘转动；太快则会导致土方超挖土。根据以往的实际操作经验，转速控制在5～16r/min。在掘进速度和超方量可控的情况下，适当提高螺旋机转速有利于调节土仓结构，延长盾构机的推进时间。在每次盾构始发前都对现场土木工程师进行详细的渣土计量交底，对渣斗车进行分格量化，从渣斗车顶往下每10cm所对应的渣土量数值都会进行精确计算，确保土木工程师能快速确定每环出渣量。根据成都地铁2、4号线经验定的松散系数约为1.2，对每一环的出渣量及注浆量按要求进行详细的记录。在成都地区砂卵石地层的盾构掘进中，只要出渣不超量，注浆饱满，基本不会造成地表沉降超限。出渣量采用"体积—重量"双重控制，三个不同岗位的人员（盾构机操作手、渣土管理员、门式起重机操作员）参与控制并形成书面文字记录。各岗位发现出渣超量时立即通知盾构技术负责人，组织技术人员分析原因并采取相应补救措施。

（4）现场经验总结

在成都富水砂卵石地层进行盾构施工，易发生渣土改良不好导致刀盘磨损严重以及地表沉降、坍塌频繁两类风险。渣土改良不到位使刀盘扭矩大，推进速度缓慢卡刀盘，最终导致刀盘、刀具和螺旋机磨损严重。当出现这种情况时，应重点观察渣土质量，渣土过稀容易出现喷涌，螺旋机无法正常转动，导致卵石在土仓堆积，刀盘扭矩也会随之增大，甚至卡死刀盘，因此刀盘扭矩应不高于190bar。螺旋机扭矩直接受渣土改良效果的影响，要使盾构机保持在合适的土压平稳掘进，扭矩和渣土改良参数要特别注意，及时做出预判和调整。良好的泡沫效果对在砂卵石地层中实施盾构掘进起到了关键作用，在刀盘前方8个泡沫孔和土仓2个搅拌棒孔部位注入泡沫，并通过改善刀盘前方及土仓内渣土和易性，减小了地层及土仓内渣土摩擦力，减缓了盾构机刀盘、刀具和螺旋机磨损。

盾构掘进过程中出现地表沉降和坍塌频繁现象，此时盾构机盾尾通过后地表沉降比较明显，在盾构推进过程中一般在盾尾第4环顶部开孔注入双液浆，加快同步浆液初凝时间，同时对土层空隙进行填充；对于单点沉降较大的情况，二次注浆可针对性注入双液浆，直至地表稳定。对于出土量超方的情况，可在超方位置脱出盾尾后补注同步浆液填充，二次双液注浆可同时注入加快浆液凝固。地表应及时打设探孔，出现超方情况待脱出盾尾后立即注浆填充，若发现空洞应及时填充砂浆，防止二次坍塌。

|第5章|

近接既有建(构)筑物地段盾构法隧道施工

5.1 概　　述

隧道在地层中穿越经常会遇到各种形式的近接施工问题,因此近接施工是城市轨道交通工程施工的特点,也是无法规避的风险源。由于其重要性或对变形的敏感性,必须采取非常严格的施工措施。城市地下工程施工环境复杂,地下管线纵横交错,周边建筑物林立,加上复杂的地质条件和地下水环境使盾构法隧道近接施工极为复杂,现有施工技术水平虽然总体上能保证正常近接施工的安全,但迄今为止出问题的工程仍然时有耳闻,因此需高度重视地铁工程的近接施工问题,必须依法依规施工,且施工行为应符合现行规范、标准的要求。

目前涉及地铁近接施工的相关规范、标准有《盾构法隧道施工及验收规范》(GB 50446—2017)、《建筑地基基础工程施工质量验收规范》(GB 50202—2018)、《城市轨道交通结构安全保护技术规范》(CJJ/T 202—2013)、《铁路运输安全保护条例》《铁路工程既有线施工安全技术规程》、《铁路营业线施工安全管理办法》、《爆破安全规程》(GB 6722—2014)和《城市轨道交通工程安全质量管理暂行办法》(建质〔2010〕5 号)等,但是针对近接施工的具体问题目前仅停留在概念层面,现行的各类施工与验收规范、标准,大多关注点在工程项目本身,约束的是自身施工行为,没有近接施工对运营线影响的规定,一些既有线路、建(构)筑物的近接保护虽然有相关规定加以控制,但规范分布宽泛,未形成系统性的专用规范。

总体认为,近接施工要考虑的因素主要有:①新建和既有建(构)筑物结构形式、几何尺寸、空间位置关系;②水文地质条件;③相关的安全等级要求以及对施工扰动的敏感程度;④施工工法与施工水平。目前,业内将近接工程类型划分为以下几种方式:根据被穿对象的不同,可以分为下穿轨道交通既有线、下穿建筑物(单体)、下穿建筑群、下穿管线、下穿堤坝等;根据隧道与下穿体之间的平面几何关系,可以分为正交下穿、斜交下穿、小角度斜交下穿、部分下穿、切角下穿、侧下穿等;根据埋深关系,可以分为浅埋下穿、深埋下穿。盾构近接施工形式如图 5-1 所示。

近接工程的类型可以根据盾构机与建(构)筑物的空间位置关系的不同进行划分,也可以根据被穿对象的不同进行划分，近接施工的主要类型详见表5-1。

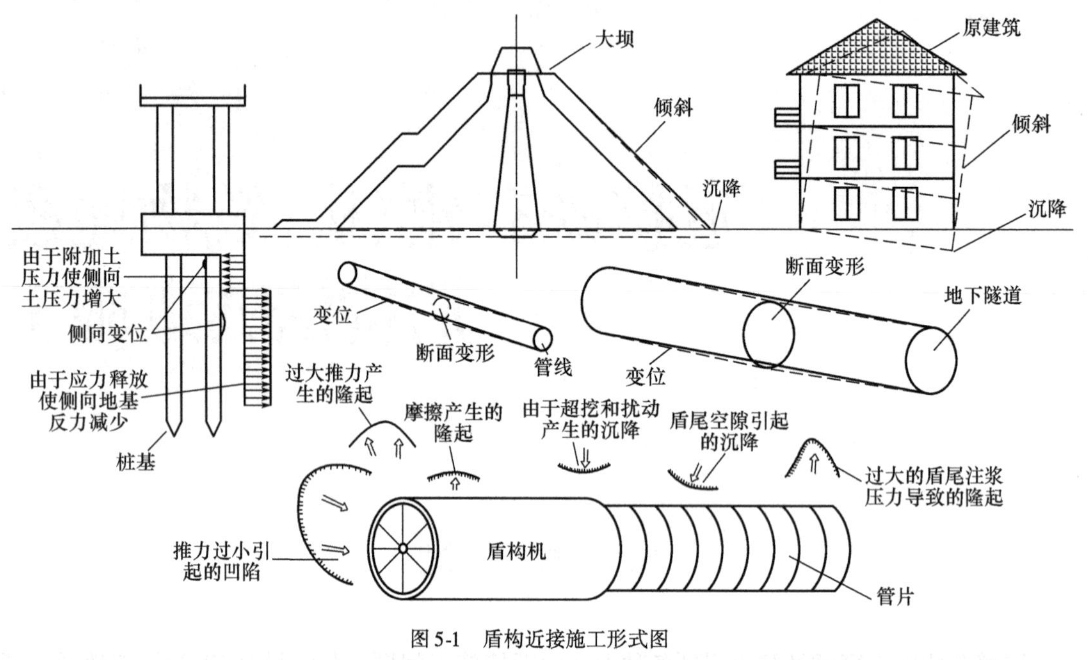

图5-1 盾构近接施工形式图

近接施工主要类型统计表 表5-1

序号	下穿分类	主要表现形式	备注
1	空间位置关系	上交跨越	
		正交下穿	
		斜交下穿	
		部分下穿	
		侧方下穿	
2	被穿体类型	下穿建筑物(群)	
		下穿重要管线	
		下穿既有隧道	
		下穿高铁线路	
		下穿桥梁	
3	覆土厚度	小净距下穿	
		深埋下穿	

5.2 现场勘查与调查

现场调查的前提是根据线路情况确定合理的调查范围，一般情况下，应按照区间1倍埋深范围确定现场调查范围，对于地质条件复杂、周边环境风险较大的工程，应根据现场情况放大

调查范围。现场调查的内容主要包括以下几个方面:

1)地质条件勘察

地质条件勘察是充分认识现场施工环境的首要条件,不论任何工程,均要对现场的地质结构有清晰的认识,才能有的放矢地进行设计、施工作业。

2)建(构)筑物现状调查

城市地铁施工时,由于扰动地层,难免会影响到一定范围内的建(构)筑物,尤其是近接施工工程,轻微的扰动可能引起建(构)筑物明显的结构损坏。故在该类工程开始前,应详细调查场区周围建(构)筑物的现状,必要时可聘请第三方房屋鉴定单位对建(构)筑物进行现状鉴定,留存鉴定报告。这样做一是可避免过程纠纷;二是可及时对鉴定需要预加固的建(构)筑物进行保护,避免建(构)筑物失稳。

3)空间位置关系绘制

对于盾构区间的近接施工应非常谨慎,施工前需要对照相关单位提供的竣工图纸,重新绘制场区内建(构)筑物与区间盾构法隧道的实际位置关系,当遇到管线时应重新探测并绘制管线实际位置与区间隧道的关系图。尤其是针对软土地区近接管线施工,由于长时间的沉降,导致部分管线位置发生偏移,如果不现场核对管线实际高程就贸然作业,可能导致重大安全事故。如 2015 年武汉某项目近距离下穿燃气管道,未对管线实际高程进行核对,导致盾构下穿过程中,同步注浆压力过大破坏燃气管道,造成燃气泄漏引起爆炸,事故造成 2 人死亡,盾构机被埋。

5.3　盾构近接施工风险的产生

5.3.1　盾构近接定义

根据《城市轨道交通结构安全保护技术规范》(CJJ/T 202—2013)中的定义,当净距 $d \leqslant 3D$ 时(D 为盾构机直径),即可认为盾构施工可能对既有建(构)筑物造成影响,见表 5-2。

隧道与建(构)筑物关系表　　表 5-2

城市轨道交通结构的施工方法	净距 d	接近程度
盾构法或顶管法	$<1.0D$	非常接近
	$1.0D \leqslant d \leqslant 2.0D$	接近
	$2.0D < d \leqslant 3.0D$	较接近
	$>3.0D$	不接近

实际施工中,应结合地质情况进行综合考量,对于软弱地层近接施工应适当放大盾构影响范围,并提前做好加固筹划;对于地质情况良好,受盾构扰动影响较小的地层,则可以适当缩小近接影响范围,总体来看,近接施工取决于穿越段地质情况。

5.3.2 近接施工机理

盾构近接施工,本质上是力的传递问题。当盾构机在地层中切削土体向前推进时,刀盘转动、切削掌子面破坏了地层原有的稳定形态,引起周围土体的应力释放以及孔隙水的加速流动,产生地层损失,盾构掘进引起的土体位移机理如图 5-2 所示。土体稳定形态破坏后,建筑物与盾构机之间的土层将向开挖掌子面的方向逐步塌陷,根据土体的位移速度快慢,沉降速度也存在不同差别,若没有很好的注浆加固以及压力平衡措施,一旦土体沉降过快,将对上覆建筑物造成不可逆转的影响。

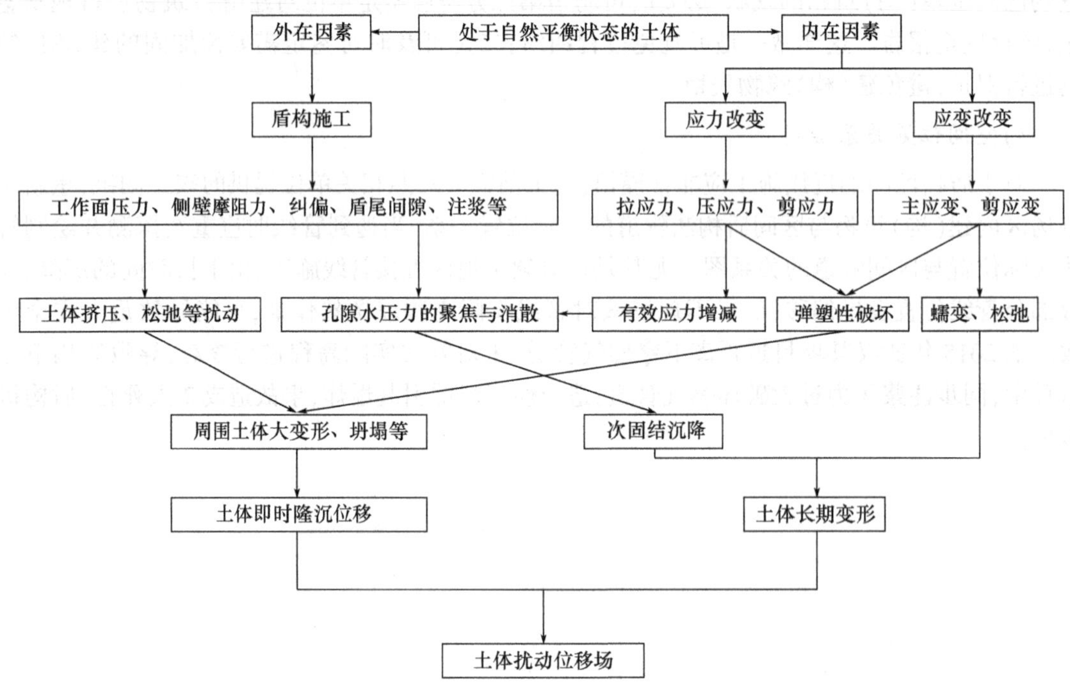

图 5-2 盾构掘进引起的土体位移机理图

由图 5-2 可见,盾构法隧道近接施工风险发生时对主体和客体来说作用是相互的,周边建(构)筑物产生的附加应力对隧道本身的稳定性造成影响,反之隧道掘进引进的卸荷效应对周边建(构)筑物的稳定性同样产生显著的影响,这些都是在区间设计时应重点考虑的问题,但是主体或客体在建造过程中往往有先后顺序,针对前者的设计没有考虑由于后者的建设带来的相互影响,由此便产生了近接施工问题。

5.3.3 近接施工沉降控制标准

近接施工前,应根据下穿对象的情况,结合国家及地方的相关要求,确定沉降控制标准,标准确定的基本原则应是确保被穿对象的运营安全。作为城市轨道交通来说,如没有地方政府或者产权单位的特别规定,可参考《城市轨道交通工程监测技术规范》(GB 50911—2013)中的相关规定确定沉降控制标准。主要近接穿越施工的控制标准及选择原则简述如下:

1)建(构)筑物沉降控制

(1)建(构)筑物监测项目控制值应在调查分析建(构)筑物使用功能、建筑规模、修建年代、结构形式、基础类型、地质条件等的基础上,结合其与工程的空间位置关系、已有沉降、差异沉降和倾斜以及当地工程经验进行确定,并应符合国家标准《建筑地基基础设计规范》(GB 50007—2011)的有关规定。

(2)对风险等级为一级、二级的建(构)筑物,宜通过结构检测、计算分析和安全性评估等确定建(构)筑物的沉降、差异沉降和倾斜控制值。

(3)如没有地方政府或者产权单位的特别规定,对于风险等级较低且无特殊要求的建(构)筑物,可参照表5-3确定沉降控制标准。

建筑物沉降监测控制标准值　　表5-3

监测项目	控制值	备注
沉降控制(mm)	10~30	监测对象
变化速率(mm/d)	1~3	
差异沉降(mm)	0.001L~0.002L	L为相邻基础的中心距离

2)重要管线沉降控制

(1)地下管线监测项目控制值应考虑管线功能、材质、工作压力、管径、接口形式、埋置深度、铺设方法、铺设年代等诸多因素,并考虑其与工程的相对空间位置关系及当地工程经验进行确定。

(2)对风险等级较高的地下管线,宜通过专项调查、计算分析和安全性评估确定其沉降和差异沉降控制值。

(3)如没有地方政府或者产权单位的特别规定,风险等级较低且无特殊要求的地下管线沉降及差异沉降控制值可参照表5-4。

地下管线沉降及差异沉降控制值　　表5-4

管线类型	沉降		差异沉降
	累计值(mm)	变化速率(mm/d)	
燃气管道	10~30	2	0.3%L_g
雨污水管	10~20	2	0.25%L_g
供水管	10~30	2	0.25%L_g

注:1.燃气管道的变形控制值适用于管径为100~400mm的管道,大型燃气管应现场确定沉降标准。
2.L_g为管节长度。

3)地铁隧道沉降控制

(1)城市轨道交通既有线监测项目控制值应在调查分析地质条件、线路结构形式、轨道结构形式、线路现状情况等的基础上,考虑其与工程的空间位置关系、当地工程经验等因素,同时进行必要的结构检测、计算分析和安全性评估后确定。

(2)城市轨道交通既有线路结构及轨道几何形位的监测项目控制值应符合国家标准《地铁设计规范》(GB 50157—2013)的有关规定,并应满足线路维修的要求。

(3)如没有地方政府或者产权单位的特别规定,城市轨道交通既有线隧道结构变形控制值可按表5-5确定。

城市轨道交通既有线隧道结构变形控制值　表5-5

监测项目	累计值(mm)	变化速率
隧道结构沉降	3~10	1
隧道结构上浮	5	1
隧道结构水平位移	3~5	1
隧道差异沉降	0.04% L_s	—
隧道结构变形缝差异沉降	2~4	1

注:L_s为沿隧道轴向两监测点的间距。

4)高速铁路沉降控制

(1)应在专项评估后确定合理的沉降控制标准。

(2)根据《公路与市政工程下穿高速铁路技术规程》(TB 10182—2017)中的关于市政工程穿越铁路监测的相关规定,按照铁路运行速度的不同,沉降控制的标准也不相同,不同铁路的控制标准分别见表5-6和表5-7。

200~250km/h线路轨道静态几何尺寸容许偏差管理值　表5-6

项目	作业验收	经常保养	临时修补	限速(160km/h)
轨距(mm)	+1,-1	+4,-2	+6,-4	+8,-6
水平(mm)	2	5	8	10
高低(mm)	2	5	8	11

250(不含)~350km/h线路轨道静态几何尺寸容许偏差管理值　表5-7

项目	作业验收	经常保养	临时修补	限速(160km/h)
轨距(mm)	+1,-1	+4,-2	+5,-3	+6,-4
水平(mm)	2	4	6	7
高低(mm)	2	4	7	8

5)桥梁沉降控制

(1)桥梁监测项目控制值应考虑桥梁规模、结构形式、基础类型、建筑材料、养护情况等,并考虑其与工程的空间位置关系、已有沉降、差异沉降和倾斜以及当地工程经验进行确定,且须符合行业标准《城市桥梁养护技术标准》(CJJ 99—2017)的有关规定。

(2)目前对隧道穿越桥梁情况尚未有明确标准或规范,只能在已有道路桥梁验收规范中,结合具体工程实践经验,由专家论证在施工过程中需采取的控制措施和桥梁沉降值是否合理,以保证隧道安全施工。结合国内相关规范规定及穿越工程具体情况,邻近桥梁桩基的沉降值控制可参考同地区类似工程经验进行确定,通常情况下,可按照如下标准进行控制:竖向位移按5mm控制,相对位移按3mm控制,水平位移按5mm控制。

5.4　近接施工预加固及监测措施

5.4.1　预加固措施

对于近接施工,首要原则是确保邻近建(构)筑物的整体沉降可控,各项安全保护措施设计周全。盾构近接施工中,常见的穿越预加固措施包括建筑物预加固、桩基托换预加固、风险隔断加固三种方法,下面针对上述各类措施的常见设计思路进行整理说明。

1)建筑物预加固

(1)基础预加固。所谓基础预加固,即通过袖阀管注浆、无收缩双液注浆(WSS 注浆)以及全方位高压旋喷注浆(MJS 注浆)等方式针对建(构)筑物基础持力层进行加固,并预留后期补充注浆加固的条件,盾构下穿过程中,采用洞内注浆与地面补充注浆结合,保证基础沉降可控。

(2)重要结构预加固。对于老旧城区的建筑物,仅对基础进行加固是远远不够的,应结合建筑实际情况,适当采取结构加固措施,可通过采用内部钢结构加固、局部增加钢混结构加固等方式对建(构)筑物自身整体性进行加强。避免盾构扰动过大,引起结构破损、出现裂缝甚至倒塌。

2)桩基托换预加固

针对基础侵入隧道范围内的情况,考虑增加桩基托换措施,通过增设桩基避开隧道范围,同时增设连系梁,保证结构底板受到基底变形影响后仍能保持稳定。

3)风险隔断加固

风险隔断,即采用隔离桩将建(构)筑物与区间隧道进行隔离,通过隔离桩,可极大地限制隧道周边土体向隧道内的滑移变形,加上隧道周边土体的水平位移基本被隔离桩限制,可有效保障周边管线、建(构)筑物以及既有隧道的安全。常见的隔离桩设计形式有钢板桩、三轴水泥搅拌桩(SMW 工法桩)、钻孔灌注桩等形式。设计桩长应至少达到在建隧道基底以下 3m 或者进入基岩 1 ~ 2m。

4)区间障碍物清除

根据设计阶段的现场勘查,可能存在诸如锚杆、锚索、废弃箱涵等侵入区间隧道范围的障碍物。对于这些直接影响盾构施工的障碍,应采取对应的方案进行预处理,例如锚索可采用地面切断拔除的措施,废弃箱涵可选择开挖拆除方案。总体原则是,避免盾构掘进时才发现这类难以处理的障碍物,影响近接施工安全。

5.4.2　施工监测基本要求

由于盾构近接施工的复杂性和不确定性,仅仅通过理论分析和数值计算难以全面准确地展示近接施工中可能发生的各种变化,鉴于此,通过对重要建(构)筑物进行“近接前—近接时—近接后”三阶段监测是十分必要的。

监测的重要性及作用主要有:一是监测既有建(构)筑物结构变化,保证建筑物结构安全;

二是指导盾构近接施工,及时调整掘进参数;三是准确反映工后沉降,及时跟踪注浆,减小工后影响。近接施工中,既有建(构)筑物应是监测的主体对象,根据对象的不同,合理设计监测方案,尤其是对变形控制要求较高的重要建(构)筑物,应加密监测频率,增加自动化监测措施,确保结构稳定、安全。

1)盾构影响范围分区

近接施工的主要监测对象应是盾构影响范围内的所有建(构)筑物,现场施工中,应根据其影响程度的不同,确定各类建(构)筑物的监测方法、频率及控制值,根据《城市轨道交通工程监测技术规范》(GB 50911—2013)中的规定,土质隧道的影响区域划分可参照表5-8。

隧道工程影响分区　　表5-8

隧道工程影响分区	区域范围
强烈影响区(Ⅰ)	隧道正上方及沉降曲线反弯点范围内
一般影响区(Ⅱ)	隧道沉降曲线反弯点至沉降曲线边缘2.5i处
轻微影响区(Ⅲ)	隧道沉降曲线边缘2.5i处

注:i为隧道地表沉降曲线Peck计算公式(图5-3)中的沉降槽宽度系数(m)。

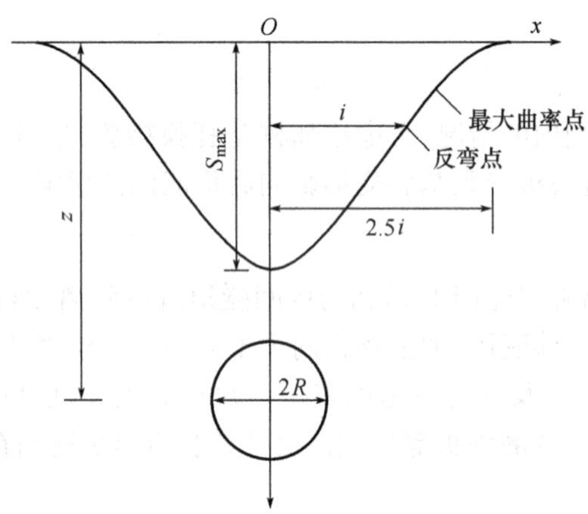

图5-3　peck计算公式示意图

$$i = \frac{z}{\sqrt{2\pi}\tan\left(45° - \frac{\varphi}{2}\right)} \tag{5-1}$$

式中:i——沉降槽宽度系数,即地表沉降曲线反弯点与原点的水平距离,m;

z——隧道中心点起算的覆土厚度,m;

φ——土体内摩擦角加权平均值。

2)监测项目

施工周边环境监测对象应包括邻近建(构)筑物、地表和地下管线等,监测项目应符合表5-9的规定。

主要监测项目标 表 5-9

监测对象	监测项目
建(构)筑物	高层、超高层、古建筑、危房等建筑,桥梁、市政设施、轨道交通线路等变形
地表	地面道路、地表等变形
地下管线	燃气、热力、供水、排水等主要管线变形

邻近建(构)筑物变形监测应根据结构状况、重要程度和影响范围有选择地进行变形监测,监测点的布设应反映邻近建(构)筑物的不均匀沉降及倾斜等情况。地表沉降观测点布设应符合国家标准《城市轨道交通工程监测技术规范》(GB 50911—2013)的规定,对于特殊地段的地表沉降观测断面和观测点的设置还需要编制专项方案。邻近地下管线的监测点需要直接设置在管线上,当无法直接观测时应采取周边土体分层沉降代替管线沉降监测。当穿越地面建(构)筑物和地下管线等时,除对穿越建(构)筑物监测外还宜对邻近土体进行变形监测。

3)监测频率

盾构法隧道施工中的周边环境、周围岩土体和隧道结构的监测频率可按表 5-10 确定。

监测频率表 表 5-10

监测部位	监测对象	开挖面与监测点或监测断面的距离	监测频率
掘进面前方	周围岩土体和周边环境	$5D<L\leq 8D$	1 次/(3~5d)
		$3D<L\leq 5D$	1 次/(2d)
		$L\leq 3D$	1 次/(1d)
掘进面后方	隧道结构、周围岩土体和周边环境	$L\leq 3D$	(1~2 次)/(1d)
		$3D<L\leq 8D$	1 次/(1~2d)
		$L>8D$	1 次/(3~7d)

注:1. D 为隧道开挖直径(m),L 为掘进面与监测点或监测断面的水平距离(m)。
2. 隧道结构位移、净空收敛在衬砌环脱出盾尾且能通视时进行监测。
3. 监测数据趋于稳定,监测频率宜为 1 次/(15~30d)。

对穿越既有轨道交通、重要建(构)筑物等周边环境风险等级较高的工程,应提高监测频率,宜对关键监测项目进行实时监测。

4)监测控制值和预警

建(构)筑物监测项目控制值的确定应在调查分析建(构)筑物使用功能、建筑规模、修建年代、结构形式、基础类型、地质条件等的基础上,结合其与工程的空间位置关系、已有沉降、差异沉降和倾斜以及当地工程经验进行确定,且应符合国家标准《建筑地基基础设计规范》(GB 50007—2011)的有关规定;对风险等级为一级、二级的建(构)筑物,宜通过结构检测、计算分析和安全性评估等确定建(构)筑物的沉降、差异沉降和倾斜控制值;当无地方工程经验时,对于风险等级较低且无特殊要求的建(构)筑物,沉降控制值宜为 10~30mm,变化速率控制值宜为 1~3mm/d,差异沉降控制值宜为 $0.001l \sim 0.002l$(l 为相邻基础的中心距离)。

5.4.3 现场监测方法及注意事项

1) 自动化监测

自动化监测常见于下穿既有隧道、重要桥梁以及铁路等对沉降控制要求较高的建(构)筑物,根据该建筑物受影响的程度,可将监测区段分为影响区外和影响区内两个区段,如图5-4所示。

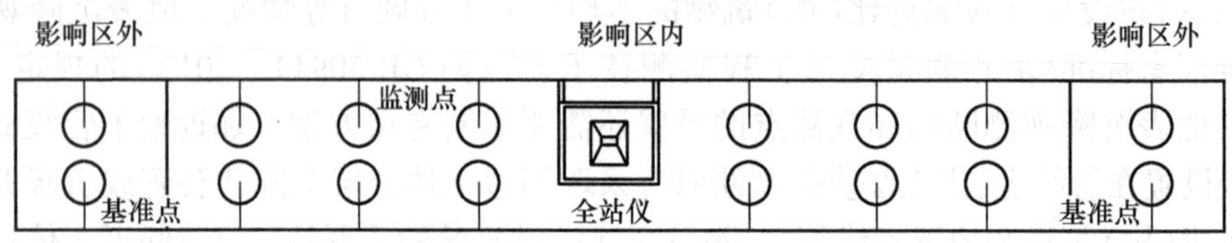

图5-4 监测区段划分示意图

监测设备主要包括地理监测系统(Geography Monitoring System,简称GeoMoS系统)、监测机器人和无线数据传输设备,监测流程如图5-5所示。其中GeoMoS软件是由徕卡测量系统研发的自动化监测软件平台,可以实现计算机远程控制和配置,可以按照既定的程序设置开展监测作业,并实时反映当前监测对象的结构状态。GeoMoS主要分为监测器(Monitor)和分析器(Analyzer),二者都连接于SQL Server数据库。而监测机器人集成了目前最高精度的测角和测距系统,采用监测机器人可有效保障仪器在恶劣环境下保持高精度、高效率,全天候智能化地完成监测工作。无线数据的传输主要使用第三代移动通信技术(3G)、第四代移动通信技术(4G)的无线数据终端(DTU)进行数据传输,如图5-6所示。

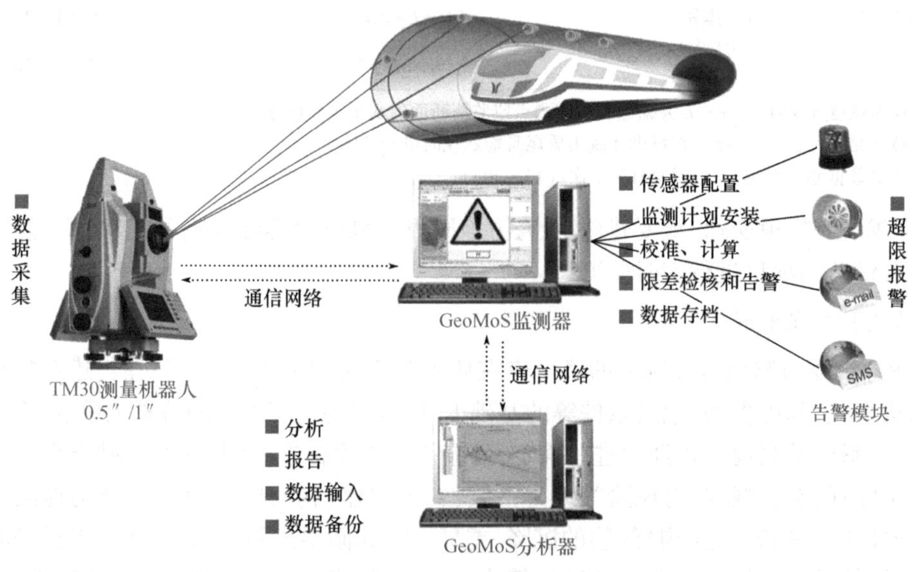

图5-5 监测流程图

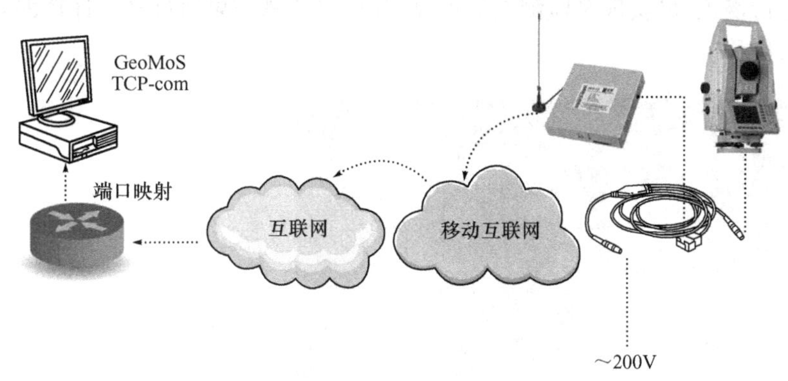

图 5-6　无线数据传输示意图

2)监测项目及方法

(1)水平与竖向位移监测。地铁区间隧道内环境复杂,限制了许多监测方法的使用。后方交会法方便灵活,工作效率高,比较适合地铁水平位移监测。区间隧道内场地狭小、通视条件差,结合现场综合情况确定采用全站仪自由设站法。

首先,通过三维坐标测量的方法,将已知坐标点传导至基准点上,从而得到各个基准点的坐标。具体做法为将测站 A 坐标、仪器高、棱镜高输入全站仪中,后视 B 点并输入其坐标或后视方位角,完成全站仪测站定向后,瞄准 P 点处的棱镜,通过相应功能键(测量键)可显示 P 点的三维坐标。如图 5-7 所示采用此方法可以得到所布设基准点的三维坐标。

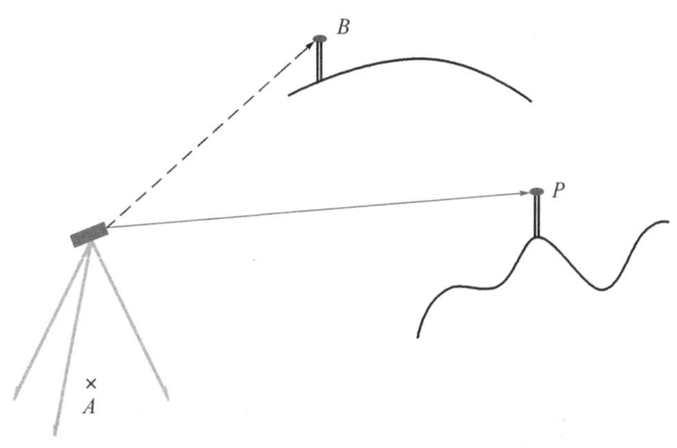

图 5-7　三维坐标测量示意图

测量得到基准点坐标之后,将基准点作为已知点 A、B、C 使用。监测时将全站仪安置于待定点 P 上,观测三个或三个以上已知点(点 A、B、C 等)的角度和距离,并输入各已知点的三维坐标和仪器高,全站仪即可计算出测站点 P 的三维坐标,然后可进行其他点的测量。

首次测量采用极坐标法可得三维坐标系以及基准点的三维坐标。重复监测采用后方交会的方法对设站点的坐标进行校准修正,并进行监测工作。使用全站仪进行观测时,通过使用固定的支座将全站仪稳定在设站点位置,全站仪设站及监测断面剖面如图 5-8 所示。在三维坐标网中,经过观测可得基准点以及监测测点的空间坐标(X,Y,Z)。X 表示断面里程,该里程是不变的,采集监测测点的 Y 坐标和 Z 坐标。重复观测时,采用后方交会法,使用基准点对固定测站点坐标进行修正,可实现对监测点的重复观测,将监测结果通过坐标计算即可获得监测点的水平和竖向位移。

图 5-8　全站仪设站及监测断面剖面图

(2)监测网的布置。人工水准监测网同沉降监测点一起布设成附合线路线形式,在项目施工影响范围外隧道两端分别埋设基准点 BM1、BM2,在项目施工前,与自动监测同时采取稳定初始值。为对自动化监测数据进行有效检核,人工监测点布设于自动化监测点(竖向位移监测点)对应位置。具体布设如图 5-9 ~ 图 5-11 所示。

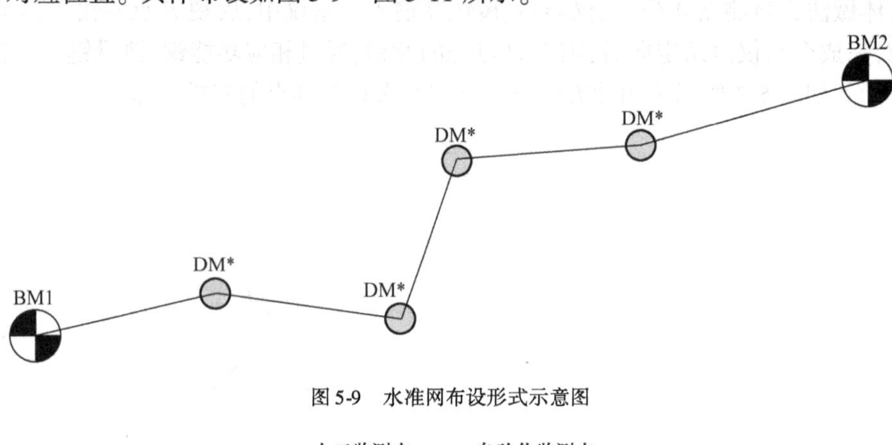

图 5-9　水准网布设形式示意图

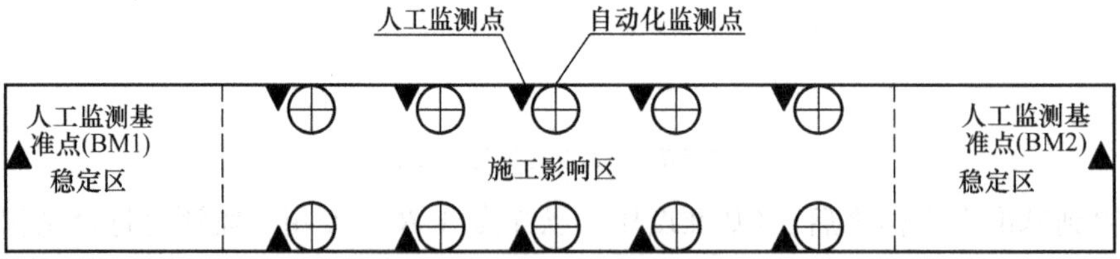

人工监测点　自动化监测点

人工监测基准点(BM1)稳定区

施工影响区

人工监测基准点(BM2)稳定区

图 5-10　监测点布设平面示意图

采用复核水准路线形式必须进行往返观测,取两次观测高差中数进行平差。观测顺序:往测为后、前、前、后;返测为前、后、后、前。

(3)观测注意事项

对使用的水准仪、水准尺应在项目开始前和结束后进行检验,项目进行中也应定期进行检验,确保仪器处于良好状态,并在无气浪状态确保标尺刻度清晰的条件下进行。观测前应正确设定记录文件的存储位置、方式,对精密水准仪的各项控制限差参数进行检查设定,确保符合观测要求,做到固定人员、固定仪器、固定测站。仪器温度与外界温度一致时才能开始观测,每测段往测和返测的测站数均应为偶数,否则应加入标尺零点差改正。由往测转向返测时,两标尺应互换位置,并应重新整置仪器,而复核路线时应注意电子记录的闭合或附合差情况,确认合格后方可完成测量工作,否则应查找原因直至返工重测合格。

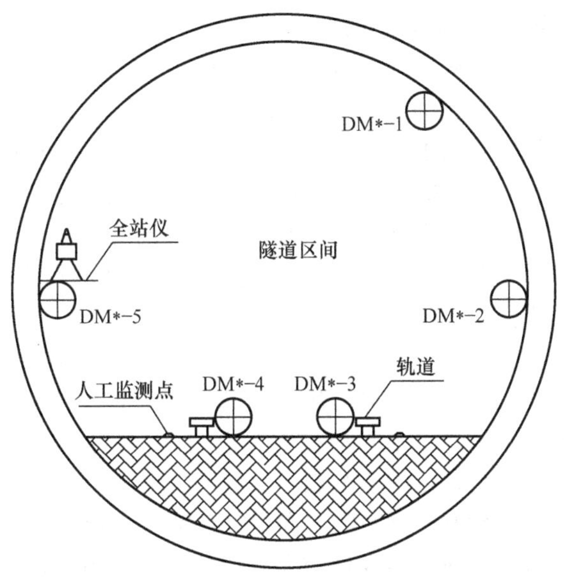

图 5-11　人工监测监测点布设剖面示意图

(4)监测数据的分析

每次观测后应对观测数据进行校核和整理,根据区间隧道监测数据的变形情况(累计值和速率值)和发展趋势,结合实际变形情况,进行综合分析。一般绘制监测数据随时间变化的规律曲线——时态曲线,以便对区间隧道结构进行分析。现场量测过程中按照要求做好巡视记录并及时整理分析量测数据,绘制的时态曲线如图 5-12 所示。

(5)监测成果及信息反馈

在监测过程中,实时对监测数据进行整理和分析,以报告的形式送达有关各方。工程结束后,提交完整的监测总报告及电子文档。当发生监测预警及紧急预警时,将预警情况进行汇报,并在 24h 内将书面报告递交到相关单位。在工程监测过程中,实时对监测结果进行整理,按要求将监测结果以书面报告形式及时报送,报送时间和频率与监测实施相一致,报告主要包含以下内容。

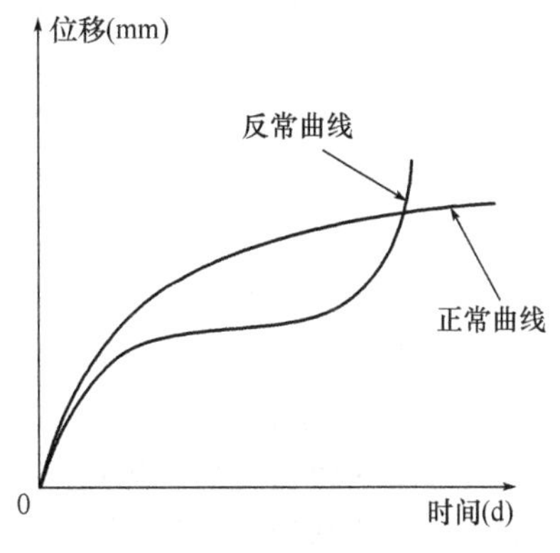

图 5-12　时态曲线示意图

各监测项目的量测数据分析成果,主要包括监测变量的增量、变化速率、累计值等,并与监测预警指标比对,确定是否有超过监测预警指标的监测点。对各监测项目有正常、异常或危险的判断性结论及施工建议,根据监测成果和现场施工实际情况做出相应的预测分析。

3)重点对象监测措施

(1)监测点布设要求。周边环境监测点的布设位置和数量应根据环境对象的类型和特征、环境风险等级、所处工程影响分区、监测项目及监测方法的要求等综合确定,并应满足反映环境对象变化规律和分析环境对象安全状态的要求。周边环境监测点应布设在反映环境对象变形特征的关键部位和受施工影响敏感的部位。

(2)建(构)筑物监测。建(构)筑物竖向位移监测点应布设在外墙或承重柱上,且位于主要影响区时,监测点沿外墙间距宜为 10~15m,或每隔 2 根承重柱布设 1 个监测点;位于次要影响区时,监测点沿外墙间距宜为 15~30m,或每隔 2~3 根承重柱布设 1 个监测点;在外墙转角处应有监测点控制。在高低悬殊或新旧建(构)筑物连接、建(构)筑物变形缝、不同结构分界、不同基础形式和不同基础埋深等部位的两侧应布设监测点。对烟囱、水塔、高压电塔等高耸构筑物,应在其基础轴线上对称布设监测点,且每栋构筑物监测点不应少于 3 个。风险等级较高的建(构)筑物应适当增加监测点数量。

建(构)筑物水平位移监测点应布设在邻近基坑或隧道一侧的建(构)筑物外墙、承重柱、变形缝两侧及其他有代表性的部位,并可与建(构)筑物竖向位移监测点布设在同一位置。倾斜监测点应沿主体结构顶部、底部上下对应按组布设,且中部可增加监测点。每栋建(构)筑物倾斜监测数量不宜少于 2 组,每组的监测点不应少于 2 个。

裂缝宽度监测应根据裂缝的分布位置、走向、长度、宽度、错台等参数,分析裂缝的性质、产生的原因及发展趋势,选取应力或应力变化较大部位的裂缝或宽度较大的裂缝进行监测。裂缝宽度监测宜在裂缝的最宽处及裂缝首、末端按组布设,每组应布设 2 个监测点,并应分别布设在裂缝两侧,且其连线应垂直于裂缝走向。

(3)地下管线监测。地下管线监测点埋设形式和布设位置应根据地下管线的重要性、修建年代、类型、材质、管径、接口形式、埋设方式、使用状况,以及与工程的空间位置关系等综合确定。地下管线位于主要影响区时,竖向位移监测点的间距宜为 5~15m;位于次要影响区时,竖向位移监测点的间距宜为 15~30m,竖向位移监测点宜布设在地下管线的节点、转角点、位移变化敏感或预测变形较大的部位;地下管线位于主要影响区时,宜采用位移杆法在管体上布设直接竖向位移监测点;地下管线位于次要影响区且无法布设直接竖向位移监测点时,可在地表或土层中布设间接竖向位移监测点。

隧道下穿污水、供水、燃气、热力等地下管线且风险很高时,应布设管线结构直接竖向位移监测点及管侧土体竖向位移监测点;地下管线水平位移监测点的布设位置和数量应根据地下管线特点和工程需要确定;地下管线密集、种类繁多时,应对重要的、抗变形能力差的、容易渗漏或破坏的管线进行重点监测。

(4)既有隧道监测。既有轨道交通隧道结构竖向位移、水平位移和净空收敛监测应按监测断面布设,且既有隧道结构位于主要影响区时,监测断面间距不宜大于 5m;位于次要影响区时,监测断面间距不宜大于 10m,每个监测断面宜在隧道结构顶部或底部、结构柱、两边侧墙布设监测点。既有轨道交通整体道床或轨枕的竖向位移监测应按监测断面布设,监测断面与既有隧道结构或路基的竖向位移监测断面宜处于同一里程。

(5)桥桩监测。竖向位移监测点应布设在墩柱或承台上。每个墩柱和承台的监测点不应少于 1 个,群桩承台宜适当增加监测点。采用全站仪监测桥梁墩柱倾斜时,监测点应沿墩柱顶、底部上下对应按组布设,且每个墩柱的监测点不应少于 1 组,每组的监测点不宜少于 2 个;采用倾斜仪监测时,监测点不应少于 1 个。桥梁结构应力监测点宜布设在桥梁梁板结构中部或应力变化较大的部位。

5.5　不同近接问题处理与案例分析

针对风险主体中的地层岩土介质、地下水环境、既有工程和新建工程,可以采取单一或组合的技术措施来规避风险,目前常用的技术手段为:

(1)对岩土介质、既有工程和新建工程都进行超前预加固处理,这是最为合理安全的手段。

(2)采用桩等隔离措施减小新建工程和既有工程之间的相互影响。

(3)帷幕法止水或井点降水等地下水处理措施,必要时降水作业后进行回灌或回填注浆补偿地层损失,减小地层的沉降。

(4)采用桩基托换、障碍物拔除等方式解决侵入区间的障碍物,减少盾构直接面对障碍物的风险,保证平稳掘进。

5.5.1　穿越建筑物敏感变形地段

1)主要施工风险

建筑物基础按照其承载性质不同可分为端承桩、摩擦桩和低于地面的筏板基础(对于低层、老旧建筑)等。其中端承桩底部嵌入持力层,受到外部扰动后桩身影响较小,而摩擦桩和筏板基础等不嵌入持力层的建筑基础,则极易由于地层的不均匀沉降产生较大位移。总体来看,盾构施工与建筑物的下穿关系可分为以下三类(图 5-13 ~ 图 5-15)。

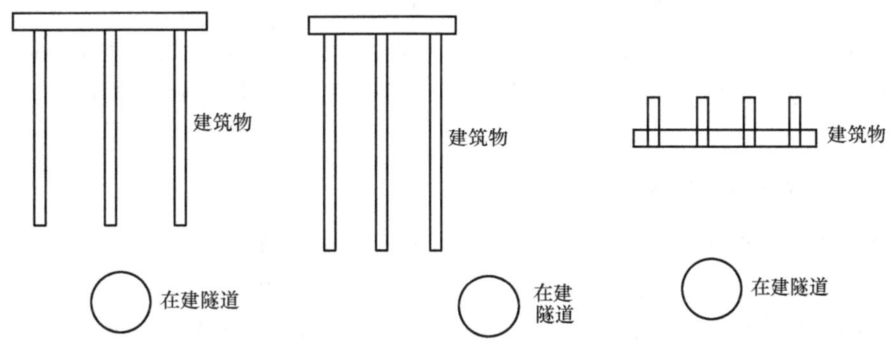

图 5-13　盾构下穿建筑桩基础　　图 5-14　盾构侧穿建筑桩基础　　图 5-15　盾构下穿筏板基础

盾构下穿建筑物施工过程中,主要的风险是影响上覆建筑物的结构安全,结合过往经验来看,盾构施工对影响范围内的建筑物常见的损坏主要有以下几个方面:

(1)建筑物整体下沉。尽管这种沉降比较均匀,对于建筑物的稳定性和使用条件并不会产生太大的影响,但若沉降过大,则会造成一定损害。对于砌体结构,这种垂直沉降使砌体中存在着垂直方向下沉力,形成水平裂缝。

(2)建筑物失稳破坏。不均匀沉降将导致地表倾斜,使建筑物产生结构破坏裂缝,对建筑物的危害最大。此外,地表倾斜还会使高耸建筑物发生重心偏斜,引起附加应力重分布,使结构内应力发生变化,严重时,使建筑物丧失稳定性而遭到破坏。

(3)建筑物凹陷倒塌。在负曲率(地表相对下凹)的情况下,建筑物中部沉降大,端部沉降小,建筑物中央部分悬空,端部受剪使墙体形成正八字形裂缝。反之,会产生倒八字形裂缝,严重情况下,可能导致房屋倒塌。

(4)建筑物受拉开裂。由于建筑物抗拉能力远小于抗压能力,建筑物对地表拉伸变形非常敏感,当基础侧面受外向水平推力作用时,很容易开裂。实际上,地表移动和变形对于建筑物的破坏作用,往往是几种变形共同作用的结果。比如,地表的拉伸和正曲率同时出现、压缩和负曲率同时发生。

2)主要施工措施

盾构掘进过程中确保建筑安全稳定的主要控制措施有渣土改良、掘进参数控制、注浆控制和监控量测。其中,渣土改良能有效改善渣土和易性以及稳定掌子面,渣土改良剂主要是泡沫和膨润土,通过刀盘往土仓注入膨润土能在掌子面形成泥膜稳定掌子面,防止土体塌陷;通过注入泡沫降低刀盘扭矩,防止结泥饼,同时加快掘进速度,使盾构机尽快通过建筑物。

其次,盾构下穿过程中掘进参数的控制极为关键,若控制不当将造成建(构)筑物不同程度的损坏甚至倒塌。在建筑物下方掘进主要要求为"控制出土,减少扰动,快速通过",操作手在掘进过程中要积极观察参数变化,通过观察刀盘扭矩、速度、推力、土压来调整当前掘进参数,结合每环渣土称重数量确定最佳掘进参数,当参数出现异常时及时停机,分析原因后做出调整恢复掘进。此外,盾构掘进过程中需要根据监测信息进行同步注浆、二次注浆以及后续的跟踪补充注浆,注浆控制也是关键环节,压力过大可能导致上覆建(构)筑物损坏。开孔时要注意地下管线及其他建筑物,配置水泥—水玻璃双液浆要按交底进行配比,注浆压力不可过大,防止地表建筑物上抬而对房屋造成破坏。最后,盾构过建筑物时还要加强监测,监测频率为1h/次,在地表或者建筑物出现变化后进一步加强监测频率至每半小时一次。

3)近接既有建筑的典型施工案例

成都地铁4号线5标段长顺街站—骡马市站区间,拱顶埋深平均为21~24m,区间穿越成都市一环内最核心、最繁华的商业区宽窄巷子、骡马市商圈,最敏感的政治区域省委办公及宿舍区以及老旧密集的建筑群,线路图如图5-16所示。隧道主要穿越中富水的密卵石地层,隧道上覆主要为稍密卵石,前期车站基坑施工挖出的密卵石如图5-17所示。

盾构施工过程中需要确保中国银行罗家碾支行及群楼、7层住宅楼、成都燃气总公司调压站、清江东路7号院住宅楼、蜀江春盐帮菜建筑物的稳定,将隧道施工影响降到最小。在盾构通过前对这些建筑物进行了调查,结果见表5-11~表5-13。

图 5-16　成都四号线 5 标草堂北路—中医大学站线路图

图 5-17　基坑开挖密卵石示意图

中国银行罗家碾支行、7 层居民住宅楼调查表　　表 5-11

构筑物名称	中国银行罗家碾支行	构筑物名称	居民住宅楼
地理位置	清江东路与浣花北路交叉口	地理位置	清江东路南侧
结构类型	混凝土框架结构 6 层,群楼 5 层	结构类型	混凝土框架结构 7 层
基础类型	伐板基础	基础类型	桩基础
基础埋深	4.95m	基础埋深	6m
隧道距基础底面深度	7.05m	隧道距基础底面深度	6.7m
隧道与构筑物关系	正穿	隧道与构筑物关系	侧穿,距离房屋为 0.9m
对应里程	YDK26 +690.960 ~ YDK26 +711.220	对应里程	YDK26 +730 ~ YDK26 +743

成都燃气调压站、清江东路7号院住宅楼调查表 表5-12

构筑物名称	成都燃气调压站	构筑物名称	清江东路7号院住宅楼
地理位置	清江东路(7号院)西侧	地理位置	清江东路南侧
结构类型	砖结构1层	结构类型	砖混结构5层
基础类型	砖砌基础	基础类型	混凝土地圈梁
基础埋深	0.5m	基础埋深	2m
隧道距基础底面深度	13.3m	隧道距基础底面深度	12m
隧道与构筑物关系	正穿	隧道与构筑物关系	正穿
对应里程	YDK26+746~YDK26+749.7	对应里程	YDK26+749.7~YDK26+752

蜀江春盐帮菜调查表 表5-13

构筑物名称	蜀江春盐帮菜
地理位置	清江东路南侧
结构类型	砖混结构
基础类型	砖砌圈梁基础
基础埋深	1.2m
隧道距基础底面深度	11.2m
隧道与构筑物关系	侧穿,右线距离房屋3.5m
对应里程	YDK26+853.6~YDK26+895.6

(1)施工前的预加固措施。首先,为了保证盾构正穿中国银行罗家碾支行及群楼、成都燃气总公司调压站、清江东路7号院住宅楼,侧穿7层住宅楼、蜀江春盐帮菜时建筑物的稳定,进行注浆加固。注浆控制除同步注浆和二次注浆外,主要是在盾构通过中国银行罗家碾支行及群楼、7层住宅楼、成都燃气总公司调压站、清江东路7号院住宅楼、蜀江春盐帮菜之前对五栋楼房先进行预加固,待盾构机通过后再进行跟踪注浆以及在隧道内进行二次补注浆,确保五栋楼房的安全。

跟踪注浆孔分为两种,第一种是在盾构机到达前提前完成跟踪注浆;第二种是在盾构机通过后对出土量大和监测异常的里程进行加密注浆。孔位主要布置在中国银行罗家碾支行及群楼、7层住宅楼、成都燃气总公司调压站、清江东路7号院住宅楼、蜀江春盐帮菜里程范围内的线路中心线及边线附近,跟踪注浆孔每3m布置一个,孔深9m。其中中国银行罗家碾支行4~14号注浆孔设置为斜孔,角度为30°;其余均采用垂直打孔。跟踪注浆孔平面示意图如图5-18~图5-21所示。

(2)施工过程掘进参数的控制。施工过程中对于掘进参数的选择,根据以往快速通过能减小对地层扰动的经验,在通过建筑物区域时掘进速度控制在50~60mm/min。在施工中,及时根据反馈的施工监测数据,不断优化调整掘进参数。参数调整优化主要方法体现在:①采用以滚刀、周边刮刀为主的刀盘切削土层,以低转速、大扭矩推进;②提高了掘进土仓压力以防止涌砂,并在掘进中不断调整优化;③土仓压力通过采取设定掘进速度、调整排土量或设定排土量、调整

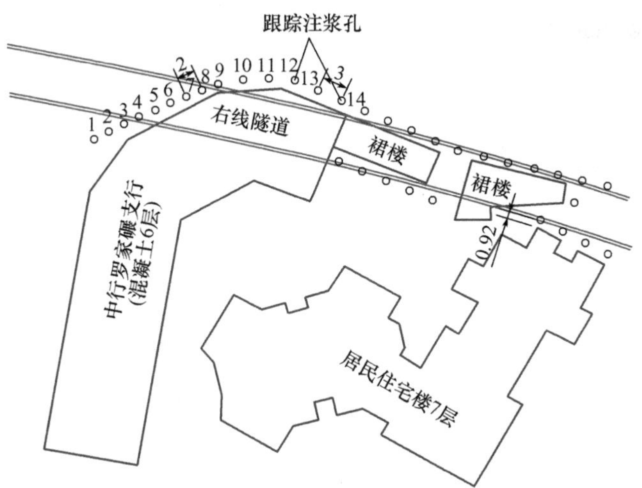

图 5-18　中国银行罗家碾支行及裙楼、居民住宅楼 7 层楼加固孔平面示意图(尺寸单位:m)

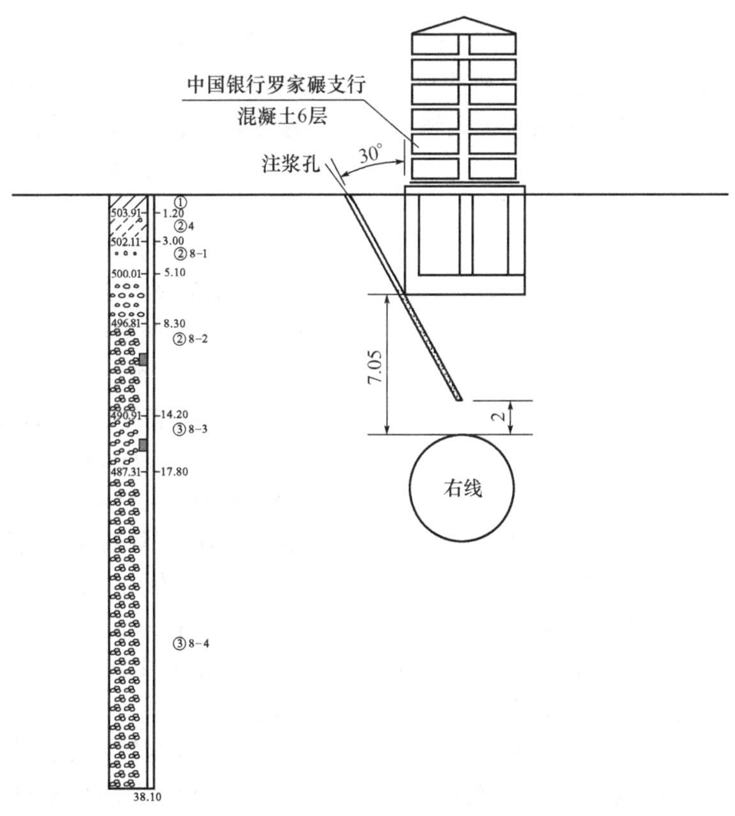

图 5-19　中国银行罗家碾支行房屋加固孔斜孔布置剖面图(尺寸单位:m;高程单位:m)

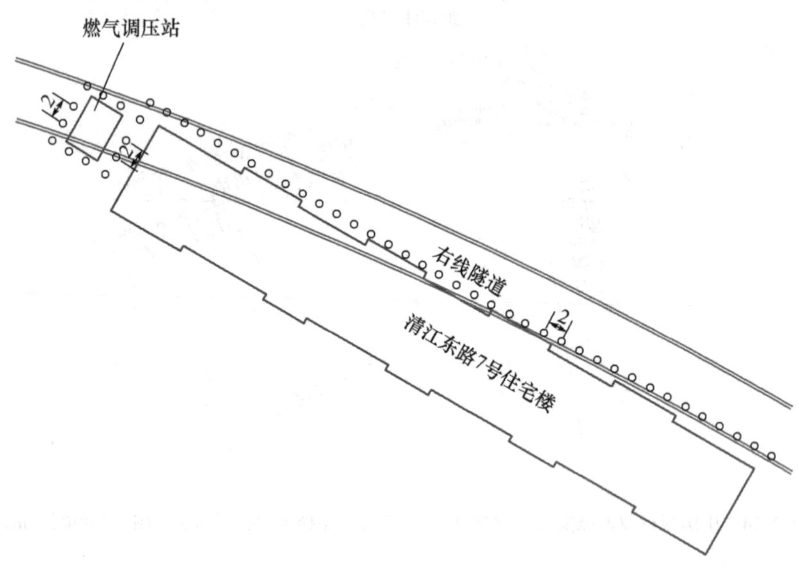

图 5-20　调压站、清江东路 7 号住宅楼房屋加固孔布置平面示意图(尺寸单位:m)

掘进速度两种方法建立,并维持切削土量与排土量的平衡,以使土仓内的压力稳定平衡;④根据地质条件、排出的渣土状态,以及盾构机的各项工作状态,通过调整盾构推进力、转速(扭矩)来控制,排土量则主要通过调整螺旋输送机的转速来调节,动态调整掘进速度;⑤掘进时采取渣土改良措施增加渣土的流动性和止水性,密切观察螺旋输送器的栓塞和出土情况以调整添加剂的掺量;⑥在盾构掘进速度一定的情况下,主要通过调整螺旋输送机的转速,调整出土量的大小,以便维持土仓压力的平衡。根据成都的富水砂卵石地层特征并结合以上原则,盾构刀盘的额定扭矩控制在 6000kN/m 以上,刀盘的开口率为 31% ~32%,采取保压掘进模式对地面和房屋沉降效果控制较好。

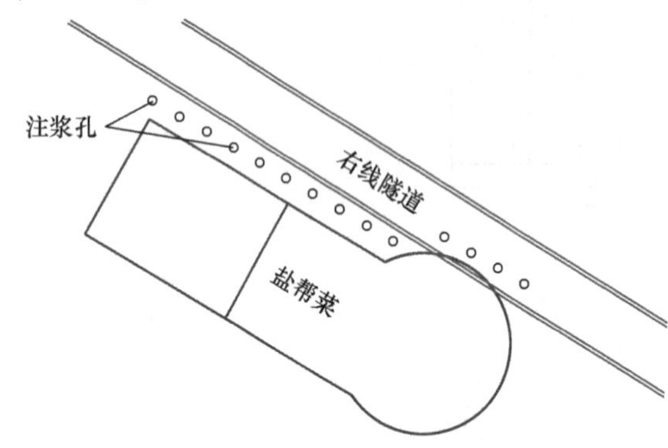

图 5-21　盐帮菜注浆加固孔平面示意图

此外,出渣时的土量管理也较为关键,测定每环出土量(派专人对出土量进行监测,同时利用门式起重机的称重系统对渣土进行称重),将出土量控制在一定范围内。在成都地区砂卵石地层的盾构掘进中,将出渣量控制作为各项掘进参数中的重中之重加以控制。设备完好及电瓶车编组正常运行方能保证盾构机连续、快速地掘进。

(3)同步注浆和二次注浆控制。当管片脱离盾尾后,在土体与管片之间会形成环形空隙。同步注浆的目的是尽快填充环形间隙,使管片尽早与地层共同作用,防止地面变形过大而危及周围环境安全,同时作为管片外防水和结构加强层。在盾尾通过后及时进行二次注浆,确保同步注浆的质量。根据成都富水砂卵石地层施工经验,注浆量宜控制在 8m^3 左右,注浆压力控制在 0.2MPa 以上,尽可能利用同步注浆填充满管片背后的间隙。

(4)地面跟踪注浆控制。地表监测发现异常情况时迅速进行地表跟踪注浆。注浆采用地质钻机在可疑地段钻孔,埋入注浆管注浆,钻孔应避开地下管线。

5.5.2　穿越重要管线及地下障碍物地段

1)主要施工风险

(1)管线损坏风险。主要包括管线不均匀沉降破损和管线破损引发的其他风险。盾构掘进施工,会导致刀盘前方土体受到扰动变形,尤其是软土地层受到扰动后变形速率更大,更易造成上覆地层不均匀沉降。埋入地层中的各类管线受此影响,会逐步变形开裂,最后完全失效。而市政给排水、燃气管道等刚性管线,一旦破损,引发的后果将是不可估计的。给排水管线破损引起地层中的水土流失,可能导致地表沉降、坍塌等风险,影响周边环境安全;燃气管道破损除了造成周边居民的生活不便以外,还可能因燃气泄漏导致盾构施工人员中毒死亡,严重时甚至可能导致盾构机爆燃,引发更大的危机。

(2)地下障碍物风险。盾构法隧道施工地质条件及周边环境复杂,盾构掘进掌子面前方障碍物处理风险较高,易造成掘进掌子面失稳,进一步引发周边环境破坏,故采取适当的障碍物处理方案,保障盾构机顺利掘进尤为重要。

(3)盾构掘进风险。盾构穿越重要管线施工本身的主要控制难点及风险是掘进参数的控制,尤其是对渣土改良、出土量以及注浆压力的控制。

2)主要施工措施

(1)管线迁改措施。若存在对区间盾构施工影响较大的重要管线,应在盾构施工前,组织相关单位共同商讨确定管线保护方案,对确实需要迁改的管线,应及时采取迁改措施,避免影响盾构施工。

(2)清障措施。目前,清除地下障碍物的方法按照操作要求可分为人工清障和大型机械清障,而常见的人工清障方法有冷冻加固后进仓清除、定向爆破、竖井开挖和直接带压进仓清除。其中冷冻加固分为两种方式,一种是盐水冷冻,另一种是液氮冷冻,两者施工工艺差异不大。冷冻过程需要注意土体的冻胀融沉监控,通过积极冻结、维护冻结等过程达到开挖强度后,开挖掌子面,清除障碍物,然后解除冷冻,恢复盾构掘进。爆破穿越法主要是针对钻孔空间不足、施工难度大的工程,可分为地下连续墙爆破拆除和立柱桩爆破拆除,爆破前需定制钻具、短钻杆等专用设备,施工过程中采用人工更换钻杆的方式施工。爆破后对形成的空洞及时进行注浆,这样不仅有利于对碎块的临时胶结和防止周边建(构)筑物的沉降变形,还有利于盾构掘进时的切削破碎。对地下室底板上的孔洞采用高一强度的微膨胀细石混凝土灌实。对于炮孔保护,在待爆破地下连续墙及钻孔灌注桩的中心位置垂直方向上钻好空心塑料管,并将管口垂直引至地面保护,同时在需要的地方增加止水阀设施。

(3)开挖竖井清理。可以采用开挖竖井的方法进行处理,竖井开挖过程需要在土方开挖完成后及时架设支撑以减小竖井的变形和对周边环境的影响。在进行暗挖隧道施工时要注意提前打设超前小导管,严格按照注浆量进行注浆,开挖进尺不能太大,开挖后要及时架设支护结构,尽早成拱封闭,监测单位在隧道开挖过程中要加密监测次数,及时掌握竖井和围岩的变化趋势，为安全施工创造条件。

(4)盾构控制措施。

①通过采取严格控制盾构正面土压力、推进速度、出土量及改良土体等措施，减少盾构纠偏量和纠偏次数，在穿越管线掘进过程中进行同步注浆，严格控制同步注浆量、浆液质量及注浆压力，通过同步注浆及时充填建筑空隙，减少施工过程中的土体变形。

②加强同步注浆，及时进行二次补浆，严格控制施工期间的沉降及工后沉降，及时稳定管片。注浆时若出现地面漏浆时应洗管后停止注浆，待至少24h后继续补注浆。若出现地面隆起及周边雨、污水管等漏浆时应洗管后停止注浆。注浆时应随时注意周边雨、污水管道及降水井，以免浆液堵塞周边雨、污水管道及降水井。袖阀管注浆完毕后，及时采用清水冲洗袖阀管，保证盾构通过后能二次跟踪注浆。

③盾构施工中，对掘进排出的渣土样本进行分析，判断地质情况，根据地质情况确定出土量。盾构推进过程中，每天及时检查对应的地面是否存在异常；当出土量超标时，须加大检查频率，专人监控，严格保证土仓内满土状态及渣土和易性是出土量管理的重要内容。

④盾构姿态控制及调整。对推进过程中出现的小偏差应及时纠正，尽量避免盾构机走"蛇"形，控制每次纠偏的量，盾构机一次纠偏量不宜过大，坚持"勤纠少纠"的原则，每环纠偏量不超过5mm，以减少对地层的扰动，降低对上部污水管的影响。

⑤加大监测频率，进行实时监测，采用信息化指导施工。

3)穿越管线及障碍物典型案例分析

成都地铁7号线6标段科华南路站—火车南站区间下穿DN2200污水管，管线材质为混凝土，污水管位于中密卵石层中，盾构穿越地层为密实卵石层，土体自稳性较好。穿越污水管范围详见表5-14。根据地质勘察报告，科华南路站西端头常年平均水位位于地下5.5m，DN2200污水管位于常年地下水位以下。由于盾构掘进扰动周围土体引起管线沉降、渗漏水，特别是该项目污水管位于盾构接收端头，存在管线结构破损风险、引起污水倒灌入车站内，造成灾难性后果。因此该工程进行了施工前地层加固并控制掘进过程来规避风险，盾构下穿污水管统计见表5-14，盾构法隧道与污水管平面位置示意图如图5-22所示。

盾构下穿污水管统计表　　表5-14

线别	穿越里程	穿越环号	管底埋深(m)	隧顶至管底净距(m)
左线	ZDK19+891.490~ZDK19+885.486	648、649、650	9.2	2.1
右线	YDK19+894.638~YDK19+890.134	646、647、648、649	9.2	2.1

(1)施工前地表预注浆和端头管棚加固。盾构机穿越污水管前为防止盾构机穿越污水管时对污水管下层土体扰动，以及多出土而造成的污水管断裂，提前进行了预注浆。预注浆在盾构机穿过污水管前30d进行，采用单液注浆机进行注浆，注浆压力为0.5~0.6MPa，地面预注浆浆液由水、水泥配制而成，其配合比为水∶水泥=1∶0.8。端头管棚加固则在科华南路站西端头进行，根据区间设计图纸要求加固了10m，但由于右线污水管中心距离洞门长度为10m，为保证施工安全，特意将接收端头管棚加固长度增加至15m，加固范围详见图5-23。

(2)盾构掘进过程控制。盾构穿越前的试验段模拟施工，对探索和掌握盾构超近距离下穿大直径污水管线施工参数起到了重要的作用。综合考虑本标段盾构穿越污水管段区间隧道埋深、地质情况以及与管线的空间关系,确定盾构穿越污水管段施工的指导思想为:“安全、连续、快速均衡通过管线”,并确立“压力合理、快速掘进、注浆充分、严密监测、快速反馈、预案恰当”的施工原则。盾构超近距离穿越大直径污水管线地段,采用低速、匀速通过,并特别控制土仓压力、推力、注浆压力和注浆量指标。

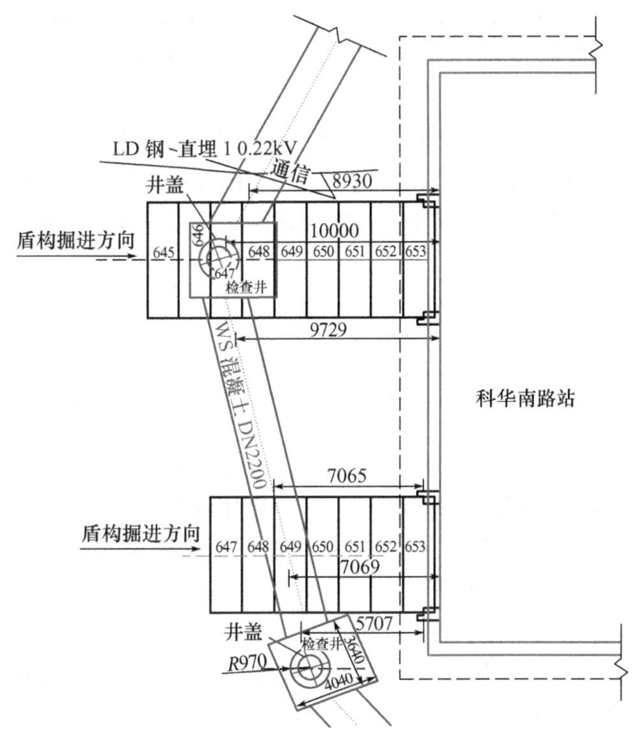

图 5-22　盾构法隧道与污水管平面关系示意图(尺寸单位:mm)

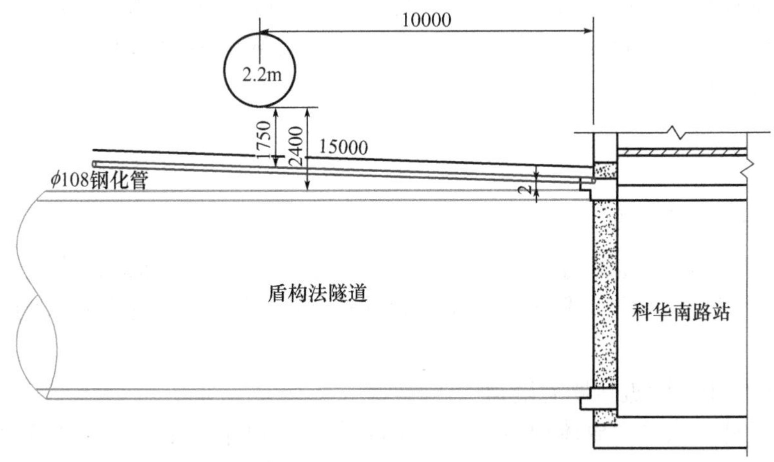

图 5-23　盾构端头管棚加固示意图(尺寸单位:mm)

掘进过程参数控制主要体现为：

①渣土改良控制。根据排环图，盾构在646环、647环下穿DN2200污水管，为保证盾构顺利通过污水管，盾构掘进至640环时采用以膨润土为主、泡沫为辅的改良方法，保证渣土的改良效果，增加渣土的流塑性和自稳性，减小刀盘扭矩，保证刀盘周边土体的自稳性。膨润土泥浆配合比为水:膨润土 = 100kg:52kg，膨润土为优质的钠基膨润土，膨化时间4h，泡沫选用发泡率较高、止水性较好的泡沫。

②出土量控制。盾构下穿污水管段掘进严格控制出土量，严禁超挖，以渣土体积控制为主，质量复核为辅，保证控制地层损失率达到最小。单环1.5m的管片每环出土量控制在$55m^3$，体积偏差最大不超过$2m^3$。

③同步注浆。盾构下穿污水管段掘进，同步注浆材料适当增加水泥用量，减少凝结时间，初凝时间控制在6h左右，固结体强度1d不小于0.2MPa，28d不小于2.5MPa。过污水管段注浆量应适当增大，采用注浆压力和注浆量双控，每环注浆量调至$7m^3$左右。同步注浆浆液配合比见表5-15。

同步注浆浆液配合比　　表5-15

水泥	细砂	粉煤灰	膨润土	水	外加剂
200~250	550~600	380~420	75~100	500~560	根据需要添加

④二次注浆。盾构过污水管道，为减少沉降量、满足注浆的需要，对645~650环管片的注浆孔进行加密，注浆孔在管片预制时即预埋好，每个管片设置3个注浆孔(除了F块外)，注浆加固半径为1~2m。最外缘两注浆孔夹角为36°，根据经验能满足加固的要求。预留注浆孔的直径和通用的注浆孔一样，对结构影响不大；预留套管避开钢筋安装，设定在钢筋网架的间距内，而且可在周边设置加强钢筋，保证结构受力；注浆完成后，注浆钢管也留在管片内，与管片形成一个整体，对结构也有补强作用。二次注浆通过吊装孔进行，选用水泥—水玻璃双液浆，配合比为1:1，在管片脱出盾尾2~4环后进行，注浆压力为0.2~0.4MPa。通过施工过程发现，同步注浆材料的选择要根据盾构机工况等进行具体分析，在特殊情况下，惰性浆液比活性浆液更利于风险控制，但二次补浆采用活性浆液更有利。

⑤地表跟踪注浆。当地表监测发现异常情况时，应迅速进行地表跟踪注浆。注浆通常采用前期预埋注浆孔，一般为水泥浆，压力控制在0.3~0.5MPa，注浆过程中要实时观测注浆压力变化和地表变形情况。

5.5.3 邻近既有隧道地段

1)主要近接形式及风险

通常来说，按照在建隧道与既有隧道的空间位置关系，可将邻近既有隧道施工分为上跨、下穿以及水平近接三种形式，按照不同的影响机理，三种近接隧道形式的主要风险详见图5-24。

(1)水平方向小净距近接既有隧道

小净距区段施工风险主要体现在降低对先行隧道的影响方面，由于先行隧道管片已经成型，故后行隧道掘进时，应尽量降低开挖掌子面对地层的扰动，控制土仓压力和注浆压力，

避免影响先行隧道已成型管片拼装质量。总体来看,小净距区段主要有以下几个方面的控制风险:

①出土量控制。小净距区段由于两条线距离近,若两条隧道之间的地层的自稳性差,则在盾构掘进开挖出土时会使中间地层变形卸压,挤压已成型隧道,导致成型隧道出现管片错台、破损以及渗漏等问题。故在小净距区段进行盾构掘进施工时,出土量控制是施工的难点。

②土仓压力控制。土仓压力的控制难点与上述出土量控制一样,主要是挤压已成型隧道的问题。同样由于净距过小,故土仓压力不能过大,避免引起地层外扩变形挤压既有线,因此,小净距掘进土仓压力控制的难点是解决平衡的问题,即平衡出土量和土仓压力的动态关系,平衡外部地层的损失与盾构掘进的控制关系。

③同步注浆压力控制。同步注浆压力控制也是小净距盾构掘进的一个重要难点,注浆压力过高会影响已成型隧道的管片质量;注浆压力过低则无法完全填充地层间隙,对于沉降控制不利。实际掘进时,应根据地质情况,确定合理的注浆压力参数和注浆控制标准,动态调整同步注浆参数,保证已成型隧道不受影响。

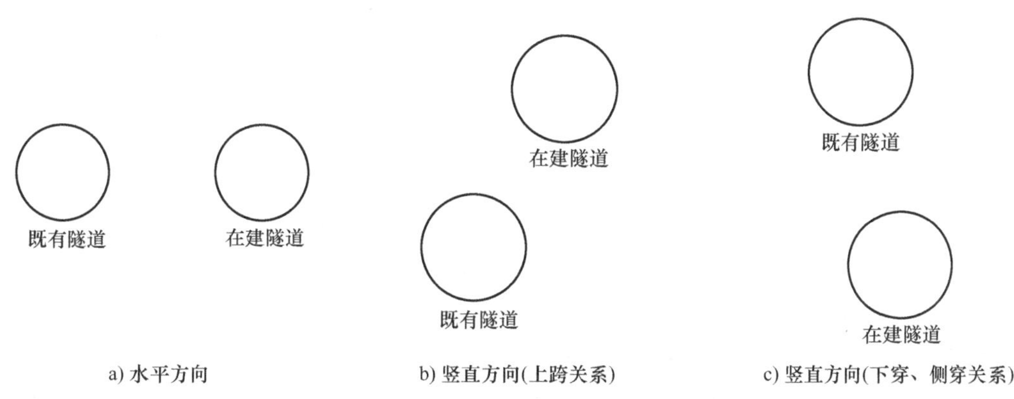

图 5-24　临近既有隧道主要近接形式及风险

(2)上跨既有隧道

上跨建(构)筑物与盾构下穿施工相比,难度相对较低。城市地铁盾构施工中,上跨施工常见于跨越既有地铁隧道、污水管道以及各类深埋公路隧道等。在进行上跨掘进时,必须严格控制隧道轴线走向,做好线形控制,避免发生由于隧道侵限影响下部建(构)筑物的险情。根据过往施工经验来看,上跨施工主要的风险包括以下两点:

①盾构上跨挤压层间土引起下部建(构)筑物变形上浮

如图 5-25 所示,盾构上跨既有建(构)筑物时,刀盘切削掌子面会挤压周围土体,由于盾构机自重压缩下部土体以及受到扰动后的土体间的相互作用,易引起邻近盾构机一侧的既有线下沉,而与既有线相邻的另一条线路则会由于地层的反压作用出现上浮,受此影响,既有线路易产生管片错台、破损、上浮等不良现象,严重时,可能导致运营质量安全事故。

②隧道成型后下部建(构)筑物减荷引起上浮

如图 5-26 所示,盾构上跨完成后,由于成型隧道自重较轻,无法起到反压稳定既有线的作用,加上地下水的浮力影响,可能导致下部既有线进一步上浮,引起并发的质量事故。

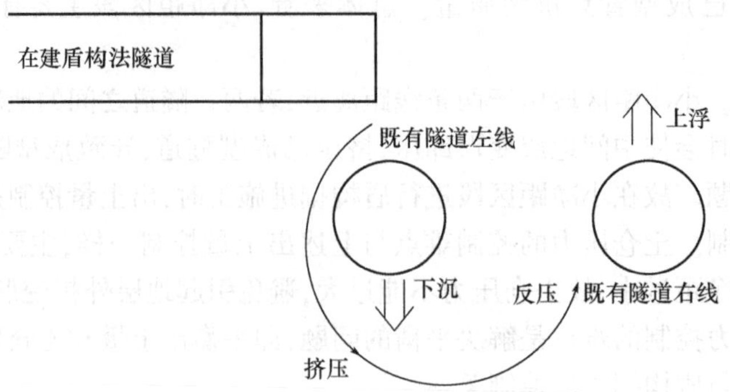

图 5-25 盾构上跨影响既有隧道示意图

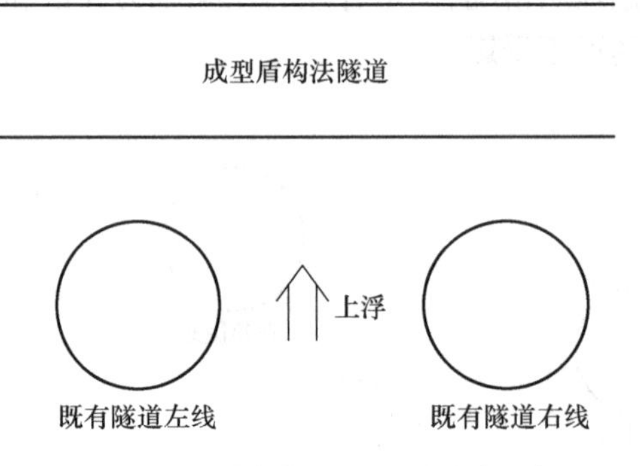

图 5-26 盾构上跨完成后影响既有线路示意图

(3)下、侧穿既有隧道

盾构近距离施工过程中,新建隧道与既有隧道以其间土体为媒介,相互产生影响,盾构近距离施工问题是盾构、土体、既有隧道三者共同作用的问题,盾构掘进对既有隧道的扰动是通过土体应力场及位移场的变化来传递的,既有隧道也是通过改变土体自然应力场对盾构施工产生影响。盾构掘进过程中,一旦无法平衡两者之间的应力关系,会引起上覆地层失稳,导致既有线破坏,影响结构安全,如图 5-27 所示。

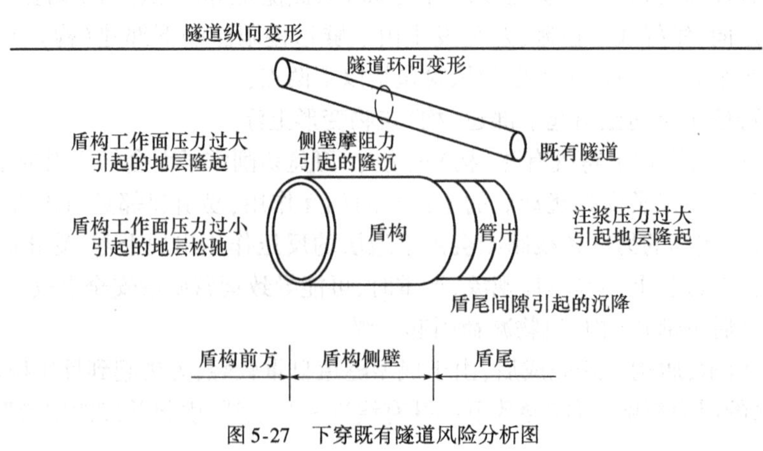

图 5-27 下穿既有隧道风险分析图

2) 主要施工措施

(1) 小净距近接既有隧道主要措施

小净距近接既有隧道盾构施工的主要措施可概括为“预加固、强连接、低压力、降影响”四步，根据过往的施工经验来看，国内的小净距近接既有隧道施工技术已经比较成熟，现将主要的预加固方法及盾构掘进措施说明如下：

①小净距区段地层预加固。对于有地面加固条件的小净距区段来说，按照图 5-28 所示的方案对小净距区段进行预加固，常见的预加固方法包括搅拌桩、旋喷桩以及袖阀管等。采用这种方法进行预加固的主要目的有两点：一是通过加固两条线路间的土体，提升土体自稳性，避免后行隧道扰动相邻土体引起变形沉降带来的先行隧道周边土体卸压，降低先行隧道受挤压的风险；二是借助加固措施，形成具有一定强度的“隔断帷幕”，降低后行盾构掘进开挖掌子面对先行隧道的影响。

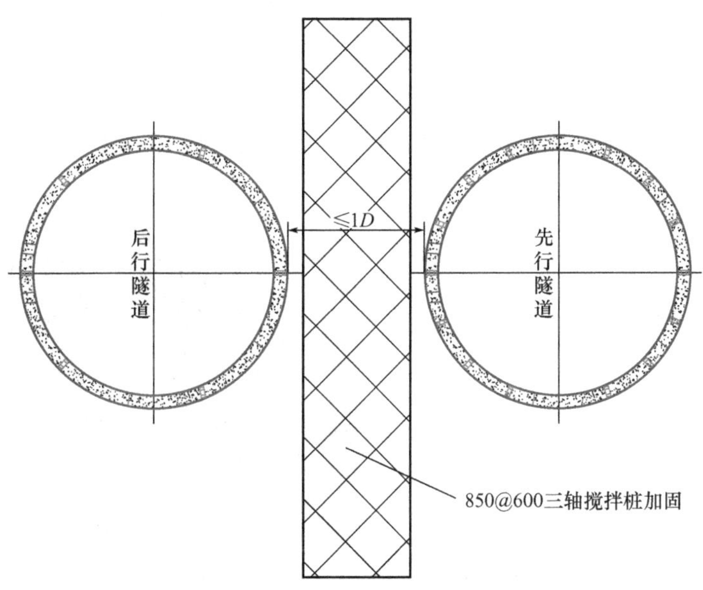

图 5-28　小净距区段地面预加固示意图 1(适用于有地面加固条件)

注：D 为隧道直径。

②已成型相邻隧道洞内加固。如果小净距区段不具备地面加固条件，可考虑对先行隧道进行洞内加固来降低对既有线的影响，通常需采取组合措施来最大限度地降低盾构施工对先行隧道的影响。

a. 预留注浆孔加固中间地层。盾构施工前，可由技术人员按照管片排版图确定小净距区段的管片编号，提前与管片设计、生产单位联系增加注浆孔。增设注浆孔的目的是在先行隧道内，通过洞内预留注浆孔对相邻地层进行提前加固，加固范围为靠近后行隧道一侧的管片 11 点位到 7 点位范围，主要采用钢花管注浆的方式进行填充，确保线间土体加固到位。加固方法如图 5-29 所示。

b. 成型隧道内槽钢拉结加固。上述洞内注浆可有效加固两条线路之间的地层，先行隧道本身同样需要采用保护措施。通常的做法为对小净距区段以及区段前后一定范围内的管片采用槽钢进行拉结,确保区段成型管片的整体性。目的是增加成型管片的抗扰动性以及受到扰动后的变形均匀性,避免出现局部管片错台过大的问题。常见拉结做法类似盾构始发接收时的管片拉结做法,如图5-30所示。

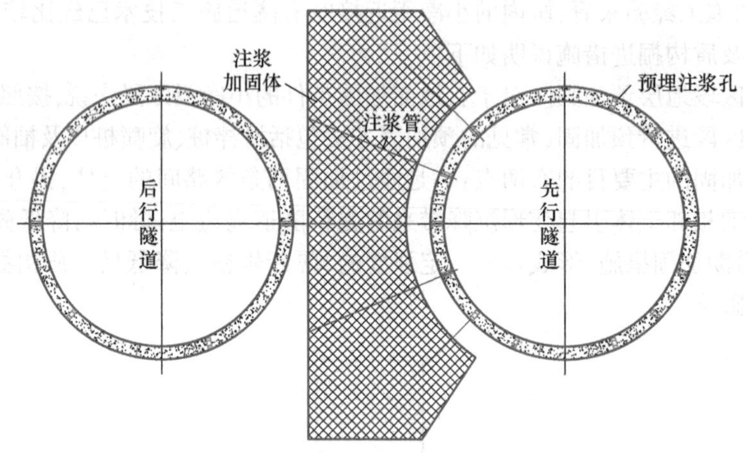

图5-29 小净距区段洞内预加固示意图2(适用于无地面加固条件)

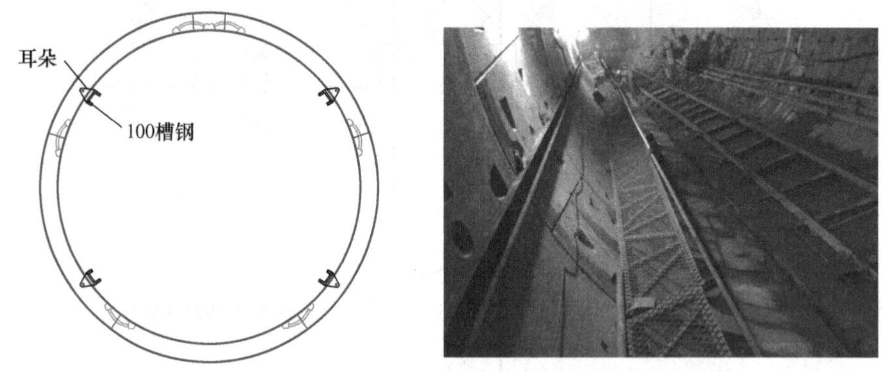

图5-30 小净距区段洞内槽钢拉结示意图(适用于无地面加固条件)

c. 管片强度加固。针对小净距区段,可通过管片排版确定具体管片数量后,对该区段管片增设注浆孔和加强管片配筋,注浆孔的作用前文已经说明,而加强管片配筋则是从管片自身的承载力进行考虑,主要目的是强化管片整体强度,降低相邻隧道压力注浆作业对先行隧道管片的影响。

③小净距区段盾构掘进措施。小净距区段盾构掘进时,应注意掘进推力不宜过大,掘进速度不宜太快,并注意及时根据盾尾间隙变化及时调整盾构姿态,避免线路偏移,影响已成型隧道。同时,掘进过程中应加密对既有隧道内的沉降监测频率,控制预警标准为:隧道的径向变形小于18mm,水平和垂直位移均小于10mm。

(2)上跨既有隧道主要措施

①跨越区土体预加固。若盾构上跨区域地质情况较差,极易受到扰动引起隧道上下范围的土体变形,则可通过设计土体预加固措施进行针对性补强,主要目的是通过预加固措施固结上跨区域的土体,避免盾构上跨过大扰动,影响既有线结构稳定。

②既有线内部预加固。除了对跨越区土体进行预加固以外,还可以对既有线内部进行钢结构预加固,即采用钢支架和槽钢将跨越区及跨越区前后一定数量的管片进行刚性连接,使既有线区段的管片形成整体。避免由于单环管片受力不均引起的区段不均匀沉降,导致管片破损、错台。

③盾构掘进控制措施。盾构上跨过程中,掘进速度控制应遵循“匀速掘进、快速通过、连续作业”的原则,严格控制掘进参数,选择合理的同步注浆、二次注浆配合比,注意结合监测数据及时跟踪注浆,保证工后质量满足要求。

a. 渣土改良控制。加强渣土改良控制,就是通过不断调整渣土改良配合比,保证掌子面稳定。同时,良好的渣土可有效减小盾构掘进的推力,降低刀盘对掌子面的挤压,从而减小土体间的应力对既有线管片的影响。

b. 盾构姿态控制。上跨过程中,应严格控制盾构姿态,最大限度减少每次纠偏的幅度,避免盾构姿态偏移过大,加大对下部既有线的影响。每环拼好后,及时测量盾构和成环管片与设计轴心的偏差,然后根据每环的测量结果和管片四周间隙情况,为盾构机下一环的推进提供精确依据,及时调整各区千斤顶的伸长量。

c. 注浆控制。应加强注浆管理,由于盾构掘进掏空既有线上部土体,极易导致下部既有线管片上浮。此时,应及时补充注浆填充管片外间隙,增加隧道洞内底部注浆措施,通过跟踪注浆填充下部地层损失,防止下部既有线管片上浮。注浆时必须要做到“掘进、注浆同步,不注浆、不掘进”,在同步注浆压力和注浆量方面进行双控,做到适时、足量。具体注浆参数还需通过对既有隧道的自动化监测信息反馈来确定。

d. 土仓压力控制。上跨过程中,应严格控制土仓压力,避免土仓压力过大造成有效推力减小,从而增加对四周土体的挤压作用,增大下部既有线的变形,通常在盾构上跨施工中,应适当降低土仓压力。

总之,盾构上跨既有线施工涉及方面较多,施工前应完成上穿区域段的全面调查工作,联系运营公司对既有线洞内受影响范围进行洞内标识,联系监理单位对上穿区域段的地面、地表的相关设备、建构(筑)物、管线等进行联合调查,并完成相关备案工作。此外,由于盾构机的前部自重大于开挖土体重量,在盾构刀盘通过既有线上方时,会使既有隧道略微下沉,在盾构机通过后,由于卸荷效应,会造成既有线的微量隆起,故在掘进过程中应密切关注监测数据,及时调整掘进参数,通过跟踪注浆的方式,避免既有线产生过大的隆起。盾构完成上跨施工后,应结合监测数据及时跟踪注浆,对需要补充注浆进行地层加强的区段,应立即组织跟踪注浆,避免地层损失过大,引起既有线的上浮或者下沉。

(3)下穿、侧穿既有隧道主要措施

盾构下穿既有地铁隧道前,应联合外部单位对既有线路现状进行全面评估,包括隧道管片错台情况、渗漏水情况、管片收敛情况等。获得既有线现状情况后,尽快制定切实可行的保护方案。既有隧道的预加固措施根据实施部位的不同可以分为洞内加固和隔离加固。

①洞内加固。洞内压力灌浆加固即在隧道内通过注浆孔,在软弱层部位埋设注浆管,通过灌浆管向软弱层高压灌注水泥浆,使之对软弱层进行渗透、挤密、切割和最终的胶结作用,形成胶状水泥固结体,达到加固软弱土层、减少沉降的目的。

②隔离加固。隔离加固是采用大管棚超前支护、水平 MJS 注浆等方式在既有隧道和在建

隧道之间形成一道隔离保护屏障，将两条隧道隔开，避免在建隧道施工时扰动土体影响既有隧道。

(4)盾构掘进控制措施

除了通常需要注意的土压稳定性控制、同步注浆量与注浆压力控制、防止盾构漏浆和推力及扭矩减小措施等，还需要注意以下问题：

①盾构下穿前，按照规定采集既有线路监测初始值，并结合线路情况提前进行自动化监测，形成不间断监测预警机制。

②盾构机掘进通过后，由于上覆土体减少，可能导致既有地铁隧道管片上浮，应加强管片螺栓复紧，每环推进结束后拧紧当前环管片的连接螺栓，并在下环推进时进行复紧，克服作用于管片推力产生的垂直分力，减少成环隧道浮动。每掘进完成 3 环，对 10 环以内的管片连接螺栓复拧一次。

③根据监测信息指导，在跨越区段隧道底部进行浅孔注浆，加固层间土体，抑制管片上浮。

3)近接施工案例

(1)小净距近接既有隧道案例分析

苏州某项目区间的广济路站为 1、2 号线换乘的地下两层侧式车站，左右线隧道净间距仅为 3.0m，采用土压平衡盾构机施工，盾构壳体外径为 6.34m，始发小净距区段如图 5-31 所示。

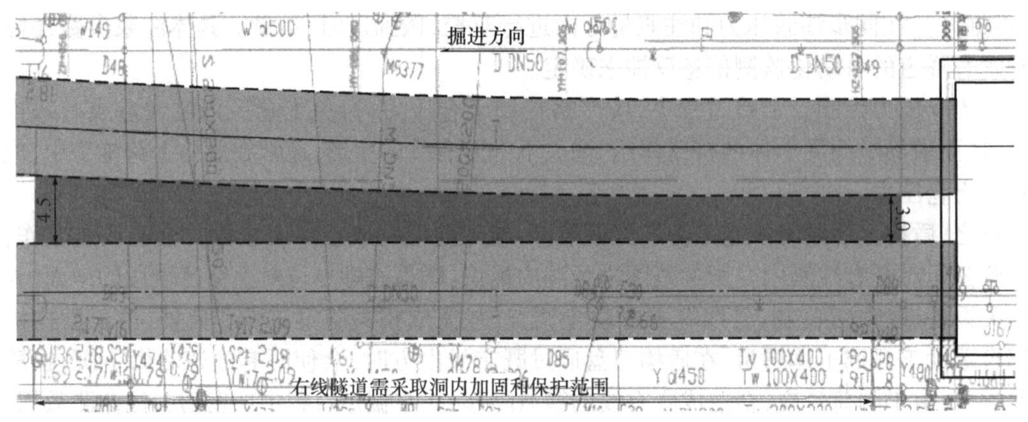

图 5-31　始发小净距区段示意图(尺寸单位:m)

主要采取的施工措施为：

①增加注浆孔，既有隧道注浆加固。通过预留注浆孔对已完成的右线隧道进行洞内注浆加固。注浆范围为隧道两侧 120°，注浆厚度为 2m。注浆材料采用水泥浆，加固后土体具有良好的均匀性，无侧限抗压强度不小于 1.0MPa。此项措施同时考虑了邻近隧道施工时掘进推力变化对已建隧道的挤压、松弛等作用，在新建隧道施工过程中，根据监测结果，在管片偏移大于 5mm 时进行压浆纠偏。

预留注浆孔及注浆施工方法如图 5-32 ~ 图 5-34 所示。

②在已建隧道内采用内支撑加固。对已完成的右线隧道安装内支撑，内支撑采用整圆器的形式，并设置加强肋，纵向采用 14a 槽钢拉结，槽钢通过厚 10mm 的焊接钢片与管片螺栓固

定,或打膨胀螺栓进行固定,钢片根据情况弯折成一定角度,与管片垂直,每环固定。本段近距离施工可分为两段,安装10个整圆器,间隔5环设置,推进45环时,将后30环翻至前方安装,后续按此循环。

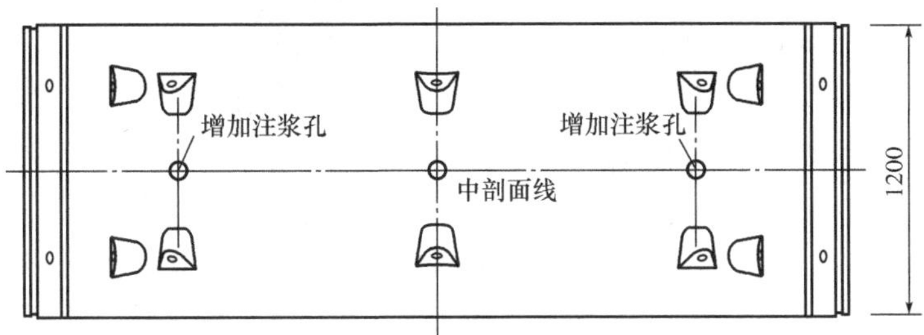

图5-32　标准块增设注浆孔示意图(尺寸单位:mm)

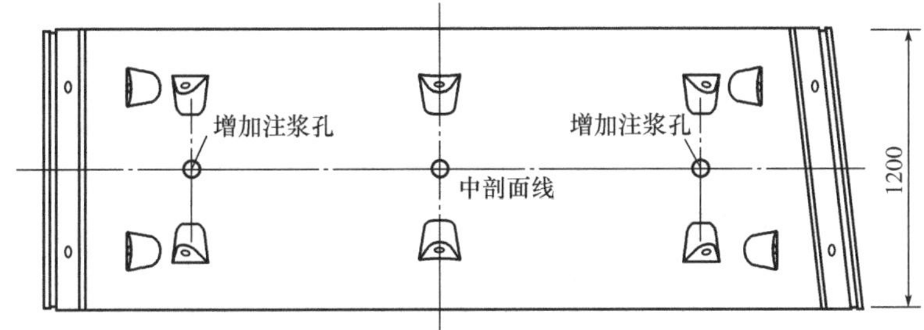

图5-33　邻接块增设注浆孔示意图(尺寸单位:mm)

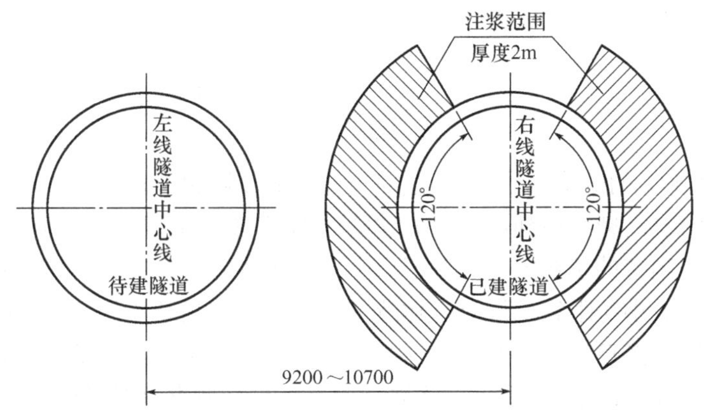

图5-34　洞内注浆加固设计图(尺寸单位:mm)

内支撑加固方法如图5-35所示。

③加强管片配筋。该区间小净距施工段右线隧道埋深为8.9～9.8m,根据地质情况按照惯用法选择典型断面进行计算,采用管片内侧每环8根ϕ20mm主筋的配筋形式即可满足规范要求,但考虑到小净距施工对结构受力非常不利,存在盾构推力及注浆压力作用在已建隧道管片的工况,管片增加20kPa的侧向推力附加值,经计算适当增加了管片配筋,提高了管片的承载力。

④加强已成型隧道监测。为了确保已建右线隧道的安全,在左线隧道盾构施工时加强对右线隧道的施工监测,并根据监测结果及时调整盾构掘进参数,监测点设置如图5-36所示。

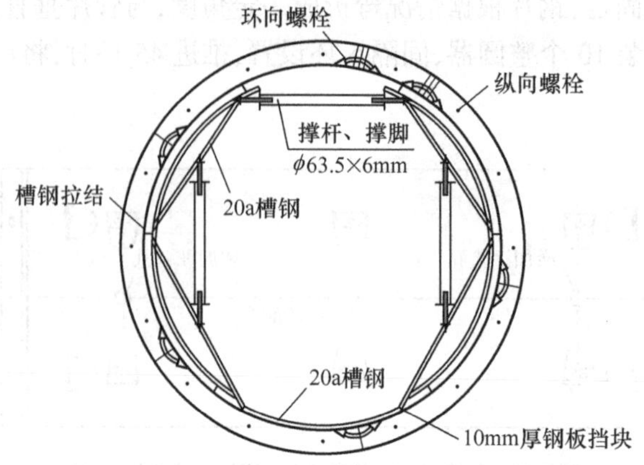

图 5-35 钢支撑洞内加固示意图

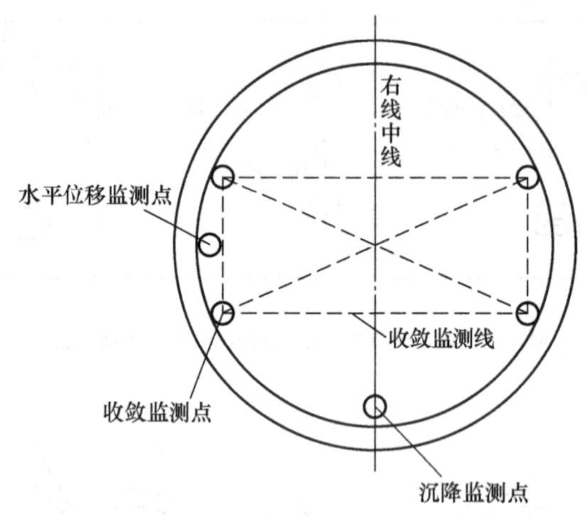

图 5-36 监测点布置示意图

在隧道近距离施工的危险区段内,通过对先建的右线隧道采取上述4项处理措施,保证设计要求的各项技术指标,减小后建隧道对先建隧道的影响,对先建的右线隧道起到了很好的加固作用,保障了右线隧道的结构安全。基于以上对施工措施的介绍和对监测数据的分析,可以得出以下几点经验:a. 小净距施工段对已建隧道存在一定的扰动作用,对已建隧道进行加固处理是非常有必要的;b. 隧道变形较小,内支撑的作用不明显,可考虑取消内支撑的设置;c. 近距离施工,既有隧道存在上浮现象,建议对注浆加固范围进行调整,增加管片顶部、底部的注浆加固,使得加固区封闭成环。

总之,通过对基底沉降、水平位移和收敛变形的监测证明,采取加固措施后隧道的各项指标均能满足设计和实际的需要,该工程实例可以为类似地质情况的小净距段施工提供很好的借鉴作用。

(2)上跨既有隧道案例分析

深圳地铁11号线左线上跨既有1号线长度为83m,右线上跨长度约为68m。最小净间距为1.5m,采用直径为6.98m的土压平衡盾构机施工,两条隧道位置关系如图5-37所示。上跨段洞身主要位于砾质黏性土层中,地下水位埋深1.2m,主要为孔隙水、层间滞水。

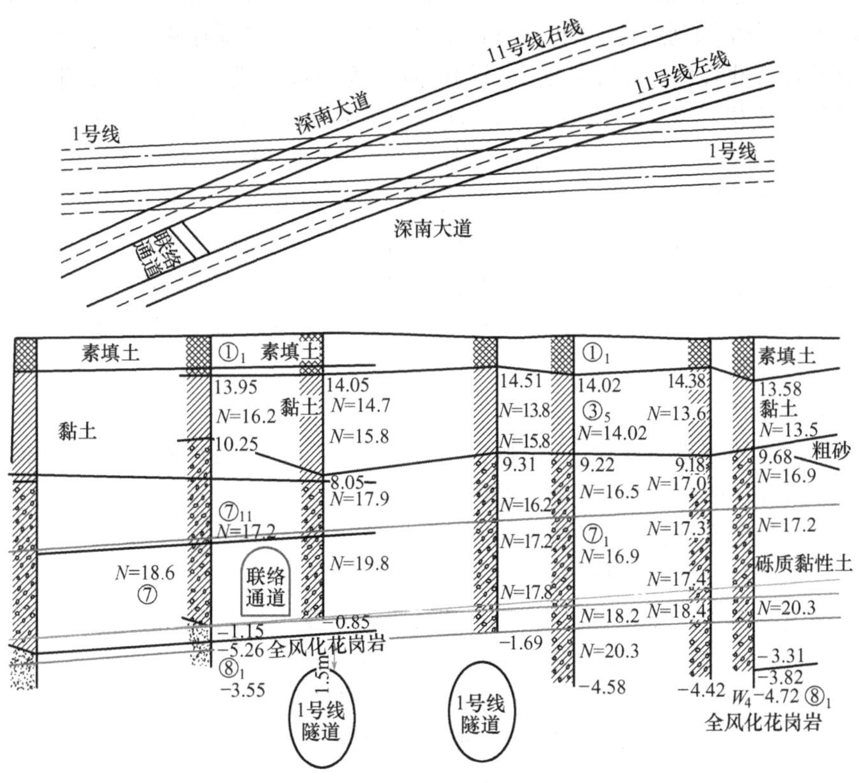

图 5-37　上跨段隧道位置关系图

①施工过程中涉及的重难点

a. 穿越距离太近，夹层土体稳定性差。穿越区段盾构区间顶板与地铁 1 号线底板最小距离仅为 1.5m，且夹层覆土为强风化粗粒花岗岩，裂隙极发育，遇水浸泡极易软化、崩解，11 号线区间隧道拱部又位于砾砂层中，最小覆土深度约 10m，盾构掘进过程中土仓压力容易损失，从而引起地面塌陷；在盾构穿越既有线路前要考虑地层的稳定性、盾构机自身荷载和 1 号线机车运营过程中产生的动力荷载等一系列制约因素，避免较大的扰动是盾构掘进过程中需要考虑、解决的重点和难点。

b. 渣土改良控制要求高。上穿时掌子面部分地层为黏土地层，掘进过程中容易出现诸如堵仓，糊刀盘、刀具异常损坏等诸多问题，造成施工无法正常进行。掘进过程中控制好掘进参数、做好渣土改良是控制的重点。

c. 曲线段穿越，姿态控制难度大。11 号线上穿 1 号线时是在转弯半径为 800m 的曲线段上(上下坡交点)施工，盾构推进时盾构姿态的改变对周围的影响很大。在推进时由于各种不确定因素，盾构轴线产生偏差，而盾构在曲线推进、纠偏、抬头或磕头时，实际开挖断面为椭圆形，盾构轴线与隧道轴线偏角越大，对土体扰动也越大。同时由于姿态的调整势必造成对土体的超挖，引起地层的损失。

②上跨施工前准备

a. 对上穿段地层进行注浆加固。结合场地条件，拟对隧道重叠部位的地层采用袖阀管注浆，通过改善土体密实度来降低盾构浅埋段冒顶的施工风险，提高加固范围内地层的抗渗能力和承载能力，确保施工安全顺利进行。同时有利于降低盾构掘进时对既有隧道产生的附加应力。

b. 提前做好备件管理。在穿越前对盾构机及后配套设备进行一次全面、细致的检修。重点对盾构机的螺旋机系统、渣土改良系统、同步注浆系统、二次注浆设备、控制电路及液压系统、门式起重机制动系统、行走系统、电瓶车制动及电路进行检修。对于损坏的部件立即更换，对存在故障隐患的部位及时排除，各润滑部位及时加注润滑脂或润滑油。特别是对注浆管路进行清洗疏通，避免输送管在盾构穿越车辆段时堵塞，导致浆液供应中断，从而造成盾构机停机。检修前制订详细的设备检修计划，由经验丰富的机修人员对设备进行彻底的检修，确保盾构穿越1号线竹—侨区间前所有设备均处在最佳的工作状态，24h连续推进。

③掘进参数控制

a. 出土量的控制。

盾构法隧道每环理论出渣量（理论量）$=\pi R^2\times L=3.14\times3.49^2\times1.5=57.4\text{m}^3$

式中，R为盾构机刀盘半径；L为每循环掘进距离。

根据渣土的松散情况，松散系数取1.0～1.3，故出渣量控制在57.4～74.62m³/环，实际每环出渣量根据监控量测数据和经验来控制。

b. 推进速度。掘进速度及推力的选定以保持土仓压力为目的，根据施工的实际情况确定，并调整掘进速度及推力。盾构掘进速度为30～40mm/min。

c. 盾构轴线及地面沉降控制。推进过程中，盾构垂直向趋势宜保持在+3mm，以防盾构机下沉。将施工测量结果不断地与计算的三维坐标相校核，及时调整。

d. 同步注浆。对于上跨区域的重叠段，为了减少和防止沉降，在盾构掘进过程中，要尽快在脱出盾尾的管片背后同步注入足量的浆液材料充填盾尾环形建筑空隙，支撑管片周围岩体，采用不易凝结的惰性浆液进行填充；凝结的浆液将作为盾构施工隧道的第一道防水屏障，增强隧道的防水能力；为管片提供早期的稳定并使管片与周围岩体一体化，有利于盾构掘进方向的控制，并能确保盾构法隧道的最终稳定。必要时要注双液浆进一步加快管片填充物的固结时间，尽快稳定地层，减少扰动与下沉量。

e. 二次注浆。二次补强注浆一般在管片与围岩间的空隙充填密实性差致使隧洞变形得不到有效控制，或管片衬砌出现渗漏的情况下实施。同时，地表出现过大沉陷时可通过二次注浆进行抬升和补强。施工时采用隧道监测信息反馈，结合洞内超声波探测管片衬砌背后有无空洞的方法，综合判断是否需要进行二次注浆。上跨段前后10环范围内必须对管片背后注双液浆，使隧道周围土体快速达到要求的强度，并起到止水效果。

④自动化监测

穿越过程中根据实际需要可以进行24h不间断地跟踪监测。跟踪监测时，现场监测人员和中央控制室值班人员通过对讲机进行及时联系，值班人员对地面监测数据进行综合分析，得出结论及时通过电话传达给盾构工作面，指导盾构施工参数的设定，然后通过地面变形量的监测对施工效果进行检验，从而反复循环、验证、完善，保证施工过程安全。

⑤上跨通过后控制措施

在穿越结束后，对结束里程连续10环的管片进行二次注浆封堵；同时需要继续对穿越段进行监测，并根据监测数据分析地表变化情况，必要时采取多次补注浆液的措施，从根本上保证上穿段的安全、稳定。

(3)下穿既有隧道案例分析

深圳国际会展中心配套工程机场北站—吊出井区间左线在机场北站大里程端(对应里程:DK41 +437.9)始发掘进,始发直线掘进 164m 后在里程 DK41 +602.65(对应环号:111 环)处先后下穿既有运营的 11 号线右线隧道、11 号线入场线、11 号线出场线及 11 号线左线,区间下穿深圳地铁 11 号线位置关系如图 5-38 所示。该区间隧道洞身范围地层主要为混合花岗岩、砂质黏性土层,勘察范围内的地下水按赋存方式划分为第四系松散层孔隙水、块状基岩裂隙水两种类型,地质芯样如图 5-39 所示。

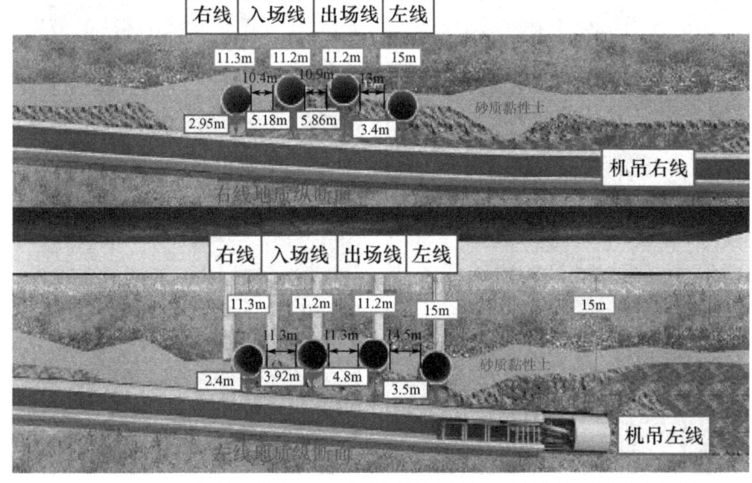

图 5-38　机场北站—吊出井区间下穿深圳地铁 11 号线位置关系示意图

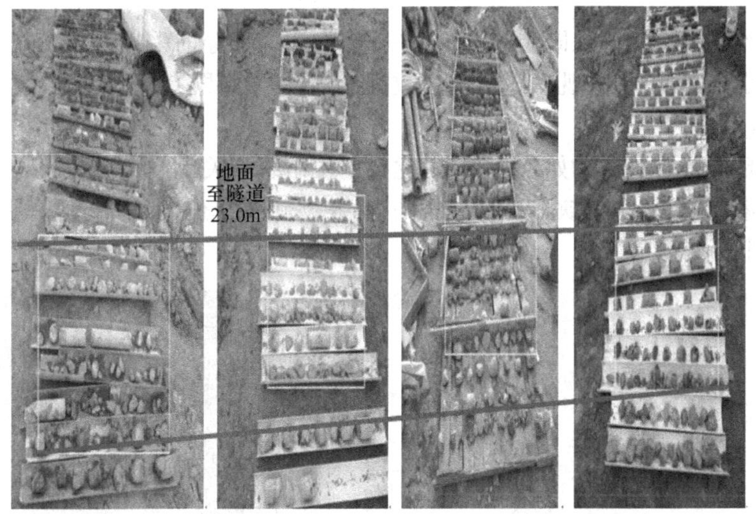

图 5-39　机场北站—吊出井区间地质芯样图(红线范围)

根据详勘报告结合补勘报告来看,区间下穿段呈现上软下硬的形态,从上至下依次为:砂质黏性土(蓝)、全风化花岗岩(绿)、强风化花岗岩(黄)、微风化花岗岩(红)。此外,区间下穿段与既有 11 号线最小净距仅为 2.96m,且正式下穿段长达 100m,对沉降控制和掘进控制提出了很高的要求。

①既有隧道布设自动化监测系统

在施工过程中,利用自动化监测技术对既有隧道进行24h三维空间全方位、全过程的监测。一方面,有助于快速回馈施工信息,以便及时发现问题并采用最优的工程对策,为工程决策、设计修改、工程施工和工程质量管理提供第一手的监测资料和依据;另一方面,对既有线的保护具有重要的意义。根据监测结果,发现可能发生危险的先兆,判断既有线以及工程施工的安全性,以便提前采取必要的工程措施,防止工程破坏事故和环境事故的发生,保证工程顺利进行;以监测结果指导现场施工,确定和优化施工方案,进行信息化施工。

根据既有地铁11号线隧道线路情况,布设实景图如图5-40所示。

图5-40 布设实景图

②洞内三维扫描。为确保既有线的运营安全,在盾构下穿前采用三维扫描技术对地铁11号线进行洞内变形扫描,检查既有隧道椭变数据,为盾构下穿既有地铁11号线提供参考,扫描图如图5-41所示。

③既有线现状调查。盾构始发之前,由建设单位组织相关单位人员多次对下穿地铁11号线范围内管片渗漏水、裂缝等缺陷进行现状调查,并请相关单位确认,同时拍摄现场影像资料存档管理,如图5-42所示。

图5-41 既有线洞内三维扫描图

图5-42 既有线现状调查

④既有线隧道预加固。盾构下穿前采用WSS注浆法对既有线周边土体进行注浆预加固,提前固结周边地层,降低下穿过程中盾构刀盘扰动对既有线的影响,如图5-43所示。

图5-43 盾构下穿前对既有线进行洞内加固

⑤盾构设备针对性改造。经过专家多次论证,盾构施工使用一台海瑞克S773及一台新购置的铁建重工复合式土压平衡盾构机施工,这两台盾构机能满足深圳地区复合地层快速、高效掘进,具有完善的渣土改良系统、土仓压力控制系统、盾构掘进系统、注浆系统。装备性能良好,刀具配置(进口刀具)、盾构施工参数能满足复合地层盾构掘进施工。

同时,根据下穿既有线的特殊环境条件,采取在盾体增加径向注浆孔、改造注浆系统、增加信息化监控设备等措施确保下穿既有线安全,盾构机改造措施见表5-16。

盾构机改造措施表　　表5-16

措　施	目　的
增加径向注浆孔	加固盾体上方地层
改造注浆系统	保证新型惰性浆液注浆效果
增加信息化监控设备	保证监控数据传达的时效性

⑥盾构下穿过程控制,主要采取了以下几个方面的措施:

a.利用自动化监测技术对既有隧道进行24h三维空间全方位、全过程的监测,并根据监测数据实时调整掘进参数、及时跟踪注浆。

b.盾体径向孔注厚浆填充间隙。通过盾构机盾体上的径向孔向盾体周边注入厚浆,填充盾体周边的孔隙，减小盾体通过阶段的沉降，厚浆部分加固部位如图5-44所示。

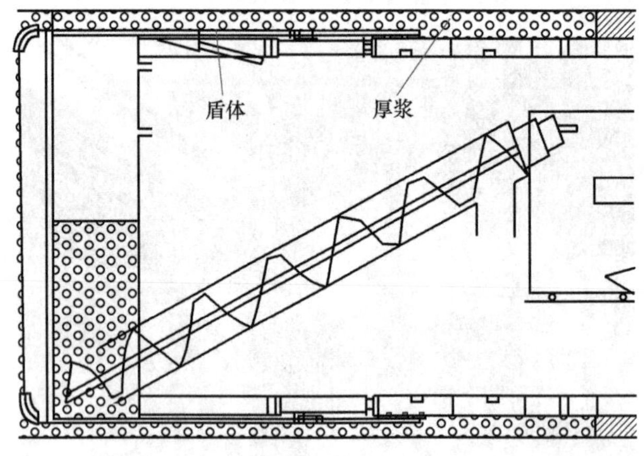

图5-44　厚浆部分加固部位图

c.多次注浆组合控制沉降。按照注浆作用方式，分为盾体径向孔注浆、同步注浆、二次注浆、三次注浆以及后续补充注浆等。同步注浆、二次注浆按照试验确定配合比，三次注浆注双液浆，利用多次注浆不断补充地层损失，形成沉降控制“组合拳”。根据试掘进阶段的经验，盾构掘进注浆参数控制措施见表5-17。

盾构掘进参数控制表　　表5-17

项　目	参　数	控制措施
同步注浆	6~7m³/环	注浆压力为0.3~0.45MPa
盾体注厚浆	与同步注浆同时进行	注浆量根据土仓压力和注浆泵压力确定
二次注浆	4~6m³/环	根据压力控制，注砂浆或厚浆
三次注浆	8~15m³/环	根据压力控制，注双液浆
跟踪注浆	0.5MPa	每3环注一次

对于二次注浆，需要使用专用的注浆泵，注浆前凿穿外侧保护层，安装专用的注浆接头进行注浆作业，浆液配合比与同步注浆相同，对脱出盾尾4~6环后的管片进行二次注浆，通过管片吊装孔注入管片与周围土体之间，二次注浆采用压力控制，压力控制在0.5MPa左右。而三次注浆的目的是为止住盾尾来水造成喷涌情况以及进一步填充空隙，当在管片脱出盾尾8~10环后，进行三次补充注浆，采用双液浆，水泥浆水灰比为0.8~1；水玻璃与水按1:1.5进行稀释；注入时水玻璃体积比为水泥浆:水玻璃=1:1。注浆实景如图5-45和图5-46所示。

⑦盾构工后沉降控制。盾构脱出下穿段后，继续结合自动化监测数据进行补充注浆，确保将既有线沉降控制在预警值以内，自动化监测及数据曲线如图5-47所示。

图5-45　二次注浆实景图

图5-46　三次注浆实景图

监测断面变化曲线图

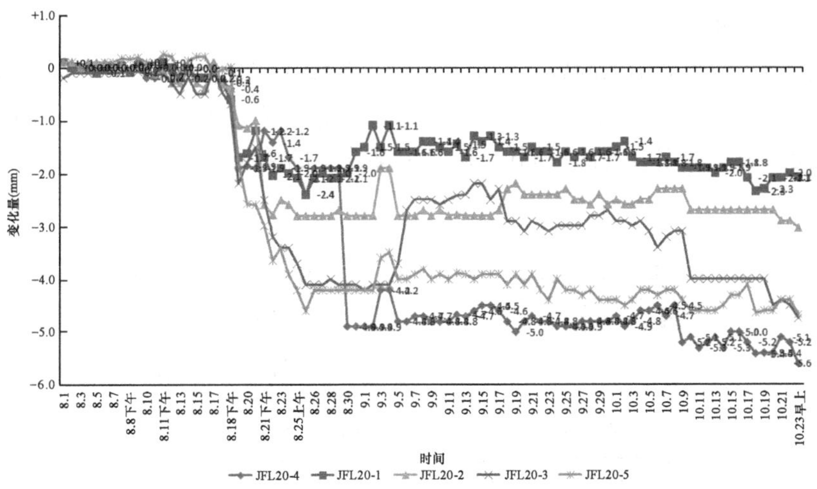

图5-47　自动化监测全站仪及监测数据变化曲线图

5.5.4　盾构下穿路基路堤

1)主要施工风险

高速铁路因行车速度高,对轨面变形控制要求极为严格,甚至达到苛刻的程度,因此下穿高铁施工产生的影响巨大。从技术层面分析,下穿施工对高铁产生的影响主要集中在轨面、轨道板和混凝土基床的变形方面,图5-48是高速铁路(以下简称高铁)典型的路基断面,下穿施工对线路产生的影响如图5-49所示,会导致基床面与混凝土基座之间产生空隙,在车载的作用下引发混凝土基床产生开裂,并引发病害。空隙量的大小也会影响轨面的平顺性,进而影响列车的舒适性和安全性。

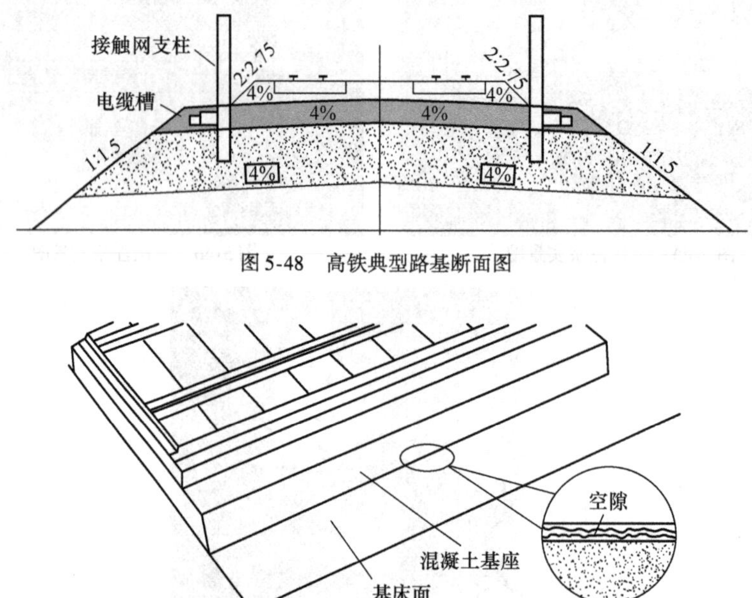

图 5-48　高铁典型路基断面图

图 5-49　下穿对高铁路基影响部位图

2)主要施工措施

下穿高铁施工面临的根本问题是变形控制,如图 5-50 所示,随着盾构靠近线路,两根钢轨会发生差异沉降,这对行车安全最为不利。无论是绝对沉降还是差异沉降的控制,都要根据被穿结构的抗变形要求制定合理的控制值,这是下穿施工的关键。

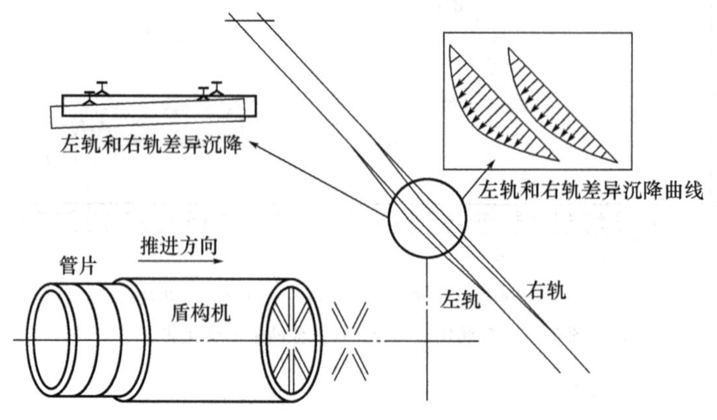

图 5-50　高铁轨道沉降分析

为了严格控制高铁地基沉降,确保高铁运营安全,总体来说,下穿高铁需要从以下三个方面进行重点考虑:

(1)信息化监测技术

穿越段尤其需要密切注意监测反馈信息,及时调整土仓压力,同时注意平缓过渡。在施工中做好监测工作,并及时将测量成果反馈给掘进作业班组,并将掘进参数调整到合理值,做到合理化施工。盾构下穿高铁线前,应对影响区域范围内按照影响程度的不同,分区段布设自动化监测点,并开始 24h 实时监测,数据及时反馈至盾构指挥中心,指挥中心根据监测情况调整掘进参数、及时跟踪补充注浆,避免地层损失影响高铁地基。

(2)盾构掘进控制措施

①土仓压力。在盾构穿越高铁线路过程中必须严格控制切口平衡土压力,使得盾构切口处的地层有微小的隆起量来平衡盾构背土时的地层沉降量。施工过程中根据监测数据及时进行调整。同时也必须严格控制与切口平衡压力有关的施工参数,如出土量、推进速度、总推力、实际土压力围绕设定土压力波动的差值等。防止超挖、欠挖,尽量减少平衡压力的波动。

②顶进速度。快速掘进使地表沉降有增加的趋势,因此应严格控制盾构的推进速度。根据已往盾构穿越铁路的经验,建议推进速度控制在 20 ~ 30mm/min,保持“快速匀速”通过。

③轴线控制。在盾构机进入穿越区之前,尽量将盾构姿态调整至最佳,严格控制盾构的纠偏量。盾构施工过程中,工程技术人员应根据地质变化、隧道埋深、地面荷载、地表沉降、盾构姿态、刀盘扭矩、千斤顶推力等各种勘探、测量数据信息,正确下达每班掘进指令,并即时跟踪调整。

其中盾构姿态的合理控制主要包括姿态控制监控系统和纠偏措施,其中盾构姿态监控可通过自动导向系统和人工测量复核进行控制。随着盾构的推进,导向系统后视基准点必须通过人工测量来进行精确定位、前移。为保证推进方向的准确可靠,每 30 ~ 50m 进行一次人工测量,以校核自动导向系统的测量数据并复核盾构机的位置、姿态,确保盾构机掘进方向正确。而对于纠偏措施,通常有滚动纠偏、竖直方向纠偏和水平方向纠偏:滚动纠偏是考虑到刀盘切削土体的扭矩是由盾体外壳与洞壁之间的摩擦力来平衡的,当摩擦力无法平衡刀盘切削土体产生的扭矩时将引起盾构本体的滚动,此时通过正反转动刀盘即可实现盾构机的滚动纠偏;竖直方向纠偏则是考虑到控制盾构机方向的主要因素是千斤顶的单侧推力,它与盾构姿态变化量间的关系靠试掘进中积累的经验确定。当盾构机出现下俯时,可加大下侧千斤顶的推力;当盾构机出现上仰时,可加大上部千斤顶的推力。同时还必须考虑到刀盘前面地质因素的影响综合进行调节,或用铰接千斤顶纠正。水平方向纠偏与竖直方向纠偏原理一样,左偏时加大左侧千斤顶推力,右偏时加大右侧千斤顶推力,或用铰接千斤顶纠正,并考虑地质因素。

轴线控制及纠偏应注意在切换刀盘转动方向时保留适当的缓冲时间,切换速度不宜过快,否则可能导致管片受力状态突变,而使管片损坏;根据掌子面地层情况及时调整掘进参数,调整掘进方向时应设定警戒值与限制值,当盾构姿态接近警戒值时应实行纠偏程序;蛇行修正及纠偏时应缓慢进行,直线推进的情况下应选取盾构当前所在位置点与设计线上远方的一点作一直线,然后再以这条直线为新的基准进行线形管理,在曲线推进情况下应使盾构当前所在位置点与远方点的连线同设计曲线相切;推进油缸的油压调整不宜过快、过大,否则可能导致管片局部破损甚至开裂;正确进行管片选型,确保拼装质量和精度,以使管片端面尽可能与计划的掘进方向垂直;盾构始发、到达时按照有关技术要求,严格控制测量定位工作。

④同步注浆和二次注浆。盾构施工过程中,盾构机的外径比隧道衬砌的外径大,在管片拼装完成、盾尾逐渐脱离管片后,管片与地层中间存在空隙,管片处于无支撑状态,将导致管片错位、围岩坍塌等从而增大地表沉降。对于黏土层、淤泥质土层及砂层等自稳性较差的地层,为控制地面沉降,使土压力作用均匀且使管片组成的衬砌环早期稳定,需要在盾尾间隙产生的同

时迅速注浆以填充盾尾间隙，确保注浆及时、耐久及充填密实，一般包括同步注浆和二次注浆等。为实现上述目的，根据盾构的形式和掘削土层的性质，准确选用相应的注浆材料、注入时期、注入范围和注入工法最为关键。

总体而言，下穿高速铁路施工过程应该遵循以下原则：

①快速理清铁路管理程序。快速理清铁路管理程序至关重要。例如科学大道站—怀宁路站区间是合肥市首条穿越国铁的地铁线路，可参考施工、管理经验偏少，因此多次对接都未能最终确定实施程序，只能一步一步共同探索，浪费了较多时间。

②做好数据收集及分析。做好数据收集及分析是必要保证。盾构施工过程中，积极收集各项施工参数及监测数据，同步对比分析相应数据条件下隧道及周边建（构）筑物状况，取得可靠的经验参数。实施过程中按不同施工状况进行及时调整，保证盾构穿越铁路时安全、高效。

③保证连续施工。不同的地质条件下穿建（构）筑物等复杂地质条件应保持连续掘进，减少盾构机停顿时间。适当缩短浆液凝结时间，保证注浆量。在盾构掘进过程中保持土仓压力稳定并在刀盘面注入泡沫、膨润土等添加材料，改善渣土性能，提高渣土的流动性和止水性。

④保证管片拼装质量。管片拼装时加强盾尾间隙的控制，正常情况下，盾尾间隙不作为管片选型的依据，但是当盾尾间隙较小时，会影响管片拼装质量，引起错台、渗漏水等现象。当盾构机与成型管片轴线重合时，盾尾间隙理论值为75mm（含管片拼装部位盾尾钢丝刷保护块厚度45mm），当盾尾间隙小于45mm时，要及时进行调整，避免出现管片错台及破损现象。

⑤做好渣土改良。在掘进的过程中应采取措施防止刀盘结泥饼，加大刀盘面板注水量，以降低刀盘扭矩，同时将切削下来的渣土与水混合，对渣土进行改良；在土仓壁中部左右两侧、中心回转体附近增加水注入口，起到防止渣土与仓壁黏结及渣土在刀盘牛腿部位胶结的作用。

⑥保证同步注浆沉降稳定。同步注浆时应采取防堵管措施，不断根据地质情况优化浆液配合比；紧凑安排工序，缩短浆液运输时间，避免管路沉积堵塞；注浆结束后，及时冲洗管路（用泵注入膨润土冲刷注浆管）；保证注浆量及注浆压力，避免产生大面积空洞。

⑦保证二次注浆管片快速稳定。涉及铁路段盾构二次注浆均采用水泥—水玻璃双液浆，采用可控的注浆压力每环跟进注浆，保证同步注浆时管片背后未填充满部位及时得到浆液填充并能快速凝固，形成可靠嵌固力，在土体变形体现之前有效固定管片，保证工后沉降不超标。

3）盾构下穿路基典型案例分析

合肥市地铁2号线土建TJ08标段区间隧道为：科学大道站—怀宁路站盾构区间隧道以及怀宁路站—潜山路站盾构区间隧道，该区间主要穿越地层为弱膨胀的黏土和风化岩，洞身全断面穿越风化泥质砂岩，原岩结构大部分已破坏，泥质胶结，局部含钙质，岩体多风化明显，风化裂隙发育，岩质较软，遇水易软化，岩芯多呈短柱状，局部呈碎块状。其中需下穿铁路施工的区间段为科学大道站—怀宁路站区间，区间下穿高铁段与始发端头的距离为：左线951.137m，右线946.137m。地铁隧道下穿处埋深按18m计算，结合土层地质条件，按1:1比例计算影响范围，结合框架桥涵相关情况，确定盾构施工对铁路各线的影响距离为90m，影响范围为合福高铁上行线（984K+557～984K+647）、合福高铁下行线（984K+563～984K+653）、合武绕行下行线（13K+311～13K+401）、合武绕行上行线（15K+404～15K+494）、十八公里专用线（9K+791～9K+881）。科学大道站—怀宁路站区间隧道横断面如图5-51所示。现场实拍图如图5-52所示。

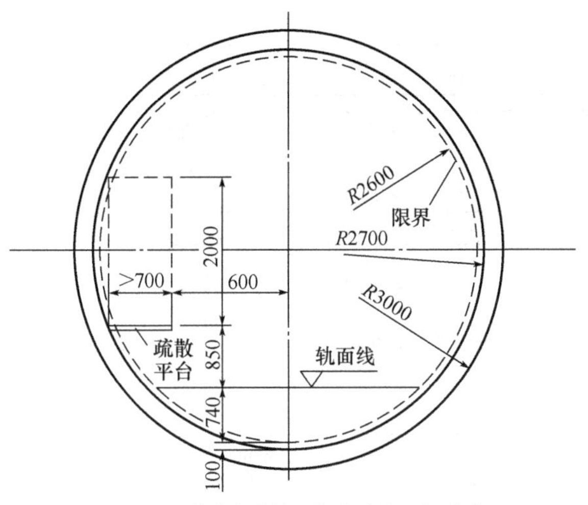

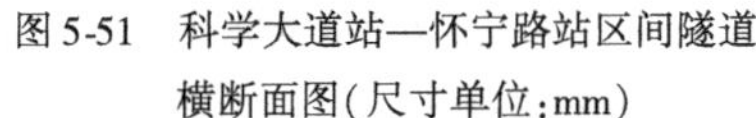
图 5-51　科学大道站—怀宁路站区间隧道横断面图(尺寸单位:mm)

图 5-52　合福高铁段现场实拍图

铁路框架桥横断面为 13m + 23m + 13m 三跨连续结构,其中间 23m 跨度区域为机动车道,两侧 13m 区域为人行通道和非机动车道;框架桥梁纵向为 7.3m + 12.3m + 10.3m 三跨分离式结构,结构与结构之间设有伸缩缝。框架桥梁主要采用的是 C35 钢筋混凝土结构,结构顶板厚度为 1.1m,侧墙和中隔板厚度为 1.0m,底板厚度为 1.3m,上部覆土厚度约为 1.3m(包括道砟)。

区间隧道与铁路在平面上的交角约为 75°,施工方法采用盾构法。隧道顶至地面竖向净距约为 11.4m,至铁路路基顶竖向净间距约为 17.6m,至国铁线路跨长江西路钢筋混凝土框架桥梁底板净距约为 7.5m,隧道中心间距为 9.5 ~ 10.3m,主要穿越土层为⑩$_3$ 中等风化泥质砂岩层,框架桥梁平面位置示意图、横断面图、平面图、横剖图及俯视图分别如图 5-53 ~ 图 5-57 所示。

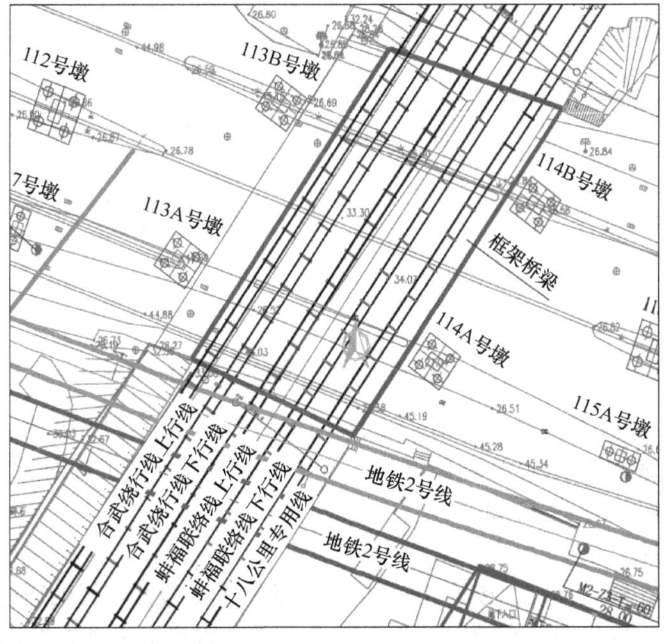

图 5-53　框架桥梁平面位置示意图

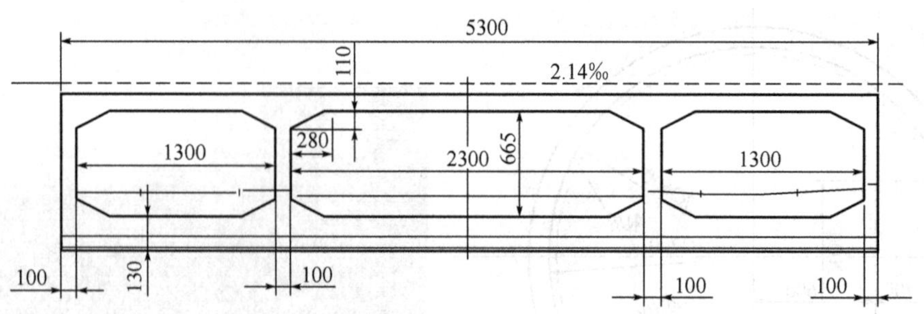

图 5-54　框架桥梁横断面示意图(尺寸单位:mm)

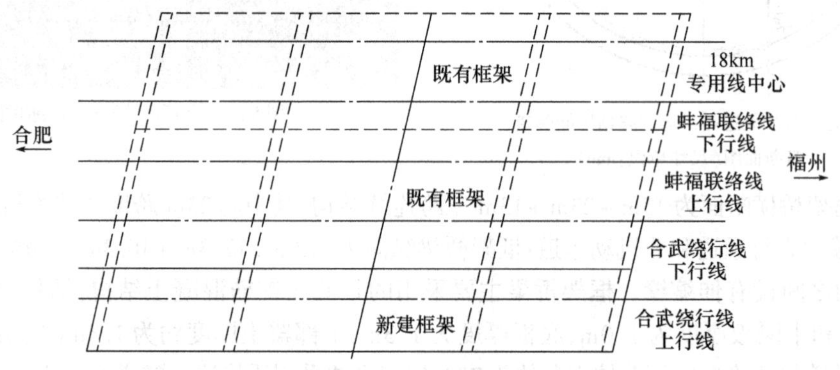

图 5-55　框架桥梁平面图

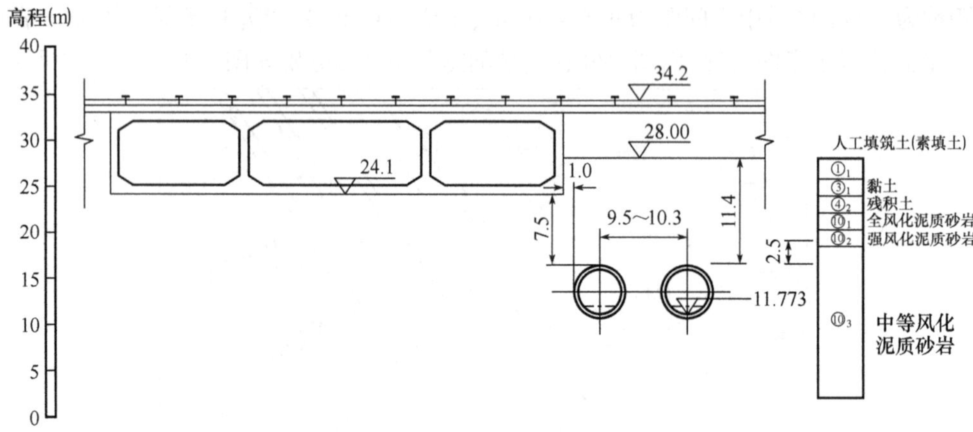

图 5-56　区间隧道与铁路桥涵相对关系横剖图(尺寸单位:m;高程单位:m)

以铁路运输安全、保护环境为原则,工期和质量为目标,对不同专业的分部分项工程,有针对性地选择施工方案和施工顺序,确保施工总体目标的实现。该工程对营业线影响总体分为以下几个阶段,总体思路流程图如图 5-58 所示。

(1)盾构机选型及改进

通过对盾构机在国内外施工中的比较,以及从地铁 1、2 号线获得的盾构施工经验来看,采用复合式土压平衡盾构机即可有效满足施工要求。通过盾构机选型方案确定,左线采用中铁装备14号盾构机(直径6280mm,仿海瑞克技术),右线采用德国海瑞克531号盾构机(直径6280mm)。

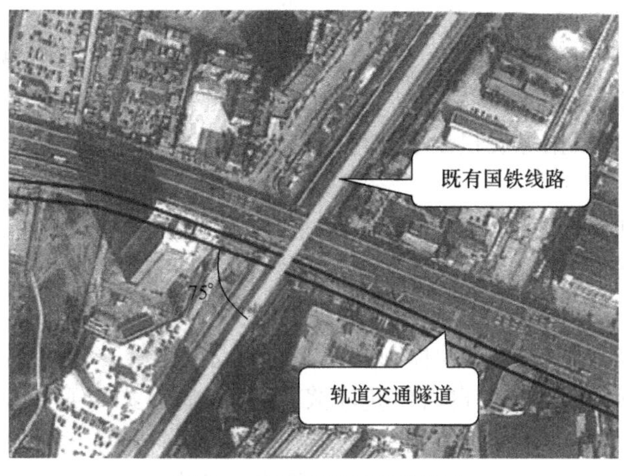

图5-57　区间下穿节点处俯视图

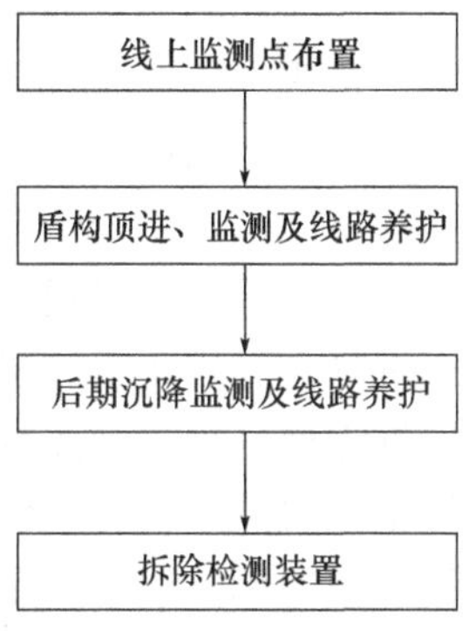

图5-58　总体思路流程图

经过盾构机适应性分析,对既有盾构机做出了改进,增加了刀盘中心的开口率,防止结泥饼,侧面切口处设两道高强度耐磨块(耐磨块镶嵌有耐磨合金块)增强面板的耐磨性,刀座U形块两边加焊耐磨保护块防止U形块和刀箱磨损,刀盘面板上的泡沫口保护刀加焊耐磨网格以减少磨损。刀具配置方面,刀盘周边配置11把单刃滚刀,正面配置29把贝壳刀,其配置形式以刀尖轨迹为依据,保证其刀尖轨迹间距在100~200mm之间,同时保证对称配置;刀盘中心位置安装中心鱼尾刀,另外安装28把刮刀,边缘配置8把边刮刀;刀圈硬度为HRC57~HRC60,刀圈厚度为28~32mm,刀圈直径从常用的432mm增加到438mm,这样能增加刀具的使用周期,降低换刀频率,刀体不能太软,硬度为HRC40~HRC45较适宜;整个螺旋轴全部采用特殊硬质合金、环形耐磨块,靠近土仓的前三节螺旋叶片上焊接进口的耐磨块,其他焊接耐磨板,区间线路长时为了减少中途螺旋机轴耐磨层的维修次数,整个螺旋机轴焊接进口的耐磨块,大大提高了其耐磨度并减少了维修次数。

在盾构机进入下穿铁路区域前50m位置设置刀具检查及更换点,保证在下穿铁路施工过程中刀具完好。由于选用的盾构机有两种开挖掘进模式,在下穿铁路段施工时,为减少对周边地层的扰动,保持掌子面的稳定性,选用土压平衡掘进模式。在土压平衡掘进模式下,根据渣土的塑性和流动性,在刀盘前和土仓中注入膨润土、泥浆或发泡剂,与刀盘切削下来的岩土在土仓内进行搅拌,使其变成流塑性的土体,通过控制螺旋输送机的转速和盾构机的推进速度,调节土仓的土压力与开挖面土压力,使二者保持动态平衡,确保开挖面的稳定并达到控制地面沉降的目的。渣土通过配套的运输设备运至洞外。

(2)下穿掘进控制

关键环节主要包括推进速度控制和出渣量控制,其中推进速度控制根据土质、扭矩、推力和土仓压力等综合确定,受土质影响最大。参考左右线已掘进环的掘进速度,基本稳定在30~50mm/min,因此穿越铁路施工时,取掘进速度40mm/min,并尽可能保持匀速推进,保证将地层的不均匀扰动降到最小。而出渣量控制则根据试掘进的经验参数及盾构机在当前地层的情况,通过调节螺旋输送机转速和盾构机推进速度控制出渣量。根据前100环掘进情况来看,每环理论出土量(按1.5m环宽进行计算)为46.46m³。盾构推进出土量松散系数按1.15~1.25考虑,即实际出土量按53.4~58.1m³进行控制,该区间左、右线百环平均每环出土54~55m³,出土情况正常。

(3)渣土改良控制

根据该工程的地质条件并结合实际施工经验,当在泥质砂岩中掘进时,采用分别向刀盘面和土仓内单独注入膨润土或泡沫的方法进行渣土改良。结合合肥的地质情况,初步拟定膨润土浆液的添加量为15%~35%,在施工中根据螺旋机出土的情况进行调整。

(4)同步注浆及二次注浆控制

该区间隧道穿越铁路处于全断面中等风化泥质砂岩层,在未受到外界扰动时结构稳定,而当盾构机穿越后,如果盾构机和管片的空隙不能得到有效支护,则该地层时间一长易失稳,从而造成地面沉降。采用4组注浆泵通过盾壳内的同步注浆管分别控制4个注浆点进行同步注浆。注浆根据需要采用自动控制或手动控制方式,自动控制方式即预先设定注浆压力,由控制程序自动调整注浆速度,当注浆压力达到设定值时,自行停止注浆;手动控制方式则通过人工根据掘进情况随时调整注浆流量、速度、压力。此外,根据沉降情况采取二次补压浆的方法加固土体,直至稳定。具体压浆从衬砌预留孔中注入地层,压浆时指派专人负责,对压入位置、压入量、压力值均进行详细记录,并根据地层变形监测信息及时调整,确保压浆工序的施工质量。

(5)监测数据控制

该区间结合信息化自动监测技术进行了两方面的监测,包括线下变形监测和线上监测。线下变形监测项目包括铁路两侧地表沉降监测、铁路框架桥沉降监测以及框架桥桥身裂纹长度与宽度变化的监测。线上监测内容为路基沉降监测、铁轨几何形态变化监测及电气化接触杆沉降监测。线上监测均采用自动化监测手段来实现,其中铁路路基沉降采用静力水准仪自动化系统监测,铁轨几何形态监测及电气化接触杆沉降监测采用全站仪自动化手段实现。

5.5.5 邻近桥桩地段

1)主要施工风险

城市内的各类市政桥梁根据其作用不同,可划分为高架桥、铁路桥以及跨河桥三大类。其中,盾构邻近铁路桥和跨河桥的危险更大、难度更高,总体来看,邻近桥桩地段盾构施工风险主要分为以下两点:

(1)下穿桥桩风险

盾构下穿高架桥如图5-59所示。地铁区间隧道穿越城市中心地带,不可避免要近接建筑物桩基等深基础,近年来也出现了盾构直接切削桩基的工程案例。盾构施工对地层产生挤压、松动、加载和卸载等作用,造成桩周土沉降,引起负摩阻效应,同时土体侧向变形引起桩基内力发生变化。当桩底在隧道上方时,桩底土的沉降和土性变化容易引起桩端承载力丧失而使桩的较大沉降,危及上部结构的安全。

(2)下穿跨越河道桥桩风险

下穿跨越河道桥桩如图5-60所示。邻近跨越河道的桥桩地段,地下水丰富,地层软弱,穿越时可能出现冒浆、突泥涌水、隧道上浮等风险。为了减小线路的坡度,一般河底段覆土极浅。在高水头压力情况下,大刀盘前方土压平衡不容易建立。河水常从扰动土体的裂缝中经刀盘开口以及盾尾进入盾构机,导致盾构机淹水。

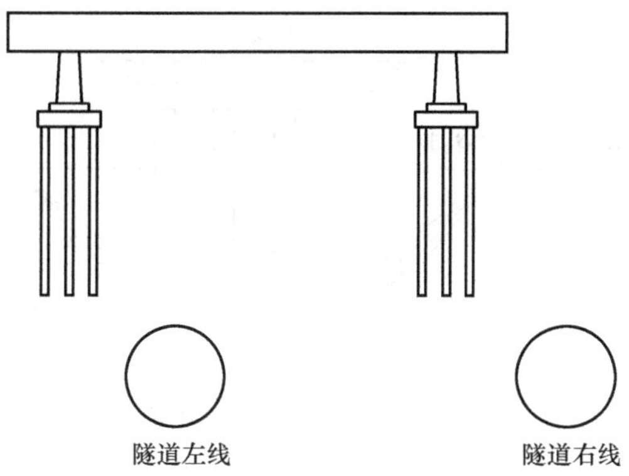

图 5-59　盾构下穿高架桥示意图

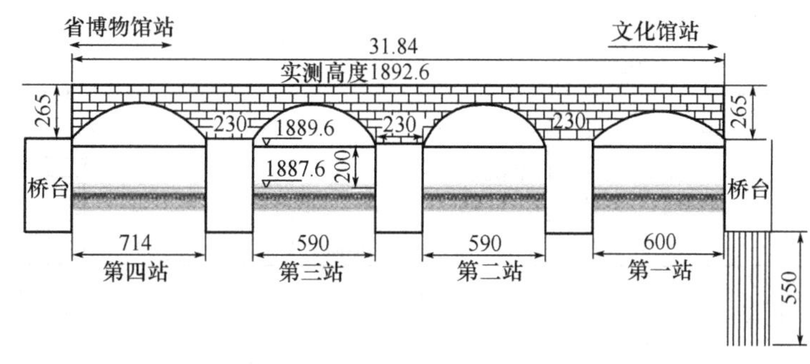

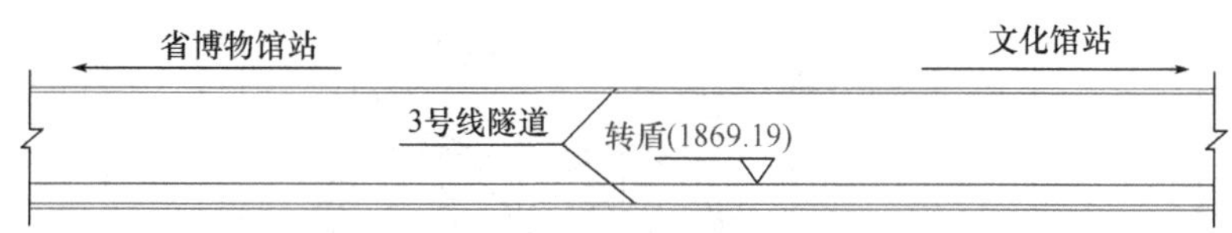

图 5-60　下穿跨越河道桥桩示意图(尺寸单位:cm;高程单位:m)

盾构掘进过程中,同步注浆的浆液易流失,对河水造成污染;隧道与周围土体固结效果不佳,易导致隧道整体上浮、管片开裂变形,存在施工质量风险。

2)主要施工措施

(1)桥桩预加固措施

对于摩擦桩基础的桥梁,通常采用 WSS 注浆、袖阀管注浆的方式对摩擦桩周围及底部地层进行加固,加固方式如图 5-61 所示。

注浆加固的主要目的是加固桥桩下部土体,避免盾构施工扰动导致上部土体沉降引起桥桩不均匀沉降,造成桥面开裂、破坏甚至垮塌。

(2)桩基托换措施

城市地铁施工中,常常出现线路设计无法完全避开桥梁基础的情况,即桥梁桩基侵入盾构区间范围。出现该情况时,应提前联系相关单位商定桩基处理方案,采用桩基托换拔除现有桥桩部分基础的方式进行处理,桩基托换示意图如图 5-62 所示。

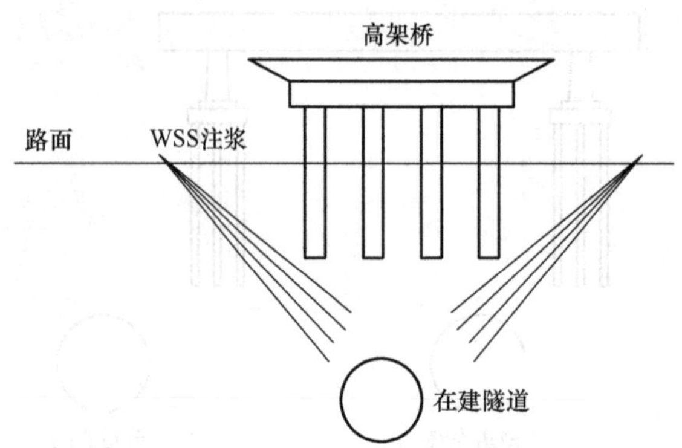

图 5-61　注浆加固示意图

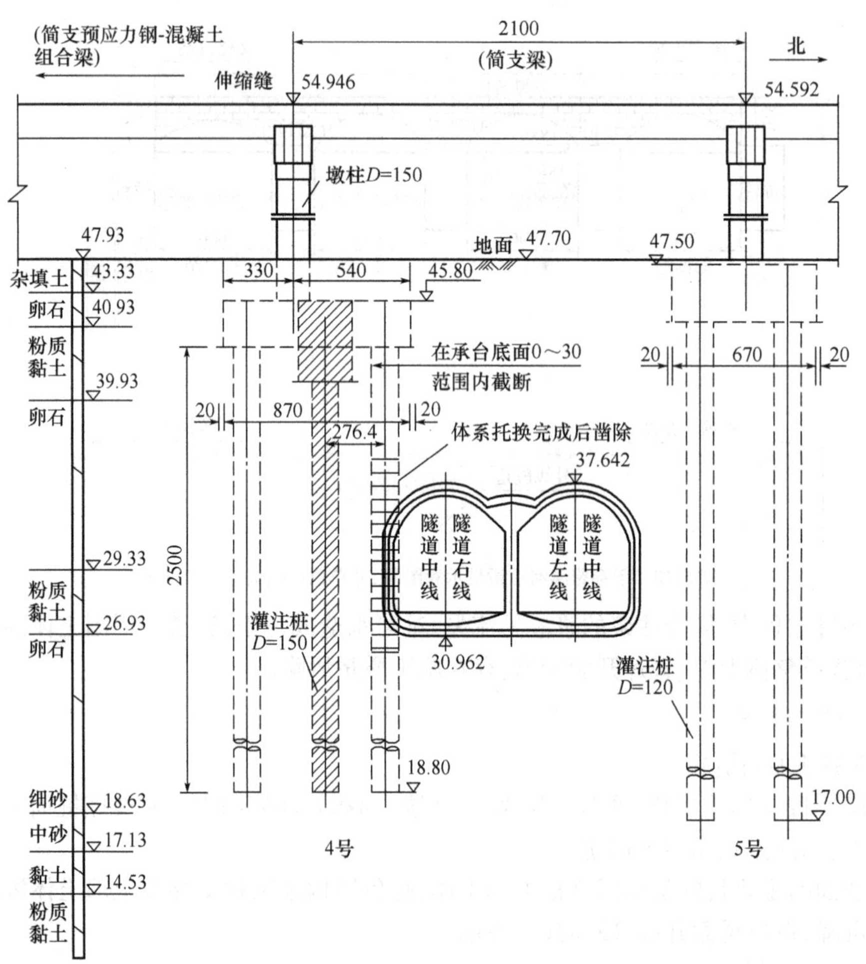

图 5-62　桩基托换示意图(尺寸单位:mm;高程单位:m)

(3)下穿过程控制

①采用微过压模式掘进。控制土压按主动土压力计算,比计算土压略高 0.01 ~0.02MPa,

具体调整值以始发后到达桥体前的掘进情况和地表沉降监测值进行适当增减。盾构机通过砂层地段时,由于砂土具有渗水性大、受到振动容易发生液化的特点,需要采用微过压掘进,以保障密封土仓压力,稳定开挖面,控制地表沉降,防止地层出现塌陷。盾构机在砂层中通过时,控制密封土仓压力的方法主要有两种:一是在保持推进速度不变的情况下,调节螺旋输送器的转速或闸门开度(螺旋输送器转速减小或闸门开度减小均能达到增大密封土仓压力的效果),控制出土量,建立和保持密封土仓压力;二是在保持螺旋输送器的转速或闸门开度不变的情况下,加大盾构机千斤顶的总推力,提高推进速度,增大密封土仓压力。

②快速下穿通过。提高掘进速度能够及早为管片背后同步注浆、补充注浆创造条件,有利于隧道稳定和控制地表沉降。在条件允许的情况下,应该尽量提高掘进速度,避免刀盘转动对地层扰动时间过长而造成上部砂层液化。

(4)土体改良。尽量使用聚合物添加剂、膨润土来改良渣土,使水土混合,以增加止水效果,避免流砂的发生。在过桥前的掘进段对每一环的泡沫(或膨润土)用量进行认真统计总结,得出最优的添加量。

(5)加强注浆控制。由于砂土的渗透性较好,实际注浆量应大于理论计算量,以保证注浆质量。必要时,调整砂浆的配合比,增加水泥用量,缩短砂浆的初凝时间,加快管片周围土体的固结,避免地面沉降超限。同时使用优质盾尾油脂,优先使用密封效果较好的盾尾油脂,以加强盾尾刷的封水效果,并控制同步注浆压力,最大压力控制在0.3MPa以内,避免出现盾尾刷被击穿导致密封失效的情况。

(6)控制盾构姿态。轴线控制是盾构法隧道施工的一个非常重要的环节,在盾构掘进过程中,以各区域千斤顶的行程、油压以及流量控制盾构前进方向,发现偏差时及时调整千斤顶的编组和各区域千斤顶的行程、流量及油压,加强各施工参数的设定管理,防止因参数设定不当造成隧道轴线产生大的偏离,做到随偏随纠、勤纠小纠,减少因轴线纠偏而造成的土体超挖、扰动;在曲线段掘进时,通过严格的计算来确定衬砌的超前量,原则上根据设计图选用管片的型号以及旋转角度,如遇特殊情况可在现场另选更加合适的管片及旋转角度;合理利用铰接千斤顶,提高盾构掘进过程中轴线的控制能力;利用盾构机的区域油压可调整这一特点,改变千斤顶的合力位置,加强对盾构坡度和隧道轴线的控制。盾构掘进方向控制可采用演算工法隧道自动导向系统和人工测量辅助进行姿态监测,该系统能够在盾构机主控室动态显示,全天候监测盾构垂直和水平位置以及与隧道设计轴线的偏差,据此调整控制盾构掘进方向。

总体而言,盾构下穿桥桩段时应严格控制掘进参数,对盾构机的推进速度、扭矩、同步注浆技术、二次注浆等进行严格控制,加强掘削面的稳定控制技术,严格控制超挖和盾构线形,降低对桥桩基础的影响。

施工时应做好地表监控量测,根据监测结果调整盾构机掘进速度、掘进参数,并加强注浆技术,确保地表沉降控制在允许范围内。盾构下穿桥桩段结束后,应对桥梁桩基沉降、地表沉降等监测内容进行持续跟踪,确保监测数据收敛稳定后方可结束整个下穿监测。

3)邻近桥桩典型案例分析

昆明地铁3号线省博物馆站—文化宫站盾构区间,出省博物馆站后,沿东风西路敷设,盘龙江与区间隧道正交。盘龙江河道宽35m,河床深约8m,河流流向由北至南。南太桥与隧道区间平行,南太桥始建于1952年,原基础情况不明,现场踏勘,推测为石砌拱桥,1978年后扩建的桥桩为250mm×250mm钢筋混凝土预制桩，桩长约5.5m，承台高2m，承台顶高程为1889.5m，桥面高程为1896.5m。区间隧道采用高程为1987年昆明城建高程，实测桥面高程约为1892.6m。

南太桥与隧道位置关系如图5-63所示，施工过程存在安全隐患。盾构区间下穿的南太桥盘龙江的地层主要为⑨$_3$粉质黏土、⑨$_6$粉砂，由于砂土渗水性大，受到振动容易发生液化，且地下水与盘龙江形成相互连通补给关系，渗透系数达到1.770×10^{-4}m/s，地层容易出现流水通道形成塌陷。

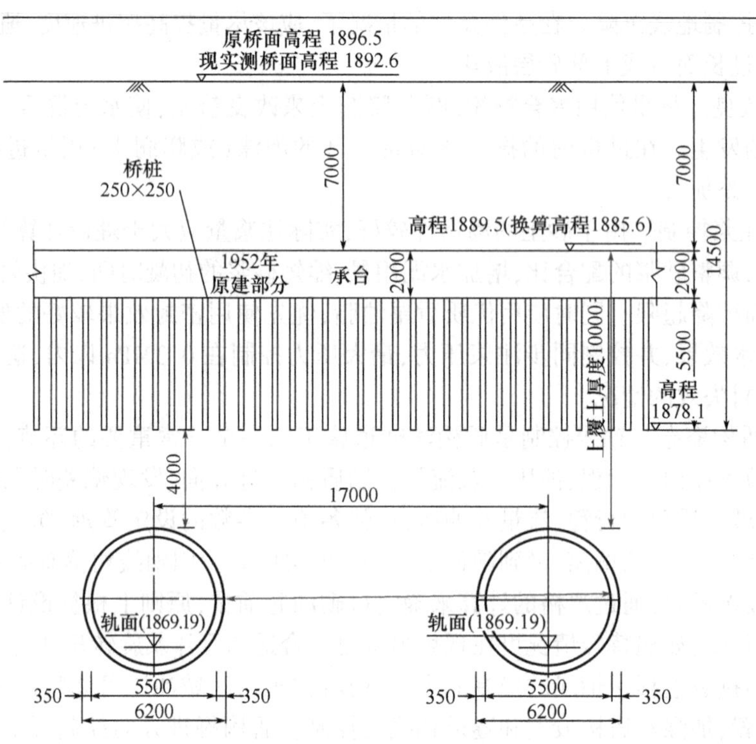

图5-63 区间与南太桥位置关系剖面图(尺寸单位：mm，高程单位：m)

河道净宽处于38～65环，左线小松盾构长9.33m(约占8环管片)，开始掘进时，盾尾内占两环管片，即刀盘前端与下一拼装环水平距离约占6环管片位置，掘进32环时刀盘已进入河道，拼装65环时刀盘已达到71环位置，盾尾脱出65环时刀盘已达到73环位置。考虑盾构掘进时刀盘对前方约5环土体隆沉影响较大，盾尾脱出管片时，会对后部约10环位置土体产生二次沉降影响，故左线过河掘进段确定为27～75环；同理，右线盾构长8.6m(约占7环管片)，刀盘前端与拼装环掘进环水平距离约占5环管片位置，故右线过河掘进段确定为28～75环。南太桥盘龙江施工段排版图如图5-64所示。

(1)现场建(构)筑物调查

盾构下穿前对下穿段周边的建(构)筑物进行全面调查，明确结构形式、基础形式以及与区间结构位置关系等关键信息，调查情况见表5-18。

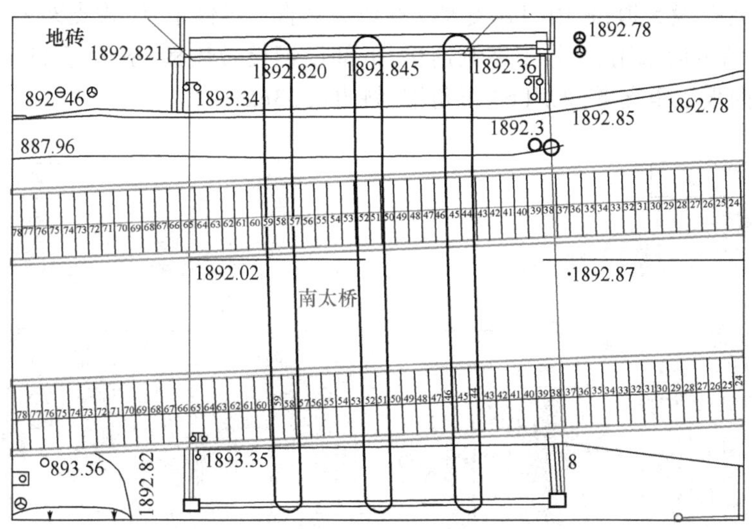

图 5-64　南太桥盘龙江施工段排版图

南太桥周边调查情况表　　表 5-18

	主要下穿难点	位　置	建成时间	结构形式	基础形式	与区间结构关系
文化宫站—省博物馆站	盘龙江	YDK15 +769.2 ~ YDK15 +800.8	—	—	—	在该里程段内与隧道左右线正交
	南太桥	YDK15 +769.2 ~ YDK15 +800.8	1952 年	四孔石砌拱桥	石砌基础	位于两条隧道正上方
	云南文化科技大楼	ZDK15 +729.149 ~ ZDK15 +749.988	1984 年	框剪	桩基	建筑物距离左线边线最小间距 18.2m

(2)南太桥预加固

盾构区间下穿的南太桥修建于 20 世纪五六十年代，桩基因修建年代比较早，基础比较陈旧且持力深度较浅，盾构通过时有可能会因为喷涌、超挖造成基础的不均匀沉降，最终影响桥体的安全，南太桥上部结构如图 5-65 所示。

南太桥承台基础以下地质主要为$⑨_6$粉砂层、$⑨_2$黏土层，其中$⑨_6$粉砂层厚度达 10m，土体自稳性比较差，且地下水与盘龙江形成相互连通补给关系，渗透系数达 1.770×10^{-4}m/s，盾构机通过时易产生超挖、喷涌导致桥体基础不均匀沉降，出现裂缝，影响南太桥交通通行能力及使用功能，有必要对桥底土体及桥梁上部结构进行加固。

根据云南省博物馆站—文化宫站盾构区间平、纵断面及特殊地段设计图，盾构穿越南太桥时对基础土体进行袖阀管注浆预加固，并对桥上部结构进行钢拱架加固。根据现场场地条件，采取围堰施工搭设施工平台，进行袖阀管注浆及钢拱架搭设施工。

①土体袖阀管加固方案。对全桥范围内土体进行袖阀管注浆预加固，袖阀管布置间距为 80cm × 80cm。桥基础以下土体采用斜向袖阀管注浆预加固，袖阀管布置间距为 80cm × 80cm。

②临时支撑体系加固。钢拱架临时支撑体系由钢拱架 + 门式支架构成，钢拱架及门式支架均采用工厂加工，钢拱架采用 I18 工字钢加工制作，桥宽方向每 1.8m 设一榀，横桥向连接采

用I18 工字钢,每孔设5道;采用门式支架支撑作为垂直支撑体系,门式支架采用25号工字钢做柱,上部顺水流方向采用25号工字钢连接,下部设钢板做垫板,垫板宽25cm、长100cm、厚1cm,顺水流方向设三角支撑,采用63号角钢,斜边长53cm。

图5-65　南太桥上部结构图

③门式支架搭设。钢拱架搭设采用门式支架,门柱采用25号工字钢,门柱底部采用三角支撑,柱底部设钢板做垫板,垫板宽25cm、长100cm、厚1cm,顺水流方向设三角支撑,采用63号角钢,斜边长53cm。门式支架横桥向间距1.8m,每一榀门式支架上部采用25号工字钢连接,门式支撑连接方式为螺栓连接,采用8.8级高强度螺栓。由于桥底浇筑过垫层,待围堰、抽排水后清除表面淤泥,测量放线,保证门柱位于一条直线上,清理门柱基面,保证其表面平整,门柱树立稳定。门式支架采用25号工字钢连接,采用8.8级高强度螺栓,螺栓采用扳手拧紧,保证门式支架整体稳定。

④钢拱架搭设。钢拱架采用I18 工字钢制作,横桥向方向每1.8m设一榀,钢拱架横桥向连接采用5道I18 工字钢连接,每段长1.8m,工字钢构件采用高强螺栓连接,螺栓采用8.8级并用扳手拧紧。在桥拱上标出每榀拱架位置,将每榀所需钢拱架材料运至相应位置,钢拱架安装由中心向两侧安装,拱架位置需要准确定位,标识于桥拱上。拱架应与桥拱密贴,不对桥拱产生作用力,详见门式支架及钢拱架搭设布置图,如图5-66所示。

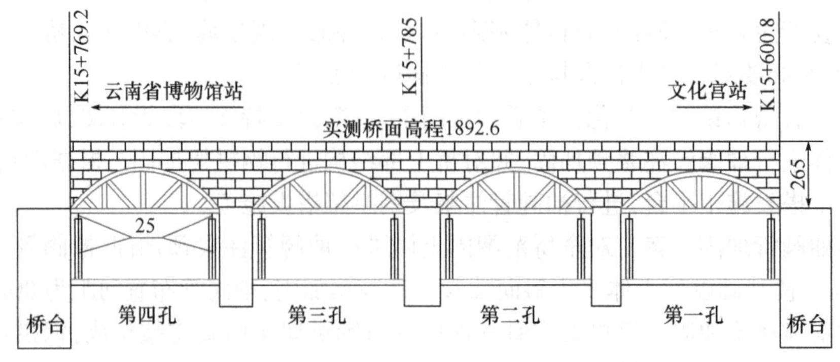

图5-66　门式支架及钢拱架搭设布置图(尺寸单位:cm;高程单位:m)

⑤增设水平支撑。两榀钢拱架之间增设一根25号工字钢作为水平支撑,与两榀钢拱架间距0.9m,工字钢与桥墩拱脚密贴,并与纵向横梁25号工字钢焊接成一体,提升限制桥墩水平位移的能力。每榀拱架18号工字钢横梁与拱脚密贴部位下设牛腿,并与每榀拱架焊接,牛腿立面布置和牛腿细部构造如图5-67所示。拱脚部位采用25a工字钢设钢围檩,每根长度为1.78m,25a工字钢侧放于牛腿上,并与每榀拱架横梁18号工字钢焊接成为一体。水平支撑25号工字钢顶在钢围檩25a工字钢顶面,并用钢板塞紧。

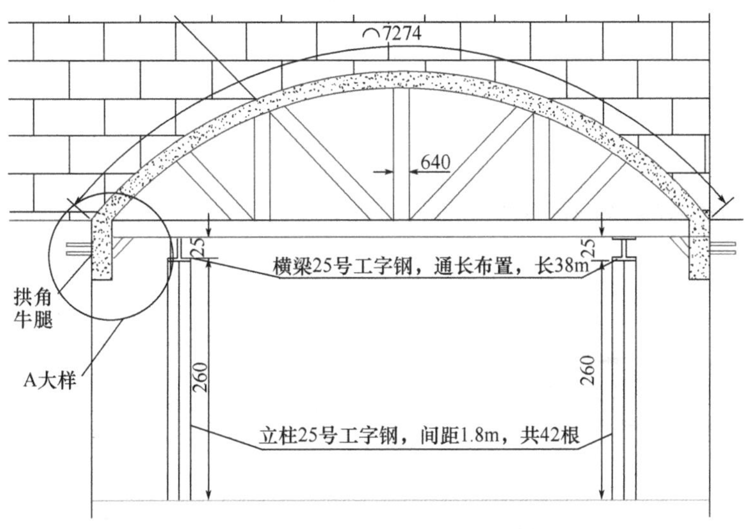

图5-67　牛腿立面布置图(尺寸单位:cm)

⑥挂网喷射混凝土。喷射顺序:先拱脚,后拱肩、拱顶,自下而上进行。喷头按直径200mm螺旋形轨道运行一圈压半圈均匀缓慢移动,按设计规定厚度一次喷够,使喷层成为一个整体。如遇凹处应先填平,然后进行正常喷射。如必须进行复喷,一定要先用水冲洗原喷层,然后进行复喷。喷射时应严格掌握水灰比,随时根据喷面的情况调节水门,使喷面平整,湿润光泽,黏性与密实性好,无干斑或滑移、流淌现象。

⑦拆除钢拱架临时支撑体系。南太桥四个班组同时拆除四个桥拱钢拱架,拆除采用上下游均衡对称拆除,南太桥钢拱架拆除顺序如图5-68所示,南太桥钢拱架拆除后示意图如图5-69所示。

(3)自动化监测技术

①基准点布设。在下游距桥50m远的河堤墙壁上埋设4个基准激光发射器,投射到南太桥下游侧墩顶的激光标靶上,作为拱内各激光投射坐标的校准点。在下游侧墩顶另设4个激光投射标靶板,直接投射拱内激光发射器的坐标。

②测点布设。激光投射挠度及纵向位移监测点如图5-70所示,在每一个拱圈拱顶、两墩内壁关键部位安设3个激光发射器(上下游共24个),在下游河堤离桥50m处安设激光发射器(共4个),作为4个拱圈激光挠度监测参考点,共安设激光发射器28个。在下游侧每个拱圈的右侧墩顶处安设两个激光投影标靶及高清摄像机(共8个),自动记录和解算各点的竖向及纵向相对位移,计算分析纵横向绝对变形及相对变形、竖向不均匀沉降值,监测精度<1mm。信号无线远程传输,实时监测。

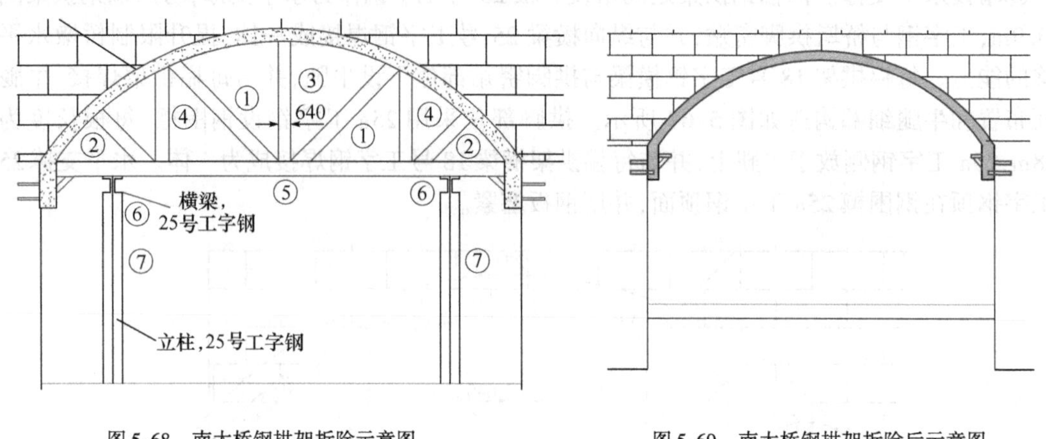

图 5-68　南太桥钢拱架拆除示意图　　图 5-69　南太桥钢拱架拆除后示意图

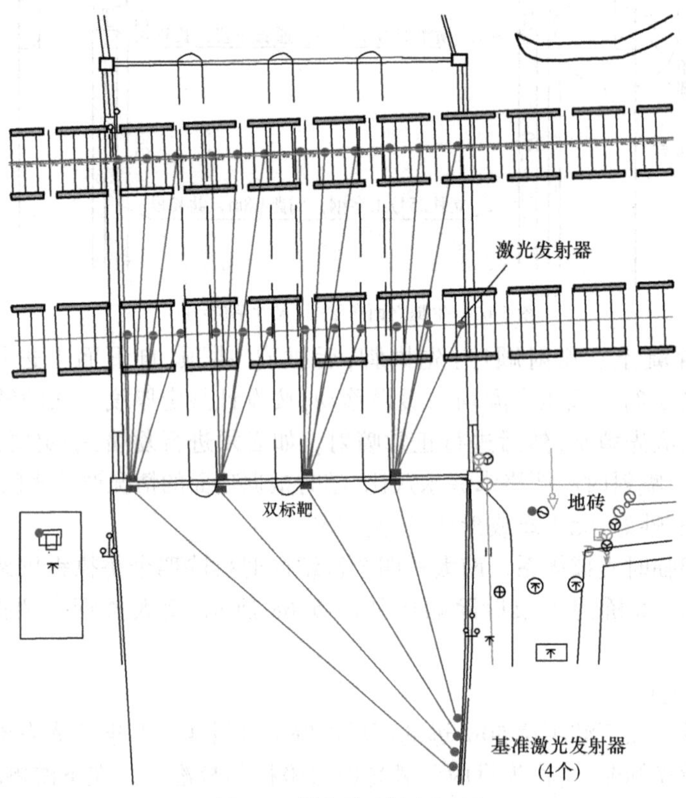

图 5-70　测点平面布置示意图

5.6　刀盘前方障碍物处置措施

5.6.1　障碍物类型

目前地铁盾构区间施工中比较常见的地下障碍物主要有以下几种：

(1)地下残留桩基,主要有桥桩基础、河堤护坡桩基础以及既有建(构)筑物的桩基础等。
(2)废弃的地下管井、管线、人防隧道。
(3)锚杆、锚索等地下支护工程残留物。
(4)其他不明障碍物。

5.6.2 障碍物处理方法

1)废弃建筑物桩基拔除处理措施

盾构掘进过程中遇废弃建筑物桩基时,首先需查明障碍物范围、尺寸、深度,根据实际情况制定专项施工方案,正常情况下宜采用直接拔除的方式进行处理,其原理主要是依靠起拔机的动力克服桩体四周阻力和桩的自重将其拔出。主要使用的设备为全管液压桩机,利用设备顶部驱动设备提供的扭矩和压入力,将直径大于废弃桩径的套管插入土层中,套管长度大于或等于桩长1m;将桩体与套筒连接,然后通过桩机多次扭转、提升至桩体周边土体松动,利用特制抓斗多次分阶进行抓除,最后对桩位内进行有效回填。在整个过程中套管钻进及液压起拔设备对钻孔桩的起拔是施工的关键,如图5-71和图5-72所示。该工法最大的特点是可将套管钻入有高强障碍物的土层,利用套管的护壁作用,在套管内进行拔桩,施工安全,工效高,对周围环境影响极少。

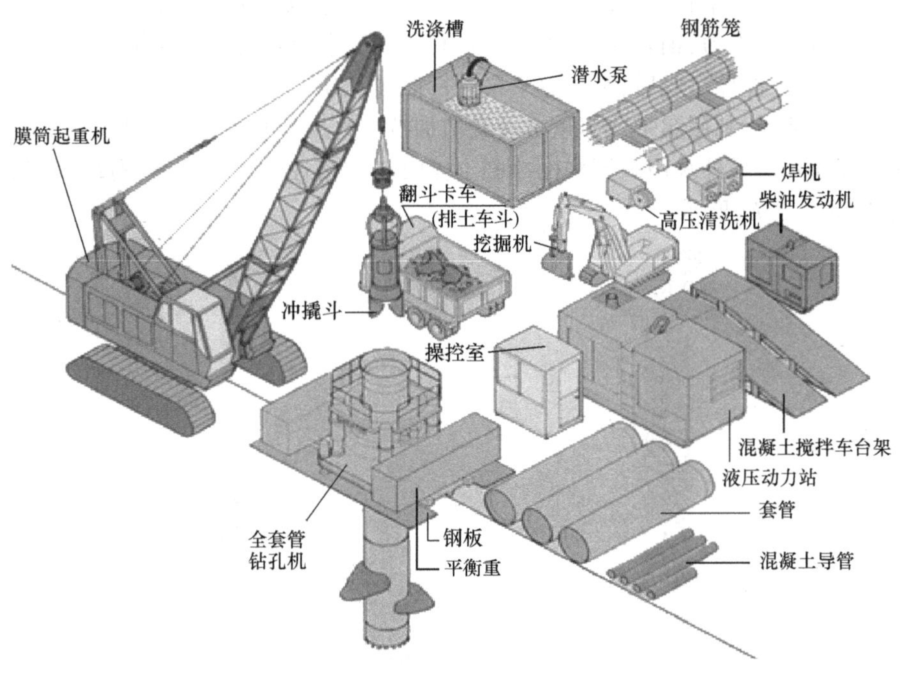

图5-71 拔桩场地布置示意图

图 5-72 现场实际拔桩操作图

2)地下管井处理措施

盾构掘进线路上存在竖向大直径管井时,为了防止钢管埋入年代久远产生腐蚀,在拔除过程中发生断裂,给后续施工带来麻烦,可采用钢套管加高压水幕沉管法拔管进行处理。

首先挖探出待拔除钢管井顶部,采用履带式起重机悬挂振动锤下放钢套管至钢管井底部,为减少管井周边摩擦阻力,钢套管下放完成后,利用高压水枪对套管与管井之间的残留土体进行冲刷,待泥土充分搅拌完成后,利用泥浆泵进行抽排,如图 5-73 所示。浆液抽排完成后对管井顶部焊接提升装置,利用履带式起重机缓慢增加拉力直至管井出现松动为止,进而逐步提升直至管井全部拔除。另外采用高压水枪冲刷土体时需严格控制水枪插入深度,以确保管内底部土塞效应,如图 5-74 所示。

图 5-73 套管下放操作图

图 5-74 障碍物拔除操作图

3)地下锚索处理措施

当盾构掘进线路存在锚索障碍物区域时,首先需查明锚索分布范围、深度等基本情况,根据实际情况制定专项施工方案,根据以往施工经验可采用全套管回转钻机垂直切索法进行处理,如图 5-75 和图 5-76 所示。

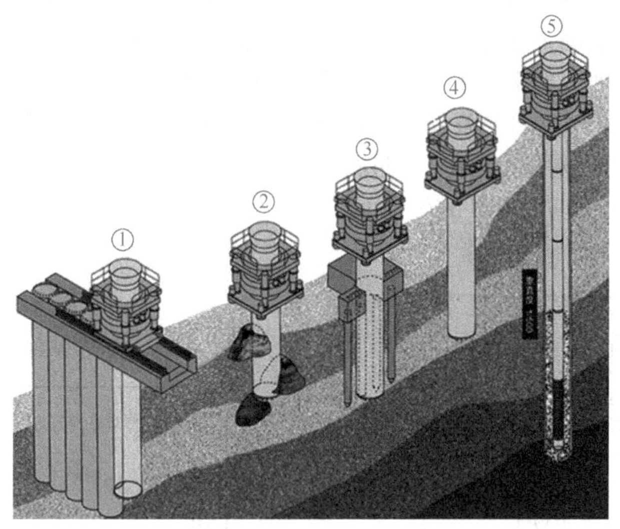

图 5-75　全套管全回转钻机工作示意图(①~⑤为孔位序号)

图 5-76　全套管全回转钻机工作图

锚索处理前需根据以往建设资料,确定锚索分布范围及基本参数,选定设备型号,确定现场孔位。施工过程中主要利用全套管回转钻机顶部驱动提供的扭矩和压力将配有钻头的套管下放至隧道开挖面以下 3m,切断锚索,然后利用液压抓斗逐一将锚索碎片进行清除,完成障碍物清理。为保证盾构区间范围内锚索全部清除干净,隧道线路四周孔位采取咬合布置,隧道线路范围内孔位采用梅花形布置,取索深度至隧道开挖面以下 3m,以保证隧道掘进范围内锚索全部清理完毕。

4)带压进仓处理障碍物

当盾构机在推进过程中遭遇障碍物,导致无法继续推进,地面又无法进行处理时,在保证安全的前提,可带压进仓处理排障物。

带压进仓作业时掌子面稳定至关重要,根据目前已有施工经验,若掌子面地质条件良好时,可采用高浓度泥浆护壁法进行掌子面加固;当掌子面自稳能力较差时,可采用垂直冻结法对盾构机掌子面进行加固。在保证刀盘前方周围地层和开挖仓满足气密性要求的条件下,通过在开挖仓建立合理的气压来平衡刀盘前方水、土压力,达到稳定掌子面和防止地下水渗入的目的,为在开挖仓排障作业创造条件。在进仓处理时,可采用液压镐或电镐对混凝土进行凿除,采用液压钳或液压锯对钢筋、钢管等进行割除,然后分批次运出开挖仓。冷冻加固纵断面及平面示意图分别如图5-77和图5-78所示。

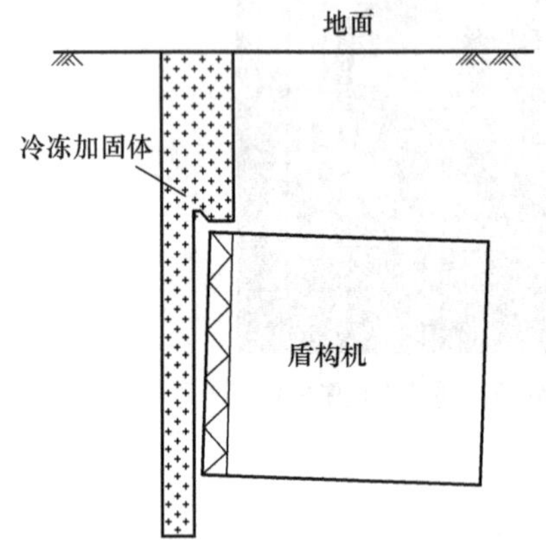

图5-77 冷冻加固纵断面示意图

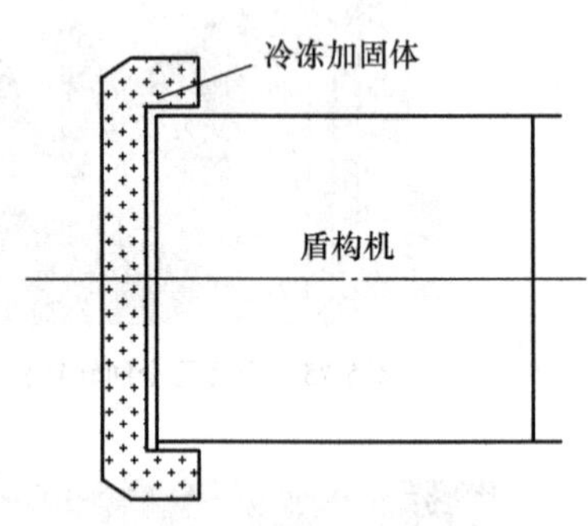

图5-78 冷冻加固平面示意图

5.6.3 障碍物的拔除案例

1)案例一:桩基拔除——上海地铁5号线3标

金海公路跨线桥原ϕ800mm钻孔灌注桩侵入项目区间隧道,需要进行桩基拔除预处理后盾构方可通过。采用的起拔设备为全回转钻机RT-260H,外侧护壁钢套管直径为1500mm,整套设备包括全回转驱动装置、钢套筒、冲抓斗、楔形锤。设备选型中主要对回转钻机的回转扭矩和自身顶拔力进行复核。

钻进时刀头所受荷载和套管所受扭矩由以下因素决定:

$$F = W_c + W_d - R \tag{5-2}$$

式中:F——套管刀头处所受荷载;

W_c——装置自重;

W_d——加压油缸压力;

R——套管壁所受阻力。

通常,在套管边回转边压入的工况下,回转扭矩为:

$$T = T_1 + T_2 \tag{5-3}$$

式中：T_1——套管克服圆周面阻力所需的扭矩；

T_2——刀头切削土体时所需的回转扭矩。

套管钻进需要的扭矩 = 1.5 × 3.14 × 30m × 0.98t/m² = 138.5t/m。

经查阅 RT-260H 全回转钻机机械性能表，可知其回转扭矩为 177.6 ~ 520t/m，因此，全回转钻机的回转扭矩 520t/m > 138.5t/m，能够将套管压入。

拔桩性能主要考虑拔桩摩阻力计算：桩自重为 0.4m × 0.4m × 3.14m × 28m × 2.5t/m³ ≈ 35.16t；桩侧摩阻力为 0.8m × 3.14 × 28m × 30kN/m² = 2110kN；全回转钻机自身顶拔力可达 380t，能够将桩全部拔出。

(1)全回转设备就位、固定。根据现场放线定位，先将全回转钻机固定在钻孔桩中心上方，然后将钻机和动力箱、操作室相接，安装反力架。反力架的另一头停置一部 80t 履带式起重机，该起重机履带压住反力架，反力架的作用是在钻机全回转钻进过程中防止机器发生扭动，80t 履带式起重机同时配合清障拔桩作业。

(2)钻进方案。套管为 ϕ1500mm，钻进深度 30m(桩长 28m，再额外钻进 2m，确保障碍物清除)。全回转拔桩示意图如图 5-79 所示。

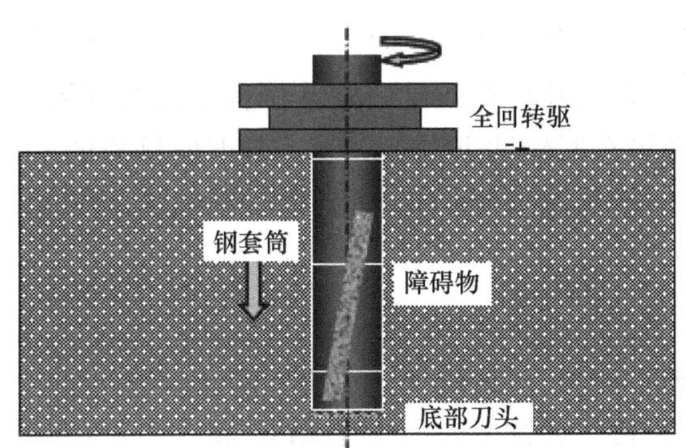

图 5-79　全回转拔桩示意图

(3)ϕ1500mm 套管钻入。按预先放好的桩中心位置钻入钢套管，将钢套管与灌注桩同心压入，在最初钻进时采用经纬仪进行纠偏定位，如切到桩体，则适当移动钢套管位置，直到能完全套住灌注桩为宜。由于钢套管是全回转钻进的，且端部刀头配置了负载控制装置(B. CON 机构)，可以确保刀头的负载在最合适的范围内，且钻机在钻进过程中可任意调节套管的回转扭矩、回转速度、压入力以及夹紧力等的最高值，并且可以将发动机设定为高速、中速、低速，因此可以根据地质和障碍物情况进行高效施工，同时减少对周围土体的影响。

若钢套管钻进中碰到钻孔灌注桩扩径突出的桩身，不得强行钻进，将钢套筒拔除装上 32 齿钨钢齿，重新定位后摩擦桩体继续钻进，一方面保证桩体完整性便于拔除，另一方面防止钢套管倾斜。

(4)钢套管内灌水。在钢套管钻进过程中，要防止承压水上涌，因此必要时钢套管内须灌满水，以防止在拔桩过程中承压水上涌导致水土流失，对周围环境造成不利影响。

(5)拔桩方法。当 ϕ1500mm 套管钻进到 20m 深左右后，根据施工经验，套管钻进过程中因土体扰动,桩身会发生扭断或破坏,可采用 80t 履带式起重机配合冲抓斗拔出或在已露出的桩顶用电焊烧制桩帽吊点直接引拔,将上部扭断的钢筋混凝土桩先行拔出,再将管内土体取出,在管底预留 2m 的土塞,以免土体扰动造成塌方。然后重复钻进,进行套管内取土及吊车配合冲抓斗拔桩,直至清除到预定的桩底高程。

在拔桩过程中,由于桩体的断裂存在不确定性,而根据工程地质情况,在套管不断下钻过程中会遇到地下承压水,此时拔桩不能进行焊接吊点施工,这就需要采用专门定制的重约 2t 的楔形锤,在套管钻进时放入管壁内,随着套管的不断旋转,借助楔形锤和桩基、套筒之间的扭力,将桩体有计划地进行扭断,方便后续直接用 80t 履带式起重机配合冲抓斗将桩体逐段拔除。

(6)套管起拔及回填。套管拔除在回转钻进到预定高程并将套筒内渣土及障碍物全部清除后完成。拔除套管时采用回转装置反向回转进行,及时采用回填材料填充孔洞并保证回填的密实。拔除与回填应同步进行,填充材料采用 7% 参量的水泥土进行回填。桩拔除及水泥土回填后,立即对回填土进行分层注浆加固,注浆压力为 0.2 ~0.4MPa,以避免孔壁周围地表的变形(如隆起)。

拔桩施工时应根据钻孔灌注桩和钢套管的长度来控制钻进深度,严禁超挖;套管刀头应选择合金钢刀头,且刀头伸出套管内外各 10 ~20mm;全回转钻机沉拔套管以及桩孔填充容易造成周围土体的扰动,应顾及原方桩的影响,除了采用 NSP-ⅣW 型拉森钢板桩将方桩与需拔除桩进行隔离,还需在沉拔套管以及桩孔填充时进行实时监测;全回转处理桩的所有工序中,桩孔填充是最重要的一个环节,桩孔填充质量的好坏将直接影响到周边土体后期的沉降情况和后续工程的施工。由于套筒在回转钻进时是一节一节下压接长的,因此拔除套筒也按照逐节拔除的方法进行,拔出一节后拆除顶部一节套管,再继续拔出下部套管,同时始终保持钢套筒低于回填土顶高程 2m 以下。

2)案例二:锚索预处理——广佛城际 1 标段

根据锚索与隧道关系平面图,可统计第一层锚索共有 36 根侵入隧道,第二层有 26 根侵入隧道,第三层有 6 根侵入隧道。处理范围如图 5-80 所示。

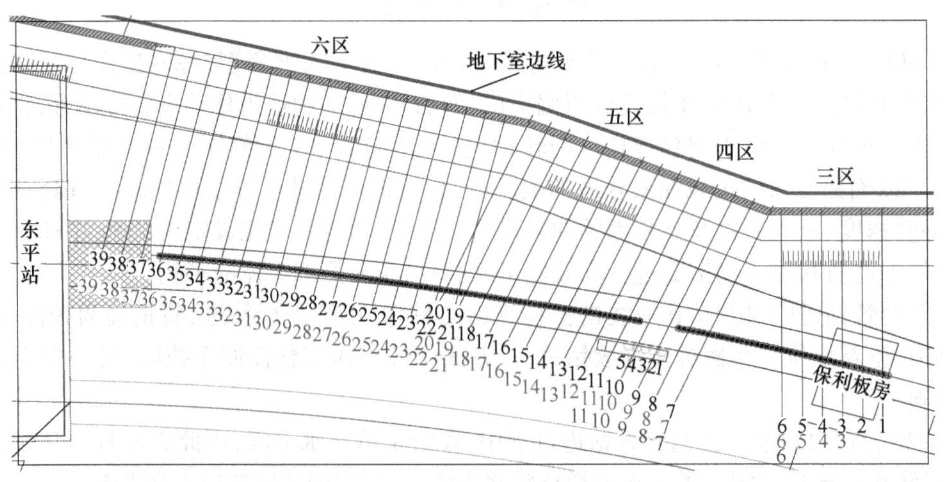

图 5-80 锚索拔除区域示意图

(1)采取的拔除方法

①电力除锚。2013 年 2 月 25 日开始进场除锚机,3 月 9 日正式通电,电压在 60V 以上,较稳定,编号为 1-11、1-12 的锚同为正极,同时通电,1-12 号锚于 3 月 31 日完成试验,1-11 号锚于 4 月 25 日完成,1-11 号锚索与 1-12 号锚呈同样的变化规律。电流全程经历了由小变大和由大变小的过程。

为检验试验效果,2013 年 4 月 18 日—22 日采用旋挖钻机在隧道范围内进行钻孔取样,共钻 3 个孔,直径为 1200mm,均在 14.8m 处见水泥块,未见钢绞线,再下钻至 16.8m 见少量水泥块和完整钢绞线,此为第二排锚索。

2013 年 4 月 24 日,使用 2 台 32t 千斤顶从自由端拔出 1-12 号锚索锚头部位,拔除长度约为 3.65m(不计外露 0.3m),呈针状,通过对拔除锚头部分进行分析,可明显看出 1-12 号锚索是通过电流进行腐蚀的。如图 5-81 所示,地下水位以下消融,地下水位以上不消融。

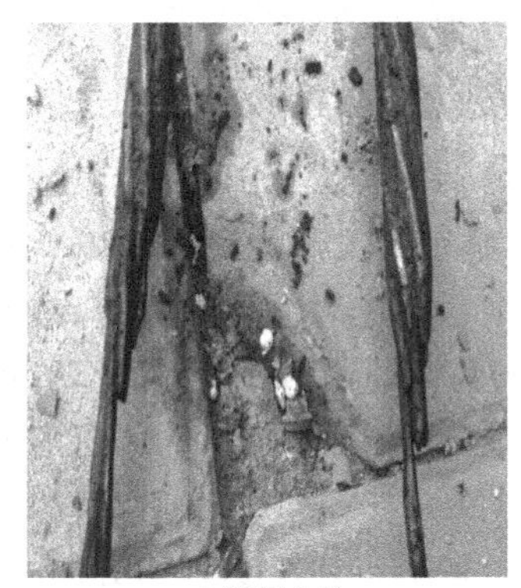
a) 锚杆全长

b) 未被消融完好段

c) 消融后端部大样

图 5-81　电力除锚效果示意图

从拔除锚索可以看出,锚索已基本电蚀完毕,少量残余钢绞线不会对盾构机掘进产生影响。试验过程中 1-11 号锚索试验时间为 43d,1-12 号锚索试验时间为 22d,两根锚清除时间相差约 1 倍,经分析与水泥浆的包裹以及间距的误差有关。

通过试验可确定该施工工艺在此地质条件下可行,但是由于新东区间右线侵入盾构范围内锚索数量较多,共计 68 根,采取电力除锚施工工艺在后期施工检测方面操作困难,无法直观反映锚索是否处理完全,不能确定该范围内影响盾构施工的锚索是否全部处理完毕,后经过多次讨论及征询各方参建单位意见,该施工工艺目前还不能满足新东区间右线锚索处理,因此需采用更安全的处理方式。

②套管跟进钻取法。该处理方案主要是以满足盾构掘进安全通过该区段为目标,在全面深刻理解该部位特点、重点与难点的基础上,并结合前期已试验过的电力除锚施工工艺,按照“能全面处理侵入盾构掘进范围内的所有锚索,不能残留以免影响盾构机安全”的原则来编制该施工方案。

根据原套管跟进钻取法施工要求,设计借助既有结构外墙施作一个 5m 宽的工作基坑,提供套管跟进钻取法施工工作平台,然后用跟管钻机套取锚索。

从 2014 年 9 月份确定采取套管跟进钻取法到 2015 年 1 月已完成了工作基坑围护结构施

工与开挖,在锚索拔除实施期间,根据实际情况已采取多种处理措施,主要包括千斤顶直接拉拔、取套管钻进拔除(进尺5m左右位置锚索断裂)和潜孔锤辅助成孔后再用千斤顶拉拔,但均未奏效,如图5-82所示。

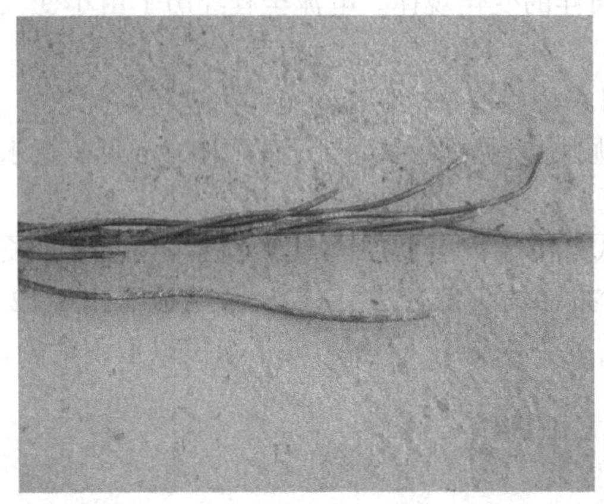

图5-82 锚索拔除实施照片

造成锚索拔除失败的主要原因为锚索长度较长,锚索的实际施工角度与设计角度偏差较大且无准确数据支持,而锚索的实际角度又无法准确判断,采取跟管钻进时,套管轴线与锚索轴线不能耦合,导致套管钻进过程中与锚索发生交叉从而切断锚索,切断锚索深度根据套管进入角度与实际施工锚索的角度偏差大小而变化。由于角度不能耦合,潜孔锤松动土体深度不够,残存的锚固段过长,握裹体与围岩的摩擦力大于钢绞线最大破断力,造成拔除失败。

而后尝试通过原围护结构与新施作围护结构之间锚索的方向来确定钻机套管的方向,但由于此区段处于自由段,自由段锚索方向与锚固段锚索方向存在偏差,第二次用套管拔除也失败了。

(2)旋挖钻处理

根据锚索与隧道关系平面图,统计第一层锚索共有36根侵入隧道,第二层有26根侵入隧道,第三层有6根侵入隧道(其中1~25号锚索水平投影贯穿隧道,对应区间里程为YDK5-017~YDK4-956)。根据地面条件与旋挖钻机处理方案,从隧道上方沿线路中心线方向切断锚索(西侧切割方向往北偏移,确保中间开槽切割所有侵入隧道的锚索),采用直径为0.8m的钻头,孔间距为0.6m,共需钻孔142个。

旋挖钻从地表开孔,孔径为800mm,孔深为深入隧道底板下3m,孔间距为600mm,成孔完成后采用低标号M5砂浆进行回填,回填至地面为止,施挖钻处理范围剖面图如图5-83所示。

由于三区上下共计11根锚索且都为全断面穿越隧道断面,故在YDK5-000.5~YDK5-008.5处设置1处预加固区,可解决1~6号共11根锚索处理后残留物对盾构机的影响;在五区与六区交接处设置1处预加固区,可解决四区锚索3层共计17根锚索,以及五、六区共计24根全断面穿越隧道残存的锚索对盾构机的影响。

单个加固体纵向长度为刀盘前3m至中盾径向孔后1m范围,加固体宽度与高度为盾体外2.5m范围,即单个加固体尺寸为8m×11m×11m。实桩处理深度为11m,空桩长度根据实际地面高程确定。加固体采用三重管高压旋喷桩,桩径0.8m,桩间距0.6m,交合0.2m。

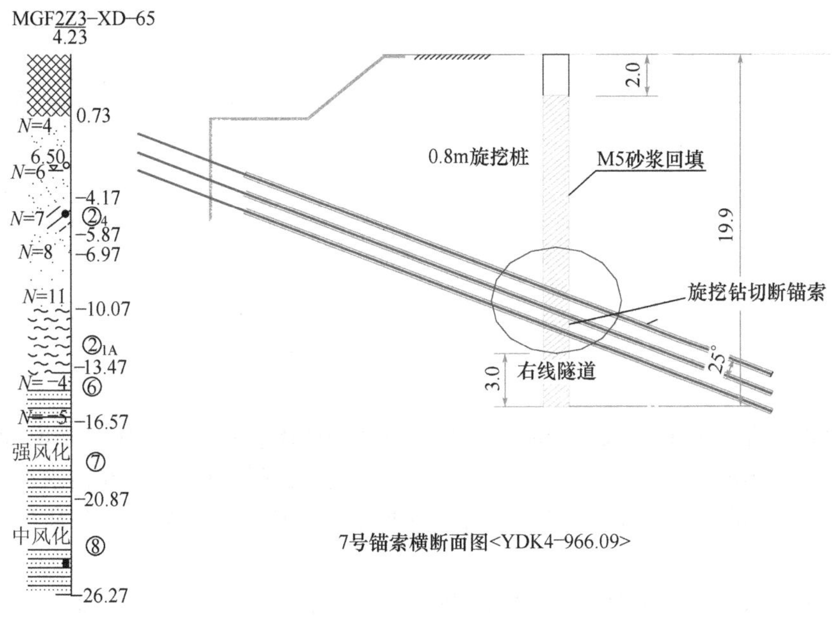

图 5-83　旋挖钻处理范围剖面图(尺寸单位:m;高程单位:m)

该施工技术主要是采用地面旋挖切断锚索,然后盾构挤压推进的方式处理锚索。通过直接在隧道上方地面中线位置采用旋挖钻机将锚索切断,在锚索影响区段内,根据锚索分布情况及地面条件等设置 2 处预加固区域,预加固区域如图 5-84 所示,盾构机到达预加固区域时,进仓处理残存锚索。通过旋挖钻处理锚索作业,有效解决了前两种方案锚索处理不彻底的问题,盾构掘进通过锚索区域时,只需要通过开仓处理残余锚索即可,处理效果满足施工要求。

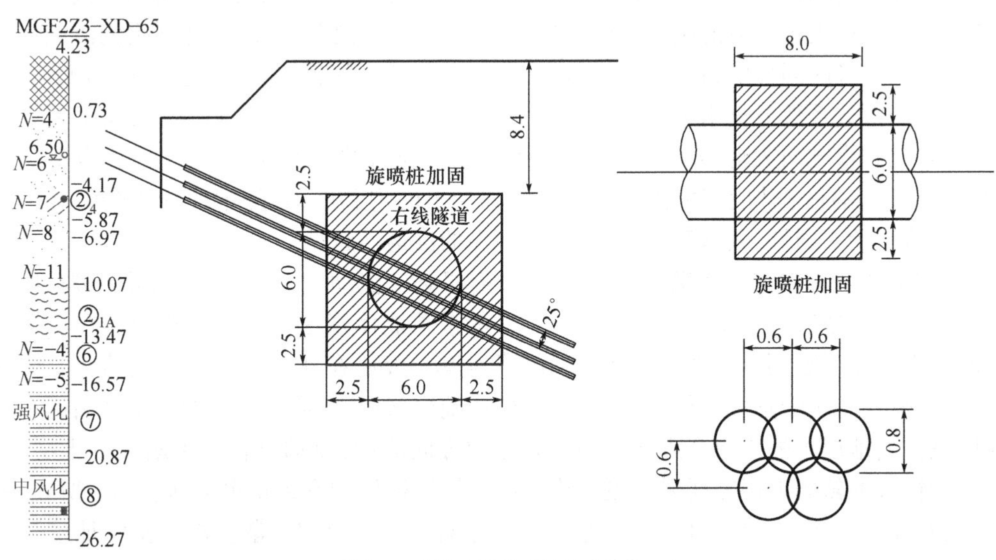

图 5-84　预加固剖面图(尺寸单位:m)

第6章

富水地层盾构法隧道施工

众所周知,水是一种具有较强的流动性和携渣性的液体。对于盾构施工来说,地下水的影响突出表现为孔隙渗水引起的盾构机涌水涌砂以及地表沉降等风险。而在富水地层进行盾构施工也是事故高发的难点工程,故在富水地层中进行盾构施工时,应重点关注盾构机选型以及地下水处理问题。

富水地层的盾构施工,不存在"吃不下,排不出"的情况,更多的是水土排得太快、太猛(喷涌)的问题,即"稳不住"问题,以及水土快速流失造成的环境问题。富水地层对盾构施工而言,本质是一种特殊的水文地质现象,是风险失控事故的重灾区,同时极其特殊的地段。本章将针对富水地层中存在的多种盾构法施工风险及其常见的控制措施进行详细阐述。

6.1 富水地层工程特性与分布

土的颗粒大小、形状及级配,影响土中孔隙的大小及其形状,进而影响土的渗透性。土颗粒越粗、越浑圆、越均匀,土的渗透性就越大。砂土中含有较多粉土及黏土颗粒时,其渗透系数大大降低。当黏性土中土粒的结合水膜较厚时,会阻塞土层之间的孔隙,降低土的渗透性。天然土层通常不是各向同性的,在渗透性方面往往也是如此。如黄土具有竖直方向的大孔隙,因此竖直方向的渗透系数要比水平方向大得多。层状黏土常夹有薄的粉砂层,它在水平方向的渗透系数要比竖直方向大得多。水在土中的渗流速度与水的重度及黏滞度有关,也影响土的渗透性。土中水的体积与土中孔隙体积之比,称为土的饱和度,孔隙中的气体会阻塞水的渗流,进而影响土的渗透性,故饱和度越大,土体中水的渗透性越低。

对于富水地层盾构施工来说,由于地下水具有极强的流动性,故在富水地层中进行盾构施工时,应重点熟悉地层渗透系数和压缩系数。渗透系数能体现地下水受到扰动后在土体中流动的速度,而压缩系数则能有效反应地层的沉降速率。液体在外力作用下的流动和变形性简称液体的流变性。对于富水地层,尤其是富水软弱地层来说,当盾构机开挖掌子面引起刀盘前方土体失稳时,地层中的水流会迅速向卸压刀盘的方向流动,流动过程中不断冲刷土层、携带土渣,流变性大的软弱地层需要采取更严格的沉降控制措施和密封止水措施。同上所述,由于地下水具有高流变性,水流一旦受到外部挤压会迅速产生变形和分散。由于富水地层具有水位高、含水量大的特性,导致其必然具备高压缩性,即土体受到外部干扰之后很容易出现沉降和垮塌，引起不可逆的后果。国内代表城市富水地层特征见表 6-1。

国内代表城市富水地层特征　　表 6-1

<table>
<tr><th>序号</th><th>流域</th><th>代表城市</th><th colspan="2">地 形 地 貌</th><th>水文地质条件</th></tr>
<tr><td>1</td><td>长江上游</td><td>成都</td><td colspan="2">冲积平原</td><td>主要有三种类型：一是赋存于黏性土层之上填土层中的上层滞水；二是第四系砂、卵石层的孔隙潜水；三是基岩裂隙水</td></tr>
<tr><td rowspan="5">2</td><td rowspan="5">长江中游</td><td rowspan="5">武汉</td><td rowspan="5">冲积平原</td><td rowspan="2">长江一级阶地</td><td>上部上层滞水或潜水</td></tr>
<tr><td>下部承压水（强透水、高承压，与长江有直接水力联系）</td></tr>
<tr><td rowspan="2">长江二级阶地</td><td>上部含 Q_3 上层滞水</td></tr>
<tr><td>下部含 Q_3 承压水（中等～弱透水，与长江有间接水力联系）</td></tr>
<tr><td>长江古河道</td><td>下部含承压水（弱透水，与长江无直接水力联系）</td></tr>
<tr><td rowspan="4">3</td><td rowspan="4">长江下游</td><td>上海</td><td>三角洲滨海平原</td><td>长江三角洲</td><td>上部含上层滞水、潜水；中部⑤、⑦层含微承压水；深部⑦、⑨层含承压水</td></tr>
<tr><td>杭州</td><td>三角洲滨海平原</td><td>滨海平原</td><td>上部为弱透水潜水；粉砂夹层中含微承压水；下部为强透水承压水</td></tr>
<tr><td>苏州</td><td colspan="2">堆积平原</td><td>分为潜水、微承压水及承压水三类；潜水主要赋存于浅部黏性土层，受区域地质、地形及地貌等条件的控制；微承压水含水层主要为④$_2$ 粉土夹粉砂层，主要补给来源为大气降水、地表水及上部潜水垂直入渗，以民间水井取水及地下径流为其主要的排泄方式；承压水含水层主要为⑦$_2$、⑦$_4$ 粉砂夹粉土层，均为第Ⅰ承压水含水层，存在一定的水力联系，表现为承压水之间的越流、地下径流及渗透补给</td></tr>
<tr><td>南京</td><td colspan="2">河漫滩地貌</td><td>地下水类型主要为孔隙潜水、孔隙微承压水。孔隙潜水埋深较浅，主要补给来源是大气降水入渗与侧向补给；孔隙承压水埋藏较深，层厚较大，富水性弱，主要补给来源是上部潜水垂直越流补给和侧向补给</td></tr>
<tr><td rowspan="5">4</td><td rowspan="5">黄河流域中游</td><td rowspan="2">洛阳</td><td rowspan="2">冲积平原</td><td>洛河一级阶地</td><td>为孔隙潜水，主要赋存于上更新统及全新统砂卵石地层中，属潜水，该含水层厚度、岩性有所差异，其富水性差异较大，富水程度也有所不同，主要为极强富水地层及极富水地层。孔隙潜水主要由大气降水入渗、河流侧渗、河流渗漏等补给。排泄方式主要以人工开采、侧向渗流排泄为主，其次为蒸发排泄，埋深 2～15m</td></tr>
<tr><td>洛河二级阶地</td><td>为孔隙潜水，主要赋存于上更新统及全新统黏质粉土、细砂及卵石地层中，属潜水，含水层厚度、岩性有所差异，富水性和富水程度差异也较大，主要为极强富水及极富水地层。孔隙潜水主要由大气降水入渗、河流侧渗补给。排泄方式主要为人工开采、侧向渗流排泄，其次为蒸发排泄，埋深 10～20m</td></tr>
<tr><td rowspan="3">郑州</td><td rowspan="3">冲积平原</td><td>黄河冲积平原</td><td>主要为第四系松散岩类孔隙潜水，含水层主要以黏质粉土、细砂为主，现状水位埋深 8～15m，埋深 30～40m 范围内存在黏土质隔水层</td></tr>
<tr><td>黄河冲积平原—微地貌风积沙丘</td><td>主要为第四系孔隙潜水，具微承压性，含水层主要以粉土、细砂为主，地下水主要赋存于约 33m 以上粉砂、细砂层中，属中等～强透水层</td></tr>
<tr><td>黄河冲积一、二级阶地</td><td>主要为上层滞水、孔隙潜水，具微承压性，含水层主要以粉土、细砂为主，水位较低，受地势和周边河流影响较明显</td></tr>
</table>

续上表

序号	流域	代表城市	地形地貌	水文地质条件
5	黄河流域下游	济南	华北陆块、鲁西隆起、鲁中隆起区、泰山—沂山断隆、泰山凸起	属赋存于第四系松散层孔隙及下伏基岩裂隙中的潜水类型,局部存在承压水
6	珠江流域	佛山	海陆交互相冲洪积三角洲平原	上层滞水赋存于第四系松散土层。第四系含水层主要为冲积~洪积砂层③$_1$、③$_2$,海陆交互相砂层②$_3$、②$_4$。冲积~洪积土层、残积土层和岩石全风化带含水贫乏,透水性较差。 基岩裂隙水主要赋存于基岩强风化带和中风化带及岩体中的节理裂隙带中,地下水赋存条件不均一,主要与岩性、岩石风化程度、裂隙发育程度等有关
		广州	珠江三角洲冲积平原(滨海沉积区),地形稍有起伏	地下水按赋存方式划分为第四系松散层孔隙水和基岩裂隙水。 第四系松散层孔隙水主要赋存于海陆交互相层中,其含水性能与砂的形状、大小、颗粒级配及黏粒含量等有密切关系。 基岩裂隙水主要赋存于强风化带及中等风化带中,地下水的赋存不均一。在裂隙发育地段,水量较丰富,具承压性
		深圳	主要为台地和冲洪积平原地貌	市内水系主要由海湾水系、珠江口水系和东江水系构成。地下水按其储存介质特征分为以下两个基本类型: 第四系松散岩类孔隙水:含水层主要为填土、粉细砂、中粗砂、砾砂、卵石等,沿线均有分布。其中粉细砂、中粗砂、砾砂、卵石含水层主要分布在河流两侧,水量较大。 基岩裂隙水:含水层主要为全~中风化砂页岩和白垩系燕山四期花岗岩裂隙中,水量和岩石风化程度、裂隙发育程度有关,水量分布不均,差异较大
7	海河流域	北京	冲积平原	砂卵石层为平原区地下水的主要补给区,分布单一潜水层。在冲洪积扇的中部,含水层由单一的潜水含水层过渡到多层含水层。在冲洪积扇的中下部平原地区,砂层、卵石层和黏性土层、粉土层多旋回沉积,含水层以多层为主。目前北京大部分地区地下水位埋深一般大于16m,普遍为潜水;局部地下水为承压水,具轻微承压性

6.2 富水地层盾构施工风险

6.2.1 盾构始发与接收风险

盾构始发与接收施工工序在盾构施工过程中处于关键地位,它直接关系到周边建筑物及整个施工过程的安全,盾构始发洞门突涌事故如图 6-1 所示。结合以往的施工经验来看,富水地层盾构始发与接收的风险概率与端头加固及洞门密封效果关系密切。

图 6-1　盾构始发洞门突涌事故图

6.2.2　盾尾密封失效风险

富水地层一般具有地下水位高,地层渗透系数大,岩层裂隙发育等特点,盾构施工过程中需要不断往盾尾刷之间的腔体注入盾尾油脂,确保盾尾刷的钢丝间油脂充足,达到良好的密封效果。在富水地层施工时,由于地层含水量丰富,盾构掘进开挖过程中,地下水不断涌入盾体与地层的间隙,产生流动并冲刷带走盾尾刷上的油脂,使盾尾刷密封效果减弱甚至丧失,导致盾尾刷被击穿,盾尾密封失效漏浆现象如图 6-2 所示。

图 6-2　盾尾密封失效漏浆实景图

6.2.3　螺旋机喷涌风险

螺旋机喷涌是指盾构掘进产生的渣土与地下水的混合物在螺旋机里挤压、流动,形成高压水从螺旋机闸门口喷出或涌出的现象,盾构机螺旋机喷涌事故如图 6-3 所示。它一般在盾构穿越富水地层、水压较大的砂卵石地层以及软硬岩临界面和裂隙发育的破碎带地层时较容易发生。喷涌往往会使土仓压力产生较大波动,从而导致地表沉降及塌陷事故的发生,而且喷涌出的渣土和水的混合物容易流洒在盾尾,清理起来非常麻烦,严重影响盾构掘进效率和施工安全性。

图 6-3　盾构机螺旋机喷涌事故图

6.2.4　隧道上浮风险

管片上浮的主要原因是盾构机在富水地层掘进过程中,盾尾脱出的管片周围处于被地下水包围而无约束的状态,故隧道管片容易受水浮力的影响而上浮,防水性能不好的隧道管片则会下沉。然而相较于管片下沉,管片上浮引起的质量问题更多,主要为管片错台和管片破损,如图 6-4 所示。

图 6-4　管片上浮引起管片破损和错台的实景图

6.2.5　铰接密封失效风险

常规盾构机设计中,为了提高盾构机在曲线段施工的操作性能,通常将盾体分成前后两个部分，中间采用千斤顶有效连接，以确保盾构机可以进行一定角度的摆动，实现盾构机的铰接功能。但在富水地层中进行盾构掘进时，由于外部水土压力的不断作用，加上纠偏调整时盾构机铰接频繁使用，盾构机铰接处较易形成渗漏，如图 6-5 所示，严重时可能导致盾构机发生水淹事故。

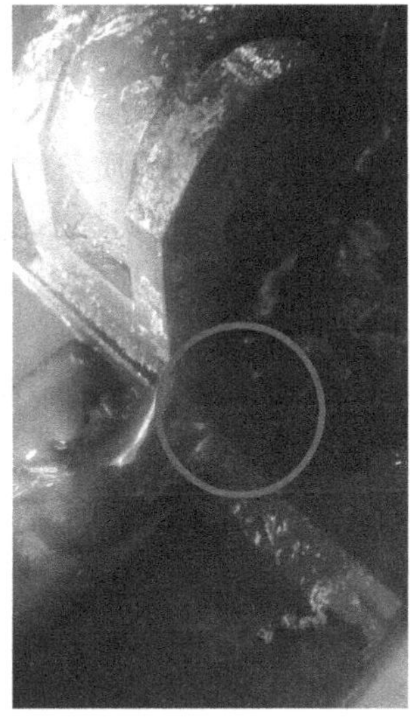

图 6-5　铰接密封失效漏水实景图

6.2.6　管片夹缝渗漏风险

盾构管片是通过 6 块不同尺寸的单片管片拼装形成的衬砌来形成稳定的隧道支护结构，不同管片间的缝隙主要靠相邻管片间的橡胶止水带相互挤密压实，从而阻止地下水从管片外侧进入隧道内，达到止水效果。

在富水地层中，由于外部水头压力高、水量大，一旦管片间的拼装缝隙超出允许范围，将使橡胶止水带之间以及止水带与管片之间应有的压紧力不够，导致止水带滑移失效，从而使管片出现环向、纵向甚至手孔处渗漏问题，管片渗漏水现象如图 6-6所示。

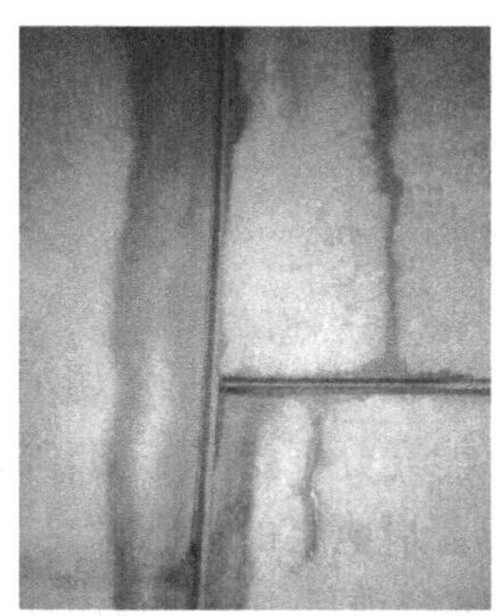
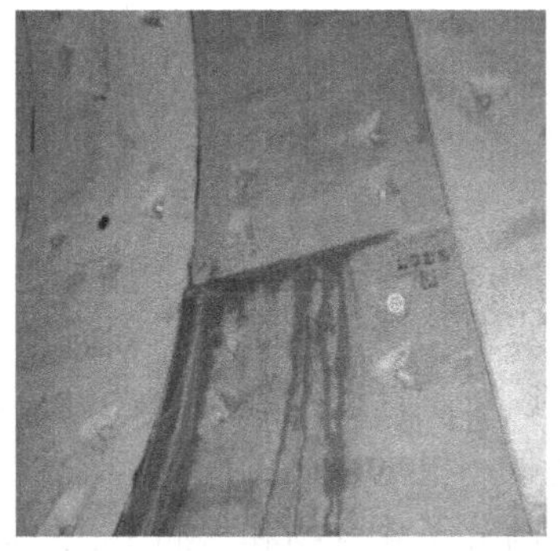

图 6-6　管片渗漏水实景图

6.3 富水地层盾构控制措施

6.3.1 端头加固与质量控制

富水地层端头加固设计和施工质量直接关系到盾构始发与接收的安全，端头加固的设计及施工方式主要取决于项目的工程地质条件。若设计工法选择不当，不仅对盾构施工影响巨大，而且还会造成水土流失和地表坍塌等不良风险，从而直接影响周边环境的安全。对于富水地层来说，端头加固的设计和施工可根据不同的地质类型进行相应的组合，关于端头加固设计与施工的不同方法将在后文进行重点阐述，下面仅总结了常见的软土、砂土、岩石三种地质类型下端头加固的设计方案，见表6-2，表中所列加固方式仅供参考。

三种富水地层端头加固形式汇总表　　表6-2

序号	地质类型	地层特性	常见设计方案
1	软土地层	含水量高、孔隙性高、渗透性弱、压缩性高、抗剪强度低、触变性和流变性显著	(1)深层搅拌桩+高压旋喷桩+深井降水； (2)高压旋喷桩+深井降水
2	砂性土地层	渗透系数大、抗剪强度高、黏聚力小、易失水固结	(1)深层搅拌桩+高压旋喷桩+水平冻结； (2)深层搅拌桩+高压旋喷桩+深井降水； (3)混合搅拌壁式地下连续墙工法(TRD工法)素混凝土地下连续墙+深层搅拌桩+高压旋喷桩
3	砂卵石地层	渗透系数大、含水量大、压缩性高、卵石含量大、含少量漂石	(1)延长钢套筒+水平冻结+深井降水； (2)无收缩双液注浆(WSS注浆)+高压旋喷桩+深井降水； (3)深层搅拌桩+高压旋喷桩+深井降水
4	淤泥质地层	压缩性高、含水量大、孔隙大、渗透系数小、强度低	深层搅拌桩+高压旋喷桩+深井降水

6.3.2 渣土改良试验控制

在富水地层进行盾构掘进，应重点关注渣土改良效果。渣土改良的主要目的是使切削的渣土和水的混合物具有良好的流动性、可塑性以及不透水性，使渣土能充分稳定掌子面，降低刀盘刀具磨损，避免螺旋机喷涌等现象。根据以往的施工经验，对于富水地层的渣土改良，通常以泡沫剂为主，必要时可适当添加高分子聚合物和膨润土，下面以部分项目渣土改良组成进行简要说明，见表6-3，本表内容仅供参考。

富水地层渣土改良配合比案例汇总表　　表6-3

序号	项　目	主要地层	改良剂组成
1	南昌地铁1号线6标	富水砂砾石	高分子聚合物+泡沫剂+膨润土
2	成都地铁5号线9标	富水砂卵石	泡沫剂+膨润土
3	郑州地铁4号线4标	富水粉细砂层	泡沫剂+高分子聚合物
4	武汉地铁6号线17标	富水淤泥质地层	以加水改良为主,改良渣土要偏干,不能过稀

6.3.3　盾尾密封及监测控制

盾尾密封加强方式详见前文所述,盾尾密封加强的重点是通过加强盾尾刷和采用更好的盾尾油脂来确保密封效果。根据泄漏量的不同,可将盾尾失效分为3个阶段:密封性能好,局部密封失效,完全失效。下面以表格形式对不同阶段的处理方法和要求进行简要说明,见表6-4。

盾尾密封失效不同阶段处理方案汇总　　表6-4

失效阶段	水流量 L (L/min)	表现形式	应对措施
密封性能好	0	盾尾处无渗漏和泄漏现象	持续监控
局部密封失效	$0<L<150$	盾尾局部水流渗出,流量逐渐增大	(1)及时、保量、均匀地压注盾尾油脂,对已经泄漏的部位集中压注盾尾油脂,恢复密封性能; (2)管片拼装时在管片背面塞入海绵,将泄漏部位堵住,控制盾构姿态; (3)及时更换盾尾刷,以保障盾尾刷的密封性; (4)从盾尾内清除密封装置钢刷内的杂物
完全失效	$L\geqslant150$	盾尾有多处大量水流出,伴有较多砂浆流出	尽快疏散隧道内及地表影响范围内人员

富水地层盾构掘进应重点关注盾尾刷的密封情况,对于磨损严重需要更换的盾尾刷,应提前确定更换方案,选择合适的停机更换位置后,方可进行盾尾刷更换工作,盾尾刷更换的主要工作流程如图6-7所示。

因为更换盾尾刷一般需要长时间停机,必须要求盾构机停机位置具有相对稳定性。盾构施工前,应根据区间地质情况选择停机位置,首先应选择地层自稳性好的区段进行停机更换盾尾刷作业,若区间地质情况均不符合要求,则应通过采取地表加固措施,如三轴搅拌桩、高压旋喷桩等工法进行地层预加固。

停机后,应根据盾构机盾体长度及盾尾实际情况计算推出盾尾刷掘进距离,及时施作止水环并注浆封水。当盾尾即将露出第一道盾尾刷时,向土仓及中盾径向孔中分别注入厚浆进行止水;同时在露出盾尾刷前,分别在盾尾10环、7环、4环处按照3环一次对管片12点位、2点位、4点位、6点位、8点位、10点位进行双液二次注浆,确保管片周围形成密封性较好的环状止水体系,即“止水环”体系。

更换盾尾刷作业应根据盾构机盾尾图纸及现场实际测量数据确认拆除管片的位置,第一道盾尾刷根部开始露出停止推进,依次拆除A2、B3管片。此时如果发现盾尾有漏水,应立即用棉花条沿着最后一道盾尾刷将其与管片间的缝隙填塞，在脱出盾尾一环注浆孔注入聚氨酯，然后继续推进直至第一道盾尾刷完全露出，盾尾刷与成型管片关系示意图如图 6-8 所示。

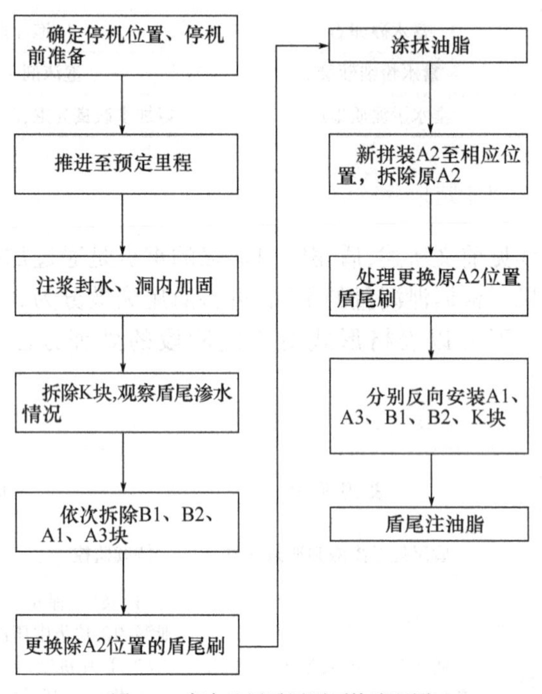

图 6-7　富水地层盾尾刷更换流程图

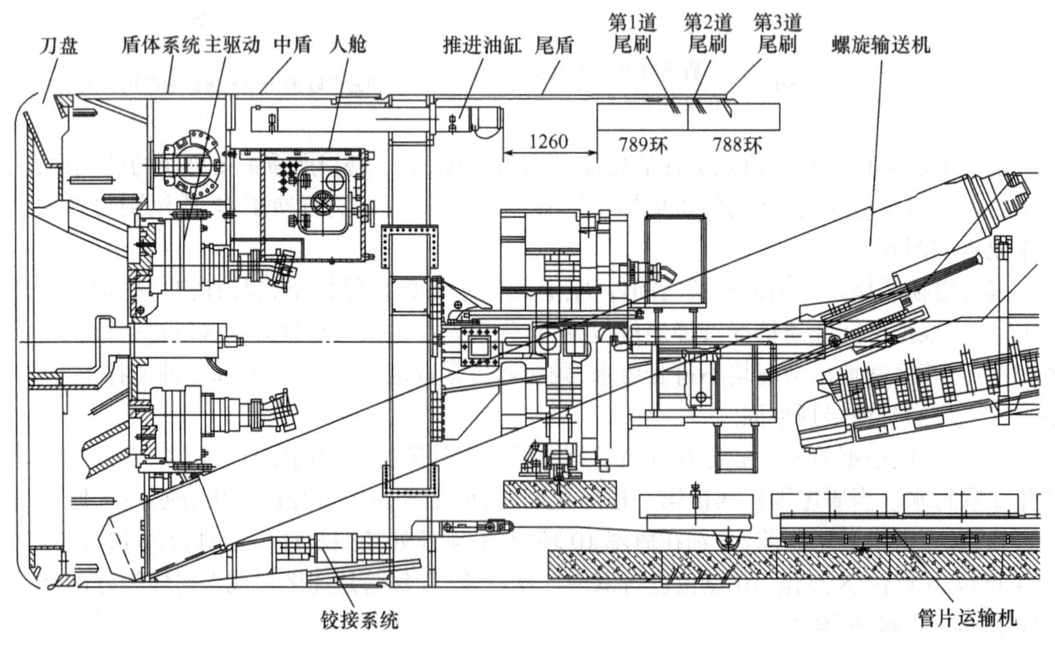

图 6-8　盾尾刷与成型管片关系示意图(尺寸单位:mm)

管片拆除后，立即进行清理工作，用铲刀将盾壳及油脂仓内附着的油脂和砂浆等杂物清理干净。在清理杂物的同时，检查油脂注入孔是否畅通。一般采用气刨将盾尾刷切除，在切除前用石棉布将拼装机油管、电缆、推进油缸等部分覆盖进行保护，避免电渣损坏设备。切除时由上往下，由外而内切除，逐个取出损坏的盾尾刷，切除完成后将盾尾刷位置杂物清理干净，并确保干燥。全部切除并清理完成后，开始焊接新盾尾刷，盾尾刷安装顺序为依次搭接安装，在最后 1 块焊接时，尾刷稍宽，经过仔细量测后按尺寸切除，确保两块尾刷之间有足够的搭接长度，焊接质量经验收后进行下一道油脂涂抹工序。在盾尾刷全部焊接完成后开始盾尾油脂涂抹工作，涂抹油脂采用手涂盾尾油脂。涂抹时分层将钢丝刷拨开后填入油脂，涂抹后每层油脂填塞饱满，保证每层油脂不掉落、不漏涂。油脂涂抹质量须经工程师检验合格后方可进行管片拼装；在盾尾刷手涂油脂验收合格后，重新拼装管片。管片拼装完成后，用盾尾油脂泵向油脂仓内注入油脂。

在施工过程中，应注意恢复掘进与通风条件。当油脂仓油压达到 1.5MPa 以上时取出土仓内水泵并关闭土仓人闸，恢复正常掘进。正常掘进时应当注意同步注浆压力不得超过 0.3MPa，以免击穿盾尾，再次造成盾尾刷损坏。盾尾刷在焊接安装过程中，作业区烟含量较大，为保证作业环境，必须保证通风条件；此时将风筒接至盾构机二次风机，隧道通风机调整两挡，及时补充隧道内新鲜空气，同时在中盾 5 点位及 7 点位安装两台 1.5kW 鼓风机进行通风。

由于在盾构掘进过程中更换盾尾密封刷，具有一定的危险性，因此需要制定盾尾刷更换风险及应急预案。在更换过程中可能发生火灾和漏水等险情。一旦发生事故可能造成人员受伤及机械损坏，严重时甚至可能会造成人员伤亡，并造成巨大的经济损失。在拆除管片及露出盾尾刷前，应提前安装完管片注浆孔打开球阀，并将应急物资准备到位。在管片拆除及刨焊盾尾刷过程，发现涌水涌砂情况，停止作业，用棉絮条堵塞漏水点，启动盾尾水泵进行排水，同时进行注聚氨酯相关准备；准备完成后，离漏水点最近位置管片注浆孔开始泵送应急聚氨酯直至堵住。在动火或电焊前，必须在工作区附近配置足够的灭火器，灭火器选择干粉灭火器；一旦发生火灾立即停止焊接或切割，关闭设备电源，用灭火器灭火，禁止用水灭火。

6.3.4 管片上浮预控及处理

富水地层管片上浮的主要原因是，地层的富水性使管片拼装完成后，地下水、同步注浆浆液或泥浆等对管片产生的上浮力大于管片自重与上覆土层荷载之和，导致管片局部上浮。在富水地层管片上浮预控措施主要是选择合适的浆液配合比，控制适当的注浆参数，提前对地层的抗浮效应进行预加固。

对于管片上浮问题的处理，即管片质量问题的修复。当管片完成拼装脱出盾尾后，管片上浮产生的问题为管片间滑移引起的错台及挤压破损，因此对于管片上浮的处理措施除了将上浮严重地层的管片提前连续拉紧以外，更多的是对已拼装管片的破损进行修复处理。下面针对不同破损程度的管片修复方法进行简要说明，见表 6-5。

管片破损修补处理方法 表6-5

项　目	管片情况	处理方式
表面破损、缺角	钢筋无外露	(1)凿除破损处不密实的混凝土和突出的骨料颗粒,用钢丝刷把管片上的破损处清理干净,并用清水冲洗。 (2)待破损表面干燥后再用砂浆进行修补,修补后进行抹平、修边。当破损深度及面积均较大时,可在修补处设置靠模。 (3)待修补砂浆干硬后,用打磨机磨平表面,使用有经验的修补工人进行调色抹平,保持修补处的颜色与管片原表面颜色一致
顶部破损(最大破损处长度≥200mm,深度≥20mm)	钢筋外露	(1)凿除破损处管片,清洗凿除面。 (2)修补破损处内层,施加铁丝网补强,并涂抹高渗透改性环氧化学灌浆材料界面剂。铁丝网采用铁丝绑扎,利用不锈钢膨胀螺钉固定于破损处,再用混凝土修补砂浆进行逐层修补,修补后抹平、修边,当破损深度及面积均较大时,可在修补处设置靠模。 (3)待修补砂浆干硬后,用打磨机磨平表面,使用有经验的修补工人进行调色抹平,保持修补处的颜色与管片原表面颜色一致
顶部破损(最大破损处长度≤200mm,深度≥20mm)	钢筋无外露	(1)凿掉破损处不密实的混凝土和突出的骨料颗粒,用钢丝刷把管片上的破损处清理干净,并用清水冲洗。 (2)待破损表面干燥后再用混凝土修补砂浆进行修补、抹平、修边。 (3)待修补砂浆干硬后,用打磨机磨平表面,使用有经验的修补工人进行调色抹平,保持修补处的颜色与管片原表面颜色一致
两侧和底部破损	钢筋无外露	(1)凿掉破损处不密实的混凝土和突出骨料颗粒,用钢丝刷把管片上的破损处清理干净,并用清水冲洗。 (2)待破损表面干燥并涂刷界面剂后,再用混凝土修补砂浆进行修补,修补后进行抹平、修边,当破损深度及面积均较大时,可在修补处设置靠模。 (3)待修补砂浆干硬后,用打磨机磨平表面,使用有经验的修补工人进行调色抹平,保持修补处的颜色与管片原表面颜色一致

6.3.5 铰接密封失效预控措施及修复处理

1)铰接密封失效预控措施

(1)合理的铰接密封系统设计

盾构铰接密封是盾构的关键系统之一,因此在盾构设计制造时就要考虑安全、可靠的设计方案。目前大多数盾构铰接系统都会采用两道铰接密封,或者1道铰接密封+1道紧急气囊的设计,起到双保险的作用,这样在靠近中盾侧的铰接密封故障时,依靠第2道密封或者紧急气囊仍然可以起到密封作用,为修复故障密封提供安全条件。

铰接密封必须采用可靠的材料制作,保证足够的压力承载性能、可靠的耐磨性能及耐久度等,以确保使用安全。铰接密封位置还要设置润滑系统,使密封始终处于润滑状态,减少密封在活动时的磨损。铰接密封安装时必须与盾尾铰接密封槽完全契合,不能有活动余量。盾尾和中盾的铰接位置要尽量保证同圆,防止对接后出现密封间隙大小不一的情况,间隙大的位置密封较为薄弱,极易出现故障,目前已知的大多数铰接密封故障都是此原因引起的。

(2)加强铰接密封使用过程中的保护

掘进过程中加强盾构姿态控制,纠偏时避免有较大的姿态变化,做到勤纠缓纠,减少对铰接密封的挤压损伤;加强同步注浆(压力)控制,一是防止铰接密封承受过高的压力,二是防止砂浆反窜至铰接位置,嵌入密封间隙内,对铰接密封造成损伤;加强铰接密封润滑油脂注入量控制,润滑油脂注入过少,会减弱润滑效果,密封磨损加快;注入过多或压力过高,会挤压铰接密封。

(3)适宜的铰接密封系统优化改造

为防止铰接密封和紧急气囊损坏后产生严重的后果,可事先对铰接密封系统进行适宜的改造,在密封故障时,以有效地进行紧急处理。利用铰接密封注脂通道、紧急密封加气通道或者铰接密封预留通道等部位增加密封措施,通过在盾尾油脂气动球阀处加装高压三通与球阀,采用软管将两个球阀连通,实现应急密封的功能。正常状态下不启用该改造系统,在铰接密封或紧急气囊出现故障且不受控时,可打开球阀,利用盾尾密封油脂泵通过改造管路向铰接密封处、紧急气囊内、中盾和尾盾的间隙中注入盾尾密封脂,盾尾油脂具有较好的黏稠度,可以有效填充中盾、尾盾的空隙,在铰接密封处形成一道保护屏障,起到隔水阻砂的作用,可以有效遏制事态恶化。

2)铰接密封失效修复处理

(1)排除涌水涌砂风险

盾构铰接密封槽处有注脂孔,注脂孔旁有 ϕ50mm 预留通孔。首先将故障部位附近几个注脂管路拆除,逐个疏通注脂孔,经查看没有水流出;其次加工 ϕ50mm 带球阀的堵头以备用,逐个打开注脂孔旁 ϕ50mm 预留通孔盲板,小心疏通,经查看也没有水流出。至此,暂时排除涌水涌砂的风险。

(2)清理密封槽内凝固的砂浆

用撬棍将铰接密封再撬出一部分,使铰接密封与挡板之间露出约 4cm 空隙,打开作业空间。使用撬棍等工具将密封槽内的砂浆捣碎,使用高压清洗机将密封槽内的砂浆清理出来。打开 ϕ50mm 预留通孔盲板,前后配合清理,将密封槽清理干净。

(3)拆除密封挡板

由于密封挡板为半圆式,半圈全部拆除存在铰接密封整体脱落风险。经研究,将作业需求范围内的挡板割断后拆除,尽量减少对其他部位的扰动。如图 6-9 所示,割断密封挡板时,要先拆除割断部位附近的挡板螺栓,用撬棍将密封挡板撬出,使密封挡板与铰接密封分离,并在铰接密封与密封挡板之间填充胶皮、钢板等阻燃隔热材料,防止割断时对铰接密封造成损伤。密封挡板割断后,将故障部位的整段密封挡板拆除。

(4)铰接密封复位

作业区域留出后,迅速利用撬棍及自制工具等将铰接密封挤出部分反转复原,然后压入密封槽内,并安装密封挡板。

(5)铰接密封加固预防

为防止再次发生上述故障,在密封挡板位置每隔 20cm 焊接一个由钢板加工成的"7"形钩,如图 6-10 所示,可有效减小盾尾铰接间隙,并稳固铰接密封。处理完成后,恢复注脂管路,并适量注入润滑油脂;继续掘进,不再出现漏水情况,同时现场应加强注浆压力控制,安排专人定期巡检。

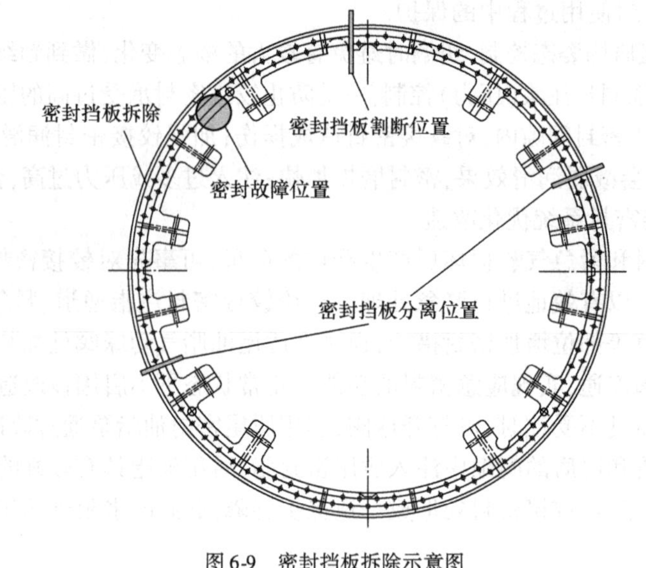

图 6-9　密封挡板拆除示意图

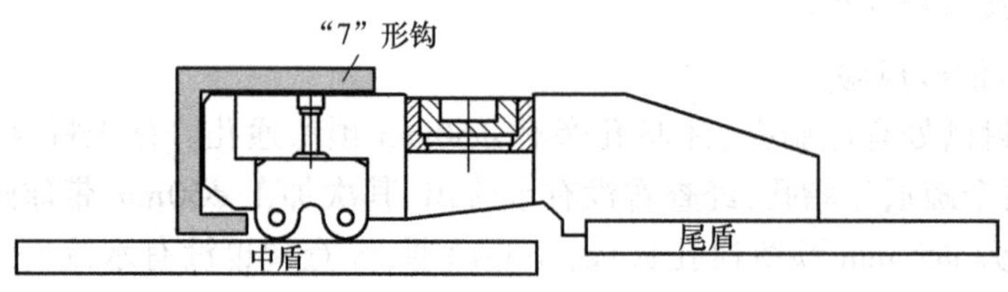

图 6-10　铰接密封固定示意图

6.3.6　管片夹缝渗漏预控及处理

据统计，环缝和纵缝漏水超过隧道全部漏水的 93%，可以说，解决了拼缝的渗漏水问题，也就基本解决了隧道渗漏水问题。除注浆孔和管片开裂引起的渗漏水外，多数渗漏水都是通过拼缝渗漏到隧道内壁。隧道环缝、隧道纵缝、手孔与螺栓孔处、注浆孔处、管片开裂处，以及隧道腰部压损和底部十字处，都是拼缝漏水非常集中的地方。

综上所述，管片夹缝渗漏的预控措施主要是管片生产养护、现场密封垫止水条安装以及管片拼装质量控制等盾构施工全过程的质量控制；对于管片夹缝渗漏的处理，则是一旦发现管片渗漏险情，即通过管片壁后注浆快速固结封堵渗水通道，避免管片渗漏进一步扩大。

6.4　典型案例分析

南通市某项目盾构区间主要穿越粉砂夹砂质粉土、粉砂地层，项目周边地表水资源丰富，较大地表水体主要为长江，其次为通吕运河等，沿线涉及的主要河道为九圩港、通扬运河等，沿线分布有众多小河浜。

根据本次初次勘察及区域地质资料，本标段沿线的地下水类型主要为潜水及第Ⅰ承压水。

潜水主要赋存于浅部①层填土、②层砂质粉土、$③_1$ 层粉砂夹砂质粉土、$③_2$ 层粉砂层和$③_4$ 粉细砂层中。第Ⅰ承压水主要赋存于④层以下的$⑤_1$ 粉砂夹砂质粉土、$⑤_2$ 砂质粉土夹粉砂和⑥粉砂层中，局部赋存于夹层$④_{1t}$砂质粉土夹粉砂层中，其主要补给来源为地下水侧向补给，排泄途径为人工开采及地下水侧向径流。

地下水位下降是引发地表沉降的主要外在因素，南通市 20 世纪 70 年代已大量开采地下水。近年来加强了地下水开采管理，水位局部有所回升。现场调查未发现因地表沉降造成的建(构)筑物破坏或损坏现象。

1)始发阶段盾构姿态控制

始发段基底地层从上而下主要是粉砂夹砂质粉土、粉砂，地质偏软，盾构进洞极易出现盾体栽头或盾体整体下沉的现象，从而造成姿态超限及隧道结构变形等重大质量安全事故。对此应采取相应的保证措施：盾体进洞采用抬头始发，即抬高盾体始发轴线高度约 1cm，盾体坡度不得小于始发段设计轴线坡度，应大于设计轴线坡度的 2‰。盾构始发洞门钢环内，严格按照要求设置内导轨，如图 6-11 所示。

图 6-11　洞内导轨示意图

盾构始发前，人工复核盾构姿态，并与盾构导向系统测量的姿态进行比较，确保盾构始发姿态满足要求后方可始发。盾构始发阶段，盾体位于始发托架上，不宜进行纠偏，当盾构重心进入隧道后，若盾构掘进的姿态处于恶化状态，在垂直方向进行适当调整；当盾构机整机进入隧道后，盾构姿态和掘进要求有较大偏差时适当开启超挖刀进行调整，纠偏过程要做到“少纠勤纠”，每环管片纠偏量不得大于 4mm。在实际施工过程中，要根据始发时掘进姿态的控制情况及成型隧道的测量情况，及时调整掘进参数，总结出复合地层掘进姿态控制的平衡点。充分考虑盾构姿态偏差过大会导致隧道轴线偏差大，同时姿态纠偏过大容易引起管片错台、渗漏水、破损等一系列后果。

2)渣土改良

结合南通市的地质情况，初步拟定膨润土浆液的添加量为 15% ~35%。在施工过程中，根据螺旋机出土的情况进行调整，当正面地下水过于丰富时，增加螺旋输送机内注入的膨润土，以利于螺旋输送机形成土塞效应；当涌水较大时，注入高分子聚合物防止喷涌。在施工过程中，应对加水的施工参数进行动态控制，一般采用膨润土泵系统往土仓和刀盘面板加水，泵口最大压力不得低于1MPa,加水流量为0~180L/min连续可调,台车上配备6~8m^3膨润土罐或储水罐,加水量为6~8m^3/环。

3)泡沫系统各项参数控制

发泡率又称“泡沫倍数”,指一定质量发泡剂溶液所产生的泡沫体积与原液体体积之比。发泡率是衡量泡沫剂质量的一项重要指标,在同样情况下,发泡率越高,等量泡沫剂产生的泡沫越多,说明泡沫剂越高效。黏土层渗透性差,因此需采用发泡率略大的气体,从而保证发泡效果和泡沫能够充分渗入土层,更加全面地改良渣土,不同发泡率参数下的发泡效果如图6-12所示。

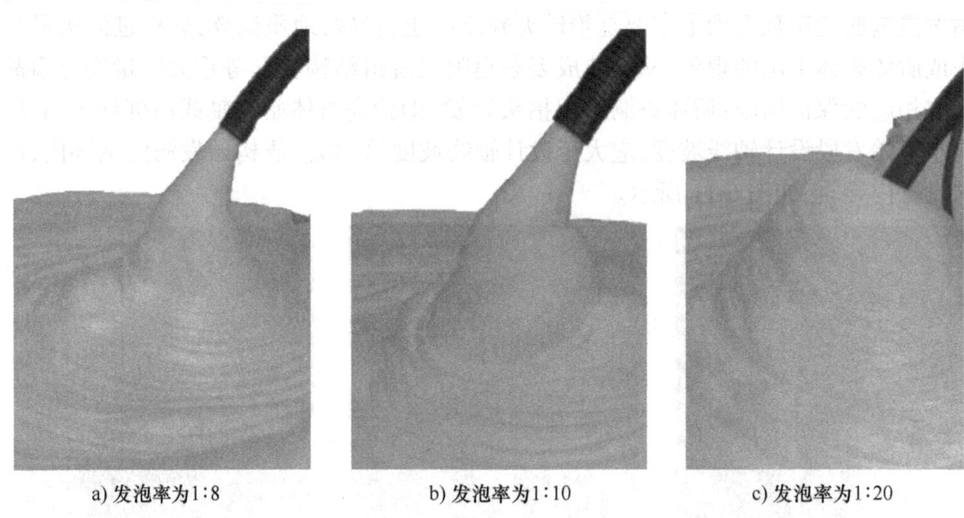

a) 发泡率为1:8　　b) 发泡率为1:10　　c) 发泡率为1:20

图6-12　不同发泡率发泡效果示意图

液体中的气泡稳定性受多种因素影响,包括表面弹性、毛细吸力、重力排水等。因此纯液体中生成的气泡在上述因素影响下难以长时间赋存。表面活性剂含有憎水基及亲水基,在气体扰动下憎水基朝向气相内分布,亲水基朝向气相外分布,从而迅速生成气泡。因此在液体中引入表面活性剂可降低液体的表面张力,使得溶液在气体扰动下更易生成气泡;表面活性剂同时可增强气泡液膜的表面弹性,延缓气泡的排水过程,从而使得泡沫具备较强的稳定性。但是发泡率与生成泡沫的稳定性是相互影响的,发泡率高泡沫稳定性则差,因此泡沫的稳定性将直接关系到改良效果的持续时间。

泡沫剂量的注入率Y=注入泡沫总量/开挖渣土的容积。在一般情况下泡沫的注入率的最小值为20%,当渣土黏性较高时,为防止产生泥饼或堵仓,泡沫的注入率应大于30%。在实际施工过程中,泡沫的注入率要根据掘进期间渣土的情况进行相应的调整。

发泡剂浓度X=泡沫系统中所需发泡剂的流量/泡沫系统中水泵的流量。根据泡沫剂生产商的不同,泡沫剂成分有所不同,一般泡沫剂浓度根据开挖土体的颗粒级配、不均匀系数、掘进速度、掘进的推力和扭矩的具体情况进行调整。若渣土流动性差,则可适当增加泡沫剂浓度;或者适当提高发泡率,但发泡率越高渣土则会越干。该区间黏土层黏性相对较低,泡沫剂浓度宜设置在1.5%~4%之间,并根据刀盘扭矩和螺旋机扭矩情况进行动态调整。

盾构进洞之前对泡沫系统进行调试,以确保渣土改良具备良好的效果;盾构掘进过程中保持连续掘进，避免长时间停机，长时间停机时应制定相应预防结泥饼措施；掘进过程中严格控制扭矩，勤测渣温，发现异常及时分析。出现刀盘结泥饼现象时，打分散剂是较简单、安全的方法，其相对于开仓处理在很大程度上降低了施工风险。具体操作方法如下：首先，通过刀盘掌子面泥膜制作确保土仓气密性，通过土仓渣土土气置换将一部分土仓渣土置换出来，再往土仓注入压缩空气；其次，通过盾构机泡沫系统和膨润土系统将按一定配合比拌制好的分散剂注入土仓进行浸泡，分散剂渗透到黏泥胶团中氧化分解使刀盘上和土仓壁上包裹的泥饼脱落，并伴随转动刀盘搅动，使土仓内的泥饼充分浸泡并搅拌脱落，从而改善土仓渣土结构，有效地解决刀盘结泥饼的问题。

4）地表变形控制

针对每个阶段的地表沉降或隆起变化采取一系列相应的控制措施，地表沉降的五个阶段如图6-13所示。盾构前期出现沉降或隆起时采取增大或降低土压、增大或减小盾构推力以及地表预加固处理等措施。盾构开挖前产生沉降或隆起时，采取增大或降低土压，增大或减小盾构推力，控制出土量和超挖欠挖量，稳定各项参数，采用膨润土或惰性浆液填仓辅助掘进等措施。盾构通过时产生沉降或隆起时，通过控制土压（主要是气压）、采用盾体径向孔或超前注浆孔注入膨润土或者惰性浆液进行及时填充等。盾构机尾部出现空隙沉降或隆起时采取同步注浆措施，管片脱出盾尾3～5环后应及时二次注浆，管片脱出盾尾6～10环后及时进行三次注浆，并对地表注浆处理。对于盾构产生的后续沉降，根据地表沉降监测参数进行深孔补注浆。

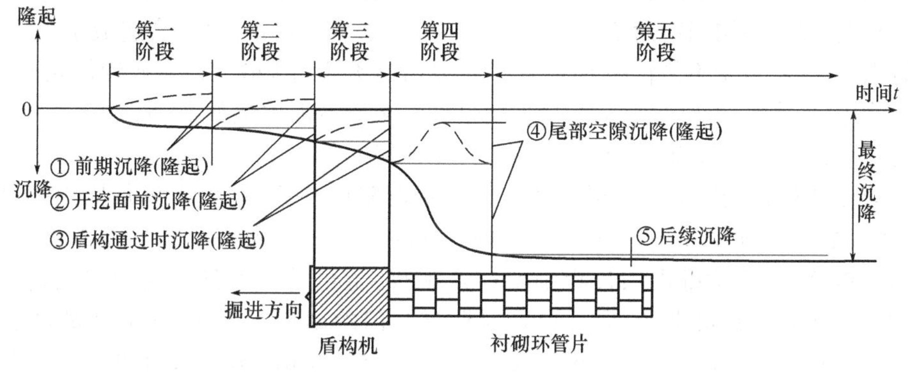

图6-13　地表沉降五大阶段示意图

5）盾构接收控制

盾构贯通前的测量是复核盾构所处的方位、确认盾构姿态、评估盾构进洞时的姿态和拟定盾构进洞段的施工轴线、推进坡度的控制值和施工方案等的重要依据，确保盾构在此阶段的施工中始终按预定的方案实施，以良好的姿态进洞，准确就位在盾构接收基座上。

在进入接收洞门前100m处精确做好轴线贯通测量工作，并根据盾构推进的轴线偏差情况，每推进20～30m，复核一次。最后50环的推进，盾构轴线与设计轴线的偏差应尽可能控制在3cm内，最后30环的盾构推进，宜增加测量的次数，并不断校准盾构机掘进方向，使盾构以最佳姿态进洞。

在盾构进洞处的最后10环管片上安装纵向拉紧联系装置，以防盾尾在脱出管片后，管片环与环之间间隙被拉大，造成漏水或漏泥。同时采用拉紧装置将进洞口的最后10环衬砌用

[14b 槽钢沿隧道纵向拉紧,[14b 槽钢设置在管片的起重螺母处,用 ϕ70mm 圆柱管螺纹加 M36 螺栓将[14b 可靠地拴紧在管片上,防止洞口衬砌环缝松弛张开造成漏水现象。拉紧装置可以采用钢丝绳连锁,或者采用吊耳钢筋配合连锁拉紧。

6)应急处理措施

盾构进洞后最后几环管片往往与前几环管片存在明显的高差,影响了隧道的有效净尺寸,产生盾构进洞时姿态突变的现象。这是由于盾构进洞时,接收基座中心夹角轴线与推进轴线不一致,使盾构姿态产生突变,同时在盾尾内环管片位置也产生了相应的变化;最后两环管片在脱出盾尾后,由于洞口处无法及时地填充空隙,导致管片产生沉降。

为了防止盾构进洞时产生姿态突变现象,应采取相应的预防措施。要求盾构接收基座设计合理,盾构下落的距离不超过盾尾与管片的建筑空隙;将进洞段的最后一段管片上半圈的部位用槽钢相互连接,增加隧道刚度;在最后几环管片拼装时,及时拉紧管片的拼装螺栓,以提高管片的抗变形能力;进洞前调整好盾构姿态,使盾构高程略高于接收基座高程。

针对盾构施工过程中出现的盾构进洞时姿态突变现象,在洞门密封钢板未焊死以前,用整圆装置将下落的管片向上托起,纠正偏差;同时将洞口处的管片拆除,重新按正确的轴线位置立模板浇混凝土。

在盾构机进洞时大量土体从洞口流入井内,造成洞口外侧地表大量沉降。这是由于洞口土体加固质量不好,强度未达到设计或施工要求而产生塌方,或者加固不均匀,隔水效果差,造成漏水漏泥的现象。在凿除洞门混凝土或拔除洞门钢板桩后,盾构未及时靠上土体,使正面土体失去支护造成塌方;洞门密封装置安装不好导致止水橡胶帘带内翻,会造成水土流失;洞门密封装置强度不高,承受不住较高的土压力,会受挤压破坏而失效。由于盾构外壳上有突出的注浆管等物体,使密封效果受到影响;盾构机进洞时未能及时安装好洞圈钢板,进洞时的土压力未及时下调,致使洞门装置被顶板,大量井外土体塌入井内。

为了防止盾构进洞时洞口外侧地表产生大量沉降的现象,洞口土体加固应提高施工质量,保证加固后土体强度和均匀性。洞口封门拆除前应充分做好各项准备工作,洞门的密封圈安装要准确,在盾构推进的过程中要注意观察,防止盾构刀盘的周边刀割伤橡胶密封圈。密封圈涂牛油增加润滑性,同时要及时调整洞门的扇形钢板,改善密封圈的受力状况。在设计和使用洞门密封时要预先考虑盾壳上的凸出物体,在相应位置设计可调节的构造,保证密封的性能。

盾构施工过程中出现了洞口外侧地表大量沉降的现象,于是将受压变形的密封圈重新压回洞口内,恢复密封性能,并及时固定弧形板,改善密封橡胶带的工作状态,对洞口进行注浆堵漏处理,以减少土体的流失。

7)出洞时管片质量保证

在盾构施工过程中,由于出洞段管片周围填充不密实,极易受到外力的影响而产生椭变、错台和破损现象。为了保证出洞时管片质量,及时采取二次注双液浆措施固定管片,保证盾体刚好与上托架相切。盾体出洞过程中,不会发生较大的移动,一般出洞过程盾体都会产生一定幅度的下掉,造成管片错台,因此出洞段将掘进姿态稍控制在洞门中心点姿态以上 10mm。在实际施工过程中,将托架适当放在理论高度以下 20mm,从而保证盾体上托架前能够有充足的调整空间,切忌将托架放高,否则盾体强行抬头,造成盾尾下沉,导致管片产生大幅度错台。同时应保证托架的坡度与盾构机坡度基本一致，保证盾尾间隙上部略大于下部。当盾体在托架上滑行时，盾构机受到阻力较小，拼装模式顶推力将使得盾体前移，出现管片拼装无法顶紧的情况，并且封顶块管片拼装无法插入，因此在拼装管片时需要在刀盘或者盾体上焊接挡块，以确保在保拼装过程中盾体不会前移，保证管片拼装质量，前盾上托架前进如图6-14所示。

图6-14　前盾上托架前进

在破除洞门过程中，发生洞门渗漏流清水的现象应立即采取应急处理措施，通常使用双快水泥和水玻璃进行堵漏。在割除钢筋时，发生流泥或流砂现象立即停止对钢筋的切割，对流泥或流砂处进行双液注浆处理，堵住后方可再切割钢筋。若在洞门凿除完成后发生较严重的涌水、流泥、流砂现象，在盾构快速推进过程中，盾首进入车站3～5m时，暂停推进，同时在洞门钢环与盾构壳体间采用8mm弧形钢板将盾构壳体与洞门钢环焊牢密封，并在弧形钢板上预埋注浆球阀。在弧形钢板焊接完成后，通过注浆球阀对盾构与洞门间的间隙进行双液注浆处理，打开盾尾至少3环管片注浆孔进行二次双液注浆，以防止同步注浆浆液向洞门流窜，二次注双液浆做止水环箍如图6-15所示。根据施工经验，常用的浆液配合比为水泥∶水∶水玻璃＝0.6∶1∶0.1。待浆液强度达到0.5MPa左右时，在钢板上开孔检查后盾构机立刻快速推进，快速安装管片，不间断施工直至管片安装至洞圈内壁并焊好端头封堵钢板。

图6-15　二次注双液浆做止水环箍

若盾构进洞过程中发生较严重的涌水、流泥、流砂现象,应及时停止盾构推进,立即在盾壳与洞圈间填塞麻袋并用木楔楔紧后,采用 8mm 弧形钢板将盾构壳体与洞门钢环焊牢密封,注浆处理达到要求后再推进,直至盾构顺利进洞,洞门钢板的密封如图 6-16 所示。

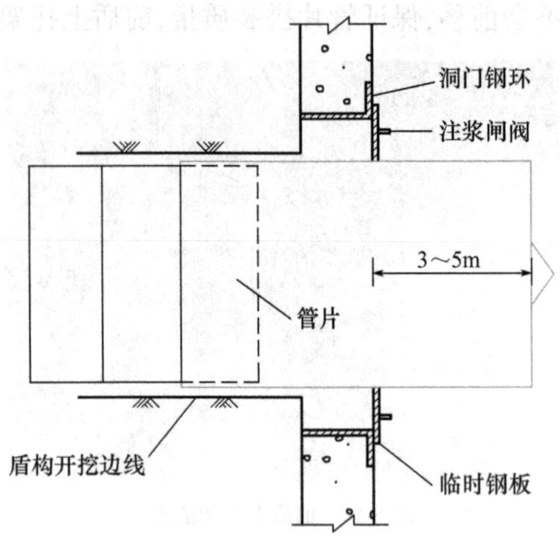

图 6-16　洞门钢板密封示意图

第7章

水下盾构法隧道施工

我国大多数城市分布有各类河流和湖泊，在城市地铁隧道修建的过程中，越来越多的下穿江、河、湖、海的盾构作业开始涌现，并朝着大断面、多用途、长距离的方向发展。水下盾构法施工最大的难点在于无法清晰探明水下地质条件，这使得水下盾构施工风险极高、危险性极大，本章将结合实际工程案例，重点阐述水下盾构法施工的主要技术难点，以及风险管控措施。

7.1 水下盾构施工主要风险类型

1）掌子面与水底贯通风险

水下盾构法隧道掘进过程中经常会遇到较差的地质条件，如断裂带、岩层分界面地层与江水之间通道畅通，导致泥膜无法形成。如图7-1所示，在河底高水压环境下，掌子面压力设置过高会击穿掌子面、压力设置过低掌子面可能坍塌等均会导致掌子面与江水贯通，因此盾构施工过程中如果没有充分考虑地层性质情况、土仓压力及注浆压力，极易导致上覆地层形成水的贯穿通道，影响盾构施工安全，严重时可能造成全线淹水的重大损失。

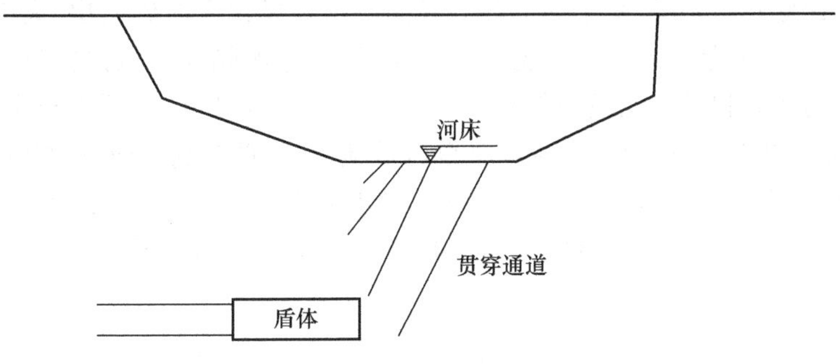

图7-1　击穿河底示意图

对掌子面击穿河底的各种影响因素分析可知，若上覆地层渗透系数较大，且地层无隔水层，尤其是对于浅埋盾构下穿河道施工，盾构掌子面扰动造成上覆地层失稳，再加上河道水的巨大水压力，造成河底贯穿。在土仓压力控制方面，在盾构穿越江河的过程中，若土仓压力过大，则对开挖面造成挤压，导致上覆地层出现隆起现象。对于无隔水层且渗透系数大的地层，极易击穿河底，形成水的贯穿通道；若土仓压力过小，则开挖面土体发生坍塌，盾构机前方地层下陷，导致隧道与河流贯通，河水淹没区间及车站。在注浆压力控制方面，盾构施工中为了补偿地层损失，需要进行同步注浆、二次注浆及后续跟踪注浆，因此注浆压力的控制显得尤为重要，若注浆压力过大，对于渗透性大的地层，同样容易造成注浆击穿河底，形成贯穿通道；若注浆压力过小，无法完全补偿地层损失，同样会引起上覆地层沉降，造成掌子面失稳。

2）喷涌风险

当盾构机在浅覆土高水压的江底掘进时，由于覆土压力不足、水压过高或者盾构机压力设置不正确，加上盾构开挖扰动地层，容易引起掌子面失稳，导致地层被泥水劈裂，使河道内的水渗流至盾构机土仓内，从盾构机的螺旋机出土口喷出并掉落在盾构机底部，进而造成喷涌或海水倒灌等重大安全风险。此外，水底部地层含水量大，如果盾尾刷损坏及盾尾油脂性能及注入量不足导致盾尾密封失效，铰接密封损坏，也可能出现盾尾涌水涌砂现象，影响盾构掘进施工安全。

3）管片上浮风险

盾构在江底高水压区施工时，未成型隧道管片长期在高压水和泥浆的包裹中，处于持续性悬浮状态，可能引起隧道上浮。由于隧道上覆土压力的不均匀，盾构机会因受力不均衡而抬头，成型隧道在地下水浮力作用下可能上浮。同时，水下段隧道通常处于上下坡交汇处，导致轴线难以控制。当拼装完成的管片脱出盾尾后，可能由于上部荷载及自重无法抵抗地下水引起的浮力而导致隧道上浮，如果不采取相应对策，极易引起局部开裂漏水等现象。

4）地质勘查失准风险

由于目前科技的限制，地质勘探技术在江底隧道难以实施，准确性不高，容易导致孤石等不良地质未被探测出来，造成掘进困难，存在较大施工风险隐患。隧道施工前，应通过钻孔及回声探测仪等技术加强对江底隧道的地质补勘工作；施工过程中应在地质超前预报的基础上，结合实际出渣情况进一步判定掌子面地质条件和盾构覆土厚度，降低地质勘查失准风险。

厦门地铁 2 号线过海底段，根据原地质勘察资料，左线刀盘前部存在孤石及破碎地层带，右线刀盘亦侵入破碎地层带，海水潮汐水深变化为 3.95 ~ 10.65m，覆土厚度为 11.93m。覆土为淤泥层、全风化变质砂岩层，掌子面上部分局部位于全风化变质砂岩层、大部分位于碎裂状强风化变质砂岩层。但是在第一次准备换刀作业时，制作泥膜和保压试验过程中发现气体泄漏，保压困难。为能顺利进行泥膜制作和保压试验，顺利推进盾构带压进仓作业，首先对刀盘所在地层进行加密补勘，以便更好地确认补勘区域地层，降低开仓作业勘察风险。经补勘后发现大量孤石及基岩突起、安山岩侵入变质砂岩，岩层破碎，裂隙发育。此地层稳定性差，导致泥膜制作困难，极大增加了带压进仓修复刀具的风险和仓内动火作业难度。

7.2 水下盾构施工技术难点分析

水下盾构法施工问题，从本质上来说仍然是富水问题，由于江河不断冲刷河床、挤压河道，导致区间上覆地层一直处于动态变化过程中。总体来看，水下盾构法施工的主要难点可归纳为以下几个方面：

1) 河水冲刷导致地层砂性化带来的困难

吴贤国等对武汉长江隧道工程地质情况分析表明，长江隧道主要地质表现为砂性土，部分地段存在土层、卵石层等粒径不一的砂卵石；张凌华等对长江下游南京—镇江河段河漫滩粒度特征研究表明，河道两边主要是砂质粉砂和黏土质粉砂互层；西安地铁 9 号线盾构过灞河施工过程中，区间出土主要为砂卵石和铁板砂；田金龙研究南京地铁 2 号线下穿秦淮河施工技术时，发现秦淮河河道上部主要为淤泥质粉质黏土，下部主要为粉土砂性土。结合过往的研究情况分析，由于河水不断冲刷河床，河道地层呈现明显的粒径减小、孔隙增大的砂性化趋势，这对盾构穿越施工影响极大，尤其是浅覆土穿越施工，对土仓压力控制、注浆压力控制以及渣土改良处理的控制要求更高。

2) 巨量水体导致高水压带来的困难

崔铁军等对位于沈阳某河道下方的成型隧道进行压力监测和沉降监测的研究结果表明，季节性的水流量变化对于成型隧道的压力存在明显差异。简单来说，就是丰水期对成型隧道的压力更大，反之，则更小。对于盾构下穿施工来说，土仓压力的建立也存在同样的关系，即水流量大的河道，盾构施工所需要的平衡压力更大，这也是为什么穿越大型河流时，通常要求采用沉降控制更好的泥水平衡盾构机。

3) 陆水临界压力骤变时掘进参数难控制

如图 7-2 所示，武汉地铁 8 号线盾构由陆地进入江底的过程中，由于上覆地层情况的突变，由埋深 36.5m 覆土转变为 31.92m 江水 +11.04m 覆土，导致盾体外部切口水压力的突变，严重时会引发盾尾突涌，造成隧道涌水。此时应尽快完成掘进参数的转换，并且调整转换的过程应迅速而严谨，稍有不慎使切口水压出现较大波动都有可能击穿江底，使江水倒流，造成危险。

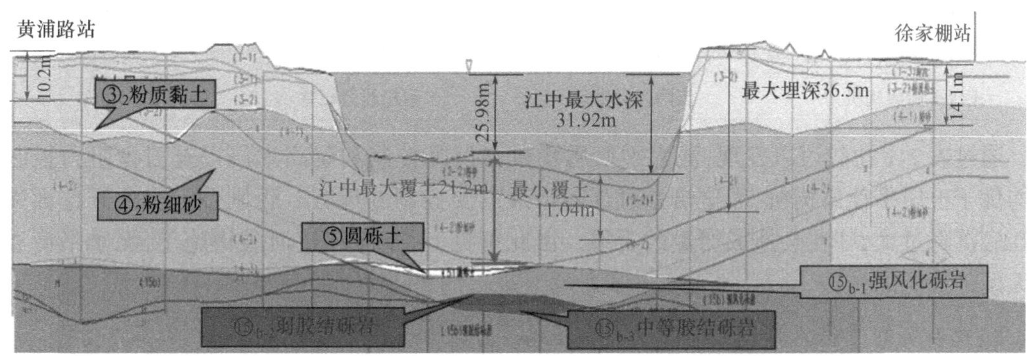

图 7-2　武汉地铁 8 号线盾构穿江过河陆水剖面示意图

4) 长距离水下掘进开仓维保和换刀难度大

穿江过河隧道由于其下穿距离长、影响范围大、地质情况复杂、不具备停机条件等多因素叠加影响，对盾构机性能要求很高，长距离作业除了考验刀盘刀具配置，更考验盾构机各个设备机能的耐久性，因此掘进一定里程后难免出现刀具更换的问题。由于地质条件复杂、埋深较大、水土压力高，在江底换刀时，容易发生涌水、涌砂、掌子面塌方等，直接影响到人身安全，需要花费很长的时间由人工进行清理，减缓了盾构施工进度。因此，在合理选择盾构刀具的基础上应根据地层选择合适的更换刀具位置,降低刀具更换风险;制定合理换刀流程,做好安全技术交底工作;选择优质的膨润土或其他新式材料进行泥膜配置,确保保压成功。

5)盾尾密封控制难度大

盾尾密封装置由于注浆压力不合理、掘进参数不合理以及自身的磨损,会降低其密封效果,容易出现涌水涌泥现象,危及隧道内人员及设备安全。因此在盾构机上设置多道密封刷,定期或不定期对密封刷进行注油脂,减少其自身磨损;严格控制同步注浆和二次注浆压力,减小压力对盾尾刷的磨损;控制盾构掘进参数及管片拼装质量,减小盾构与管片空隙。

7.3 施工风险主要控制措施

7.3.1 掘进前的准备措施

降低盾构水下穿越风险、保证过江时盾构机在完全正常和安全状态下运行,关键在于对盾构机的维修和保养,即“保头、护尾、防密封”。

1)盾构设备的选型

选用泥水平衡盾构机还是土压平衡盾构机必须结合项目实际情况,按照盾构机的工作原理、项目实际地质情况以及对环境的影响等进行综合比较,穿江过河条件下泥水平衡盾构机与土压平衡盾构机的能力对比见表7-1。

穿江过河条件下泥水平衡盾构机与土压平衡盾构机的能力对比　　表7-1

机　型	沉降控制	耐压能力	刀盘阻力
泥水平衡盾构机	沉降控制好	耐高水压	较小
土压平衡盾构机	沉降控制稍差	耐压能力稍差	稍大

通过表7-1比较可以发现,泥水平衡盾构机在沉降控制和耐高水压以及刀盘阻力控制方面均优于土压平衡盾构机,而这恰是过江隧道最需要控制的地方。否则一旦出现开挖面失稳或江底沉降过大,往往会造成严重的后果。由此可见,对于穿江过河盾构施工,泥水平衡盾构机无疑是最优的选择。

2)施工前的准备工作

除了对盾构机设备进行选择,还应在研究地质勘察报告的基础上,针对河道河床的现状进行三维扫描摸底,重新绘制河道与隧道的关系,便于盾构施工过程中及时核对位置和上覆河床情况,调整掘进参数。长距离穿江过河施工时,由于其上覆为存水巨大的河道,因此无法通过地面加固土体的方式提供盾构换刀维护的平台,故应尽量避免在江河底部进行换刀维护作业。常见的做法是采用泥水平衡盾构机进行穿江过河施工,也有采用土压平衡盾构机结合两级螺旋机进行短距离穿江过河作业的情况。

总体而言,针对水下地段换刀维护点的设计,不同情况可以采用不同的思路。盾构推进至河堤底部时,进行换刀检修,查看是否需要及时更换刀具,然后继续完成穿江过河掘进,这种方法不适用于长距离的盾构穿江过河施工。对于长距离盾构穿江过河施工，可先采用矿山法开挖一段隧道，尤其是针对地质条件复杂的软硬不均地层，通过矿山法开挖完成复杂地段穿越后，再采用配置全新刀具的盾构机完成后续穿越工作。对于确实需要在江河底部进行换刀作业的，可采用类似广州地铁使用过的“衡盾泥辅助带压开仓换刀”方法进行换刀维修和保养工作。

3）盾构机工前的维保检查

长距离穿江过河施工，设备情况好坏直接决定了隧道施工安全质量。盾构机进场完成组装后，应对盾构盾尾密封效果、各项液压性能状态以及后配套系统进行全面检查。

7.3.2　掘进过程管控措施

掘进过程管控措施主要包括基本施工措施和掘进参数控制，其中基本施工措施主要是对盾构姿态的控制，即避免扰动。包括开仓或换刀时提供必要的保障和地层加固，抢险材料和物资的准备，以及对出土量、注浆量、泡沫量、油脂量等施工参数的控制。此外，在铰接密封之前的盾壳上还需要预设径向注浆孔，通过这些孔注入化学浆液或者水泥浆，确保铰接密封和盾尾密封完好，防止盾构机头前方塌方。

1）泥水压力控制

水下盾构施工主要采用泥水盾构进行作业，主要原因是泥水盾构具有耐高水压的特性，能提供更好的密封性能。根据国内多数水下盾构施工的经验来看，可将盾构水下施工段划分为常规切口水压力和斜坡段切口水压力，常规段和斜坡段如图 7-3 所示。

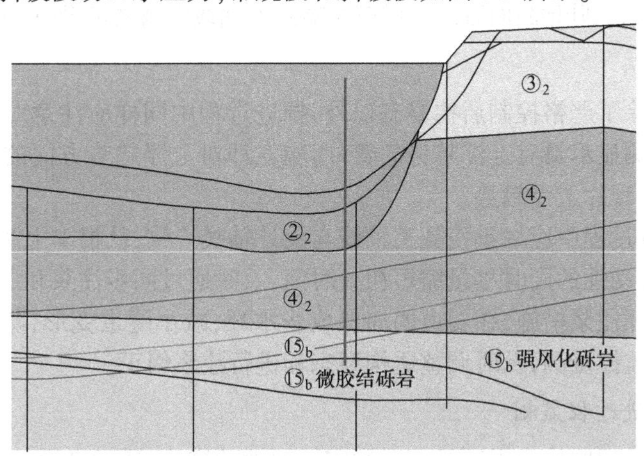

图 7-3　常规段和斜坡段示意图（红线左侧：常规段；红线右侧：斜坡段）

由图 7-3 可知，斜坡段由于水土分界呈动态变化，故在该地层中进行掘进时，参数也随着斜坡段埋深的变化而动态波动。两类地层中切口压力可按照下式进行计算确定：

常规切口水压力

$$P_{常规} = \frac{P_a + P_0}{2} + 0.2 \tag{7-1}$$

斜坡段切口水压力

$$P_{斜坡} = \frac{P_a + P_0}{2} + P_{修定} \tag{7-2}$$

式中：P_a——主动土压力；

P_0——静止土压力；

$P_{修定}$——修定土压力，取0.0035MPa。

2）管片壁后注浆

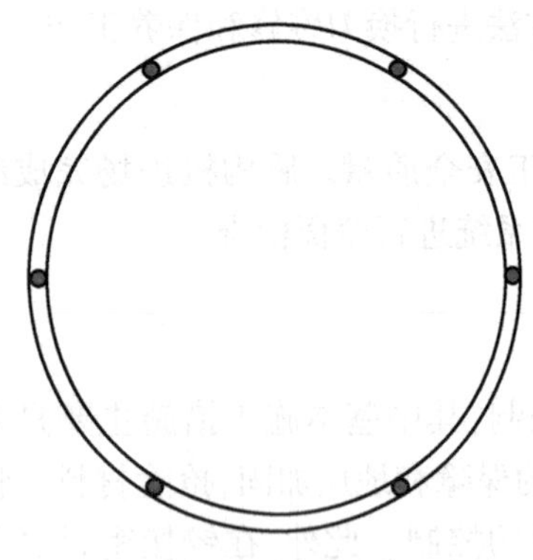

图7-4　管片壁后注浆点位示意图

根据武汉地铁8号线越江隧道、南京长江隧道以及扬州瘦西湖隧道大盾构穿江过河施工经验分析，由于单液浆具有可有效阻止泥水后窜、不破坏盾尾装置、不会被泥水和地下水稀释或冲散的性能，故大盾构长距离穿江过河施工同步注浆浆液由原来的双液浆逐步转变为单液浆。单液浆由粉煤灰、砂、膨润土和水组成，渣土改良剂可视地层情况经试验确定配合比后添加，掘进过程中浆液配合比应视地层条件动态调整，管片壁后注浆点位如图7-4所示。

3）出渣量与盾构姿态控制

盾构掘进时，必须严格控制每环的出渣量。具体数值由盾构控制系统进行统计，并由泥水场工程师根据渣土场出渣量进行复核。一般实际出渣量控制在理论出渣量的97%～103%，允许出现少量欠挖，不允许出现超挖，以保证开挖面稳定。

在江底段由于地层富水盾构姿态易产生上浮，故在江底掘进时，盾构姿态在垂直方向上宜控制在－30～＋10mm；而进入陆地断面后，盾构姿态宜控制在曲线内侧之间，即＋10～＋30mm。

4）管片上浮控制

管片上浮控制除了严格控制盾构姿态以外，掘进过程中同样应注意对拼装成型管片的巡查和监测工作。监测显示具有上浮趋势的管片，应立即对上浮趋势方向的点位进行开孔跟踪注浆抗浮，逐步调整管片上浮趋势。

此外，盾构掘进过程中应尽量使隧道轴线与设计轴线一致，从根本上防止隧道上浮。增强浆液质量，在保证流动性的同时尽量缩短初凝时间，及时通过同步注浆和二次注浆填补地层空隙。通过采取聚氨酯注浆措施，在隧道四周形成止水环，减小隧道变形，防止隧道上浮。加强对隧道纵向变形的监控量测，及时调整盾构姿态和进行注浆纠正。

5）盾构水下掘进过程监测

盾构水下掘进过程监控应视项目情况制定针对性的措施，通常来说，在河床敏感度较高的地区进行穿江过河作业时，应增加对河床沉降的跟踪和监测，一般采用声呐法和传感器法，也可定期采用遥感河床扫描技术进行河床检查。

声呐法是一种普遍用于江底沉降监测的方法，其特征是利用船只和卫星定位系统在江面上的指定监测点上通过声呐仪器对河床水深进行测量，如图7-5所示，通过比较同一点前后两次测量的数据得出江底的沉降情况。

传感器法是一种用于隧道过江施工中河床沉降监测的方法，其特征为采集沉入江底固定的水压传感装置的信号，如图7-6所示，通过比较前后两次所采集到的数据得出传感器埋设深度的变化，从而得到河床沉降的数据。

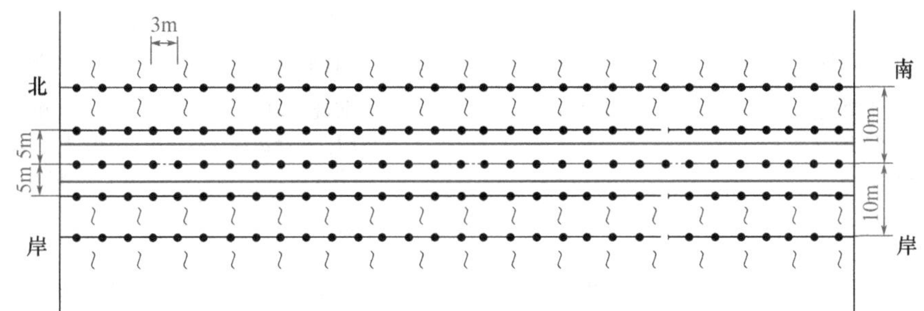

图7-5　声呐法监测布点示意图

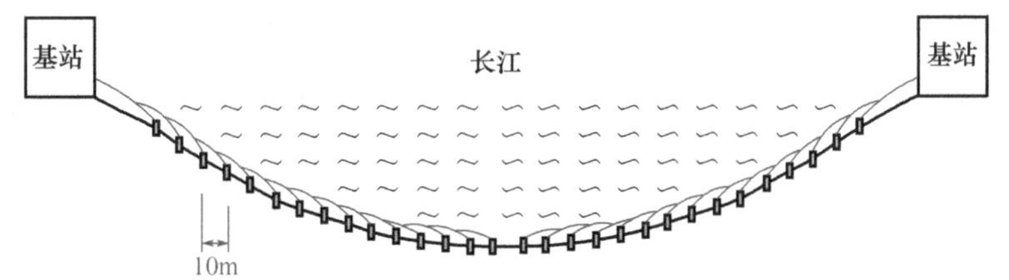

图7-6　传感器法布置示意图

7.3.3　带压开仓及动火作业

盾构法隧道在水下施工过程中,由于长距离掘进或穿越特殊地层时导致刀具磨损、穿越不同地层时需要更换不同的切削刀具以及清理穿越特殊地层时堆积的孤石渣样、掉落的刀具等原因,需要停机进入盾构前仓进行刀具维修、更换或者孤石渣样清理,以便盾构机能继续掘进。

盾构开仓作业主要分为常压开仓和带压开仓,带压开仓作业相对于常压开仓作业具有较大的风险性。盾构法海底隧道具有大的水压力和土压力,一般开仓作业均为带压开仓作业,且基本是高压开仓作业。因此,在分析整理特殊地层带压开仓作业及动火作业施工技术的基础上,采取以下施工控制措施:

1)泥膜制作

在水下施工的盾构法隧道,膨润土聚合物需有足够强的高压成膜能力,泥水应能在较短时间内成膜并具有填补破碎带空隙、砂土岩石空隙、爆破空隙、管片与盾构机空隙的能力。根据地层情况设定泥浆压力,使其大于浅覆层、砂土岩层及地层破碎带各种孔隙产生的水土压力,满足开挖面的稳定,进而形成稳定的泥膜。厦门地铁2号线过海底段,泥膜制作在采集了40组泥膜制作试验数据的基础上,结合该地层详细勘察情况进行分析对比,确认了在强风化及以上地层采用膨润土液可形成稳定的泥膜。鉴于当时盾构机刀盘已经侵入破碎地层带,透气透水性高,泥膜形成困难,因此有必要根据现场实际工况对不同水分、不同材料、不同制浆方式等影响泥膜形成的主要因素进行分析对比。在按照单一变量法的原则对该地层进行50组不同参数的泥膜形成原因进行分析对比后,发现采用自来水、高黏度膨润土(黄土)、高比重膨润土(红土)和大颗粒缝隙填充材料进行适量搭配,并采用移动砂浆罐制浆方式形成的泥膜更具有稳定性和经济性,见表7-2和表7-3。

不同水分以及不同材料对泥膜的影响　　表 7-2

黏度提升材料	黏度	自来水	海水
普通淡水膨润土 高黏度膨润土(黄土) 海水膨润土	40Pa·s 40Pa·s 40Pa·s	浆液均匀 用量大、轻微离析 浆液均匀	离析、沉淀 用量大、轻微离析 浆液均匀
比重提升材料	黏度	浆液比重	效果
矿粉 细砂 高比重膨润土(红土)	40Pa·s 40Pa·s 40Pa·s	1.2 1.2 1.2	提升困难、容易沉淀 提升较快、容易沉淀 黏度低、不沉淀
大颗粒缝隙填充材料	黏度	浆液比重	效果
堵漏剂(HS-2) 锯末 稻壳	40Pa·s 40Pa·s 40Pa·s	1.2 1.2 1.2	均匀性较好 均匀性较好 均匀性较好

不同制浆方式对泥膜的影响表　　表 7-3

泥膜制作方式	优　　点	缺　　点
泥水厂制浆	能快速置换前仓浆液	管路中易沉淀、指标下降；场地大、管线长、易浪费
拌和站制浆	减少配料上下运输	效率低；高黏度浆液放浆困难
移动砂浆罐制浆	一次性拌浆量为 $4m^3$，效率高；时间可控；置换出的浆液满足指标要求，可二次利用，节约成本	需人力较多

此外，由于水下破碎地层存在裂隙，密封性较弱，水体容易渗透进入掌子面，土仓内的泥浆将快速产生离析、沉淀。因此为了保证泥膜的质量和指标，在分析膨润土参数的基础上，对膨润土泥膜形成模式进行了 30 组试验，经分析比对采用渗透模式和隔膜模式同时调整前仓泥浆的方式形成的泥膜最为稳定。

(1)渗透模式

经试验综合比选后，采用高比重膨润土、高黏度膨润土、适量海水膨润土、大颗粒材料(堵漏剂、锯末、稻壳)按比例制作高比重、低黏度的新浆，见表 7-4，采用气垫仓底部注入上部放浆的方式，进行前部浆液置换，待顶部平衡管放出新制高比重浆液后，提高仓压使高比重浆液向地层中渗透，在仓压提高的过程中观察液位变化，此时液位会有缓慢的下降，这表示浆液正在向地层的裂隙中渗透、填充，循环置换浆液并进行液位变化观察，直至液位长时间稳定即代表高比重泥膜制作完成。

渗透泥膜制作参数　　表 7-4

材料	高比重膨润土(红土)	高黏度膨润土(黄土)	海水膨润土	大颗粒材料(堵漏剂、锯末、稻壳)	水
参数	30(袋/40kg)	10(袋/40kg)	1～2(袋/40kg)	2(袋/25kg)	$4m^3$

注：1. 浆液比重为 1.2～1.25，黏度为 30～40Pa·s。

2. 前仓置换完成后，将仓压提高 0.08～0.1MPa 进行劈裂渗透。

(2)隔膜模式

经试验综合比选后,采用单一高黏度膨润土(浆液比重为1.0~1.5)制作高黏度的泥膜,黏度控制在70~80Pa·s。在同等的土仓压力(高0.1MPa)下进行开挖仓泥膜置换,直到上部平衡管放出高黏度的浆液为止,然后每小时转动10min刀盘,转速控制在0.3~0.8r/min,保证高黏度膨润土均匀地吸附在掌子面上,从而形成稳定的泥膜。

2)压力值确定

确定带压换刀所需的压力值,关键是要确定刀盘切口的压力值,然后按照相关规范的规定并考虑一定的安全系数来确定潜水员可承受的气压值,加压幅值越小,对人体生理健康越有利,劳动效率越高,单班持续工作时间越长。气压值主要是在确定隧道的岩层情况、水土压力情况以及潮汐情况的基础上,根据切口水压力上限值和下限值的经验公式进行换算。压力值设定过大时,造成掌子面压力过大,可能导致地面冒浆、坍塌等风险;取值过低时,会降低掌子面自稳能力,可能导致坍塌、滑层等风险。因此在确认完压力值后,应先进行保压试验,确保压力值准确无误。

在形成稳定的泥膜后,为减少由于掌子面和刀盘压力不均而造成的失稳或者坍塌风险,需合理确定仓内气压,主要是根据经验公式计算出切口压力的上、下限值,并根据潮汐变化时间进行调整。其中切口水压采取岸上段水土合算、海中段水土分算的方式进行计算,如图7-7所示。该开仓作业已进入海中区域,因此采取水土分算的方式。

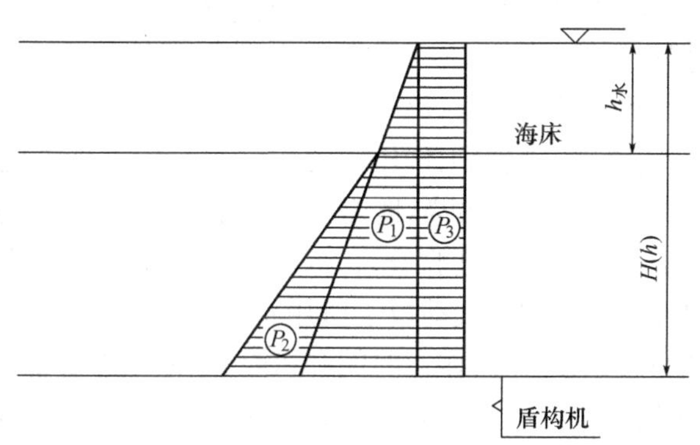

图7-7　切口水压(海中段)

$h_水$-海水的深度,m;$H(h)$-隧道埋深,m

切口水压上限值

$$P_{fu} = P_1 + P_2 + P_3 \tag{7-3}$$

$$P_{fu} = \gamma_w \times h + \sum K_0[(\gamma - \gamma_w) \times d] + 20 \tag{7-4}$$

式中:P_{fu}——切口水压上限值,kPa;

P_1——海水压力,kPa;

P_2——静止土压力,kPa;

P_3——变动土压力,kPa;

γ_w——水的重度,kN/m³;

h——海水的深度,m;

K_0——静止土压力系数;

γ——土的重度,kN/m³;

d——各层土的厚度,m。

切口水压下限值

$$P_{fl} = P_1 + P'_2 + P_3 \tag{7-5}$$

$$P_{fl} = \gamma_w \times h + \sum \{K_a[(\gamma - \gamma_w) \times d] - 2 \times C_u \times \sqrt{K_a}\} + 20 \tag{7-6}$$

式中:P_{fl}——切口水压下限值,kPa;

P'_2——主动土压力,kPa;

K_a——主动土压力系数;

C_u——土的凝聚力,kPa;

其余参数含义与切口水压上限值一致。

对于厦门地铁2号线海底段,经过计算和综合考虑监测情况等,换刀舱内气压宜根据潮汐情况每小时进行调整,控制在0.19~0.25MPa之间。在形成稳定的泥膜和确认正确的压力值后,方可进行保压试验,保压成功后,便可进行带压进舱作业。

3)带压进舱作业流程

带压进舱前应先做好进舱人员、进舱物资及应急物资的准备,检查盾构设备确保盾尾刷、盾壳、盾尾铰接的密封性,以及管片密封性系统的完好。处理好气泡舱液之后,24h内持续观察盾构机气泡舱保压情况,确保气压比工作压力高1MPa。保压效果主要是通过海面监测情况和保压过程中空压机加载间隔时间来进行综合分析判断。当气泡舱内的气压在空压机补气情况下可持续保持稳定时,说明满足进舱工作压力要求。具体的带压进舱作业流程如图7-8所示。带压动火作业对人员的素质要求极高,既需要满足带压环境下的作业要求,又要具备较高的焊接技术水平。相较于普通的带压进舱换刀,带压动火作业需要使用的设备,管线,有焊机线路、水下割枪与气动磨机所用管路,气动扳手所用管路均增加。因此,动火作业前要保证管线连接有序、可靠。尽量避免增加舱内作业时间和风险,保证舱内设备使用的安全。

厦门地铁2号线海底隧道段,盾构在超长距离掘进中,穿越10种特殊地层且承受0.55MPa的高水压,对海底带压进舱作业和动火作业技术要求高,以现场第一次带压开舱换刀及动火作业为例进行阐述,主要开展了以下几个方面的工作:

(1)管线连接。由于带压动火作业所需要使用的设备增加,连接的管线复杂,一旦破损容易引起漏电、火灾甚至导致爆炸等风险,因此在盾构机选型时应合理设置管线连接部位,并在动火作业前全数检查连接情况,确保连接正确可靠。盾构机在设计过程中已将接线装置内置于气垫舱壁内上部,于开挖舱内合理设置排线管路,主要连接焊机电线、工业气管、工业氧气管。

焊机放于隧道内部,所用焊接线、接地线通过两道舱壁连接至开挖舱内。进舱作业前将预留的焊接线、接地线从气垫舱舱壁拉出连接到焊机上,将焊接线、接地线连接至开挖舱舱壁。人员进入开挖舱后,打开位于开挖舱11点位的预留舱盖,将自带焊接线、接地线与舱盖内的预留接头相连。

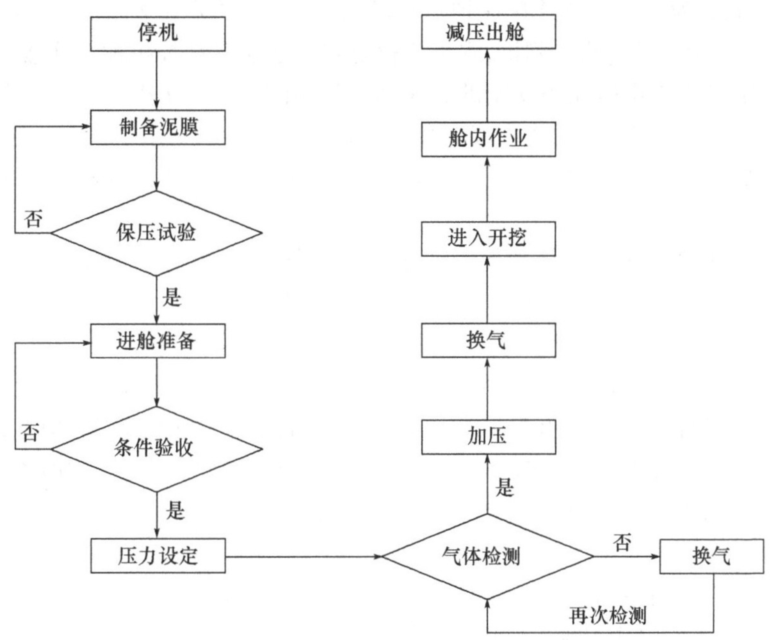

图 7-8　带压进舱作业流程

工业气管为气动扳手、气动磨光机提供动力。气垫舱舱壁(物料舱上部)上有一根连接于外部工业气源的 2 寸管路,平时球阀处于关闭状态,使用时打开球阀;在舱内同位置球阀处连接一根气管,穿过闸门,引入开挖舱。工业氧气管路则连接在物料舱上部的预留球阀 B62 上,外接工业氧气瓶,内接水下割枪。水下割枪亦利用上述焊机的焊接线、接地线及工业气管进行连接。

(2)舱内空气置换。舱内焊接作业会产生烟雾和废气,且舱内空间狭小,排放困难,必须有序地进行排烟、通气,保证舱内环境安全。为保证舱内人员安全,进舱人员需佩戴口罩,焊接时需使用面罩;为保证舱内烟雾排放和人体呼吸所需流通的空气,在开挖舱内的动火作业位置设置排气管路,管路穿过两道舱壁并连接至隧道。排气管路由 SOMANS 系统自动供气,并利用顶部平衡管球阀来排放舱内烟雾和保持压力平衡,进而实现气体自动循环。

气体循环系统作业时,连接开挖舱的 1 号球阀和连接气垫舱的 3 号球阀均处于打开状态,2 号球阀关闭,从而保持前后舱压力平衡。当舱内焊接产生的烟雾较大时,舱内人员联络控制室进行排烟处理,这时把平衡管上连接气垫舱的阀门(3 号)关掉,把平衡管连接开挖舱的阀门(2 号)打开 1/3 进行排烟,这时开挖舱内气体减少,气垫舱气体由 9 点舱门位补入开挖舱,完成空气的置换。由于舱内人员对舱压变化较敏感,为减小舱内人员不适,阀门的开度不宜过大,当舱内烟雾排完,把 2 号阀门关掉,再把 3 号阀门打开。在此期间需要专人进行联络与操控,保证切割、焊接的顺利进行。

排气管路球阀开闭度的控制根据刀盘舱内具体情况进行适当调整,在人员作业区域要满足 8 ~ 10m^3/min 的压缩空气排风量。主控室操作员严密监控气体流量计,气体流量计的流量不能超过盾构机空压机的最大供气量。调整排气阀的开度时,必须同时考虑舱内气体质量和气体流量计流量。

(3)动火作业。为保障安全并快速地进行动火作业,采用水下割枪对原刀座位置堆焊进行切割,区别于常用的氧气、乙炔割枪,水下割枪是将工业氧气和焊机地线连接至割枪,利用电和氧气进行切割,电弧放电融化需切割的金属,同时炽热的金属与氧气发生氧化反应,放出大量的热,又在氧气气流的作用下,吹去液态金属,从而达到连续切割的目的。用气动的磨光机对刀具进行打磨,以便更好地焊接。刀座定位完后,舱内采用普通的500A焊机(电流220A)进行堆焊焊接。

(4)动火作业监测。为能更好地保障动火作业安全,需时时对动火作业过程进行监控,以便对突发情况采取针对性措施。厦门地铁2号线海底段,经过两次专家座谈会探讨后决定采用海面监控、掌子面监控和外部气源监控三种监控措施来加强现场监控。

进舱作业期间安排测量监控人员乘坐巡逻船只在盾构机刀盘位置的海面上巡逻,观察海面是否异常,一旦出现冒泡等说明存在气体泄漏、掌子面出现裂隙的现象,应立即通知井下进舱人员停止作业,退出开挖舱,完成撤离,最后进行开挖舱的液位恢复。进舱人员在舱内作业时,安排1人观察周边环境及泥膜稳定性,并负责和外部的通信联络,动火作业时若发现掌子面有破损,应立即涂抹事先准备好的衡盾泥浆液,快速封闭泄漏通道,减少施工风险。安排井下技术员监控空压机运行状态和萨姆森系统进排气情况,并对进排气时间和气量进行记录,通过进排气的变化来判断是否有泄漏、舱内压力是否正常。

在进行特殊地层带压进舱动火作业后,刀具和刀座等关键部位已被修复,能继续恢复掘进。通过带压开舱作业和动火作业的实施,优化并验证了轨道交通盾构跨海隧道施工带压作业和动火作业施工技术,为后续完成区间内所有带压开舱作业和动火作业奠定实践基础。同时,带压开舱动火作业中泥膜制作的选择、压力值的确定、管线连接、空气置换、动火作业、监测等方面优化措施的经验总结,也可为后续其他盾构法工程带压开舱动火作业提供借鉴和解决重难点的思路。

7.4 水下大盾构施工案例分析

武汉地铁8号线黄浦路站—徐家棚站越江盾构法隧道工程位于武汉长江二桥上游450m处,直径为12.1m的单管双线复合衬砌隧道。隧道自武昌徐家棚站始发,过江进入汉口黄浦路站接收。盾构区间全长3185.5m,平面最小曲线半径为700m,越江纵断面线路出黄浦路站后,线路以坡度为-18.4‰、坡长为1710m的纵坡下坡,至江中线路最低点处以坡度为+4.8‰、坡长为420m的缓坡上坡,然后以坡度为+27.49‰、坡长为952.708m上坡至徐家棚站。

盾构穿越地质为1820m全断面粉细砂地层和1365m上软下硬复合地层,胶结岩石最大抗压强度达24.5MPa,隧道过江江面宽度为1500m,江堤宽度为1750m,隧道最大覆土36.5m(武昌江堤);江中最大覆土21.2m,最小覆土11.04m,水深最大处可达31.92m,按警戒水位27.3m计算,最深处位于水下59.28m,水土压力最大值为0.674MPa,盾构穿越长江段示意图如图7-9所示。

根据隧道断面分析,该项目盾构穿越段主要地质为粉细砂、强风化砾岩、圆砾土、中等胶结砾岩、弱胶结砾岩以及粉质黏土。根据含水介质和地下水的赋存条件，区内地下水可划分为上层滞水、松散岩类孔隙水、基岩裂隙水三种类型。上层滞水主要赋存于两岸的人工填土中，无统一自由水面，接收大气降水和供、排水管道渗漏水垂直下渗补给，水量有限。松散岩类孔隙水主要赋存于第四系砂土层中，为本场区主要含水层，与长江具有密切的水力联系，补给主要来源于长江水，水量丰富；由于场区砂土层多低于长江水面，故其内孔隙水多具承压性，承压水头与长江水位相近。基岩裂隙水主要赋存于中—微风化基岩裂隙中，补给方式主要为上覆含水层的下渗补给，具承压性；因场区基岩岩质较软，基岩裂隙多为密闭型或被泥质充填，基岩裂隙水贫乏，盾构穿越段主要地质情况剖面如图 7-2 所示。

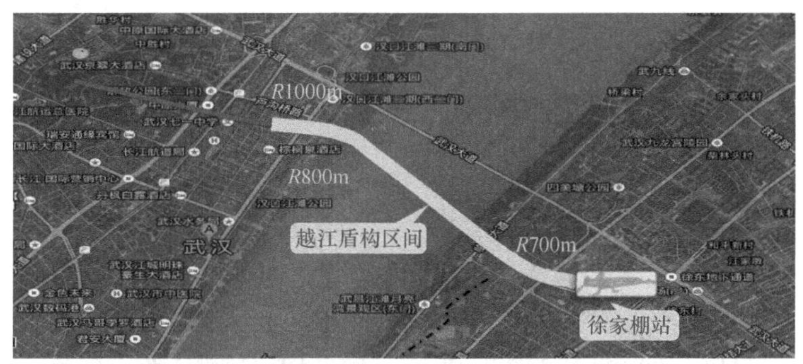

图 7-9　项目穿越长江段示意图

两岸一级阶地的砂土层中的孔隙式承压水受江水影响明显，在长江丰水期，江水补给地下水，反之地下水补给江水，年变幅随着与长江的距离增大而减小。在 1 ~ 3 月承压水位较低，枯水期（2 月）承压水位一般为 11.6 ~ 15.0m；7 ~ 9 月承压水位较高，丰水期（8 月）承压水位一般为 20.4 ~ 22.8m。地下水的径流相应表现为每年丰水期地下水由长江向阶地内侧流动，反之地下水从阶地向长江流动；在长江平水期，地下水的径流速度极为缓慢。本场区无地下水开采点，地下水主要往长江排泄，每年长江枯水期是地下水排泄的主要时段。河床段第四系孔隙式承压含水层与长江水有着密切的水力联系，地下水位随长江水位的起落而升降。

由于其穿越环境复杂、设计理念新颖，具有一定的难点与特点。项目合同工期仅有 27 个月，对比同类型盾构隧道工期均在 40 个月以上，该项目工期紧张，施工压力大，同时隧道段内部设置复合式二次衬砌结构，施工交叉作业相互干扰，再次加大了工期压力。盾构自徐家棚车站始发后，随即穿越武昌徐家棚地区旧城改造棚户区以及运营中的武九铁路既有线。棚户区民房密集，多为 20 世纪老旧建筑，盾构机将连续在房区下方穿越长度达 600m，涉及 700 多座民房，存在巨大风险。此外武九铁路为现有运营铁路，沉降控制要求高，盾构穿越施工风险大。

盾构机在进入江底后长距离穿越强透水、上软下硬复合地层（其中上部为全粉细砂地层、中间部分为 1365m 强风化砾岩层、750m 弱胶结砾岩和 430m 中等胶结砾岩），江底水土压力高，江中冲槽覆土浅，易击穿冒顶，掘进过程中面临上部地层强透水、开挖面易失稳，中部软岩易致刀盘结泥饼，下部岩石强度高易致刀具磨损；施工中面临掘进速度慢、掘进方向难控制等多项世界级技术难题。

盾构隧道外径为 12.1m，是目前国内直径最大的单管双线地铁盾构隧道，盾构断面最高水土压力达 0.674MPa，最大覆土深度达 37m，江底最深处位于常水位下 51m。该工程采用复合式衬砌结构，为国内轨道交通隧道中首次采用复合式二次衬砌结构设计，隧道内空间有限，衬砌施作的同时不能影响盾构正常掘进，施工工期十分紧张，同时其盾构刀盘采用了最新的常压滚齿互换技术，以有效应对土岩复合地层带来的施工难题，但该技术的实际应用尚属首次。针对水下掘进过程的重难点问题，主要采取了以下几个方面的施工处置措施：

1）盾构机选型

根据该工程越江区间施工工况、地质情况及周边环境要求，结合南京纬七路越江隧道及南京地铁10号线越江隧道施工经验，选择一台海瑞克气垫泥水平衡盾构机用于该工程施工。盾构机如图7-10所示。

图7-10　项目所用盾构机

对于刀具配置选型问题，该项目在南京地铁10号线刀盘设计基础上，应用部分常压可更换滚刀的设计，最终刀盘开口率设计为28.5%，设置滚刀15把。适用滚刀的地层为⑮$_{b-2}$与⑮$_{b-3}$，其总长度为750m，并且还未达到半断面，侵入隧道断面长度最大为3.5m，根据隧道情况统计，侵入隧道范围3m以上的区间长度约为50m，在主臂内布设轨迹覆盖其断面范围的可常压更换双刃滚刀，并实现滚齿互换，盾构机刀盘的刀具参数见表7-5，盾构机刀盘面板如图7-11所示。

盾构机刀盘的刀具参数　　表7-5

项　目	参　数
面板	6臂辐条式
开口率	28.5%
双刃滚刀	15把（可更换，边缘3.5m范围）
先行刀	10把（可更滑）+8把固定
刮刀	13把（可更换）+123把固定
中心刀	10把（可更换）
边缘刮刀	12套（78把）

海瑞克设计了能够实时监测滚刀转动的“DCRM”系统，根据系统反映情况及时更换刀具：

粉细砂层的开挖依靠贝壳形先行刀和重型刮刀；遇到硬岩时可更换为滚刀布置，采用双刃刀具，以提供更大反力用于滚刀启动，防止偏磨；在面对胶结砾岩层中单体强度较高的砾石时，能将其破碎，刀具如图 7-12 所示。

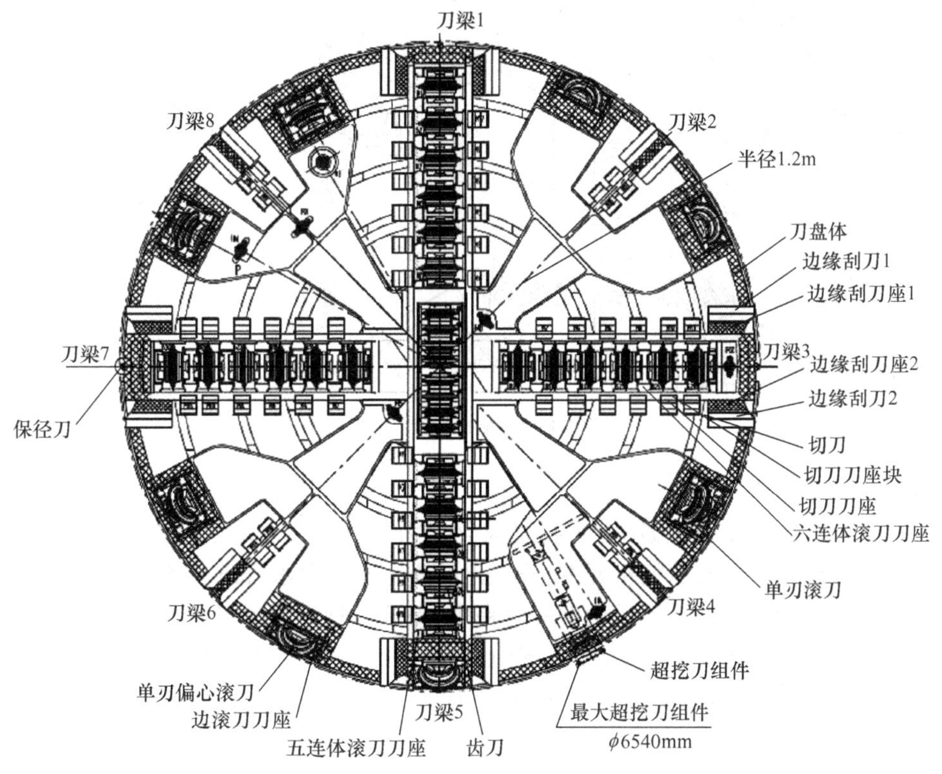

图 7-11　该项目使用盾构机刀盘面板图示

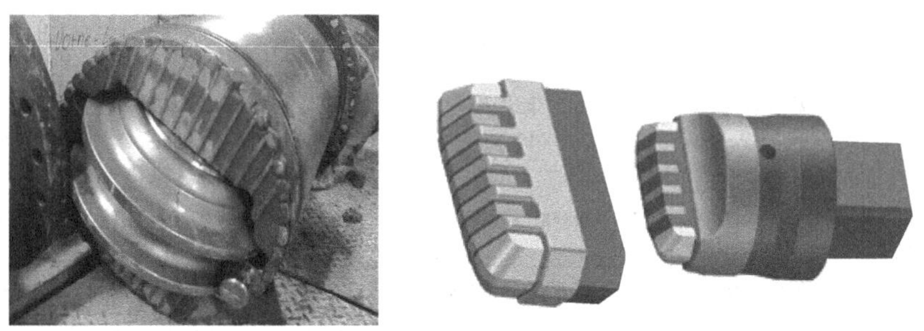

图 7-12　双刃滚刀(左)与贝壳形先行刀(右)图例

刀盘盘面设计 12 个高压冲刷口，在保证开口率及高压冲刷作用下，及时将仓内渣土输送至洞外，避免胶结砾岩层中出现刀盘结泥饼等现象。12 个中心冲刷口分别布置于主副臂上，如图 7-13 所示。中心冲刷系统采用 DN80 管路，工作流量为 500m^3/h，工作压力可达 1.5MPa。位于主臂上的冲刷口向刀盘中心方向冲刷，有效防止中心结泥饼的现象；位于副臂的冲刷口向刀盘外边缘方向冲刷，加强中心部位土体流动，加速切削土体流动，防止渣土集结。

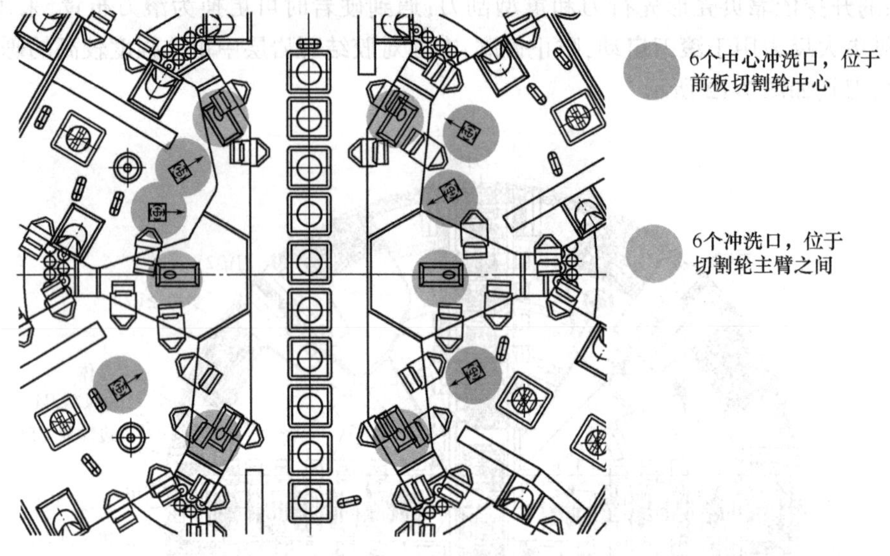

图 7-13　冲刷口布置示意图

2）下穿长江盾构施工控制

越江隧道穿越地层以粉细砂、卵砾石及风化岩为主，拱顶大多位于强透水性的粉细砂地层。盾构隧道采用泥水平衡盾构机开挖，开挖出的渣土通过泥水管道循环至泥水处理场，经泥水处理场渣土分离后进行外运。盾构掘进过程中，管片与地层之间的环形间隙采用水泥砂浆同步注浆回填。掘进完 2m（1 环）后在盾尾内拼装管片，盾构隧道采用管片错缝拼装，采用斜螺栓连接。管片环采用 7 + 1 形式，通用楔形量为 52mm，环宽 2m，采用 1/3 错缝拼装，管片接缝采用弹性密封垫防水。

江底段主要穿越地层为圆砾土、胶结砾岩以及风化砾岩，现场实际掘进参数见表 7-6。

江底穿越段主要控制参数表　　表 7-6

一、掘进参数						
地层情况	气垫仓泥水压力（MPa）	推力（kN）	推进速度（mm/min）	转速（r/min）	扭矩（MN·m）	
江中粉细砂及卵砾石、全风化砾岩段	0.46 ~ 0.56	60000 ~ 80000	25 ~ 35	0.9 ~ 1.1	5.0 ~ 8.0	
弱胶结砾岩	0.52 ~ 0.58	60000 ~ 90000	20 ~ 25	1.0 ~ 1.2	6.0 ~ 9.0	
中等胶结砾岩	0.52 ~ 0.56	60000 ~ 110000	15 ~ 20	1.0 ~ 1.2	7.0 ~ 10.0	
二、同步注浆配合比						
地层情况	水泥（kg）	粉煤灰（kg）	砂（kg）	膨润土（kg）	外加剂（kg）	水（kg）
粉细砂、风化岩层	100	250	1250	80	5.3	445

盾构穿越复合地层距离长达 1365m、最大水压高达 0.67MPa，地质复杂，最大岩层强度高达 24.4MPa，因此施工难度大，需要采取有效的施工措施、优化施工参数，快速、可靠地建立盾构泥水平衡，才能避免施工中出现问题。

(1)在盾构越江前对江底地形进行勘察,对江面高程进行现场测量,并随掘进跟踪测量,以保证理论切口压力的准确性。在穿江前对不同轨迹上的刀具进行常压进仓检查,必要时进行刀具更换。同时在穿江前对盾构机及地上、地下配套设备进行全面检查及保养维修,避免带病作业。

(2)由于盾构穿越江底的过程中,顶部覆土浅、水压高,较难控制,稍有不慎使切口水压波动较大都有可能击穿江底,使江水倒流,产生危险。因此,在技术上要求操作人员将切口水压波动值控制在 -20 ~ +20kPa之间。其次切口水压要根据监测信息及时进行调整。严格控制主要掘进参数,如总推力、推进速度、排泥量,减少泥水压力波动,采用低速均匀掘进,加强泥浆管理和出土量监控,防止超挖和欠挖;复合地层掘进中经常出现推力增大、扭矩增大、贯入度降低、掘进速度慢等现象,一旦出现以上现象,要立刻停止掘进并分析原因,结合地质情况制定合理的掘进参数,确保正常掘进。

(3)同步注浆是防止地层沉降的重要措施。江底压力大,同步注浆量不足、不均匀,有可能导致成型管片受力不均匀,出现变形、错台,最终导致漏水,影响结构稳定。因此,应控制好同步注浆压力和注浆量,注浆量控制在150% ~250%。为防止注浆压力过大而顶破覆土层,在注浆机的控制系统中设置压力限位阀。在穿越胶结砾岩地层时,掘进产生的渣土以砾岩为主,经过碎石机后以粒径为100mm左右的颗粒为主,由于岩类颗粒大、密度高,因此采用大比重泥浆推进,以便增强携渣能力。泥水比重控制在1.20 ~1.25g/cm^{3}之间,黏度控制在22 ~25Pa·s。为确保泥水质量,在推进过程中,要加大泥浆测试频率,及时调整泥浆质量,保证掘进顺利进行。

(4)盾构平面高程姿态控制。盾构机应保持平稳推进,减少纠偏。考虑到在岩石层掘进,压力稍大容易上漂,但由于岩石基底坚固,掘进断面整体性好,在掘进趋势确定后较难改变,一旦上浮很难实现下坡掘进。因此盾构掘进时,要严格控制盾构中心与隧道设计高程的偏差。

3)*盾构机接收控制*

盾构机采用覆土暗接收,盾构机接收基座采用砂浆基座,在盾构机到达接收加固区前进行洞门的破除,并在封闭的接收井内填土、灌水,盾构机在保持水土压力平衡及有效反力下到达接收,盾构机水下接收如图7-14所示。

图7-14 盾构机水下接收

7.5 水下隧道建设展望

近年来,综合管廊开发逐步深入,而穿江过河隧道由于其特殊性和少见性,理应获得更多的关注。即未来城市的开发应协同考虑,通过大盾构技术来实现诸如“公路—地铁隧道”“地铁—市政管线隧道”“公路—市政管线”等多元素组织的一体化设计,最大限度地保障长距离穿江过河隧道安全施工,大断面盾构多接口设计案例如图 7-15 所示。

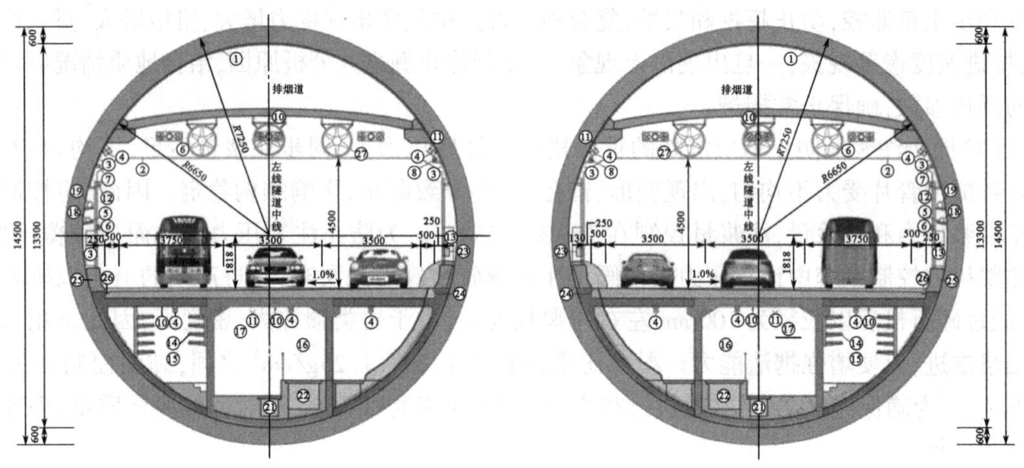

图 7-15　大断面盾构多接口设计案例(上部为行车道,下部为综合管廊)(尺寸单位:mm)

前文提到的一体化设计理念实现的前提就是大盾构技术的逐步深入,大断面盾构机由于其庞大特性,刀具配置更灵活、刀间距更大、维修和保养换刀作业空间也更大,这些天然特性使大断面泥水盾构成为穿江过河施工的最优设备,其改造升级空间更大,设备新增提升的想象空间也越好。

时至今日,以无人机、智能互联等一批信息化产品为代表的设备越来越多地运用于各行各业中。施工信息化,尤其是设备信息化更是未来的趋势,盾构机作为大型设备的组合,更应持续研发信息化装备技术。常见的穿江过河技术的信息化升级技术主要有超前地质探测预警、无人机河床扫描监测、盾构推进系统实施监测等。

|第 8 章|

其他特殊地段盾构法隧道施工

本书前文主要针对区间不良地质、区间近接施工等特殊地质环境条件进行了施工控制点的说明。本章主要从盾构法隧道本身的特殊线形、特殊净距等线路设计方面出发,全面分析盾构施工前的特殊预控方案和保护方案;利用"外部加强、内部加固"技术管理策略,总结小半径、小净距、浅覆土等特殊线路区段的盾构掘进措施。

8.1 小半径段盾构施工控制技术

城市地铁设计中,为了规避地下障碍物、远离地下管线、线路整体规划等诸多因素,难免造成区间线路中出现小半径曲线的情况,通常认为转弯半径小于 350m 的区段为小半径区段。为了确保小半径曲线施工顺利,应重点从盾构机选型、管片选型及隧道缺陷治理三个方面进行盾构施工控制。

8.1.1 小半径区段技术难点

1)盾构掘进姿态控制难度大,纠偏困难

盾构机本身为直线形刚体,存在固定的转弯半径,不能与曲线完全拟合,如图 8-1 所示。曲线半径越小则纠偏量越大,盾构掘进线形就越难控制。同时,小半径意味着盾构掘进姿态需要大幅向一侧调整,此时需要盾构机两侧的推进油缸需要形成一个很大的行程差才能满足线路线形要求。这种情况下,可用于盾构姿态调整的油缸行程调整余量就变小,导致隧道轴线控制和纠偏的难度加大。

2)管片拼装受力不均,造成管片错台

管片存在一个水平方向的受力,不但会使整段隧道衬砌管片发生水平偏移(即前面所述的侵限现象),还会导致管片之间产生相对位移、形成错台。由于管片的特殊受力状态,管片与管片之间存在着斜向应力,使得前方管片内侧角和后方管片外侧角形成两个薄弱点(图 8-2),相当多的管片因此破裂。还有一个破裂原因,即相邻两环管片产生了相对位移,使得管片螺栓对其附近处的混凝土产生剪切作用,使该处的混凝土开裂。

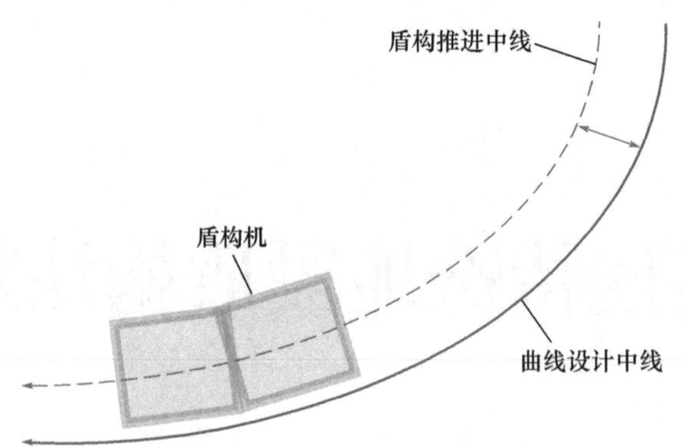

图 8-1　小半径区段盾构姿态纠偏示意图

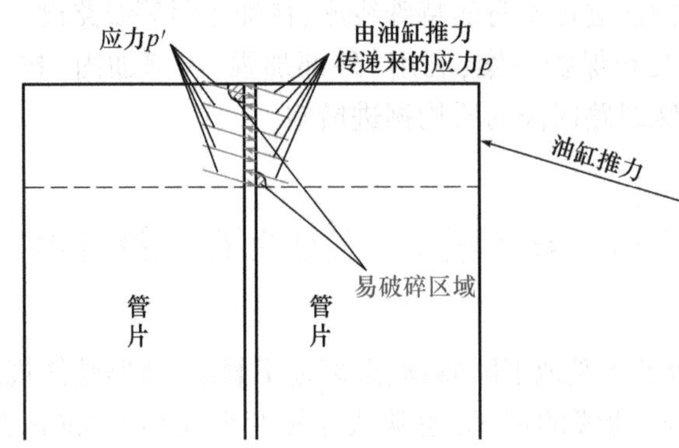

图 8-2　管片受力错台破损示意图

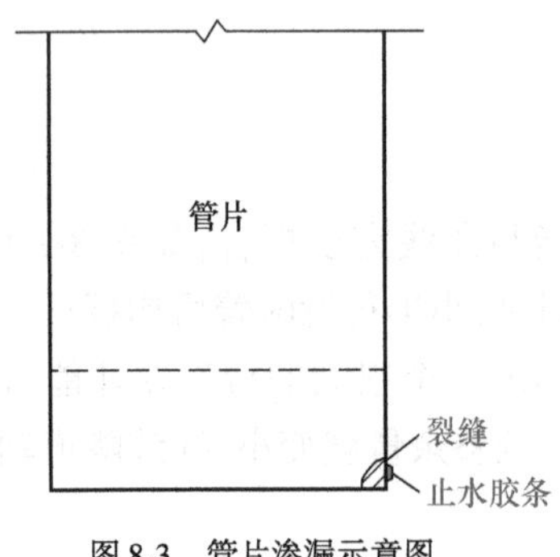

图 8-3　管片渗漏示意图

3)管片密封不严,渗漏水严重

由于曲线段管片拼装密封效果不能像直线段那样完全紧贴,故在小半径曲线段,极易因密封不严导致管片接缝处渗漏,如图 8-3 所示。造成小半径曲线段漏水现象严重的原因大致如下:

(1)管片错台导致止水胶条衔接不紧密。

(2)拼装效果不好和止水胶条破坏。

(3)管片环外侧的混凝土开裂(转弯段因盾尾间隙减小过多,使得管片被盾尾钢环刮坏),裂缝绕过止水胶条。

4)不断纠偏超挖,引起地层沉降

小曲线隧道的施工除了有直线段隧道施工的地层变形因素外,还有以下两个影响因素:

(1)由于盾构机处于纠偏状态,超挖刀也不断进行超挖掘进,开挖断面为一椭圆形,实际挖掘量超出理论挖掘量,增加了地层不稳定因素。

(2)由于纠偏量较大,对土体的扰动也大,地层损失量也增加,容易造成较长时间的后期沉降。

8.1.2　小半径区段应对措施

对于小半径转弯的难点，主要是从盾构机选型（铰接装置）、管片选型和拼装掘进参数及线形控制几个方面，并结合相应的施工措施来解决。特别是要采取同步注浆和二次双液注浆相结合的措施，以保证小半径圆曲线段成型管片不出现侧向移动；并要及时填充围岩空隙保证土体稳定。

1）盾构机选型

（1）选用主动式铰接盾构机，提升纠偏灵活性。采用具有主动式铰接的盾构机进行施工，增加了盾构的灵敏度，方便盾构掘进纠偏，确保曲线施工的推进轴线控制；同时，采用主动式铰接系统进行线路微调，可有效提升管片拼装质量，减少管片破损和渗漏水。

（2）刀具配置考虑超挖量，控制地表沉降。在曲线施工时可根据推进轴线情况进行部分超挖，但超挖量不易过大；但另一方面，超挖会使同步注浆浆液因土体的松动进入开挖面，加上曲线推进时反力下降的因素，会产生隧道变形增大的问题。因此，超挖量最好控制在超挖范围的最小限度内。

（3）考虑盾尾间隙余量，提高管片拼装质量。盾构机急转弯过程中，是整个盾体在转弯，若想确保盾构掘进线形与设计线形一致，则必须对掌子面进行超挖，通过加大开挖面来扩大盾体调整的空间。由于盾体左右调整，且已拼装成型的管片无法移动调整，故盾体与管片的间隙就会有一侧相应减少。盾尾间隙过小会给管片拼装造成很大的困难，导致管片无法拼装到位，故在盾构机选型时，应尽量选择盾尾间隙大的盾构机进行小半径曲线段施工。

2）管片选型和拼装

（1）管片选型。对于存在小半径区段的盾构施工来说，管片选型和拼装对成型隧道的质量有重要影响。从国内小半径盾构施工经验来看，单环管片越小，对于隧道掘进纠偏和管片拼装的好处越大，即对于小半径曲线段来说，应尽量选择小宽度的管片作为隧道拼装管片，常见的有 1.0m 和 1.2m 宽的管片。

（2）管片拼装。在管片拼装时，应根据盾尾与管片间的间隙进行合理调整，使管片与盾尾间隙得以调整，便于下环管片的拼装，也便于在下环管片推进过程中盾构能够有足够的间隙进行纠偏；同时，应根据盾尾间隙，合理选择楔形管片。

在小曲率半径段掘进过程中，盾构机的盾尾与管片间间隙的变化主要体现在水平轴线两侧，管片转弯正常跟随盾构机。当盾构机转弯过快时，隧道外侧的盾尾间隙就相对较小；当管片因楔形量等原因超前于盾构机转弯时，隧道内侧的盾尾间隙就相对较小。因此，当无法通过盾构推进和管片拼装来调整盾尾间隙时，可考虑采用楔形管片和直线形管片互换的方式来调整盾尾间隙。

3）掘进参数及线形控制

盾构掘进过程中，可采用下述方法来保证盾构推进轨迹和隧道设计中线的偏差在设计允许范围内。

（1）采用调整盾构千斤顶的组合来实现纠偏。盾构千斤顶按上、下、左、右 4 个区域扇形分布，推进千斤顶的油泵为变量泵，当盾构需要调整方向时，可通过比例阀调整4个区域的油压，来调节千斤顶的顶力。当盾构偏离设计轴线而需要纠偏时，可在偏离方向相反处调低该区域千斤顶工作压力，造成两区域千斤顶的行程差；也可采用停开部分千斤顶获得行程差，但采取这种方式易造成衬砌部分区域受力不均，使管片损坏。盾构纠偏时要使千斤顶各区域压力分布呈线性状态，如盾构要向右纠偏，除左区要较右区有一个较大的压力差外，上、下区域的压力也要适当，一般可取左、右区域压力的平均值。同理，当需上、下纠偏时，可造成上、下区域千斤顶的压力差。

(2)采用微量楔形料进行隧道管片纠偏。在曲线段采用管片环面上粘贴楔形低压棉胶板的方法，使直线段管片成为微量楔形轴线，和设计轴线拟合。石棉橡胶板的压缩率为12%，分段粘贴好的石棉橡胶板在推进过程中经千斤顶压缩后，成一平整楔形环面。

(3)严格控制盾构掘进单环纠偏量。盾构的曲线推进实际上是处于曲线的切线上，推进的关键是确保对盾构头部的控制，由于曲线推进盾构环环都在纠偏，须做到勤测勤纠，而每次的纠偏量应尽量小，确保楔形块的环面始终处于曲率半径的径向竖直面内。

8.1.3 工程施工案例

1)工程概况

上海某项目出入线段为两个单线盾构法隧道，包括西出入段线和东出入段线，东出入段线最小半径为230m，如图8-4所示；西出入段线最小半径为250m，如图8-5所示。

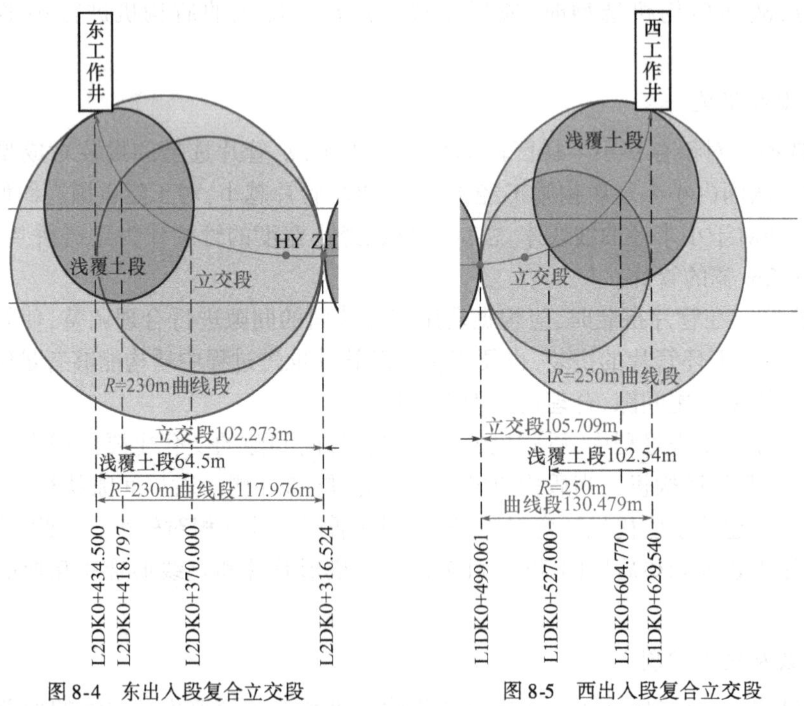

图8-4 东出入段复合立交段　　图8-5 西出入段复合立交段

2)纠偏措施

该项目采用小松盾构机掘进，盾构外径6340mm，盾构内径6250mm，盾尾间隙2×70mm。

盾构机刀盘上安装有 2 把仿形刀，超挖范围为 100mm。推进系统最大总推力为 37730kN，5 根长油缸行程为 2150mm，17 根短油缸行程为 1350mm。左右铰接角度和铰接千斤顶行程差的关系为：铰接千斤顶行程差（mm）= 131 × 左右铰接角度（°）/1.5。由于盾构机具有主动铰接装置，且前后盾体的最大铰接角度为前后 1.5（°）、上下 10（°），故盾构机具有较好的纠偏能力，同时采用仿型刀进行超挖掌子面，两者结合有效地解决了小半径弯道掘进中线偏离和管片拼装问题。

总之，采用主动式铰接盾构机进行施工增加了盾构机转弯的灵敏度，对盾构掘进的轴线控制更加方便，管片外弧碎裂和管片渗水等情况控制较好。但是，由于盾构施工对围岩土体的扰动较大，且盾构掘进时盾构机横向位移较大，故开始小半径掘进施工时，设置初始曲线向内侧预偏 3cm，在施工过程中要根据监测情况及时调整预偏值，保证盾构推进轴线偏差在允许范围内。

8.2　大坡度区段盾构施工控制技术

大坡度区段的出现主要是由于城市内地表建（构）筑物密集、市内河道分布较多，加上受限于地铁线路规划，无法进行大范围的线路调整，为了规避既有的建（构）筑物和市内河道，大坡度盾构施工就应运而生。通常来说，大部分大坡度区段同时也是长距离盾构掘进区段，在这类区段进行盾构施工作业，尤其是要考虑洞内运输设备的性能是否满足要求，并且应重点加强运输设备的“防溜车、防脱轨”管理。

根据《地铁设计规范》（GB 50157—2013）对于线路的最大坡度要求，正线最大坡度不宜大于 30‰，困难地段可采用 35‰，出入场线的最大坡度不宜大于 40‰。

8.2.1　大坡度区段技术难点

大纵坡地段主要的施工难点在于盾构的姿态控制与运输电瓶车的防溜车控制。

1）*盾构掘进姿态控制*

当盾构法隧道坡度较大时，无论是盾构向下偏离轴线还是线路曲线的变化，都要通过调整各组油缸推力来达到纠偏的目的，特别是在下坡时，盾构底部油缸的推力的增大将在设计轴线法线上产生一个向上的分力，这个分力对管片上浮影响很大，随着盾构掘进施工的推进，容易造成成型隧道管片姿态上浮。

2）*运输电瓶车防溜车控制*

盾构施工在大坡度条件下，水平运输设备极易发生溜车、制动失灵、动力不足等现象，电瓶车溜车造成的事故如图 8-6 所示。

图 8-6　电瓶车溜车撞击盾构机

8.2.2 大坡度区段姿态控制措施

1)运输电瓶车防溜车控制

(1)自身制动系统。电瓶车自身配备了空气制动系统和手动制动系统。当电瓶车出现故障时,自身就会启动空气制动系统来制动,防止事故发生;当电瓶车停靠时,除了其自身的空气制动外,应立即采取手动进行制动,以确保其不发生由于制动不够而发生溜车的现象。

(2)设置限位器。当电瓶车停靠时,在电瓶车的前后部位设置限位器,以防止电瓶车由于负荷的变化而发生溜车事故。在盾构机后配套台车部分的轨道上设置三道以上的限位器,万一出现溜车,可以避免电瓶车冲入盾构机主机内造成伤人、损坏设备等事故的发生。

(3)对轨道进行处理。为了保证电瓶车具有良好的制动效果,电瓶车轨道上要做到没有油和泥,对于轨道上的油和泥要及时用水进行清洗,并且在大坡度路段还要撒砂,以增大车辆与轨道之间摩擦力,达到良好的制动效果。

2)掘进参数控制

首先要控制盾体姿态,减小上下推进油缸的行程差,降低下部油缸产生的竖向分力,这种竖向分力会挤压管片使成型管片上浮。在大坡度推进时,适当增加隧道的测量频率,通过多次测量数据的分析来调整盾构掘进的姿态,及时进行纠偏,保持盾构整体的掘进姿态良好。

8.2.3 工程施工案例

1)工程概况

昆明轨道交通6号线二期工程菊华站—东部客运站盾构区间位于昆明市官渡区归十路地段。其中1号盾构井与2号盾构井区间,左线长1212.347m,右线长1221.574m,埋深11.4~21.2m,最小曲线半径为650m,最大纵坡坡度28.5‰。大坡度段长距离运输安全是该工程重难点,区间隧道位于长距离大坡度曲线段,对隧道内的运输产生了较大的制约和影响。

2)控制措施

为了确保长距离运输的安全,要求隧道中的运输机械设备具备良好的制动性能,每天班前对电瓶车及后配套设备进行一次全面的性能检查,确保机械设备的完好性,从源头上杜绝事故的发生。电瓶车停车时有防溜车装置,作业人员不得随意进入轨行区等危险区域,同时还采用了如下的控制措施。

(1)盾构掘进参数控制。盾构机的掘进速度控制在20~30mm/min,减小了推力过大引起的侧向压力变大,并减小对周边土体的扰动。严格控制同步注浆量和浆液质量,在曲线段盾构掘进时控制同步注浆量和质量,根据计算管片壁后与土体的缝隙,保证管片壁后注浆的饱满,根据盾构机掘进时的出土情况和同步注浆的压力来确定同步注浆量。根据地层条件适当配置适宜的配合比,保证同步浆液的黏稠。

(2)土体损失及注浆控制。由于隧道为大坡度曲线段,盾构机势必形成下坡趋势,曲线段盾构掘进纠偏造成出土量过大,还会导致土体的损失,并形成施工空隙。因此每掘进 20 环根据监测情况及时进行二次注浆,以加固隧道外侧土体,并同时形成止浆环,防止同步注浆浆液从管片外壁流入刀盘土仓内造成刀盘结泥饼或损坏。二次注浆配合需根据试验和隧道实际施工情况来综合确定。

(3)盾构纠偏量控制。盾构掘进的纠偏量控制在 3 ~5mm/环。针对不同种类的混凝土管片类型需设置不同的千斤顶行程差,其可被用来控制盾构纠偏量。

(4)采取措施防止电瓶车溜车。

①在盾构机后配套 5 号台车和 1 号台车焊接工字钢增设台车车挡,在特殊情况下可有效减缓电瓶车的滑车速度,避免电瓶车速度过大造成设备损坏和人员伤亡。

②电瓶车轨道增设铁鞋装置。铁鞋装置设置在出土口、始发井口、道岔、5 号台车、1 号台车,每个部位均设置 1 双,在隧道内每 200 环设置 1 双,在 5 号台车尾部 50 环位置设置 1 双;在电瓶车停车后及时使用轨道铁鞋对其进行固定,保障电瓶车稳定停止,避免电瓶车滑车情况发生。

③在电瓶车车头需设置紧急制动锚钩。紧急制动锚钩由空气制动控制,出现紧急情况时按下紧急按钮启动制动锚钩,卡住电瓶车轨枕,使电瓶车强制停止。此装置在电瓶车刚开始滑车或有滑车苗头时才使用,正常情况下启动会造成设备损坏和财产损失,需慎用。

④设置电瓶车硬、软连接装置。对电瓶车运输安全进行双保险设置,包括电瓶车、渣土车、平板车、运浆车均采用此装置。此装置在电瓶车硬、软连接某一处出现问题时,均能起到连接车体的关键作用。

⑤电瓶车喇叭长响装置的声音必须保证响亮。喇叭长响装置的声音与正常运行喇叭的声音不同,该装置电路启动采用蓄电池,不得使用电瓶车电路系统。在电瓶车出现滑车情况时,电瓶车驾驶员按动长响喇叭装置,使电瓶车始终处于警报状态,隧道内人员听到喇叭长响声音后紧急进行撤离。

⑥在 5 号台车出土口处设置投放砂袋包区域,当事故发生时且其他措施得不到保障的情况下由 5 号台车施工人员投放砂袋包,人为造成机车脱轨,保障人员安全。

⑦每天检查电瓶车轨道的清渣、干燥程度,在存有水或油的轨道位置撒细砂,增强电瓶车车轮与轨道的摩擦力以保证电瓶车的制动能力及电瓶车的运行顺畅。

⑧在隧道内每隔 50m 安装一个摄像头,将信号传输至盾构机操作室,盾构驾驶员随时进行监控。当发生电瓶车溜车事故时,盾构驾驶员可立即启动洞内警铃,提醒隧道内人员立即撤往安全地带。

需要注意的是,大坡度盾构掘进中应重点注意对列车轨道的定期检修维保,避免列车长距离下坡过程中出现车轮打滑脱轨,而且要重点注意对列车、台车等设备增设防溜车、防碰撞措施,通过建立缓冲措施降低设备损坏概率。大坡度、长距离盾构掘进过程中,重点注意对管片的多次复紧及盾构姿态纠偏调整,确保成型隧道线形可控,以及管片错台、破损、上浮情况可控。区间应注意增设电瓶车运行提示,一旦电瓶车进入特定区间后,及时提醒该区段影响范围的人员注意观察电瓶车运行情况,做好自身安全保护。

8.3 浅覆土区段盾构施工控制技术

根据国内盾构施工经验来说,当覆土厚度小于1倍盾构机开挖直径时,即可认定该区段为浅覆土区段,如图8-7所示。在该区段进行盾构施工时,应制订专项技术安全应急措施,确保盾构施工安全和周边环境的安全。

对于盾构施工来说,浅覆土区段通常出现在盾构始发接收的区段,并且始发接收的端头井多出现在车辆出入场线如图8-8所示,隧道与高架变坡段如图8-9所示。总的来说,浅覆土段主要出现在区间线路需要大幅度变化的盾构区间。

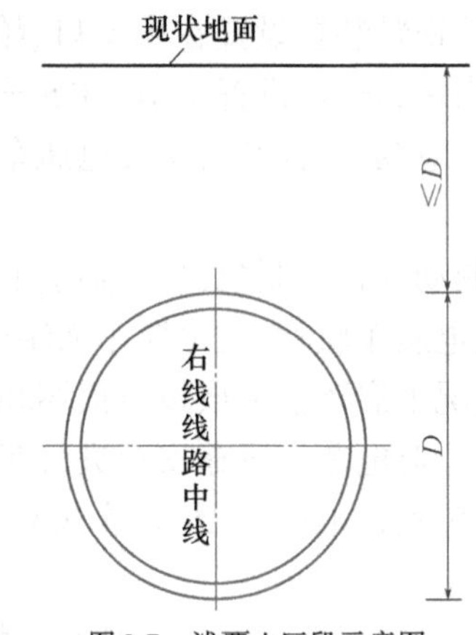

图8-7 浅覆土区段示意图

图8-8 车辆出入场线浅覆土接收

图8-9 地铁高架段

8.3.1 浅覆土区段技术难点

虽然盾构法在沉降控制方面有一定的优势,但采用此法施工仍不可避免地引起地表沉降,尤其是当隧道埋深较浅,盾构推进对地层的扰动更为明显。国内外大量的工程实例表明,盾构穿越浅覆土地层存在许多问题，特别是在地质情况较差的情况下，更是不好控制地表的沉降。地表沉降过大，会影响隧道的安全施工和建筑物的正常使用。当产生不可控的局部超挖时，拱顶浅覆土更容易引起开挖面失稳，甚至造成地表坍塌。

总体来看，浅覆土区段盾构施工主要有以下几个方面的技术难点。

(1)土仓压力控制。土仓压力受区域内浅覆土的影响，在该区段进行掘进施工时，难以将土压控制在合理范围内，因此极易出现冒顶和超挖等问题。

(2)推力控制。推进力及掘进速度这两大因素会对施工区域的上部土体造成严重影响，随之引发土体变形。对于浅覆土层而言，出于提升地面稳定性的目的，应将掘进速度控制在合理范围内。

(3)盾构姿态控制。由于上部覆土层的物理性质较为薄弱，因此增大了掘进中出现冒顶现象的可能性。对此，应重点关注掘进坡度与平面轴线这两大因素，尽可能使两者处于一致状态。施工中的影响因素较为复杂，需频繁进行监测，并对偏差现象做出及时调整。

8.3.2　浅覆土区段预加固方法

对于浅覆土区段来说，主要的加固方法可分为两种形式：一是通过回填抬高原地面，目的是增加盾构机上覆地层厚度，保证盾构始发接收安全；二是设计混凝土盖板或者钢板进行浅覆土区段的反压，通过临时结构的反压来减少盾构机土仓压力和同步注浆的损失，提高始发接收的安全性。对于原地面高程抬高空间较小的地段，可将上述方法组合使用，如图 8-10 所示。

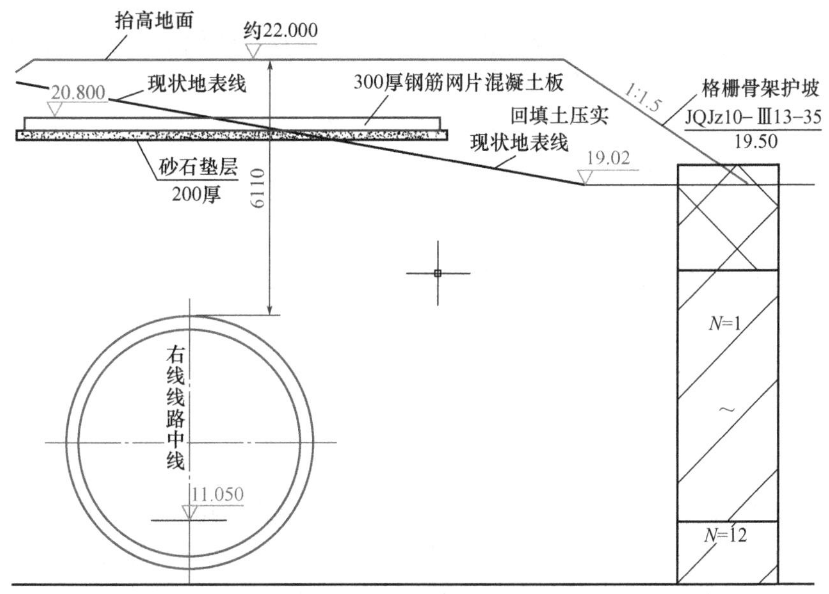

图 8-10　浅覆土区段盖板反压及地表抬高示意图(尺寸单位：mm；高程单位：m)

8.3.3　浅覆土区段盾构掘进控制措施

盾构在浅覆土区段中进行掘进施工存在较大风险，如产生不可控的局部超挖，将引起很大沉降，威胁周边环境安全。结合以往盾构掘进经验，可从以下几个方面进行掘进控制。

1)控制出土量

采用“观察法+称重法”的双控措施,严格进行出土量管理。

(1)观察法:派专人监控出土量,根据土斗装土量判断出土情况,通过土斗的最大装土量,推算单环掘进的出土总量,对比理论值进行分析,确定出土量是否控制在理论值的97%~103%范围内。

(2)称重法:对每斗出土量进行称重,然后与单环掘进理论重量进行比对分析,判断是否超挖或者欠挖,对超挖或者欠挖的情况及时采取相应的补救措施,确保地层稳定。

2)保证注浆质量

(1)注浆量控制在计算范围以内,注浆压力控制在0.5MPa以内。

(2)最大程度利用同步注浆填充满管片背后的间隙。

(3)盾构掘进同步注浆的同时,跟踪进行单液或双液二次注浆。在同步注浆时进行二次注浆跟踪洞内注浆,确保填充效果,浆液根据情况采用单液浆或二次浆液。

(4)注浆位置为盾尾后管片3~4环,注浆时间在盾尾脱出管片后3~4环的时刻。

(5)注浆点位主要在拱顶,注浆压力和注浆量同时进行控制。

3)盾构掘进姿态控制

(1)在盾构施工中要根据不同土质和覆土厚度、地面建筑物,配合监测信息的分析,及时调整平衡压力值的设定。

(2)要求推进过程中盾构姿态保持相对的平稳,控制每次纠偏量不要过大,减少对土体的扰动,并为管片拼装创造良好的条件。

(3)根据推进速度、出土量和地层变形的监测数据,及时调整注浆量,从而将轴线和地层变形量控制在允许的范围内。

4)加强地面监测

提前布设基准点和监测点,通过前和通过中对重要建筑物进行不间断监测并及时反馈信息。

8.3.4 工程施工案例

1)工程概念

上海地铁8号线××区间设计为左右分离的两个单元盾构法施工隧道,全长398.334m,采用法国FCB公司提供的外径6340mm土压平衡式盾构机掘进。隧道内径5500mm,壁厚350mm,由6块宽1000mm的高精度钢筋混凝土管片拼装而成。

区间主地质条件较差,隧道所经地层多为饱和的淤泥质黏土、粉质黏土和砂质粉土,地层大部分为软塑状态,部分地层推进中易液化,盾构推进过程中需选取合理的参数,控制盾构姿态。此外,控制点多且环境保护要求高,其中盾构初推段即出洞口80m段的最大特点是覆土浅,覆土厚度(距隧道顶部)在5.5~7.0m之间,在出洞洞口处最浅仅有5.5m,而且出洞后小半径为350m右转,纵向下坡12.075‰。掘进深度内的土层主要为灰色砂质粉土,局部夹粉砂团块。根据地质报告,存在可液化土层,该层在地下 6 ~ 7m 为轻微液化土层,在一定的水动力条件下易产生流砂和涌砂现象,是隧道掘进过程中产生不利影响的主要土层。这段不良地质地段约占线路全长的 1/5,是施工中特别关注的地段。

2)施工过程控制

施工过程中,盾构到达时(切口前 5m 后 1m)地表变形量增大:当因土体受挤压引起隆起时,则隆起量在切口上方达到峰值。而盾构通过时(切口后 1m 至盾尾脱出前)一般为地表沉降,沉降量为 10 ~ 20mm,主要是由于土体扰动后引起的,也有先隆起后沉降的现象(如 8 月 5 日 14:20—17:30 曲线)。盾尾通过时(盾尾脱出至继续推进 4m)是沉降量最大的阶段,沉降量为 10 ~ 20mm。这是由于盾尾脱出后,盾尾后面的建筑间隙未能及时、有效地进行充填,从而使周围土体挤入建筑间隙引起地层损失,在含水的不稳定地层中,这往往是引起地层损失的主要因素。盾尾通过后,扰动后的土体产生长期次固结沉降,导致地表后期沉降,沉降速率逐日递减。

根据盾构推进记录报表来看,隧道轴线高程偏差在 +40 ~ +50mm 范围较多,盾构机也有翘头,隧道顶覆土层厚度太小应是引起这种情况的主要原因之一。而盾构在曲线推进和修正蛇行时的超挖和扰动也会引起地层损失。从纵向沉降曲线来看,沉降值大多超过 -30mm,个别点位严重超标,只是由于该段处在空旷地带,尚未对环境造成太大的影响。沉降原因分析如下:

(1)初推段覆土厚度较薄,土体为砂质粉土,在盾构推进时易液化,且易产生流砂现象,土层的沉降反应比一般的淤泥质黏土更为敏感。后期盾构在饱和软黏土(③、④层)中推进时,地表沉降最大为 23.37mm,远小于初推断地表沉降值。

(2)浆液材料配合比和注浆量不恰当。同步注浆浆液为惰性浆液,同步注浆量多为 2.4 ~ 2.6m^3,其凝固时间较长,抑制地层变形能力较弱。

(3)由于盾构机盾尾仅有一道钢丝刷,二次注浆一般在盾尾后第 9 环才开始。在此之前进行二次注浆作业,浆液极易由盾尾冒出,这就造成二次注浆不够及时。在盾尾脱出至二次注浆时,地表一般已发生 15mm 左右沉降。

(4)由于隧道小半径右转弯,并沿 12.075‰ 的坡度向下推进,有些衬砌环外壁易积聚惰性浆液,在盾尾与衬砌环局部孔隙也容易出现浆液渗漏的问题,导致一些衬砌环注浆量的增多,最大达 2.6m^3;也可能由此引起衬砌管片的上浮,造成盾构轴线总体向上偏出。

3)施工经验总结

通过以上原因的分析,可以总结出以下几个关键技术措施供今后参考。

(1)浅覆土的砂质粉土层中进行盾构掘进施工时,由于砂质粉土受扰动后易液化,引起土层沉降量和影响范围均较其他土层要大,盾构姿态控制也较困难。

(2)盾构推进停顿期间地表沉降量最大,达到 29.49mm。因此在盾构推进时应避免停顿,在不得已必须停顿时,要采取防止地表沉降措施。

(3)针对地表沉降较大的情况,建议当盾构到达及穿越主要目标时,以推进速度和出土量作为主要控制指标;当盾尾脱离内衬砌后,以出土量和同步注浆量作为主要控制指标,并根据附近地表变形值及时反馈到盾构推进控制室,及时调整有关施工参数,达到信息化施工。

(4)就盾尾脱出后沉降量急剧增加的情况,可以改变二次注浆在 FCB 盾构机盾尾后第 9 环开始注浆作业的工艺,调整为紧跟盾尾后 3 ~ 4 环开始二次注浆,采用少量、多次注浆的工艺。尝试以此种注浆工艺来避免二次注浆浆液由盾尾冒出现象,如可行,则说明地层沉降量可得到控制。

(5)选择同步注浆和二次注浆浆液时,使用可硬性浆液,其中二次注浆浆液的凝固时间应是考虑的重要指标(甚至可以考虑采用水泥、水玻璃双液浆),对控制地层沉降的作用应比惰性浆液效果更明显。

8.4 特殊始发接收端头加固设计

为了降低盾构始发接收时洞门涌水涌砂带来的一系列安全风险,在设计端头加固方案时,必须满足以下两点要求。

(1)地基加固强度应满足要求。加强土体自稳性,降低盾构机开挖掌子面导致的地层失稳风险。通常来说,加固后的土体强度一般要求无侧限抗压强度不小于 0.8MPa。

(2)止水和渗透性应满足要求。通常来说,端头加固施工完后,加固体内的水应整体固结或被挤压置换成浆液,确保盾构机始发接收时不出现涌水涌砂的事故。一般设计要求加固后的土体渗透系数小于 1×10^{-7}cm/s。

8.4.1 三轴搅拌桩 + 高压旋喷桩 + 降水

"三轴搅拌桩 + 高压施喷桩 + 降水"加固方式适用淤泥、淤泥质黏土、淤泥质地层、黏性土、粉质黏土等地层。三轴搅拌桩能有效加固土体,减少土体含水量,高压旋喷桩填充搅拌桩与围护结构缝隙,组合使用能有效隔水。

福州地铁 1 号线某车站始发端头加固,区间始发井外主要地质为淤泥质黏土、粉质黏土。始发端头地质情况较好,端头加固设计主要以设置止水帷幕、加固土层为主,故采用常用的"三轴搅拌桩 + 高压旋喷桩 + 端头降水"的加固设计方式即可有效确保始发安全,设计图如图 8-11所示。

8.4.2 素钻孔灌注桩

"素钻孔灌注桩"加固方式适用于无水、少水的黏土、粉质黏土等工程地质条件较好场地的端头加固。素钻孔灌注桩自身强度比较高,能够承受施工扰动或振动产生的较大水土压力,可以在端头墙破除洞门后维持土体的平衡,从而保证端头地层土体的稳定性。

长株潭城际铁路西环线某车站始发井地质以中风化泥质粉砂岩、强风化页岩为主,地层水位较低且含水量较少。由于始发端头土体含水量少、地下水位低,端头加固设计以稳定土层为主要目标,为了降低盾构始发对周边地层的扰动引起土体垮塌,采取钻孔灌注排桩进行端头加固即可。设计图如图 8-12 所示。

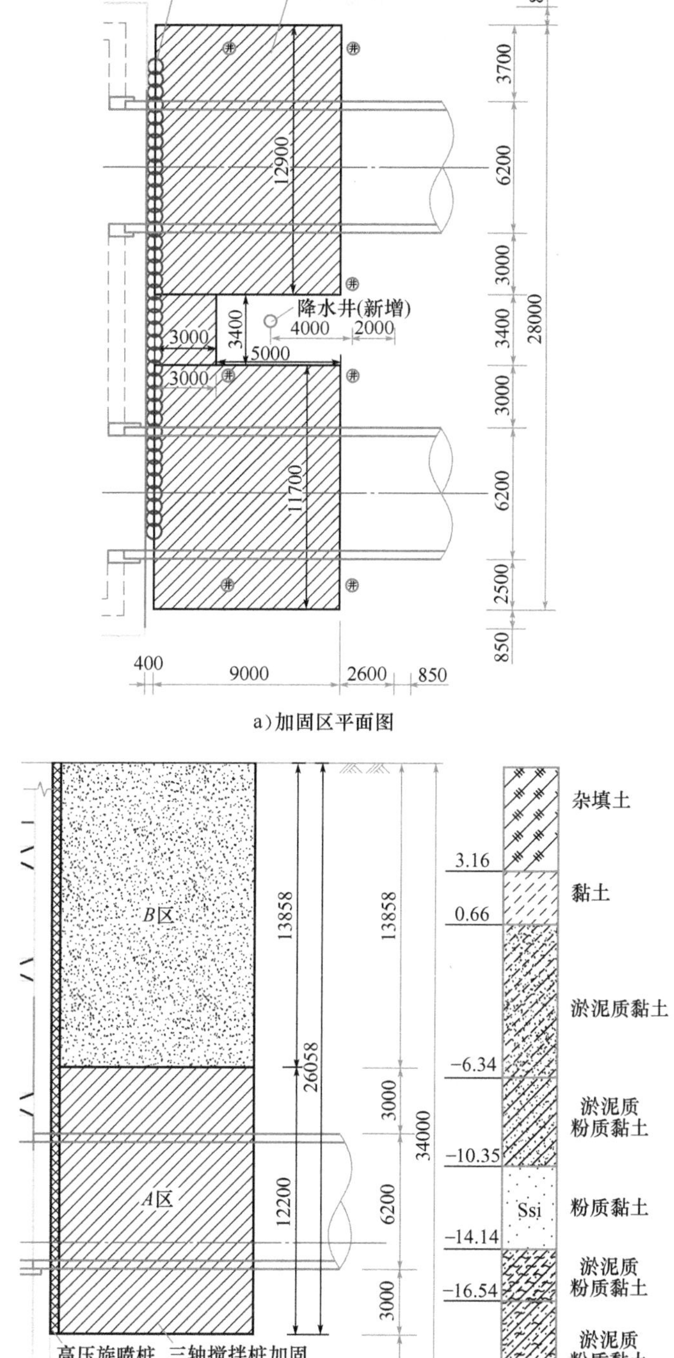

a)加固区平面图

b)加固区纵剖面图

图8-11　三轴搅拌桩+高压旋喷桩+降水端头加固设计图(尺寸单位:mm;高程单位:m)

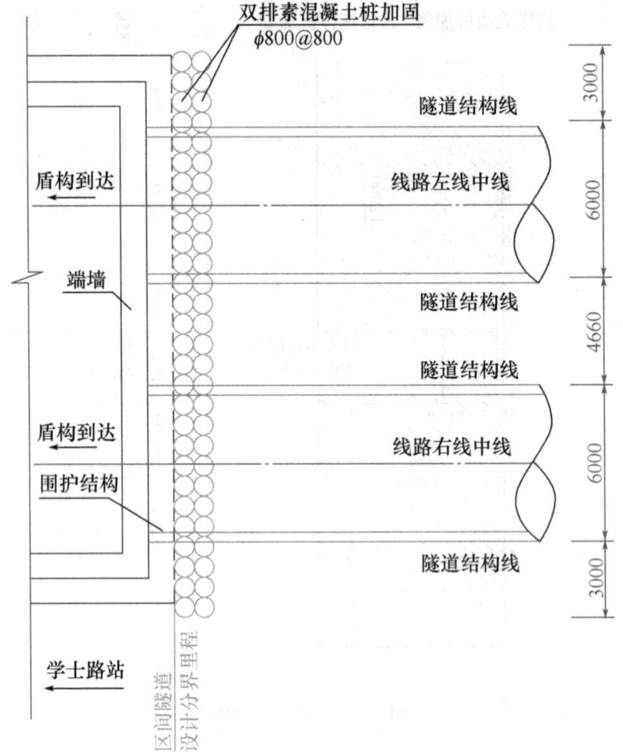

a)加固区平面图

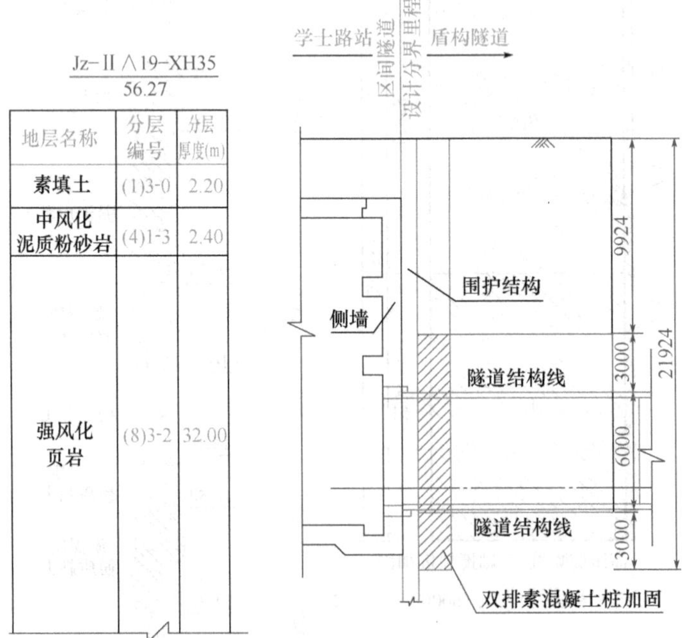

b)加固区纵剖面图

图 8-12　某盾构区间素钻孔灌注桩端头加固设计图(尺寸单位:mm)

8.4.3　袖阀管注浆加固

袖阀管注浆加固方式适用于砂质地层、砂砾层。袖阀管为劈裂注浆,可有效充填端头范围内的地层孔隙,加固范围通常为隧道上下 3m 范围和出端头水平方向 10m 范围,袖阀管注浆在砂质地层、砂砾中注浆扩散效果更好,土体加固效果显著。

长株潭城际铁路西环线某车站接收井端头地质主要以中风化粉砂岩、中风化石英砂岩为主,地下水位低。端头加固设计以止水固结地层为主要要求,由于粉砂岩孔隙率大,且不易搅拌成桩,故宜采用袖阀管劈裂注浆填充地层孔隙达到止水固结土体的效果。设计图如图 8-13 所示。

8.4.4　冷冻法 + 钢套筒

“冷冻法 + 钢套筒”加固方式适用于富水砂层、淤泥层、不具备地面加固条件的端头加固。冷冻法可有效形成冻土帷幕,结合钢套筒与洞门紧密连接,确保洞门密封效果,两者组合使用可有效避免洞门突水涌砂事故的发生。

南昌 2 号线某区间接收井端头地质以砂质粉土、砂质粉土夹粉砂为主,且地层含水量大。端头加固应以降低涌水涌砂风险的固水、密封为主要目标,故采用垂直冻结土体与全钢套筒密封两种方式配合来确保盾构机接收安全。设计图如图 8-14 所示。

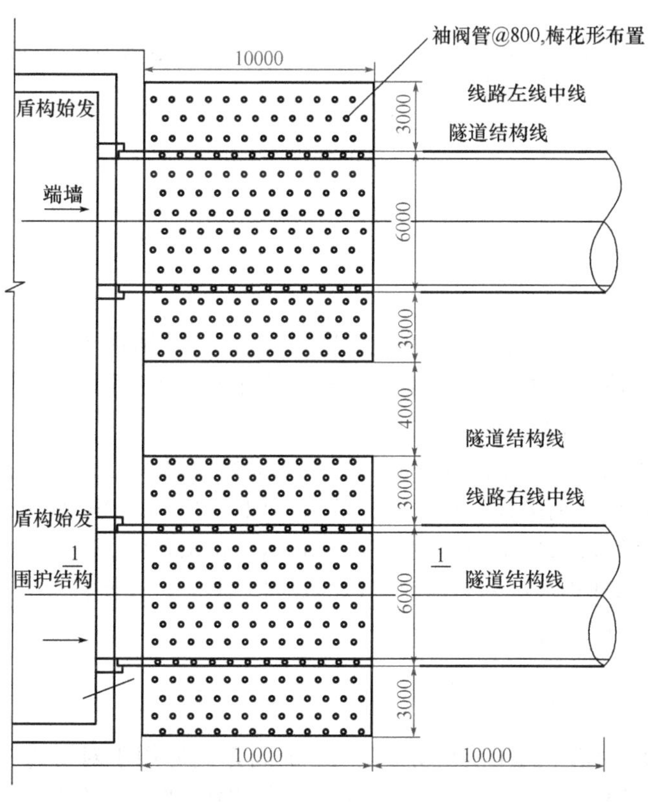

a)加固区平面图

图　8-13

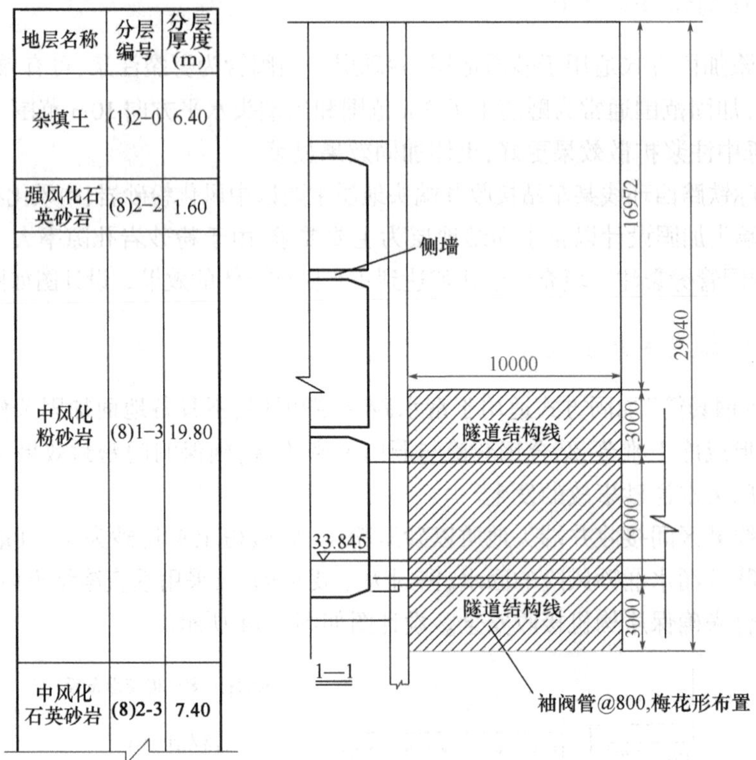

b)加固区纵剖面图

图8-13 某盾构区间袖阀管注浆加固设计图(尺寸单位:mm)

8.4.5 素混凝土地连墙+三轴搅拌桩+高压旋喷桩

“素混凝土地连墙+三轴搅拌桩+高压旋喷桩”加固方式适用于水位高,对隔水要求高的端头加固。素混凝土地下连续墙入岩,能有效隔断外部水源,使高压旋喷桩形成有效的止水帷幕,可有效避免洞门突水涌砂的事故发生。

武汉2号线北延线某区间中间风井始发接收端头地质以淤泥质黏土、粉质黏土及粉细砂为主,地下水位丰富,且一端接收一端始发。端头加固设计应以切断水流、加固土体为主。故采用素混凝土地下连续墙入岩来切断地下水通路,达到止水目的;通过三轴搅拌桩和高压旋喷桩来加固中间地层,起到止水帷幕和加固土体的效果。整体设计密封性好,隔水抗渗及稳固洞门掌子面效果好。设计图如图8-15所示。

8.4.6 冷冻法+TRD+MJS+高压旋喷桩+降水

“冷冻法+TRD+MJS+高压旋喷桩+降水”加固方式适用于对沉降控制要求高、周边环境复杂的富水地层。TRD+MJS组合可有效隔绝外部水源,加上冷冻法形成冻土层,结合降水和高压旋喷桩嵌缝。一是可以避免始发出现突水涌砂情况,二是避免因盾构始发对周边环境造成过大扰动导致土体沉降的情况。

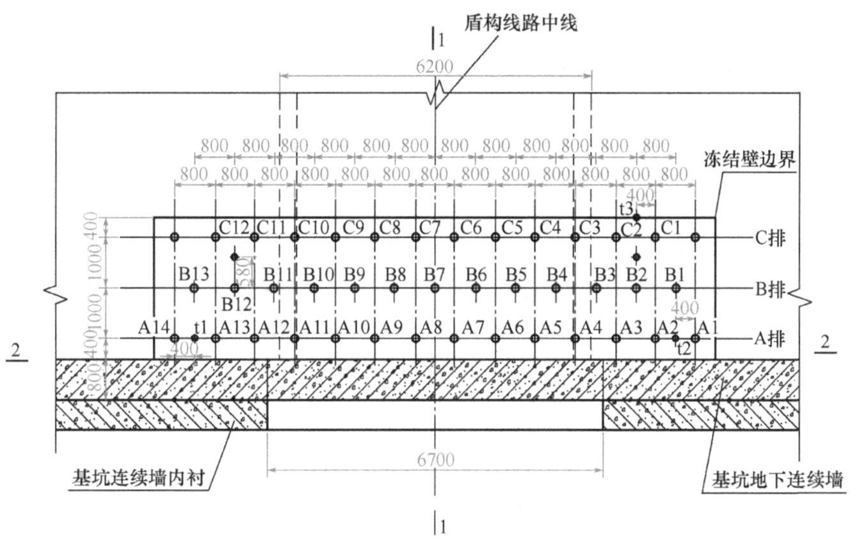

a)加固区平面图

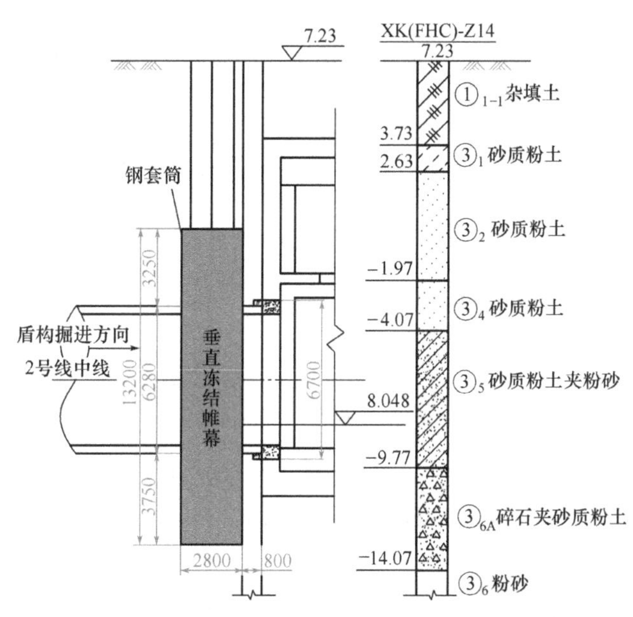

b)加固区纵剖面图

图 8-14　某盾构区间冷冻法 + 钢套筒端头加固设计图(尺寸单位:mm,高程单位:m)

杭州地铁 4 号线某车站始发端头主要地质为粉砂夹粉土、粉质黏土、粉土夹粉质黏土为主,且地下水丰富。考虑车站周边建筑物情况复杂,端头设计应以降低对周边建筑物影响、切断地下水流、降低始发风险为主要目的,故采用冷冻法冻结端头地下水,避免地下水流动引起周边沉降,同时采用 TRD 素墙来切断水流通路,降低对周边建筑物影响。设计图如图 8-16 所示。

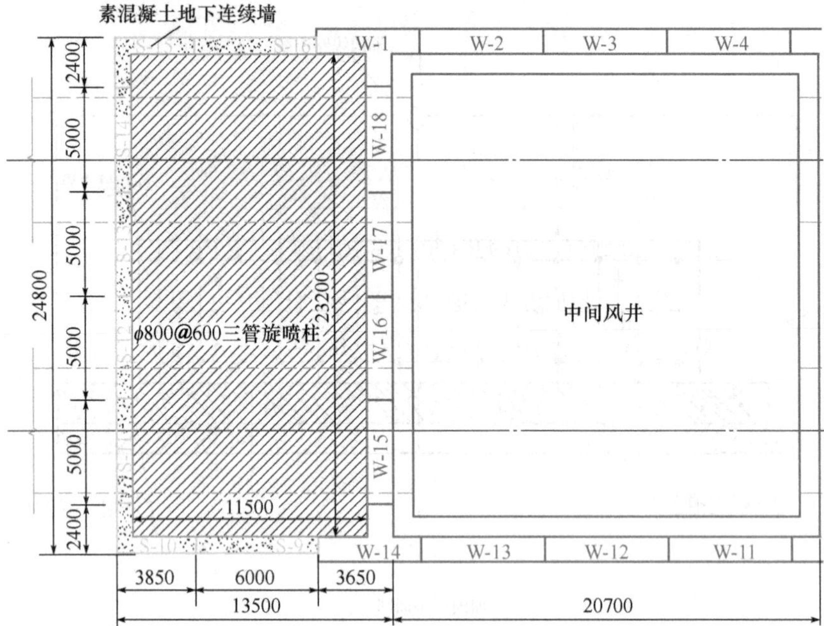

图 8-15　素混凝土地连墙 + 三轴搅拌桩 + 高压旋喷桩端头加固(尺寸单位:mm)

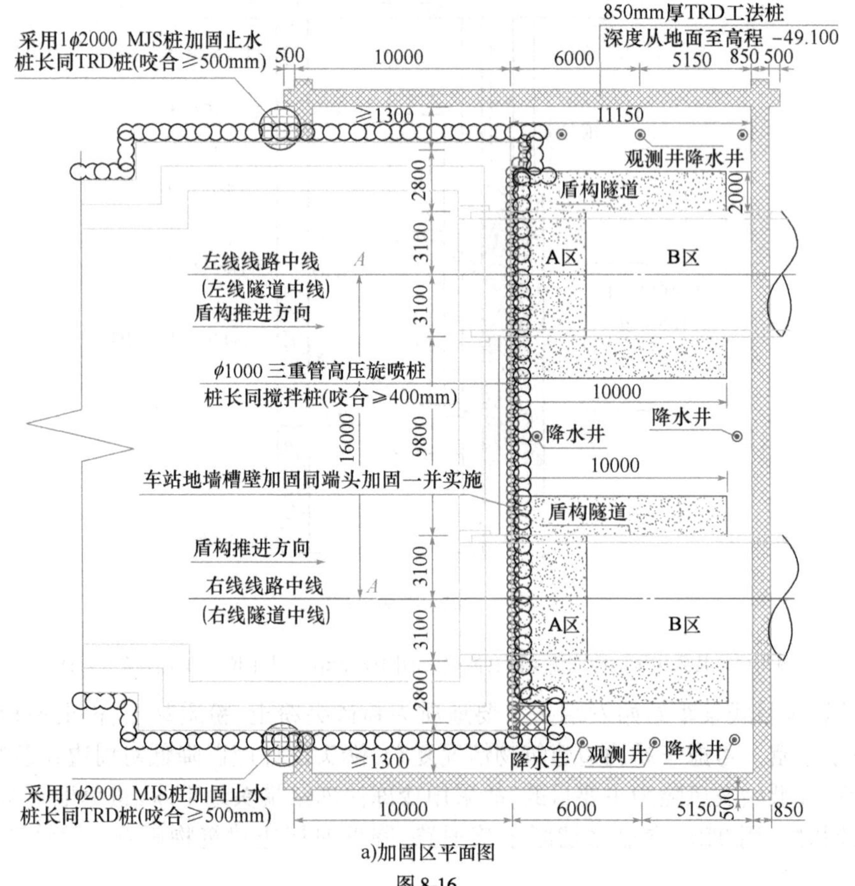

a)加固区平面图

图 8-16

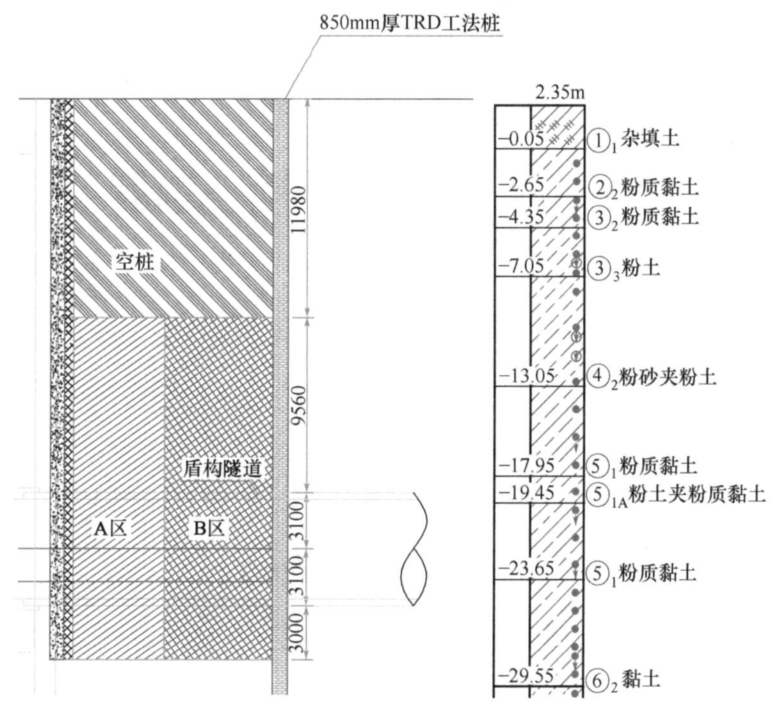

b)加固区纵剖面图

图 8-16　冷冻法 + TRD + MJS + 高压旋喷桩 + 降水端头加固设计图(尺寸单位:mm)

8.4.7　TRD + MJS + 三轴搅拌桩 + 高压旋喷桩

"TRD + MJS + 三轴搅拌桩 + 高压旋喷桩"加固方式适用于富水软弱地层、周边建筑环境复杂端头加固施工。TRD 水泥墙 + MJS 桩间止水有效隔水,三轴搅拌桩 + 高压旋喷桩组合有效加固端头土体,形成止水帷幕,组合使用隔水效果明显。

杭州地铁 4 号线某车站接收端头主要地质为粉砂夹粉质黏土、砂质粉土夹粉砂、粉砂,整体的地层稳定性较差,地下水位高,含水量大。为了降低对周边建筑物的影响,端头设计以切断地下水流、提升砂层稳定性为主,故采用 TRD 素地下连续墙切断地下水,然后采用 MJS 对素地下连续墙与端头井的接缝处进行注浆密封,确保完全隔水,对洞门范围采用搅拌桩加旋喷桩的形式来提升土体自稳定,减少端头地质的含水量,如图 8-17 所示。

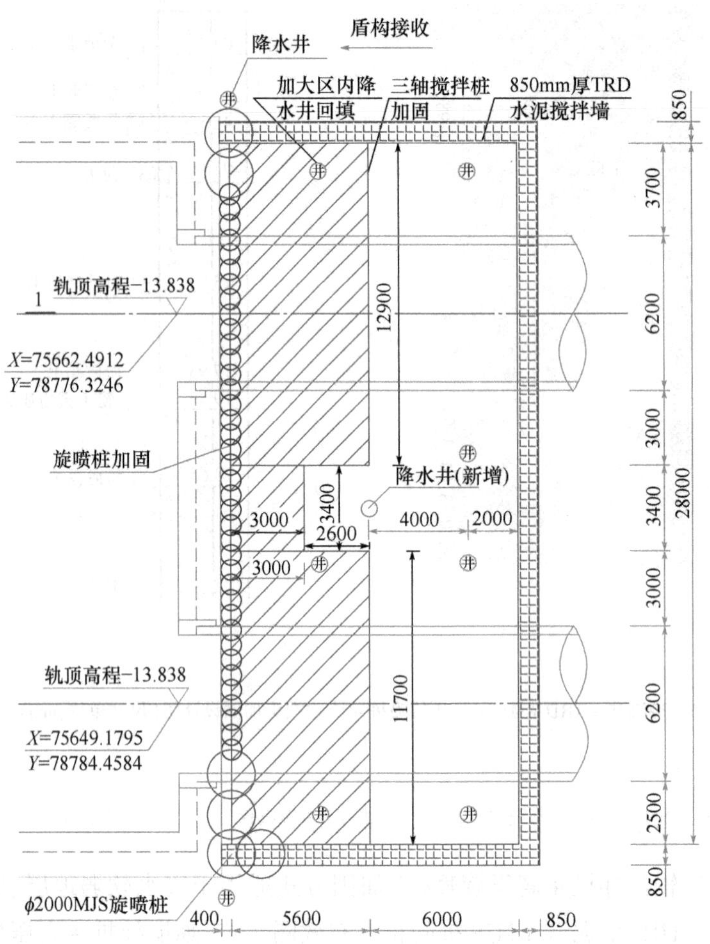

a) 加固区平面俯视图

图 8-17

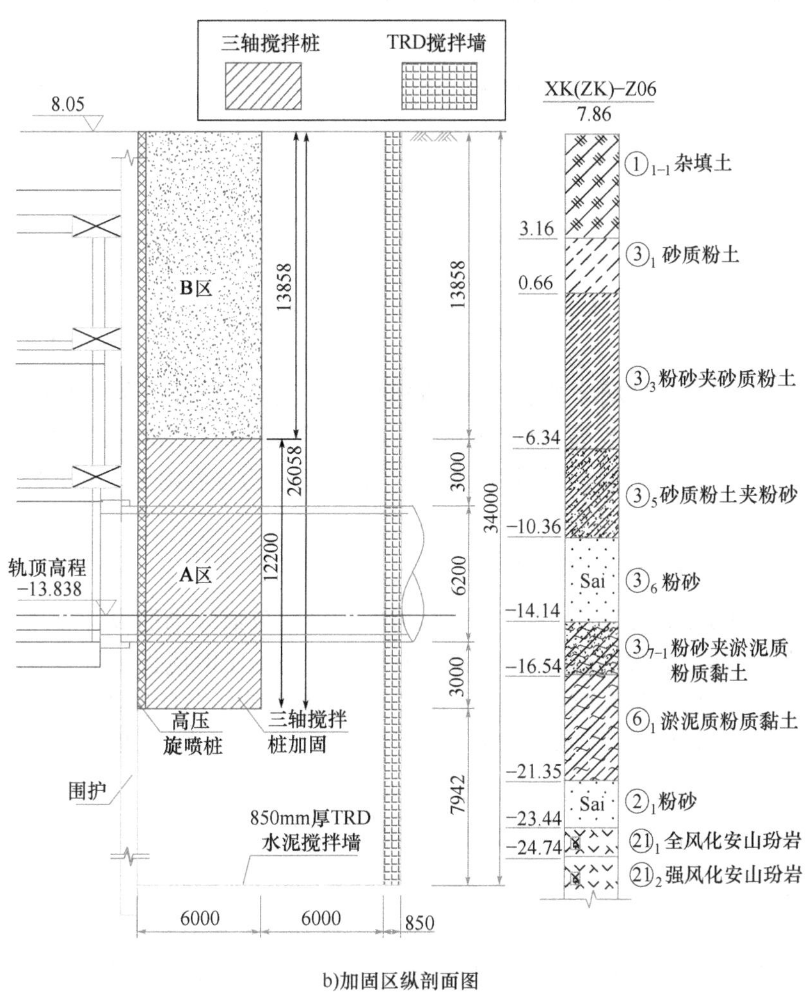

b)加固区纵剖面图

图 8-17　TRD + MJS + 三轴搅拌桩 + 高压旋喷桩端头加固设计图(尺寸单位:mm;高程单位:m)

8.5　特殊条件始发技术

8.5.1　盾构直接切削玻璃纤维筋始发

由于玻璃纤维筋具有特殊的材料性能,被越来越多地运用于盾构井洞门围护结构施工中。通过玻璃纤维筋的运用,可实现盾构直接切削玻璃纤维筋进、出洞作业,有效缩短盾构施工工期,也可实现盾构水土回填接收、钢套筒始发接收等一系列更安全高效的盾构始发接收作业,并能有效保障盾构的作业安全。

1)玻璃纤维筋与普通钢筋材料性能对比

玻璃纤维筋与普通钢筋材料性能对比见表8-1。

玻璃纤维筋与普通钢筋材料性能对比　　表8-1

力学性能参数	HRB400 钢筋	玻璃纤维筋
抗拉强度(MPa)	200~600	500~1200
弹性模量(GPa)	200	≥40
热膨胀性	热膨胀系数 5.5×10^{-6}	热膨胀系数 $(3.5\sim5.6)\times10^{-6}$
耐腐蚀性	易腐蚀	耐腐蚀性好
抗剪强度(MPa)	160~480	50~60

从表8-1中可以看出玻璃纤维筋的抗拉强度明显高于普通钢筋,但是其抗剪强度又明显低于普通钢筋。玻璃纤维筋较高的抗拉强度可以保证在替换围护结构内的钢筋后仍然满足基坑施工安全,起到保证围护结构整体性的作用;而较低的抗剪强度则可以使其易于被盾构机的刀具切割、磨削破碎。

2)常见围护结构玻璃纤维筋设计形式

以地下连续墙玻璃纤维筋围护结构为例,对围护结构玻璃纤维筋设计形式进行说明。为了满足盾构始发要求,有玻璃纤维筋的钢筋笼在围护结构施工时应设置为首开幅。对于以洞门为中心,上下左右均对称分布的横向7m左右(大于盾构机外径且预留余量)、竖向7m范围内的地下连续墙,宜使用玻璃纤维筋替代钢筋,且玻璃纤维筋的搭接范围为盾构洞门范围外2m,采用U形锁扣进行搭接。玻璃纤维筋布置如图8-18所示。

3)盾构切削玻璃纤维筋围护结构始发控制要点

(1)玻璃纤维筋与普通钢筋的连接。玻璃纤维筋(竖直纤维筋、架立筋、拉筋、端头筋)均按照设计图纸的规格、形状、尺寸在工厂加工定做。通常订货需要提前一个月与厂家沟通,确定长度、样式。玻璃纤维筋在接头处开口,并留足设计搭接长度。玻璃纤维筋纵向与钢筋搭接长度为2m,采用U形卡扣加固。横向搭接长度为1m,梅花形拉筋及桁架筋与主筋连接采用扎丝绑扎。玻璃纤维筋与钢筋之间及玻璃纤维筋之间采用螺栓连接,其中玻璃纤维筋与钢筋连接如图8-19所示。

(2)盾构机切削玻璃纤维筋始发。盾构机直接切削玻璃纤维筋围护结构时,盾构机需切削水下混凝土围护结构,因此盾构机必须具有一定的破岩能力,刀盘根据情况适当配置一定数量的滚刀。盾构机始发过程中应注意对刀盘推力、掘进速度、土仓压力的控制,避免对周边土体扰动过大造成地表沉降。

8.5.2 短钢套筒始发

短钢套筒始发适用于地面加固条件不能完全满足盾构始发密封要求的盾构始发作业。短钢套筒始发工法是将特制短钢环与洞门通过连接板进行加长连接,形成两道洞门帘板的密封空间,便于盾构机建立土仓压力,确保掌子面稳定的同时,有效降低洞门涌水涌砂风险。

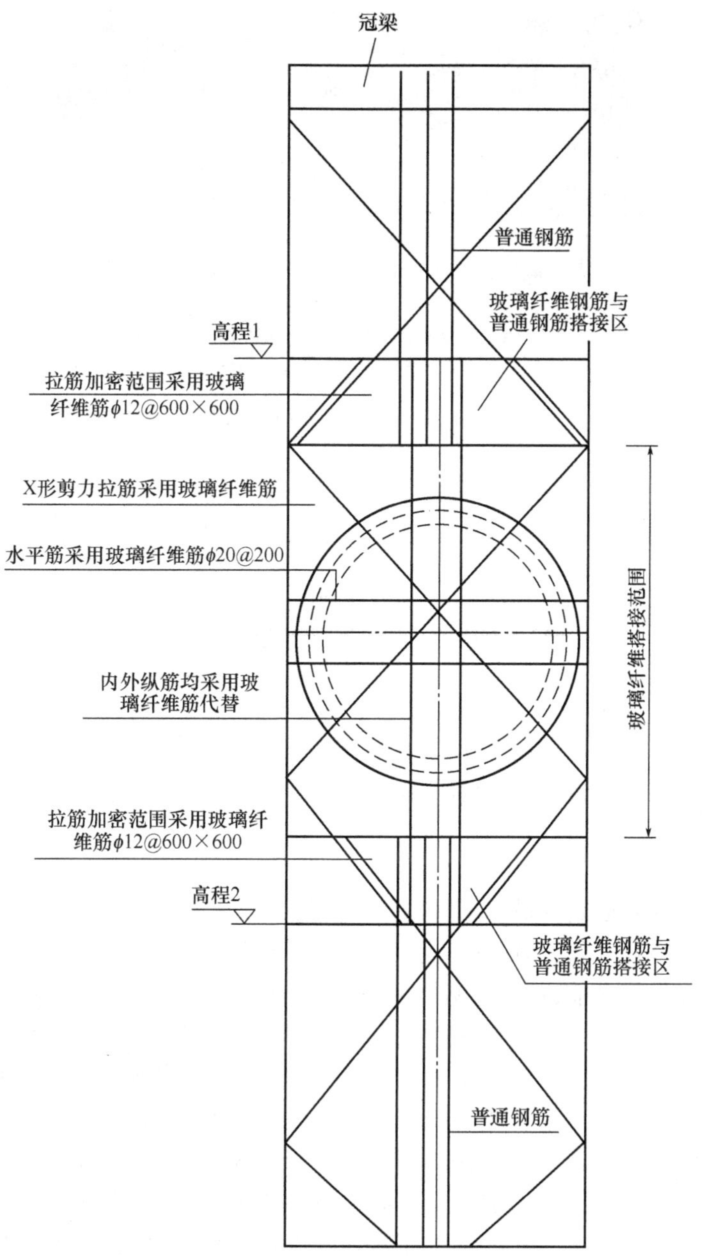

图 8-18　洞门处玻璃纤维筋设计样图(地下连续墙围护结构)(尺寸单位:mm)

1)短钢套筒设计

短钢套筒是在始发井内洞门钢环上增加一个 1200mm 长度的钢环套筒,筒体分成上下两段制作,通常可按照前端长 200mm、后端长 1000mm 的两节钢环进行分节制作。内径与始发井预留洞门的内径相同,通过焊接使钢套筒与始发井洞门外圈井壁连成一体,钢套筒后端设有密封装置,洞门井壁内设置 1 道钢丝刷密封,筒体内部设置 2 道钢丝刷密封,短钢套筒钢丝刷结构如图 8-20 所示。

图 8-19　玻璃纤维筋与普通钢筋连接

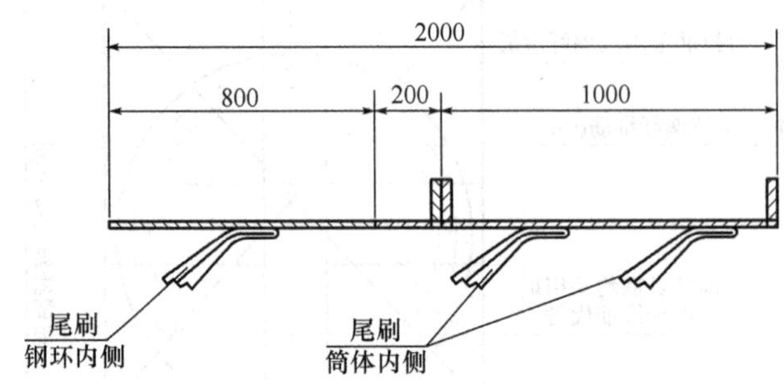

图 8-20　短钢套筒钢丝刷结构示意图(尺寸单位:mm)

2)短钢套筒始发

短钢套筒始发与普通始发最大的区别是短套筒可以提前在筒内形成压力,并且由于短套筒采用多道尾刷,可对洞门起到很好的密封作用。短套筒始发施工工艺流程如图 8-21 所示。

在开始安装短套筒之前,首先在基坑里确定线路中心线,也就是钢套筒的中心线。钢套筒定位时,要求钢套筒的中心线、线路中心线两条控制线重合。在地面组装好短套筒后,整体下放到端头井内,使钢套筒的中心线与事先确定好的线路中心线重合,向前移动短钢套筒与洞门钢环焊接。短钢套筒与钢环通过弧形板焊接连接,焊缝沿短套筒一圈内外侧满焊。短钢套筒安装完成后,连接螺栓按顺序紧固后需进行检查并复紧,对筒体位置进行复测,检查与盾构机到达的中心线是否重合,如图 8-22 所示。

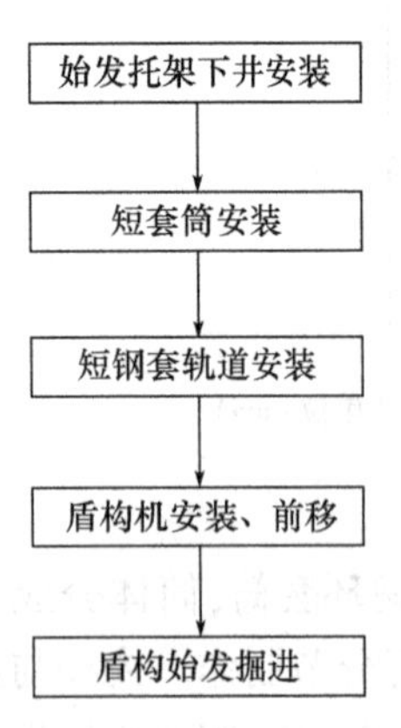

图 8-21　短套筒始发施工工艺流程

在短钢套筒下方圆弧内安装 2 根 43kg/m 钢轨,钢轨与始发架两侧钢轨齐头,钢轨两侧焊接 7 字板。为保持盾构机始发时抬头的趋势,靠近洞门端钢轨垫高 20mm。短钢套筒安装好以后,立即安装始发架,然后安装盾构机主体,并与连接桥和后配套台车连接。

短钢套筒两侧及底部需支撑牢固,防止盾构机掘进时箱体发生位移,故应在始发前对短钢套筒两侧底部进行焊接加固。短钢套筒前端直接与洞门预埋钢环连接,后端通过法兰与止水帘布相连,止水帘布安装后,再安装翻板,翻板采用厚 20mm 的法兰连接。

a)

b)

图 8-22　短钢套筒安装完成

短钢套筒始发时,套筒内的钢丝刷内需人工涂油脂,盾体进入短套筒内后,通过套筒上预留球阀自动泵入油脂,填充钢丝刷与盾体间空隙,保证止水、止浆效果; -2、-1 环管片(钢管片)拼装完成后拆除第二节套筒的上半部分,采用环形钢板与管片焊接,封堵洞门。盾尾完全进入短套筒内以后调整短套筒尾部止浆翻板,使翻板紧贴负环管片,并在翻板后部塞入海绵条,作为辅助密封措施;盾尾通过套筒钢丝刷后,及时进行同步注浆填充短套筒与管片间空腔,使负环管片及时固定。始发时短套筒两侧安排专人巡视,发现漏水、涌砂、短套筒变形、位移等异常情况时及时上报,并采取应急措施。

8.5.3　端头加固 + 大管棚 + 有限降水 + 短钢套筒始发

端头加固 + 大管棚 + 有限降水 + 短钢套筒始发适用于富水易失稳地层的盾构始发下穿重要建(构)筑物施工,这类工程通常需要把握以下原则:①保证始发安全,解决富水易失稳地层洞门喷涌、地表沉降等问题;②确保下穿可控,解决建(构)筑物保护的问题;③周全考虑应急预案,降低盾构下穿风险。

端头加固的作用是形成洞门止水帷幕,隔断地下水流通路;大管棚超前加固的作用是保护既有建(构)筑物沉降可控的同时可有效形成隔断,降低下穿风险;端头有限降水的作用重点在于降低洞门突水涌砂的风险和保护项目影响范围内建筑物安全;短钢套筒的作用是提前建立土仓压力和加强密封效果。总体来看,这种工法是一套立体的组合工法,通过有效降低水位、增加洞门密封、切断地层扰动三个方面,降低富水易失稳地层盾构穿越建(构)筑物的风险。

某下穿项目案例,端头加固范围:沿掘进方向纵向长度为 4m,横向宽度为 16m,竖向深度为 24m,如图 8-23 所示。

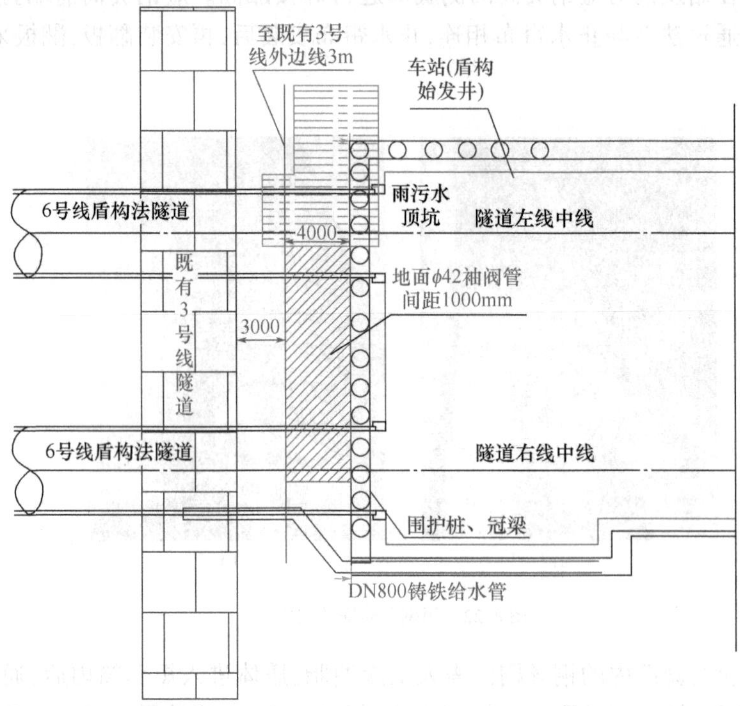

a)端头平面图

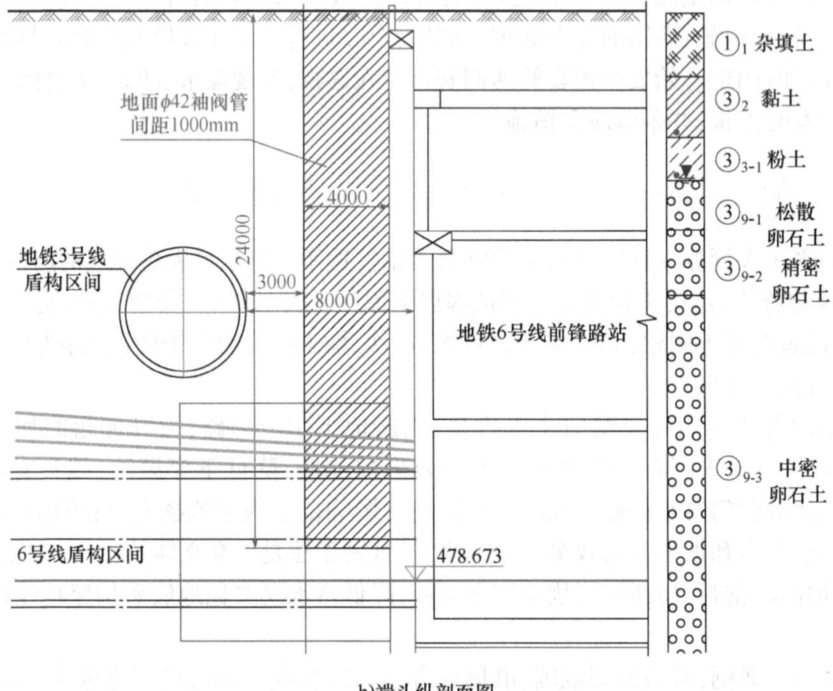

b)端头纵剖面图

图8-23　某下穿项目加固设计案例(尺寸单位:mm)

降水井位置应视项目现场情况考量设计，主要目的为降低端头井周边地下水位，具体要求为降水至洞门以下 1m。由于需要下穿既有建（构）筑物，故降水应注意对环境监测，尤其是对既有建（构）筑物的监测频率应加密，如图 8-24 所示。

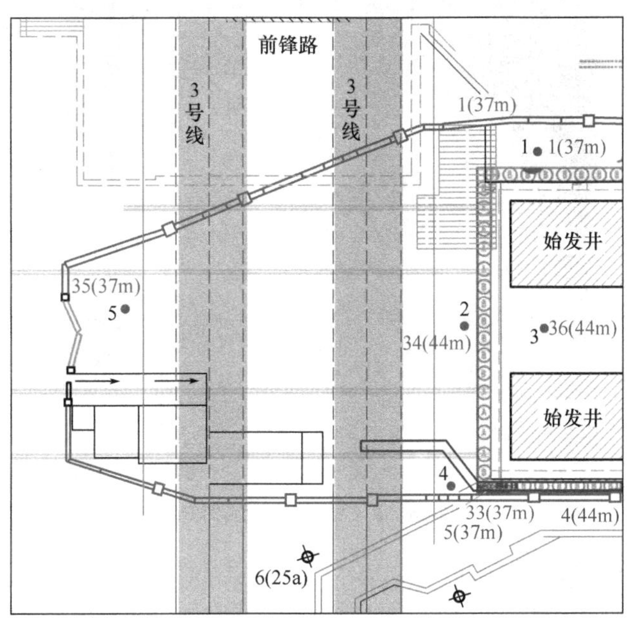

图 8-24 某下穿项目降水井设计（尺寸单位：mm）

注：图中 1～5 为降水井位置

大管棚加固范围如图 8-25 所示，在洞门范围打设 4 层管棚，上部两层 ϕ146mm × 10mm 管棚长度为 30m，下部两层 ϕ194mm × 10mm 管棚长度为 33m，上部两层灌注水泥浆，下部两层管棚内打设钢筋笼并注水泥砂浆加固。同样，由于是下穿既有建（构）筑物，大管棚加固应结合导向系统精确控制管棚趋势，避免钻杆偏移，影响既有建（构）筑物。

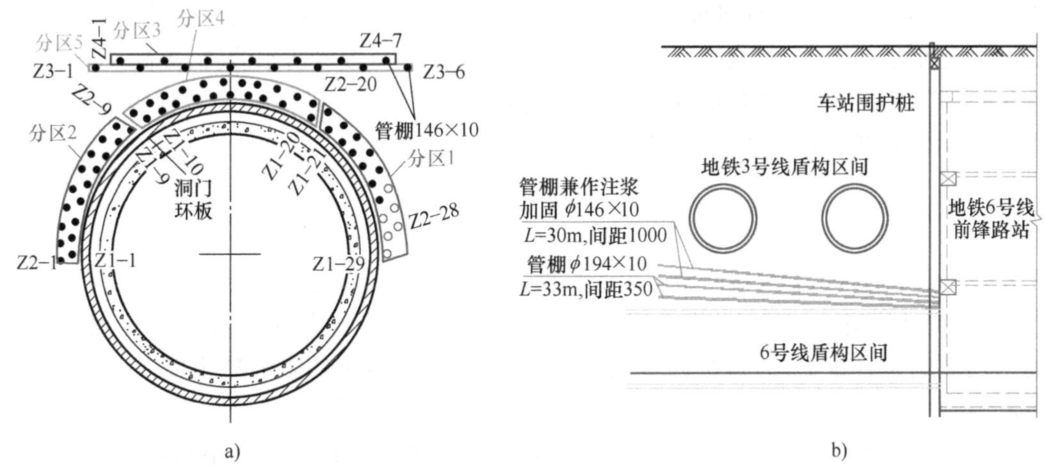

图 8-25 某下穿项目大管棚设计（尺寸单位：mm）

短钢套筒的设置主要是为了提前封堵洞门、建立土仓压力，钢环中部设置两道钢丝密封刷，尾部设置一道帘布密封，钢环外设置特殊浆液注浆孔填充间隙，如图 8-26 所示。

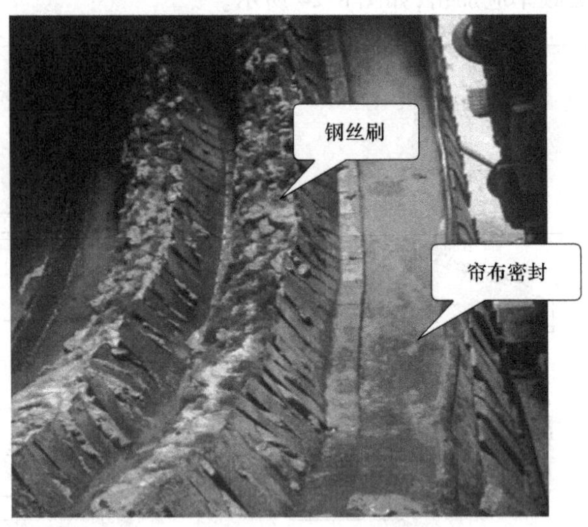

图 8-26　某下穿项目短钢套筒安装

8.6　特殊条件钢套筒接收技术

在地铁区间盾构施工中，盾构接收与始发阶段常发生涌水、涌砂或地面沉陷等事故，是盾构施工的重要风险阶段。在盾构接收阶段出洞过程中，存在较大施工安全风险，其原因主要是在复杂地质条件下，端头加固质量难以保障，结构外部水土压力难以控制，且传统工艺也无法满足场地狭小的端头。结合现有技术的弊端及实际施工情况，团队研究出了盾构钢套筒接收工法。该工法可以弥补常规盾构因周边环境、地质复杂导致端头加固有效长度不足的缺陷，适用于富水承压砂层、端头加固场地受限及其他各类地质条件恶劣、埋深较大的盾构接收施工，改变了常规盾构接收需安装橡胶帘布、洞门折页压板、扇形压板等防水装置，提高了盾构到达接收时的洞门质量及管片拼装质量。另外，通过对钢套筒进行密封处理，可以使盾构在接收过程中完全密闭，以抵抗后部地下水土压力。

8.6.1　施工工艺流程

复杂环境下盾构钢套筒接收施工工艺流程如图 8-27 所示。施工前应做以下准备工作。

（1）围护结构施工。洞门范围采用地下连续墙围护结构外施作 3 排旋喷桩。围护结构的配筋采用玻璃钢纤维筋，盾构可以直接切削进入，可避免传统的素混凝土墙人工破洞门的风险。

（2）预埋件埋设。在端头井底板、侧墙、接收导台及盾构井中板上预埋钢板，用于钢套筒及反力架的横向支撑；特制的增设筋板及钢筋插孔的洞门环板，在端头井主体结构施作时准确埋入。

(3)监控量测。盾构到达前,对车站进行控制点联测,对线路周边管线、建筑物进行调查,做好相关监测点布设工作。

(4)管片型号更换。到达端头的 10 环管片要调整为增设预埋注浆孔的管片,在盾尾刚进入加固体及围护结构时,沿注浆孔整环注双液浆施作止水环箍。

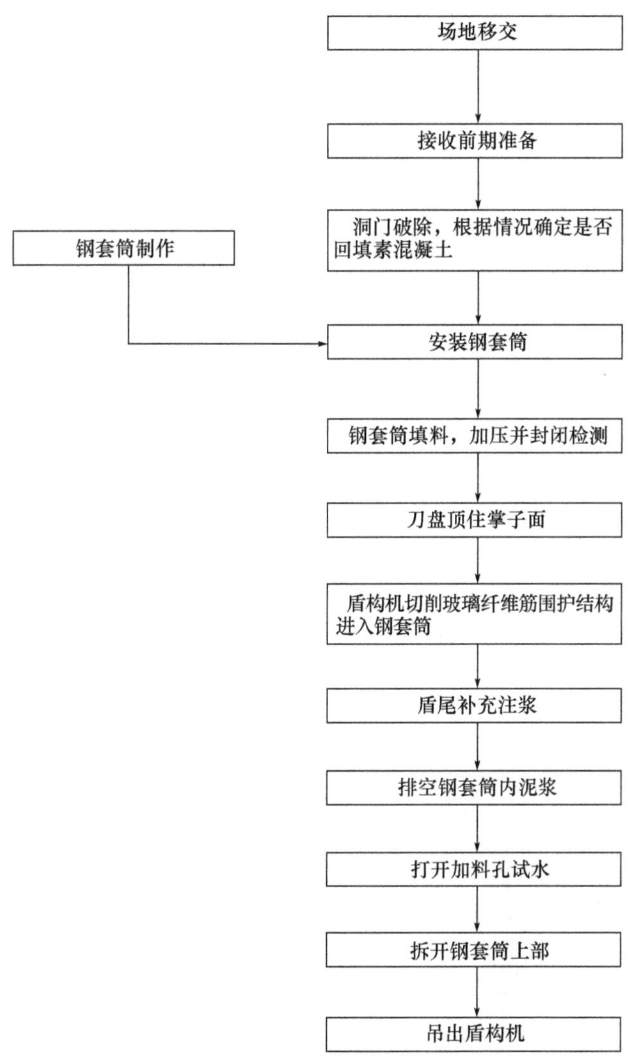

图 8-27　盾构钢套筒接收施工工艺流程

8.6.2　接收关键技术

1)钢套筒基础准备

根据钢套筒下半块基座高度,以及盾构竖井结构尺寸,在端头井浇筑素混凝土作为接收导台(可作为后期端头井回填一部分),使钢套筒中心与洞门中心重合,并在导台上预留人工槽用于下部螺栓安拆及特殊盾构机外部焊缝刨除;钢套筒下方满铺两层 20mm 厚的钢板,并在导台槽钢套筒连接位置及盾构机焊缝位置预先割方孔，以便后期人员进行钢套筒和盾构机的安拆，如图8-28和图8-29所示。底层钢板与预先埋设的钢板进行满焊加固，钢套筒基座两侧与上层钢板满焊，内侧每个承力板翼缘均与上层钢板采用7字形钢板压紧加固，两层钢板四周采用连续焊，中间涂满黄油。涂黄油的作用是减小后期钢套筒和下行线盾构平移至上行线进行盾构吊拆的平移阻力。

图8-28　下行线纵向人槽及第一层钢板

图8-29　上行线(IHI)接收预留横纵人槽

2)接收钢套筒的安装

钢套筒的过渡连接板与洞门环板采用焊接，上半部分只在外侧施焊，下半部分内外侧均施焊，均为连续焊缝；若过渡连接板与洞门环板局部无法密贴，则需在空隙处填充钢板并焊接牢固饱满，如图8-30所示。

a)

b)

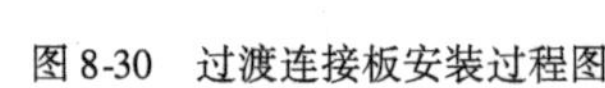

图8-30　过渡连接板安装过程图

钢套筒的筒体部分长10500mm，内径6700mm。筒体分为上下两个半圆，上半圆分3节，下半圆分6节。安装第一节钢套筒的下半圆如图8-31所示，使钢套筒的中心与预计的井口盾体中心线重合，在下半段的钢套筒左右两边的法兰处设置6mm厚的橡胶密封垫，再安装下一块的过程中要注意水平位置与纵向位置的一致，确保螺栓孔对位准确，并用 M30 的高强螺栓连接紧固。将下半圆连接好以后，再将第一节上半圆连接，然后再将过渡连接板与第一节钢套筒对接。采用同样的方法依次将第二、三节上半圆连接，将各个连接螺栓紧固，形成一个筒体。每节纵向、环向、横向的定位调节，先用千斤顶辅助顶推调节到位（图 8-32），再紧固螺栓。

图 8-31　筒体安装

图 8-32　千斤顶辅助定位

由于特殊盾构机（IHI 盾构机）需从外部进行拆解，钢套筒下半圆采取特殊设计，在钢套筒下半圆两侧盾体连接焊缝处独立设计一块楔形板，与套筒采用法兰连接，如图 8-33 所示。

图 8-33　钢套筒下部楔形块

后端盖由冠球盖与后盖板两部分组成，安装后端盖时先将两者在地面连接好再下井；后端盖的安装定位，需三面手拉葫芦配合定位，如图 8-34 所示。每一块安装时需测量班组准确定位，使钢套筒中心与预计的井口盾体中心线重合，每一节之间的连接法兰及后盖板与冠球盖之间法兰均设置 10mm 厚的橡胶密封垫片，并用 M30 螺栓（8.8 级）连接紧固。

反力架为钢套筒整体提供反力，反力架不与后端盖的平面板直接接触（图 8-35），而是通过内外 2 排共 128 颗 M30 压紧螺栓传递力（图 8-36），通过适时调整各颗螺栓长度，使得反力架各处都能与后端盖密贴，消除了两平面间贴不紧造成的受力不均，在压紧螺栓之间均布 8 个 100 千斤顶（图 8-37），根据盾构推力大小适时调整千斤顶顶力，抵消推进时产生的装置变形，确保钢套筒在有水压时,预埋洞门钢环与过渡连接板处的焊缝及预埋洞门钢环处连接螺栓不受力;反力架安装过程中,需测量班组对反力架进行精确定位,使之与设计的盾构机中心轴线保持垂直。

图 8-34 手拉葫芦配合端头盖板定位

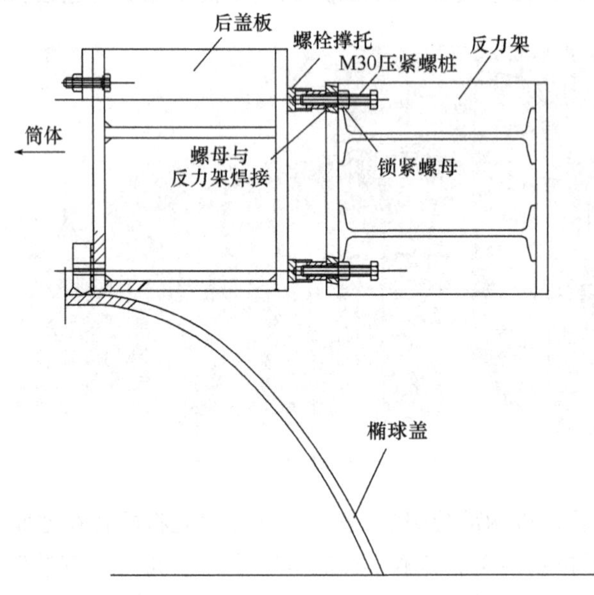

图 8-35 反力架与后端盖板的关系示意图

筒体及反力架安装完毕后,需定位复测确认;横向支撑采用 H125 型钢支撑在端头井侧墙及导台的预留钢板上,支撑在侧墙的一端加钢板封盖,保证支撑与侧墙的接触面积;反力架的横向支撑,上部两处支撑在负二层结构上,下部两处支撑在侧墙及底板上,避免反力架出现横向位移,分别如图 8-38 ~ 图 8-40 所示。

图8-36　压紧螺栓安装

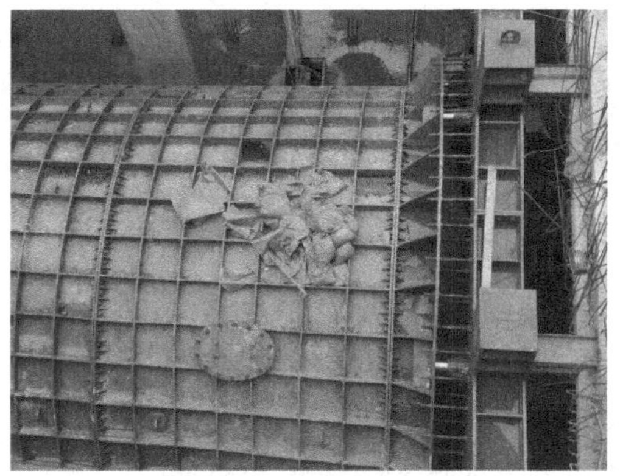

图8-37　压紧螺栓及千斤顶共同作用

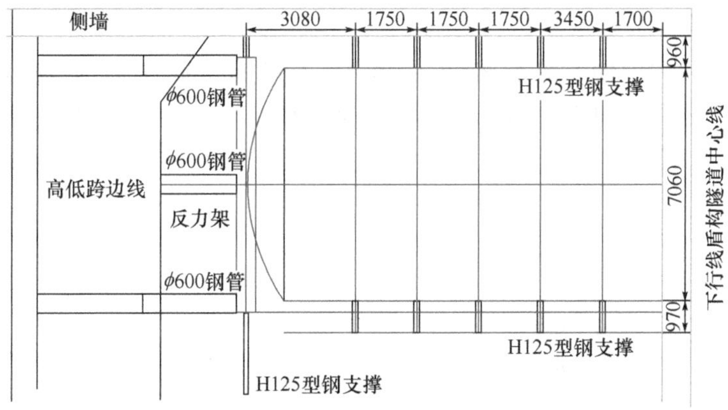

图8-38　钢套筒横向支撑安装示意图(尺寸单位:mm)

a)

b)

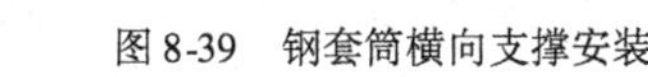

图8-39　钢套筒横向支撑安装

a)

b)

图 8-40 钢套筒整体安装完成

3)钢套筒填料及检测试压

(1)安装完成后,先向钢套筒下部 50cm 填充一定强度的改性土(或粒径 20mm 左右的石子),如图 8-41 所示;再向钢套筒内填充掺入少量水泥与膨润土的粗砂;填料过程适当加水,保证填充密实及填充体的自稳性;最后加水至完全充满钢套筒,完成填料,如图 8-42 所示。

图 8-41 改性土制作

图 8-42 填料

(2)进行渗漏检测,检测试压时从加水孔向钢套筒内加水,压力达到 3bar(1bar = 0.1MPa)后维持压力稳定,并检查洞门过渡连接板、钢套筒环向及纵向连接位置、后端盖板的连接处有无漏水;试压时需检查反力架支撑的各个焊缝位置有无脱焊情况。

(3)试水、加压测试前,在钢套筒与洞门环板连接部位分区安装应变片,在钢套筒表面安装百分表。在加压过程中,一旦发现应变超标或位移过大,必须立即停止加压并泄压,分析其原因并及时采取措施。洞门环板与钢套筒连接位置允许变形量为 1.5 ~ 2mm,后盖椭球体中心圆点位置最大允许变形量为 5mm。

4)盾构掘进到达

(1)在盾构到达前 30 环对盾构姿态进行复核,并通过实际测量计算出盾构刀盘碰端头地下连续墙的里程;在地下地连墙围护结构外施作 3 排旋喷桩,当盾构机刀盘进入加固体后,可降低土仓压力到一定范围(根据掘进情况而定),进而确保盾构推力不致过大;盾构到达加固体前,需严密监视盾构各项参数,防止推力过大对加固体产生扰动。

(2)碰壁之前的参数设置,推进速度减小至 10mm/min,推力 <12000kN;到碰壁前 50cm 时,推进速度减小至 5mm/min,推力减小至 10000kN 以下,刀盘转速 <1.5r/min。盾构机刀盘到达地下连续墙里程后,需每天两次对上方地面进行沉降监测,用数据指导施工。而进洞推进过程中推进速度 <5mm/min,推力 <10000kN,刀盘转速 <1.2r/min;为防止进洞时盾构机栽头,要求盾构机机头高于轴线 2 ~ 3cm,呈略抬头向上姿势,防止出现“磕头”现象导致刀盘旋转刮擦钢套筒、刀盘旋转导致盾体滚动或刀盘在洞门处被卡等情况。

(3)刀盘进钢套筒前,对进洞的后 20 环管片进行壁后二次注浆,注浆压力应控制在 0.8MPa 以下;二次注浆完成后开孔验证,满足要求后进行二次到达施工。刀盘进钢套筒后推进速度 <5mm/min,推力 <8000kN;在钢套筒内掘进以管片拼装模式掘进,盾构机在钢套筒内掘进前土仓需建立适当压力,提高拼装模式的推力,若推力不足以将盾体向前顶推,则采用掘进模式,刀盘转速控制在 0.5 ~1.0r/min;以实际测量的钢套筒安装中心线为准控制盾构姿态,要求中心线偏差控制在 ±2cm 之内,需适时调整盾构姿态,避免栽头;刀盘转动前,要先与钢套筒外部取得联系,确认安全后才能进行掘进模式;钢套筒内推进过程中,测量人员密切观测钢套筒变形量,专人巡查连接处情况,一旦发现变形超量或渗漏,必须立即停止掘进,及时采取补救措施。

(4)当盾构机掘进至盾体上的注脂孔到达端头旋喷桩加固体时,需从注脂孔向外注聚氨酯,填充盾体与旋喷桩加固体之间的空隙堵水;在盾体出洞以及盾尾通过洞口过程中,拼装的每环需补充注入双液浆;在盾尾通过旋喷桩加固区后,盾尾部位注浆量为管片与洞门钢环间隙的 180%;洞门注浆密封需同孔间隔式多次注浆,使得浆液能够逐步填充满洞门处的盾尾间隙,防止出现洞门处局部封堵不到位或注浆压力过大导致洞门预埋环板与管片之间漏浆、漏水。盾构机盾体推进到位并完成盾尾密封后,出空土仓内渣土,然后逐步泄压,将钢套筒中浆液尽量排出,如图 8-43 所示。

图 8-43　钢套筒内掘进出渣

5)钢套筒拆卸及盾构机拆解

打开钢套筒上预留的泄压口,确认无涌水后,再打开钢套筒上的填料孔,确认注浆效果,再拆除钢套筒。先拆除反力架,再依次拆除钢套筒后端盖、上半部、下半部的楔形块,再进行盾构机的拆解。特殊盾构机底部周向焊缝需从外部刨除,盾构机拆除时,作业人员从留设的下槽孔处到达套筒焊缝下部,割除焊缝处钢板,拆除下部两块楔形块,最后进行盾体焊缝刨除拆解盾体,如图8-44所示。

图8-44　盾构进洞后钢套筒拆解

第9章

辅助工法与特殊工况

9.1 注浆技术

盾构掘进施工中,地层损失的补偿控制是过程管控的重要环节,应及时采取各类注浆措施填充地层间隙,避免地表沉降引起的各类次生灾害。各类研究成果表明,注浆技术对于盾构施工的辅助作用意义重大。根据注浆的作用部位不同,可将注浆技术分为盾构始发接收加固、区间不良地层加固、隧道内注浆加固、盾构同步注浆加固等。其中盾构始发接收加固已在第8章进行了全面介绍,本节主要对注浆加固的各种工法要点进行介绍。

9.1.1 注浆形式及特点

注浆加固的形式主要为地层加固和地层补偿。地层加固主要是对影响盾构掘进安全及成型隧道质量的区段进行预加固,主要目的是通过挤压或者置换原状土的方式保障盾构掘进安全。主要加固内容为盾构始发接收加固和区间不良地质加固。其中,盾构始发接收加固的主要目的是提高端头地层的自稳性以及置换部分地下水;区间不良地质加固的主要目的则是提高地层强度和承载力,减少盾构掘进风险,保障后期盾构运营沉降风险。

盾构的总体结构外形是倒锥形,盾体小于刀盘、后盾小于前盾、管片小于盾体,这种从前到后的断面差,造成了盾构机与土体、管片与土体均存在不同程度的间隙,正是这种间隙,引起隧道上方土体出现沉降滑移,导致地层出现空隙损失。由于盾构施工的这种特殊性,故需要通过注浆加固的形式对地层进行补偿。若盾构掘进是刚性开挖,则没有多余土体进入土仓,由于地层扰动产生的层间空隙和位移,也是需要注浆才可以恢复地层,因此在盾构施工中过程,需要及时分析监测数据、注浆填充盾构机与地层间的空隙,降低隧道上方土体的滑移沉降。

注浆技术的特点主要表现为注浆形式、注浆部位、注浆时机、注浆材料、注浆工艺等方面的多样性。首先,由于常规注浆设备具有主机设备小、软性管路布设简单、材料搬运便捷等特点,可以实现地表注浆、隧道内注浆等多种注浆加固的形式。其次,注浆技术在盾构施工中注浆部位的多样性,主要得益于软性注浆管路可塑性好且易调整的特点,可以实现多个不同部位的注浆。例如刀盘前方注浆稳定掌子面,土仓内注浆渣土改良,盾体注浆、孔注浆填充盾体间隙,管片注浆填充管片间隙等。

盾构注浆按照时间的先后顺序,可将其分为地层预注浆、同步注浆、二次注浆、后续跟踪注浆等。正是由于这些不同时机的注浆作用,为盾构掘进施工提供了足够的地层承载力并及时地填充了盾体与地层之间的间隙,保障了盾构掘进施工过程的安全性。由于注浆时机的不同,注浆材料也有相应的区别。在地层预加固施工时,注浆材料应选用水泥浆来填充地层空隙,提高地层强度;在同步注浆施工时,应选择水泥浆或者惰性浆液;在二次注浆及后续跟踪注浆施工时,应根据地层沉降的监测情况,适当选择不同的注浆材料,对于沉降控制要求较高的地层,可采用惰性浆液多次填充;对于有快速稳定需求的地层,可选择水泥—水玻璃双液浆,这种浆液能够迅速产生强度,确保上覆地层的安全。

注浆工艺工法还具有多样性,盾构施工中常见的注浆工法有:WSS 注浆、MJS 注浆、袖阀管注浆等。这些工法的适用范围有一定的重叠,通常需要根据具体项目情况来综合分析。各类注浆工艺的优缺点见表 9-1。

常用注浆加固方法 表 9-1

加固方法	适用地层	对环境的要求及影响	使用评价
注浆法(WSS、袖阀管、钢花管等)	适用于多种地层,尤其是深度较大的砂质地层、砂砾层	占地面积小,噪声和振动较小;可引起地表隆起	加固质量可靠性差,单独使用风险大
深层搅拌法	最适用于饱和软黏土,也适用于淤泥质土、粉土、黏土层和无流动地下水的饱和松散砂土	对周围地层扰动小,地层不产生附加沉降,环境污染小;施工占地面积较大	加固体强度、抗渗性较高
高压旋喷注浆法	广泛适用于淤泥、软黏土、砂土,不适用于地下水流速过大的地层	设备轻便,施工所需空间小;对环境影响大	加固体强度较高,在桩身搭接较好的情况下,抗渗性较高;砂砾地基和黏着力大的黏土有时不能形成满意的改良桩
全方位高压喷射法(MJS 工法)	适用对沉降控制要求高的复杂地层,尤其适用于狭窄场地	对周边环境影响小,超深加固施工质量有保证,泥浆污染少	加固效果好,整体造价较高
高压喷射法(RJP 工法)	适用对沉降控制要求高的复杂地层,尤其适用于狭窄场地	对周边环境影响小;沉降控制较 MJS 工法稍差	加固效果好,造价比 MJS 低

9.1.2 洞外注浆方法

1)深层搅拌桩

搅拌桩是利用钻机搅拌土体把固化剂注入土体中,并使土体与浆液搅拌混合。浆液凝固后,便在土层中形成一个圆柱状固结体,同时少量置换原状土,实现土体强度及自稳性的提高。

搅拌桩主要适用于区间始发接收端头加固和区间不良地质加固。搅拌桩可根据加固地层调整浆液掺量,实现不同地层的分层加固。实际加固中,搅拌桩可以分为空桩和实桩,其中空桩(水泥掺量约 8%)加固主要针对区间隧道上覆地层,而对于区间隧道上下左右 3m 的范围应采用实桩(水泥掺量约 20%)满堂加固。其主要施工设备包括搅拌钻机、压浆用的空压机、全自动搅拌站、水泥罐以及置换原状土的挖土清运挖掘机等。

深层搅拌桩主要施工工艺流程如图 9-1 所示,施工方法如图 9-2 所示。施工中应全过程关注水泥搅拌桩的施工过程,所有施工机械设备均应编号,应将现场技术员、钻机长、现场负责人、水泥搅拌桩桩长、桩间距等制成标牌悬挂于钻机明显处,确保人员到位、责任到人。

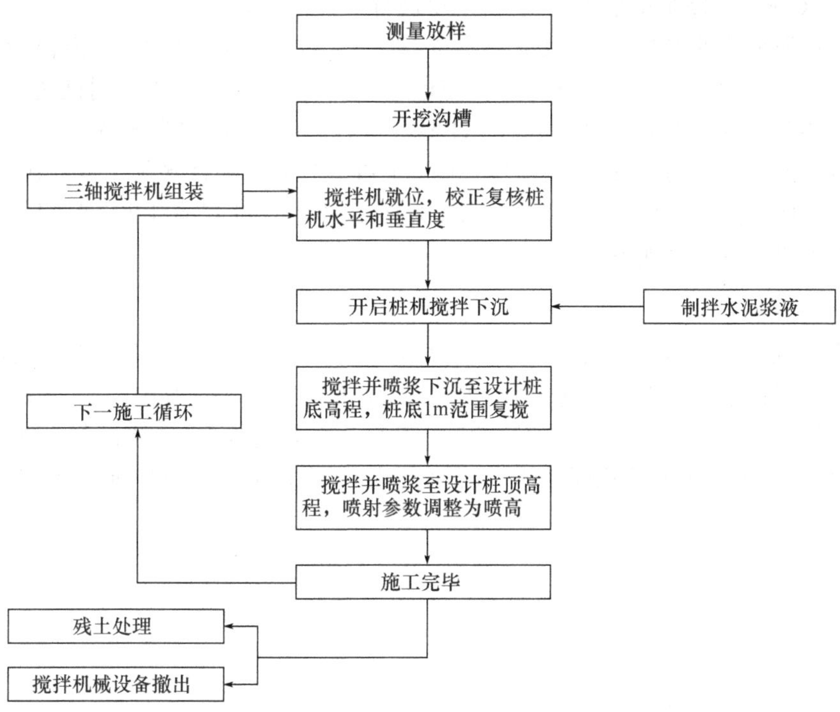

图 9-1　深层搅拌桩施工工艺流程图

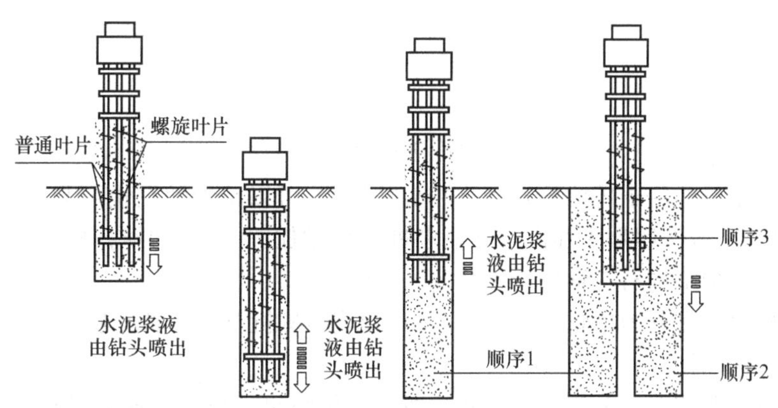

图 9-2　深层搅拌桩施工方法示意图

水泥搅拌桩开钻之前,应用水清洗整个管道并检验管道中有无堵塞现象,待水排尽后方可下钻。为保证水泥搅拌桩桩体垂直度满足规范要求,在主机上悬挂一吊锤,通过控制吊锤与钻杆的距离来进行垂直度控制。施工中发现喷浆量不足,应要求整桩复喷,且喷浆量不小于设计用量。如遇停电、机械故障等造成喷浆中断时,应及时记录中断时的喷射位置,在12h内采取补喷处理措施,并将补喷情况填报于施工记录内,若补喷重叠段大于100cm且超过12h,应及时采取补桩措施。施工时应严格控制喷浆时间和停浆时间。每根桩开钻后应连续作业,不得中断喷浆,严禁在尚未喷浆的情况下进行钻杆提升作业。储浆罐内的储浆量应不小于"一根桩的用量加50kg",若储浆量小于该量时,不得进行下一根桩的施工。

为保证水泥搅拌桩桩端、桩顶及桩身质量,第一次提钻喷浆时应在桩底部停留30s,进行磨桩端,余浆上提过程中全部喷入桩体,且在桩顶部位进行磨桩头,停留时间为30s。为了确保桩体每米掺和量以及水泥浆用量达到设计要求,每台机械设备均应配备电脑记录仪。同时现场应配备水泥浆密度测定仪,以备质检人员随时抽查检验水泥浆水灰比是否满足设计要求。重点检查每根成型的搅拌桩的水泥用量、水泥浆拌制的稠度、喷浆搅拌提升时间、复搅次数,以及压浆过程中是否有断浆现象。

2)高压旋喷桩

高压旋喷桩是利用钻机将旋喷注浆管及喷头钻至桩底设计高程,将预先配制好的浆液通过高压发生装置使液流获得巨大能量后,从注浆管边的喷嘴中高速喷射出来,形成一股能量高度集中的液流,直接破坏土体。在喷射过程中,钻杆边旋转边提升,使浆液与土体充分搅拌混合,在土中形成一定直径的柱状固结体,从而使地基得到加固,其原理图如图9-3所示。

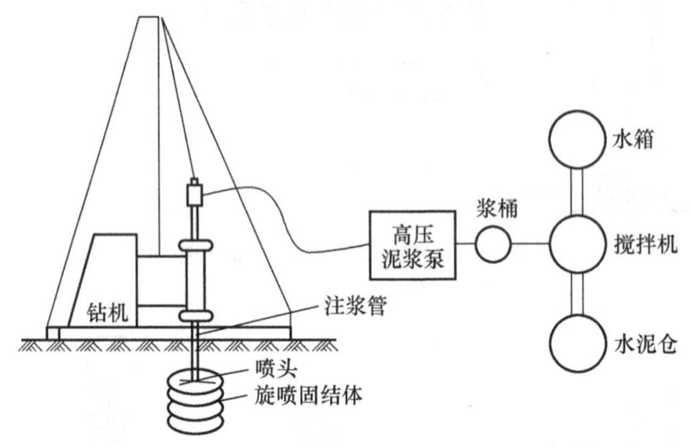

图9-3 高压旋喷桩施工原理图

高压旋喷桩主要适用于盾构始发接收端头井加固,可以单独使用也可与三轴搅拌桩组合使用。单独使用时,应按照端头加固设计要求进行满堂加固;与三轴搅拌桩组合使用时,主要是作为填充车站围护结构与三轴搅拌桩间的嵌缝使用。

高压旋喷桩设备可分为单管旋喷桩机、双重管旋喷桩机及三重管旋喷桩机,具体机械设备如图9-4和图9-5所示。

高压旋喷桩主要施工工艺流程如图9-6所示。旋喷机就位时机座要平稳,立轴或转盘与孔位对正,倾角的设计误差一般不得大于0.5°。喷射注浆前要检查高压设备和管路系统,设备的压力和排量必须满足设计要求。管路系统的密封圈必须良好。各通道和喷嘴内不得有杂物;喷射注浆时应自下而上喷射注浆,做好施工准备工作后开动注浆泵,待估算水泥浆的前锋

a)

b)

图9-4　旋喷桩机

已经流出喷头后，才开始提升注浆管，开始喷射注浆孔的孔段要与前段搭接0.1m防止固结体脱节。喷射注浆作业后，由于浆液析水作用，一般均有不同程度的收缩，使固结体顶部出现凹穴，因此应及时用1:1的水泥浆进行补灌，并要预防其他钻孔排除的泥土或杂物进入；为了加大固结体尺寸，或深层硬土为避免固结体尺寸减小，可以采用提高喷射压力或降低回转与提升速度等措施，也可采用复喷措施。

此外，在旋喷施工中往往有一定数量的土粒，随着一部分浆液沿着注浆管壁冒出地面，这种现象称为冒浆。通过对冒浆的观察，可以及时了解土层的状况、旋喷的大致效果、施工参数的合理性等。若冒浆（内有土粒、水及浆液）量小于注浆量的20%则为正常；超过20%或完全不冒浆时应查明原因并采取相应的处理措施。若是地层中有较大空隙引起的不冒浆，则可以在浆液中掺入适量的速凝剂，缩短固结时间，使浆液在一定土层范围内凝固。另外，还可以在空隙地段增加注浆量，填充空隙后再进行正常的旋喷施工。若在施工中发现冒浆量特别大，其主要原因一般是有效喷射范围与注浆不相适应，注浆量大大超过旋喷固结所需的浆量所致，可以通过提高喷射压力、适当缩小喷嘴直径、控制固结体形状三种措施来减小冒浆量。

图9-5　三重管旋喷桩机

3）注浆（无收缩WSS）

WSS注浆技术是采用二重管钻机钻孔至预定深度后，采用一台同步注浆机注浆。注浆材料一般是水泥、水玻璃、冰醋酸、二氧化硅系胶粉体等，浆液一般有两种，即A液和B液（或C液），两种浆液通过二重管端头的浆液混合器充分混合，形成浆液分溶液型（A、B液组成）和悬浊型（A、C液组成）。注浆时采用电子监控手段实施定向、定量、定压注浆，使岩土层的空隙或孔隙间充满浆液并固化，以达到改变岩土层性状的目的。

二重管钻机体型较小，移动方便，适用于较困难的施工环境，可直接作为钻杆钻孔达到预定深度或地点，同时二重管可以用来直接注浆，管头装有30cm的混合器可使两种浆液在出管的时候完全混合,既能使浆液混合均匀,又不会出现常规方法容易堵管现象。在注浆过程中注浆管可以正反方向旋转,且不会发生钻杆卡死及浆液溢流现象,节省了其他注浆管一次性投入的费用,另外有利于保护环境不受污染。

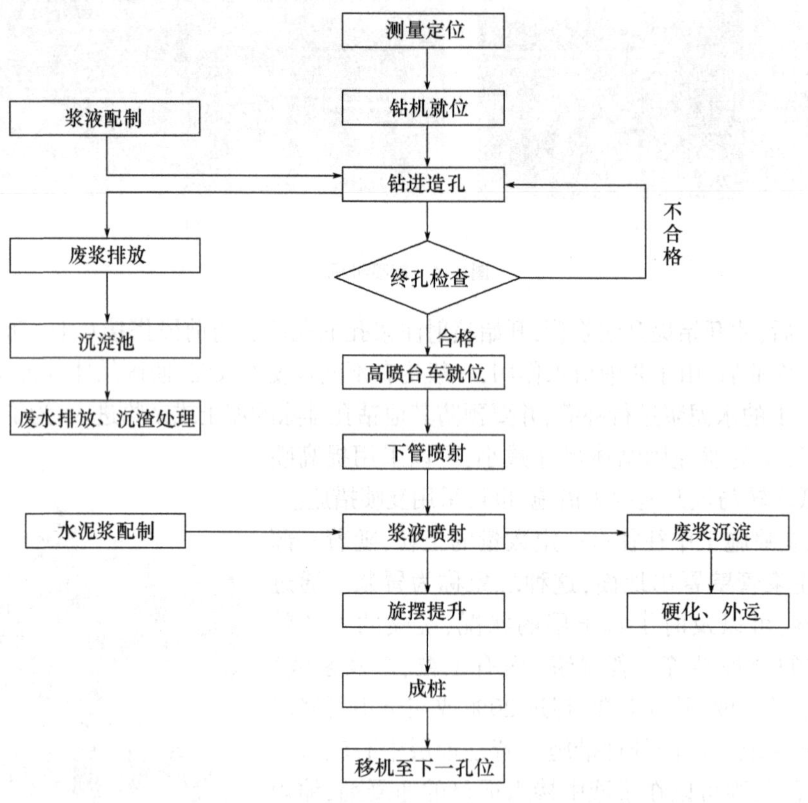

图 9-6　高压旋喷桩施工工艺流程图

浆液对土层有很强的渗透性,采用调节浆液配比和注浆压力的办法人工控制注浆范围;凝结时间可以调节,并可以复合注入施工,满足不同的要求。一般的加固可从地面垂直注浆,对于隧道的周边加固亦可调整好注浆压力倾斜注浆,亦可进行水平超前注浆。同时从注浆开始至注浆完毕应连续作业,不得中断。

WSS 注浆工法适用范围广,可用于各种土层,对于岩层也可以适用。对于盾构施工来说,WSS 注浆除了可用于盾构始发接收加固、区间不良地质加固以外,还可以用于既有建(构)筑物的保护、洞内隧道加固等施工中。WSS 注浆的主要设备包括注浆钻机、注浆泵及搅拌器,主要设备组成如图 9-7 和图 9-8 所示。

WSS 注浆工法施工工艺流程图和施工方法示意图如图 9-9 和图 9-10 所示。每次注浆前要检修好设备,确保管路连接牢固和压力表正常,防止注浆过程中爆管事故。注浆开始前及结束后都要用压力水冲洗注浆管路,防止注浆管路堵塞;钻孔时,密切观察溢水流出情况,当出现大量溢水流出现象时,应立即停钻,分析原因后再进行施工。在钻进过程中,每钻进一段,检查一段,及时纠偏,孔底位置应小于 30cm。注浆施工现场用水供应必须充足,所用水应清洁,不得含有杂物,以防堵管或影响浆液配比,可在掌子面附近设置一个储水罐。

图 9-7　注浆钻机

图 9-8　注浆泵及双层搅拌器

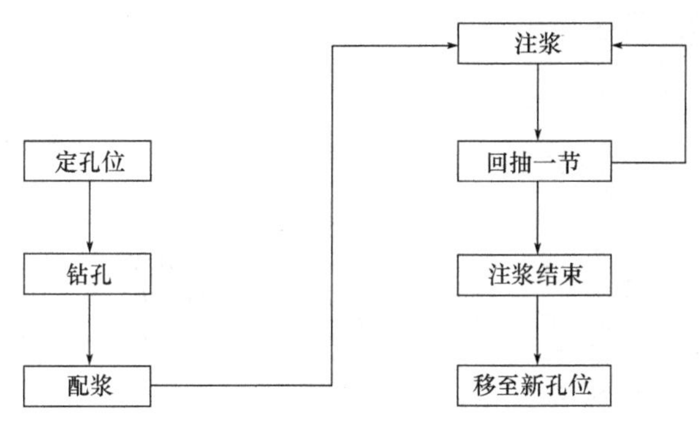

图 9-9　WSS 注浆工法施工工艺流程图

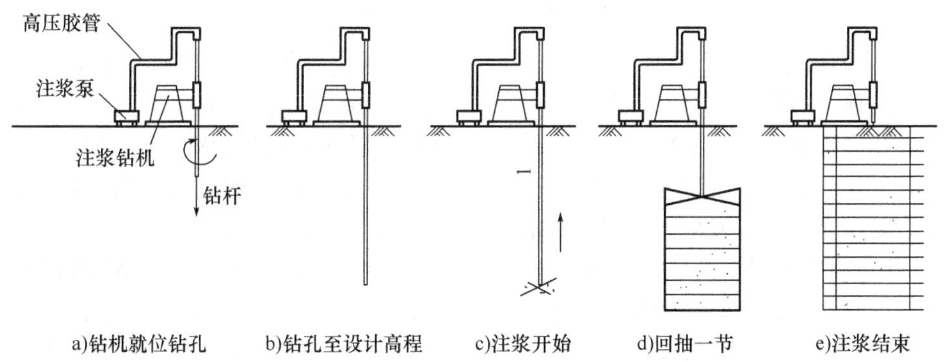

图 9-10　WSS 注浆施工方法示意图

注浆过程中密切观察注浆压力表,并根据实际情况调整浆液配比及注浆压力,以确保注浆效果。若注浆压力骤升,应引起重视;若停止检查未发现有堵管现象,且重接注浆管后注浆压力仍出现骤升,可结束该孔注浆;若跑浆、漏浆现象严重时,可通过间歇注浆技术或通过调整浆液配比缩短凝胶时间的方法进行封堵,但若无效时,应暂停注浆,查明原因后方能重新开始注浆。注浆过程中要严格控制钻杆提升高度,一次性回拔长度宜为 38cm,同时应匀速回抽。若出现卡钻或堵管等现象,应立即停止注浆,分析其原因并采取措施,切勿野蛮处理。不得随意停电以免造成注浆管堵塞,注浆中如遇突然停电,要立即拆卸下注浆胶管,用高压水冲洗干净管内的浆液;若被告知有停电计划,需提前半小时通知注浆现场作业人员。

4)全方位高压喷射(MJS)工法

MJS(Metro Jet System)工法又称全方位高压喷射工法。最初该工法是为了解决水平旋喷施工中的排浆和环境影响问题而开发出来的,之后由于其独特优势和工程需要,又应用到倾斜和垂直施工上。MJS 工法是在传统高压喷射注浆工艺的基础上,采用了独特的多孔管和前端造成装置(Monitor),实现了孔内强制排浆和地内压力监测,并通过调整强制排浆量来控制地内压力,大幅度减少对环境的影响,而地内压力的降低也进一步保证了成桩直径,如图 9-11 所示。

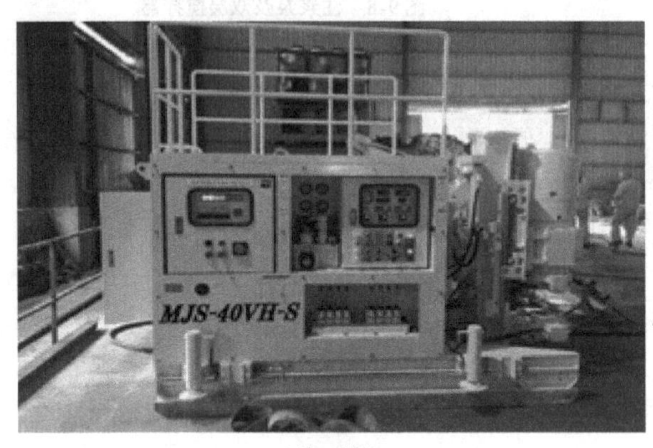

a)施工设备

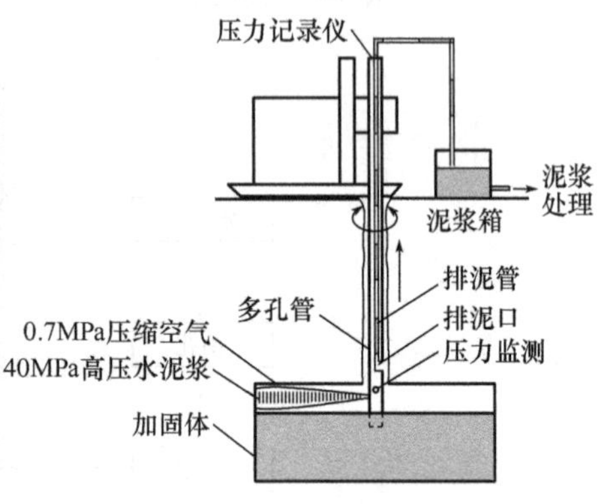

b)工艺原理示意图

图 9-11　MJS 工法工艺原理图

MJS 工法加固土体可分为两个阶段。第一阶段为削孔阶段,削孔时将 1.5m 的钻杆和前端装置连接,顶出多孔管,直到计划施工深度。若地基较硬需要长距离施工时,可用多层双孔管施工,成孔过程也可采用 G2-A 工程钻机或阿特拉斯钻机钻至设计深度预先成孔,成孔直径为 200mm 左右。第二阶段为摇摆喷射阶段,通过安装在钻头底部侧面的特殊喷嘴,置入土体深度后,用高压泵等高压发生装置,以 40MPa 左右的压力将硬化材料及空气从喷嘴喷射出去,并将多孔管边喷边抽回。由于高压喷射流具有强大的切削能力,喷射的浆液切削周边土体,土体在喷射流的冲击力、离心力和重力的作用下与浆液搅拌混合,并按一定的浆土比例及质量大小有规律地重新排列,待浆液凝固后,在土中形成各种形状的加固体。摇摆喷射一般采用步进喷射,即一步一步向上喷,一步作为一个步距,通常每一个步距为 25mm,每一个步距来回喷射一个单位时间,单位时间根据摇摆角度确定,若是 360°的喷射,则单位时间为 60s。

MJS 工法配有后台管理装置,对于地内压力、空气压力及流量、水泥浆压力及流量、倒吸水压力及流量等施工参数,能够在管理装置面板上清楚地显示,这样有助于施工的管理和控制,而且还可以作为后期材料保存起来。因此对比传统高压旋喷桩工法施工,MJS 工法有以下几个特点。

(1)“全方位”高压喷射注浆施工。MJS 工法可以进行水平、倾斜、垂直等各方向任意角度的施工，特别是它特有的排浆方式，使得在富水土层中需要进行孔口密封情况下的水平施工变得安全可行。

（2）桩径大，桩身质量好。MJS 工法喷射流初始压力达 40MPa，流量为 90～130L/min，使用单喷嘴喷射，每米喷射时间为 30～40min（平均提升速度为 2.5～3.3cm/min），喷射流能量大，作用时间长，再加上稳定的同轴高压空气的保护和对地内压力的调整，使得成桩直径可达 2～2.8m；由于直接采用水泥浆液进行喷射，桩身质量较好。

（3）对周边环境影响小，超深施工有保证。传统高压喷射注浆工艺产生的多余泥浆是通过土体与钻杆的间隙，在地面孔口处自然排出，这样的排浆方式往往造成地层内压力偏大，导致周围地层产生较大变形；同时在加固深处的排泥比较困难，造成钻杆和高压喷射枪四周的压力增大，往往导致喷射效率降低，影响加固效果及可靠性。MJS 工法通过地内压力监测和强制排浆的手段，对地内压力进行调控，可以大幅度减少施工对周边环境的扰动，并保证超深施工的效果。MJS 钻杆设计如图 9-12 所示。

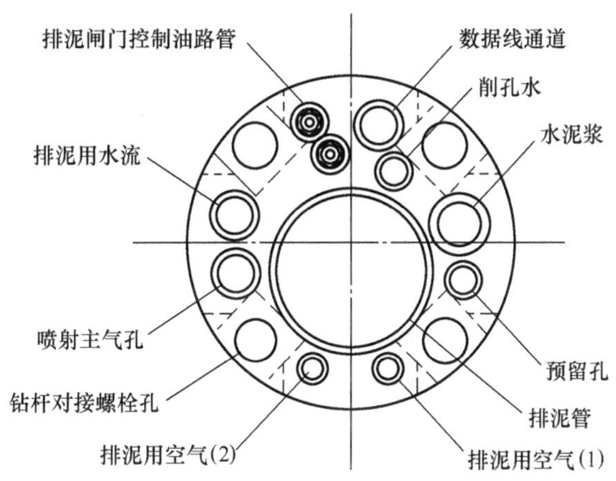

图 9-12　MJS 钻杆多孔设计示意图

（4）泥浆污染少，自动化程度高。MJS 工法采用专用排泥管进行排浆，有利于泥浆集中管理，施工场地干净，由于对地内压力的控制，减少了泥浆“窜”入土壤、水体或地下管道的概率。注浆设备采用集成的高精度电脑控制技术，如图 9-13 所示。转速、角度等施工参数均能够提前设置，并实时记录施工数据，极大地减少了人为因素造成的质量问题。

本方法通过射流作用强制性破坏原地层结构，只要是高压射流能破坏的土层皆可施工，对施工场地要求不高，还可对于各个角度任意方向施工，全方位进行高压喷射注浆。MJS 工法可以作为盾构端头水平加固，也可以作为地面垂直加固，尤其是桩间的嵌缝；对于紧邻周边建（构）筑物，对沉降要求高且作业空间有限的区域，也可采用该工法进行注浆加固。MJS 工法的主要设备包括 MJS 桩机、高压注浆泵、搅拌站后台、引孔钻机等，以某项目采用 MJS 工法施工使用的主要设备进行列表说明，见表 9-2。

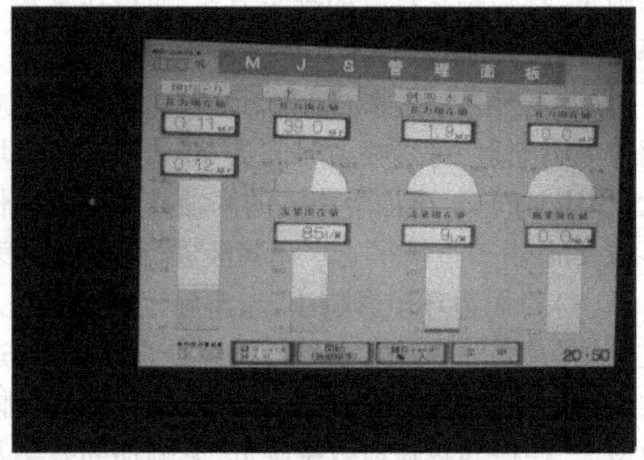

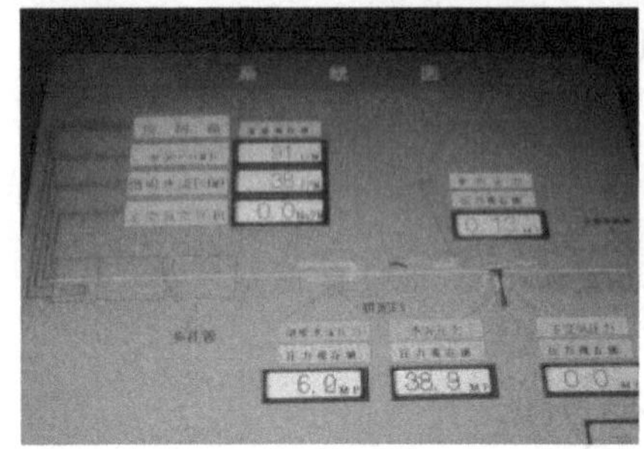

图 9-13 注浆设备自动化控制仪表盘

MJS 工法主要设备型号一览表 表 9-2

序号	设备名称	型 号 规 格	数量	额定功率(kW)	生 产 能 力
1	MJS 桩机	HL-90C	1	35	最大直径 2.5m
2	超高压注浆泵	160L/min	1	90	40MPa
3	高压水泵	120L/min	1	75	40MPa
4	螺杆空压机	$10m^3/min$	1	55	$5 \sim 11m^3/min$
5	搅拌浆台	自制	1	80	$15m^3/h$
6	水泥罐	75t	1	—	—
7	泥浆泵	PNL 型	2	7.5	—
8	引孔钻机	—	1	—	—
9	水泥浆检测仪器	MC-2	1	—	—
10	全站仪	DM686-111	1	—	—

MJS 主要施工工艺流程如图 9-14 所示。施工过程中使用铅垂定位孔位中心,控制孔位误差必须小于 50mm。使用水平尺校正工程钻机设备、外套管下钻设备、MJS 工法设备的水平度;使用倾斜仪校正工程钻机设备、外套管下钻设备、MJS 工法设备导轨及钻杆的垂直度。在施工先导孔及下钻外套管时,每下钻 10m 必须使用经纬仪对钻杆和外套管进行垂直度纠偏,并如实记录数据,如纠偏失败,需重新下钻。下钻 MJS 钻杆时,除保证上述措施外,还需要在每下钻 10m 时,将 LED 发光体放入排泥管中,检测 MJS 工法钻杆的垂直度,为此必须把外套管和钻杆的垂直度误差控制在 2% 内。

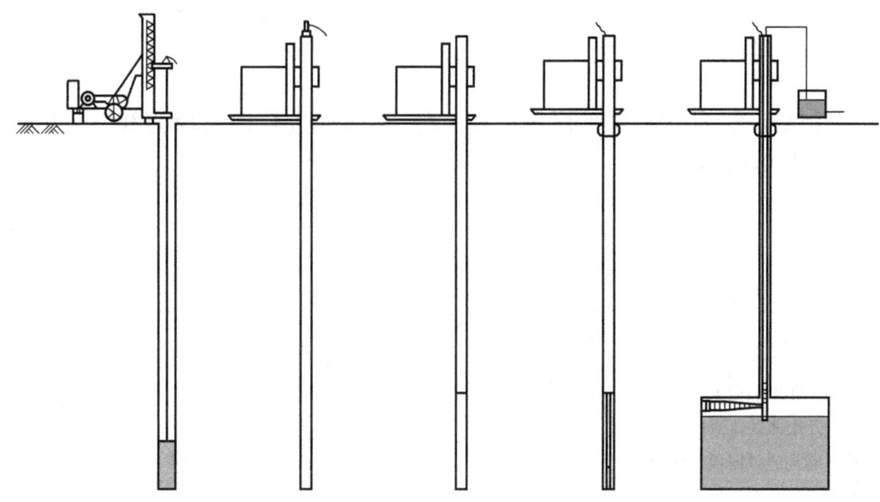

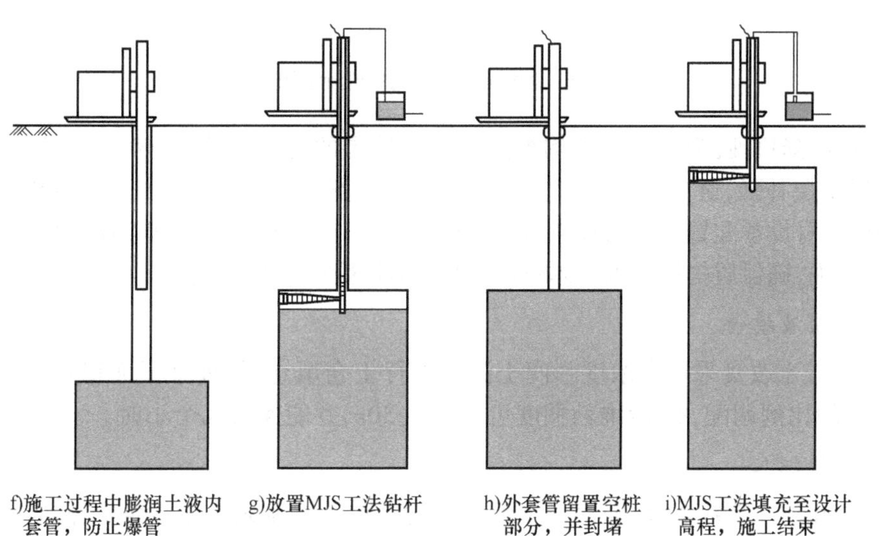

图9-14　MJS工艺流程示意图

钻孔开始前必须校平，在钻杆就位后、开始喷射作业前检查气泡及钻杆与下夹头之间的情况。如遇无法返浆或地内压力低于静水压力的情况，MJS钻头应在该区域多停留喷浆一段时间，直至地内压力正常，排浆正常方可继续提升钻杆。分段施工喷射管分段提升的搭接长度不得小于200mm，若出现紧急情况施工中断时，恢复喷浆要将钻杆下放500mm作为起始位置，避免出现断桩。浆液配比严格控制，专人负责抽查浆液质量，喷浆过程中严格控制地内压力，不得超越上下限值，出现异常情况立即采取相应措施。施工过程中对实际孔位、孔深和每个钻孔地下障碍物、洞穴、涌水、漏水及与岩土工程勘察报告不符的情况均应详细记录。

9.1.3 洞内注浆方法

所谓洞内注浆工艺,即在特殊地段盾构施工时,不断地进行地层填充补强,具体的阶段划分和地层变形如图9-15所示。

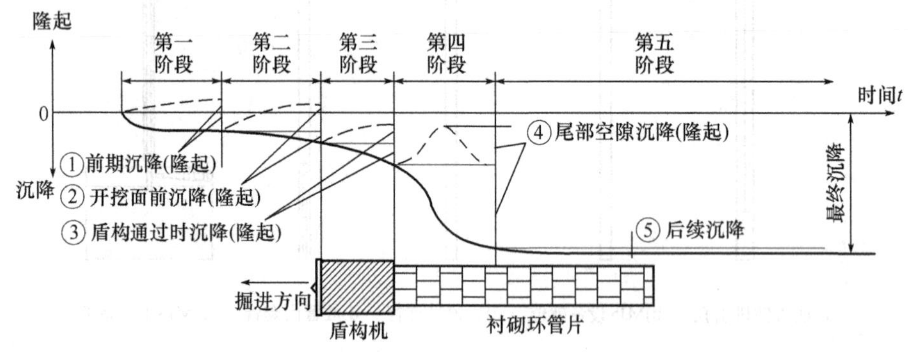

图9-15 盾构五阶段及地层变形示意图

根据上述沉降机理,为了避免盾构掘进对上覆地层的过大影响,可考虑采用“五步注浆法”进行区段地层补强,避免沉降过大引起安全事故。所谓“五步注浆法”,即盾构掘进过程中,借助盾构自身设备配置及区间管片的注浆孔设计,采取针对性的多次系统性注浆方案,逐步填充地层损失,确保盾构机上覆土体稳定。“五步注浆法”具体描述如下。

1)膨润土浆液填仓

盾构掘进渣土改良采用高浓度膨润土泥浆进行土仓填仓,保证掌子面稳定。按照膨润土:水=1:7的比例调配,8h后维勃稠度可达40~50s,并能保持几个小时。

2)特殊浆液注入

盾体径向孔注入特殊浆液,膨润土下部改造的施维英注浆泵1、2号泵管路接1点位、11点位径向孔球阀,往径向孔注特殊浆液填充盾构机壳体间隙,径向孔注浆如图9-16所示。理论注入量根据开挖断面大小与盾构直径计算确定。

3)同步注浆注入

在此类条件下的同步注浆浆液,应具有注浆后体积收缩小、初期强度高、凝结速度快、稠度大的特点,才能保证管片在脱出盾尾后,浆液能够及时地凝固减少地面沉降,稳定管片防止管片的上浮和错台。因此,浆液的配合比较为关键,既要保证同步注浆的浆液有足够的凝结时间,在运输的过程中不发生浆液凝固,又要保证浆液注入后能够快速地凝固支撑管片,填充间隙。同步注浆的浆液初凝时间为4~6h,浆液稠度11~12cm。盾构机同步注浆泵接盾尾1、2、3、4号同步注浆管,同步注浆量7~8m^3,注浆压力1.5~3.0bar。

a)

b)

图9-16　径向孔注浆

4)盾尾二次注浆

二次注浆采用双液浆,双液浆采用水玻璃和水泥浆按照1∶1配置而成,水泥浆水灰比为0.8∶1。水玻璃的波美度为35~40,双液浆凝结时间为30s,达到在注点附近就可凝固的效果,同时严格控制注浆压力不超过0.4MPa,二次注浆机设置在台车连接桥处,配有2个0.5m^3储存桶,在盾构机盾尾完全进入钢筒后,开始在0环进行二次注浆,顶部开孔检查二次注浆饱满度,掘进过程中在盾尾第3环跟随注浆,压力不超过0.4MPa。

5)盾尾三次补注浆及四次补注双液浆

进行三次补砂浆(在拼装管片期间采用已备用同步注浆管注入),每5环进行一次补注砂浆,注浆压力控制在0.5MPa以内,防止压力过大造成管片错台及破损。根据既有线沉降监测情况进行四次补双液浆,注浆压力控制在0.5MPa以内。

综上所述,“五步注浆法”即通过多次注浆,确保盾构施工推进过程中的施工间隙得到有效的填充,降低上覆地层的沉降风险。

9.1.4　组合注浆方法

1)盾构机内部注浆

盾构机内部注浆,即通过盾构机自身的设备配置结合注浆工法进行注浆。这类注浆工法常用于地层超前加固中,借助盾体径向孔和盾构机自带的超前注浆设备,可有效地进行超前预注浆加固,降低开挖扰动带来的不利影响,如图9-17所示。

2)管片跟踪注浆

管片跟踪注浆是指管片拼装完成后的注浆,主要是为了控制成型隧道质量及填充管片与地层间隙避免地表沉降。这类跟踪注浆形式主要借助小型注浆设备进行,前文提到的WSS注浆设备就可以用于此类跟踪注浆作业。同时,借助针对性的管片开孔设计,提前进行注浆孔预留,通过结合隧道监测结果的跟踪注浆“反压”,可有效降低管片上浮或者下沉导致的错台、破损等情况,如图9-18所示。

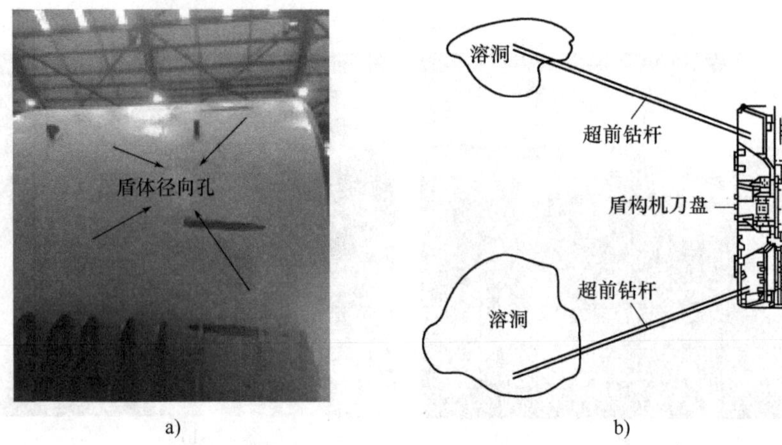

a)　　　　b)

图 9-17　盾构机内部注浆方案

a) 同步注浆

b) 成型隧道注浆

图 9-18　管片内部跟踪注浆方案

9.2　渣土改良技术

目前广泛应用于渣土改良的改良剂的主要有水、膨润土、泡沫和高分子聚合物等，根据不同地层的工程特性，可以选择单一改良剂进行使用，也可将改良剂进行混合使用，从而取得更好的改良效果。

9.2.1　渣土不良问题

在盾构掘进施工过程中，由于渣土流塑性较差，不利于螺旋输送机排土，土仓压力不易控制，难以有效平衡开挖面水土压力，易诱发过大的地层沉降乃至地表塌陷；其次，在富含地下水的粗颗粒土中掘进，螺旋输送机中渣土在高水压的作用下易发生喷涌，导致土仓压力难以维持;最后,渣土易对刀具、螺旋输送机产生磨损,甚至导致螺杆断裂,延误盾构掘进进度。渣土不良问题主要包括以下三种情况。

(1)掘进速度降低,刀盘扭矩上升,渣土温度持续升高。

产生这种现象的原因主要是由于刀盘结泥饼造成的,刀盘结泥饼现象主要是由于渣土流塑性低,渣土黏稠度高,掌子面岩层切削后有较高的黏性,岩屑固结能力强,岩层遇水膨胀等原因造成的。在实际盾构施工过程中,应提高渣土流塑性,降低渣土黏稠度,减弱渣土固结能力。通常采用注入大量的水,以及采用分散剂稀释后的溶液或分散型的泡沫剂等方法进行应对。

(2)螺旋输送机堵塞,扭矩持续增大。

螺旋输送机堵塞主要原因在于渣土流塑性太差,且渣土粒径小黏滞性高(细粒粉粒成分高容易固结成块),岩石在螺旋输送机内部遇水体积膨胀等现象引起。一般是由于螺旋输送机的堵塞,导致了刀盘的扭矩持续增大。在实际盾构施工过程中,尽量提高螺旋输送机内渣土流塑性,降低渣土黏稠度,使渣土具有较高的流动能力,进而保障螺旋输送机的正常出渣。通常采用增大螺旋输送机内部改良剂注入比的方法等进行应对。

(3)刀盘及刀具磨损。

主要是因为刀盘及刀具外表面与掌子面接触摩擦而产生。在实际盾构施工过程中,对刀盘及刀具表面添加润滑剂(泡沫、膨润土等),减小摩擦力及摩擦热,进而降低刀盘及刀具磨损。

9.2.2　改良剂类型及作用

常用渣土改良剂的包括膨润土、泡沫剂、高分子聚合物等,各种改良剂的作用见表9-3。

常用改良剂材料及作用　　表9-3

序号	改良材料名称	作　用
1	膨润土	(1)提供土体塑性; (2)吸湿膨胀性; (3)低渗性、高吸附性; (4)良好的自封闭性能
2	泡沫剂	(1)提供土体塑性; (2)增强润滑性; (3)改善土体黏性; (4)降低设备扭矩
3	高分子聚合物	(1)改进土壤湿性; (2)防止盾构机喷涌性; (3)改善土体黏性; (4)降低设备扭矩

9.2.3　改良剂选型

在盾构机掘进过程中,应及时向开挖面和土仓等部位加注改良剂,针对不同地层的盾构施工其改良剂的具体性能也不同。对于富含水砂层,一方面止水,另一方面可以改善砂的和易性。在砂性土和砂砾土地层中,可以使掌子面更加稳定且可以改善土的流动性。在黏性土层,一方面可以防止渣土附着刀盘和土仓内壁；另一方面，由于改良剂中的微细气泡可以置换土颗粒中的孔隙水，因而可以达到止水效果。

另外对于渣土的改良剂应保证其流动性好，不发生材料分离和沉积；改良剂渗入、填充、封堵土颗粒间隙的效果好；同时应保证其稳定性好，历时变化小，无自硬性；使用方便，安全性好，排出开挖土对环境无污染，处理方便等要求。在实际施工中，应根据地质情况，合理选择改良剂组合。常见的改良剂组合方式见表9-4。

主要地层的渣土改良剂组合及改良效果　　表9-4

序号	地层名称	组合方式	改良效果
1	通用地层（黏土、粉质黏土等）	泡沫剂为主，根据土体干稀程度适当辅以加水改良	渣土呈牙膏状，流塑性较好，渣土出来后干湿程度适中，皮带可塑性好，流动性适中；输送皮带可以轻松带走渣土。同时，刀盘扭矩和螺旋机扭矩合适，掘进参数可控
2	富水粉细砂层	泡沫剂为主，遇承压水大的地层，可适量添加高分子聚合物辅助	泡沫剂加高分子聚合物能有效地控制刀盘扭矩及出土效果，添加适量的高分子聚合物后能使其中的水分贮存于渣土中，不至于造生螺旋机喷涌，有利于控制出土
3	泥岩地层	分散剂或分散型泡沫剂为主	在改良前，泥岩基本没有坍落度，无流塑性，且很容易造成刀盘“结饼”、喷泥喷水，出现喷泥喷水现象后，渣土就会在运输皮带上打滑，严重影响盾构施工进度，长时间造成运输皮带松弛，动力不足，甚至致使运输皮带瘫痪。用稀释后的发泡剂对其改良后，改良后渣土坍落度为160～130mm；拌合料的流塑性最佳，黏性最强，此时泥岩的坍落度已达到或靠近盾构施工渣土的最优坍落度值
4	富水砂卵石地层	高质量进口泡沫剂为主，膨润土辅助	改良后的渣土可通过观察确定改良效果，渣土应“含水而不带水”，含砂成浆糊状，且膨胀效果明显。应控制膨润土的加入量，尤其是当土仓内卵石堆积或超方导致土仓汇水偏稀发生喷涌时，膨润土的掺量调整可有效应对该情况
5	铁板砂地层	泡沫剂＋膨润土根据配比适量添加	改良后渣土要达到“含水而不带水”、含砂成浆糊状的效果，且膨胀效果应明显可见，并应严防渣土过稀
6	淤泥地层	无改良或者注水改良	淤泥或者淤泥质黏土改良以水为主(泡沫剂改良作用不大，土质吸收不了，相反添加泡沫剂后容易导致皮带打滑，不利于渣土输送)，主要是干稀改良。加水改良需要注意，改良渣土要偏干，不能过稀，否则皮带机输送不畅，螺旋输送机出土口宜改小，像挤牙膏一样出土，不然皮带出土口容易打滑，渣土又长又黏不易断裂
7	无水砂卵石地层	泡沫剂＋膨润土根据配比适量添加	以膨润土加泡沫改良，充分保证拌和后的渣土具有足够的流动性，渣土的渣样和易性好，渣土中卵石和砂子不离析，能够托起卵石。出土顺畅，推进速度稳定在5cm/min以上，刀盘扭矩稳定在3700～4200kN·m
8	复合地层	泡沫剂为主，根据配比适量添加膨润土，遇高承压水地层，可适量添加高分子聚合物辅助	泡沫剂的使用可有效润滑掌子面，高分子聚合物在发生喷涌后的处理效果明显，通过加入适量的改良剂，有效提升渣土的和易性

注：不同地层条件下主要采用的改良方式如表所示，实际盾构施工时，应结合地层情况现场确定添加剂种类。

9.2.4 改良试验及效果

渣土改良试验应结合项目以及具体的地质情况进行多次试验分析,选择最适合的改良剂组合进行区间盾构掘进。然而,渣土改良配比也不是一成不变的,在实际施工中改良剂的配比应结合现场情况进行动态管理。下面以南昌某项目盾构渣土改良试验为例,对渣土改良试验的方式、效果以及过程经验进行总结说明。

1)工程概况

南昌地铁某盾构区间分为两个工程地质区:区间1隧道通过的地层主要由⑥$_1$全风化千枚岩、⑥$_2$强风化千枚岩、⑥$_{3-2}$中风化千枚岩等组成;区间2隧道通过的地层主要由②$_4$中砂、②$_5$粗砂、②$_6$砾砂、②$_7$圆砾、⑤$_{1-1}$强风化泥质砂岩、⑥$_1$全风化千枚岩、⑥$_2$强风化千枚岩等组成。

2)渣土改良试验

本次试验主要计算膨润土浆液、泡沫剂与渣土的配比,渣土改良的初始配比,以指导前期盾构施工。首先,在施工场地取与隧道所处地质条件相同的渣土;其次,分别做膨润土与水的配比、膨润土浆液和泡沫剂与渣土的配比;最后得到膨润土浆液和泡沫剂与渣土的最佳配比。

(1)膨润土与水配比试验

钠基膨润土原料配制标准见表9-5。现场四组土样试验配比见表9-6。

膨润土原料配制标准　　表9-5

名　称	数量(kg)	名　称	数量(kg)
钠基膨润土(一级200目)	50	火碱	1.5
纯碱	2	纤维素	1.5

不同配比试验表　　表9-6

编组号	膨润土(kg)	水(kg)	配制出的土样
a	1	3	无流动性,呈可塑状
b	1	5	流动性较小,呈可塑状
c	1	7	流动性适中,呈不可塑状
d	1	10	流动性大,呈不可塑状

4组试验土样如图9-19所示。根据图9-19可得出试验结论,认为a、b组流动性太小可不做考虑,而c、d组可用于下一步试验。

(2)膨润土浆液、泡沫剂与砂的配比试验

膨润土、泡沫剂及砂的5组试验配比见表9-7。

a) a组　b) b组　c) c组　d) d组

图9-19　4组试验土样

膨润土、泡沫剂以及砂的配比试验表　　表9-7

编组号	膨润土浆液（kg）	泡沫剂（kg）	砂（kg）	配制出的土样
a	1(1∶10,密度1.05g/cm^3)	0.03	10	流动性过大,呈不可塑状
b	0.5(1∶10,密度1.05g/cm^3)	0.03	10	流动性较大,呈不可塑状
c	1(1∶10,密度1.05g/cm^3)	0	10	流动性大,呈不可塑状
d	1(1∶7,密度1.07g/cm^3)	0.03	10	流动性稍大,呈不可塑状
e	0.6kg(1∶7,密度1.07g/cm^3)	0.03	10	流动性适中,呈可塑状

5组试验土样如图9-20所示。根据图9-20可得出试验结论,认为e组试验配制出的土样流动性较合适呈可塑状。故现场盾构施工时建议采用膨润土与水比例为1∶8的膨润土浆液。渣土∶膨润土浆液∶泡沫剂为1∶0.08∶0.003。

3)施工中遇到的问题及处理措施

综上所述,在区间盾构掘进施工前期采用渣土∶膨润土浆液∶泡沫剂为1∶0.08∶0.003进行渣土改良掘进比较顺利,渣土改良后的现场效果如图9-21和图9-22所示。

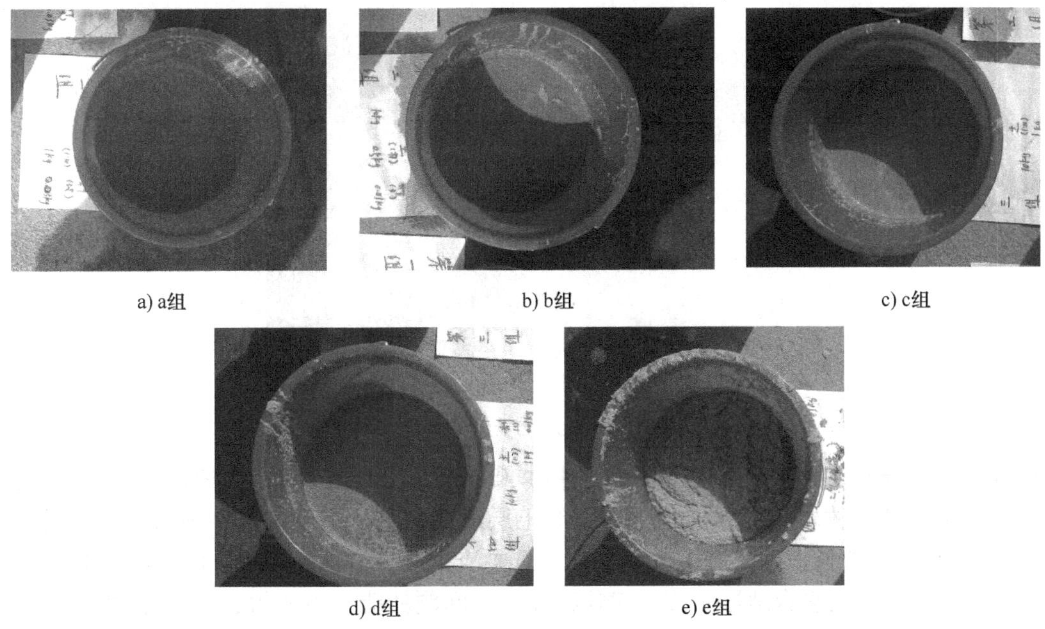

a) a组　b) b组　c) c组　d) d组　e) e组

图9-20　5组试验土样

图9-21　砂土层改良后效果

图9-22　风化岩层改良后效果

但是在盾构掘进至一定里程时，突然出现掘进速度明显下降，扭矩迅速上升且刀盘转速加快，项目部发现问题后及时采用高分子聚合物和泡沫剂对土体进行改良，但是效果并不明显，经过开仓后发现刀盘结泥饼现象严重，如图如9-23所示。

通过清理刀盘并更换24把刮刀后，采用渣土∶膨润土浆液∶泡沫剂为1∶0.08∶0.003渣土改良后再进行盾构掘进。根据掘进记录显示，盾构机推力和扭矩均明显降低，掘进速度大幅提高，达到20mm/min。

4）改良试验结果

在复杂地层盾构掘进中一定要随时根据现场实际情况选择最正确渣土改良剂，并确定最

图 9-23　刀盘结泥饼

佳的改良剂配合比。对于该工程,在由②$_4$ 中砂、②$_5$ 粗砂、②$_6$ 砾砂、②$_7$ 圆砾、⑤$_{1-1}$强风化泥质砂岩、⑥$_1$ 全风化千枚岩、⑥$_2$ 强风化千枚岩等土层组成的上软下硬的复杂地层中掘进并穿越建筑物时,一定要选择正确的渣土改良方法。只要渣土改良方法正确,施工方案合理,土压力平衡盾构机在复杂的复合地层中穿越建筑物存在的问题就能迎刃而解,并为今后的实际工程施工提供指导和帮助。

渣土改良的效果要求:一是要保证渣土能够良好地维持土压平衡效果,利于稳定开挖面,控制地表沉降,同时渣土也应该具有较好的止水效果,以防止地下水流失;二是要保证渣土有良好的流塑性,使切削下来的渣土顺利地进入土仓,并利于螺旋输送机顺利排土;三是能够有效防止土渣黏结刀盘而产生泥饼,防止或减少螺旋输送机排土时的喷涌现象;四是可有效降低刀盘扭矩及螺旋输送机扭矩,降低对刀具和螺旋输送机的磨损,提高盾构机掘进效率。

9.3　降水技术

9.3.1　始发接收端头降水

盾构始发接收端降水的主要目的是保证洞门外的地下水位降至隧道底部 0.5m 以下,这样既能确保端头井外部土体充分固结,降低土层垮塌风险;又可以避免洞门外部水位过高,引起地下水向卸压的洞门方向携渣流动,造成洞门涌水涌砂事故。盾构始发接收端头降水技术本节不做过多描述,具体可参考前文关于始发接收端头加固方法的相关内容及案例。

9.3.2　富水区间降水

富水区间尤其是富水砂卵石地层、富水淤泥质土地层等软弱易失稳地层,在进行关键部位的区间盾构施工前,可以通过对该区间段进行降水来解决地层稳定性问题。总的来说,需进行富水区间降水的原因可总结为以下几点:

(1)盾构开挖掌子面,破坏了既有地层的水土平衡。掌子面的开挖是一个土体卸压的过程,若不进行提前降水干预,则大量的地下水会涌入盾构机土仓和螺旋输送机中,造成螺旋输送机出土口喷涌;同时大量的水流涌入还会产生巨大的压力差,更容易引起地层迅速沉降。因此,降水措施是为了避免开挖卸压造成的螺旋输送机喷涌。

(2)富水软弱地层在具有一定渗透速度或水力坡度的水流作用下,其细小颗粒被冲走,土中的孔隙逐渐增大,慢慢形成一种能穿越地基的细管状渗流通路,从而掏空围护结构之间的土层,使地基产生变形失稳,直至形成管涌。因此,降水技术能够有效降低土层的渗透系数。

(3)降水的主要作用是通过抽排地下水,减小土体间隙,使土体进一步压缩挤密,一定程度上提高了土体压缩性和自稳性,避免水流冲刷土地引起的地层损失。

(4)富水区间降水需结合周边环境监测进行系统性的调整,故可确保降水对周边环境的影响降至最低,以保证区间周边环境的安全;由于进行降水作业,使土体挤压固结,降低了土方超挖的风险,保证隧道上覆地层的沉降可控。

富水区间降水的目的同始发接收端头加固目的一样,均是通过管井降水,使地下水水头高度低于隧道底0.5m,使土层产生压缩固结,提高土体的强度,增强地层的稳定性,便于盾构隧道施工,降低超挖方量,确保盾构掘进的顺利以及周边环境的安全。

成都地铁4号线某项目盾构区间场地的地下水主要为赋存于砂卵石层中的孔隙型潜水,具微承压性,渗透系数在20m/d,区间线路如图9-24所示。该施工场地土层渗透系数较大,因此区间联络通道、换刀点以及部分富水区段均需要通过降水辅助确保盾构施工安全。为了确保盾构区间施工安全及联络通道施工安全,该项目通过计算和分析,确定了区间总体降水井布设位置及编号,共设计降水井45眼。

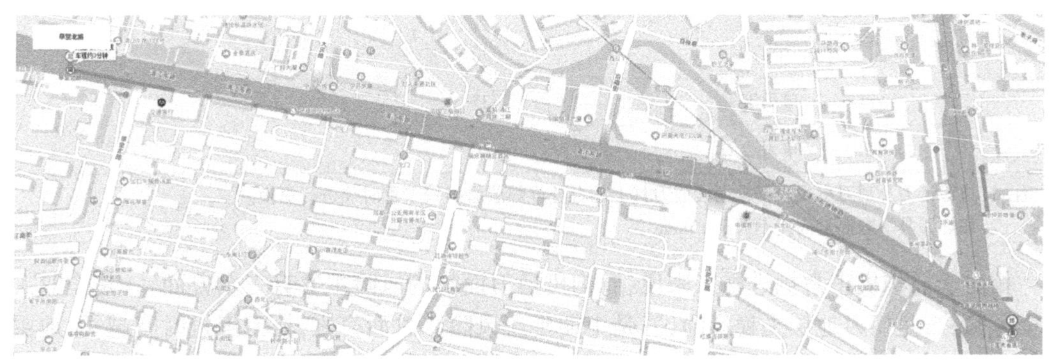

图9-24　成都4号线某项目区间线路示意图

9.4　换刀技术

盾构机在孤石、铁板砂、砂卵石、硬岩地层中长时间施工后,刀具会被严重磨损,如果不及时进行刀具更换处理,极端情况下会造成刀盘报废的严重后果。因此,及时更换刀具是必要的;如果在盾构掘进过程中发现渣土温度过高、扭矩增大、推力增大、掘进速度减慢等异常情况,应在稳定掌子面的情况下进行刀具检查,确定更换刀具位置和数量,根据地质情况选择合理的换刀点进行换刀检修。

9.4.1 刀具更换条件

在盾构掘进过程中,刀具的磨损一般是由内向外呈逐渐增大的趋势,刀盘上的刀具公转的角度是相同的,因此刀具所在半径不同势必导致各把刀具的线速度也不相同。在相同时间内,外部刀具所走过的路程就长,磨损的速度也就相应增加;到边刀部位,由于刀具间距加密,每把刀的破岩工作量相应减少,磨损的速率也相应降低。从理论上来说,在相同工况下中心距1m位置上的刀具刀圈的寿命是3m位置上的3倍。

当刀具磨损到一定程度时,会出现刀圈断裂、平刀圈、刀体漏油、刀圈脱落、挡圈断裂或脱落、刀具轴或刀座损伤以及刀具失效等情况,因此必须对刀具进行更换,衡量刀具是否需要更换的原则可参考表9-8。

刀具磨损更换临界值汇总表 表9-8

序　号	刀具名称	最大磨损量(mm)	备　注
一、硬岩地层			
1	中心刀	25	
2	双刃滚刀	20	
3	单刃滚刀	20	
4	单刃边刀	15	
二、软岩地层			
1	中心刀	30	
2	单刃滚刀	25	
3	单刃边刀	20	

注:1. 边缘齿刀及刮刀出现较严重崩齿或刀具上的合金堆焊层磨损较严重时须进行更换。
2. 相邻刀具的磨损量高差不大于15mm。

相对于盾构机正常掘进施工来说,盾构机换刀面临的风险主要有三个方面:一是作业人员安全风险;二是换刀地层失稳风险;三是工期延误风险。总而言之,换刀停机时间越长,地层失稳的可能性就越大,工程总体的风险也越大。

国内地铁隧道施工中通常将换刀工法分为常压换刀和带压换刀,两者技术对比见表9-9。

常压换刀和带压换刀技术对比表 表9-9

序　号	对比项目	常压换刀	带压换刀
1	安全性	加固效果差,对地面影响较小	加固有效可靠,对地面影响较小
2	工效	工期较短	工期较短
3	施工难度	施工难度小	施工难度大

9.4.2　常压换刀

1)基本原理

在不加气压的情况下,利用土体的自身稳定性平衡仓外的水土压力,然后人员在常压下进入土仓进行刀具的更换作业。常压换刀根据是否提前加固可分为直接常压开仓换刀、预加固常压换刀、常压可更换刀盘换刀。预加固常压换刀前应确定换刀地点,在地面预先采用三轴搅拌桩、旋喷桩等土体加固措施提前对土体进行加固,增强土体的自稳性能,然后盾构机刀盘进入加固区后,进行常压开仓换刀,常压开仓换刀工作流程如图9-25所示。

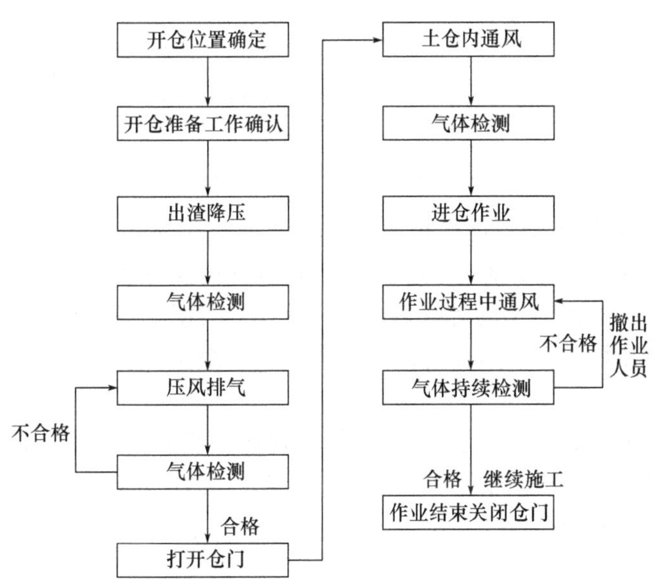

图9-25　常压开仓换刀工作流程

2)换刀工艺

开仓前不加泡沫和水,使盾构机先推进300mm左右,切削下开仓前已经被水和泡沫渗透的土体,并将土仓内的土尽量排空。同时在出土过程中注意观察土仓的压力变化,以判断土体的自稳性,确保刀盘前方土体自稳性可靠。

首先打开土仓壁上方的两个球阀,将一定长度的钢筋插入土仓内,根据插入深度的情况判断凝固土体的情况,同时将有毒气体检测仪伸入土仓,检测有毒气体的含量,并做好记录。若有毒气体含量超标,可向土仓内加入压缩空气进行稀释并通过球阀向外排出;与此同时,保证通风机的运转,从隧道外引入新鲜的空气,环流通风如图9-26所示。然后再将土仓壁上的球阀,由上而下用同样的方法检查水位情况,同时要保证下部的球阀在整个换刀过程中保持排水通畅。最后应检查有毒气体含量,控制有毒气体含量在允许范围内,保证土仓内水位在1m以内时人员才可以进入人闸,准备打开土仓仓门。

打开仓门时,先松开仓门的所有螺栓2~3个螺牙,观察有无泥水从门缝间渗入人闸。若没有泥水渗入;再继续松开螺栓,直到留住最后的3~4个螺牙,撬动门架使门架有所移动;若无泥水涌入再旋下所有螺栓,打开仓门。再向土仓内通压缩空气约10min,用有毒气体检测仪检测土仓内的有毒气体含量,保证有毒气体不超标的情况下铲除门口泥土,引入照明观察土仓内积土及泥水渗入情况,在保证土仓内积土及泥水稳定的情况下人员进入土仓,同时留1个人在门口监护。

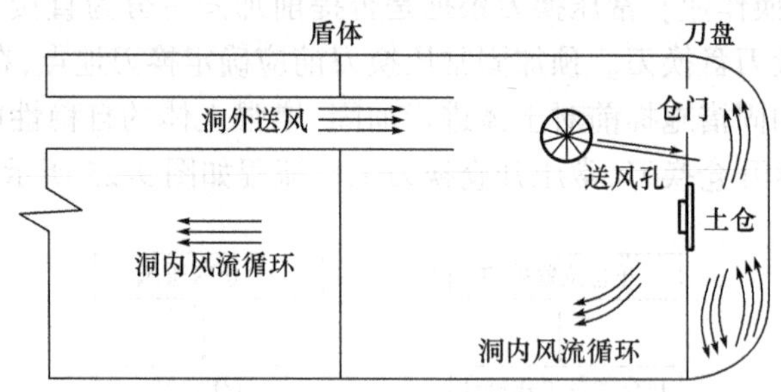

图9-26 掌子面环流通风示意图

人员进入土仓后先把土仓上面附积的泥土铲刮到土仓底部,然后用水冲洗刀座至全部露出钢板及刀座架上的刀具及螺栓。选择最佳的刀具更换位置,清理刀具,避免刀具被土体包裹,便于刀具更换。在土仓内焊接转运刀具的吊耳,便于更换刀具过程中刀具的水平运输,在焊接过程中和焊接完毕后保持向土仓内通入压缩空气,使焊接过程中产生的烟尘很快排出。

最后再次检测有毒气体的含量,在有毒气体的含量不超标的情况下换刀。操作人员将刀盘转至刀具更换位置,进入土仓内进行刀具的更换;仓外配合人员将刀具运至人闸舱内准备,并将拆下的刀具运送出洞外。

3)常见问题与措施

在开仓换刀过程中,若需要旋转刀盘时,土仓内的人员必须全部撤离土仓后才允许旋转刀盘。若土仓内有人员工作,除操作室内有人员值班外,一定要按下刀盘急停按钮,以防止操作失误引发事故。有毒气体的检测工作除了工作内容更改时进行检测外,在正常换刀过程中每间隔1h要检测一次,并做好相关的记录。若刀具在土仓内水平运输时,绝不允许操作人员站在正在运输的刀具下方。刀具的吊装和定位必须使用抓紧钳等专用吊装工具,用于吊装刀具的所有吊具和工具都必须经过严格检查。

9.4.3 带压换刀

1)基本原理

带压开仓根据地质条件的复杂情况可分为常规带压开仓和泥膜辅助带压开仓两种。常规带压开仓主要适用于地质条件较好的、具有一定自稳能力的地层,主要方法是利用盾构机自带的两台空压机或辅助压气设备,对土仓进行加压,将土仓内的水土用空气进行置换,即用气体压力代替原来的水土压力,建立土仓内气体压力和仓外水土压力的平衡,然后作业人员再进入土仓内带压作业,进行刀具的更换。

泥膜辅助带压开仓是通过在刀盘前方掌子面形成优质泥膜,保证刀盘前方周围地层稳定,然后通过压缩气体来平衡刀盘前方水土压力,达到稳定掌子面和防止地下水渗入的目的。作业人员在气压条件下,通过气压仓和开仓之间的人闸门安全地进入开挖仓内进行相关检查维修保养等工作。我国常见的护壁泥膜有广州地区使用的"衡盾泥"、成都地区使用的"克泥效"及上海地区使用的"特殊浆液",带压开仓换刀的主要施工工艺流程如图9-27所示。

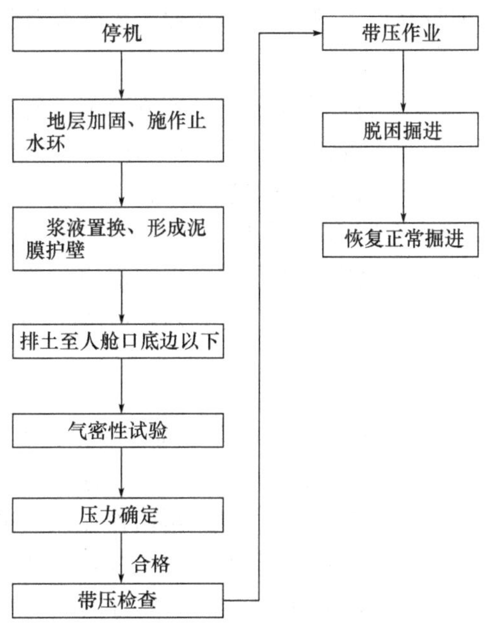

图9-27　带压开仓主要施工工艺流程图

2)换刀工艺

根据区间地层性质、地面建筑物及管线、区间长度、刀具耐磨性等情况预先制定开仓计划,对开仓作业位置的地质和环境风险进行辨识评估,确定合理的开仓地点与开仓方法。开仓地点的选择与常压开仓的原则一致,即选择区间地质条件相对较好土体自稳性能好的地段进行带压开仓作业。

根据开仓作业位置的水文地质条件计算开挖理论工作压力,通过计算所得的理论工作压力进行现场试验。若能保证开挖面稳定,则可确定该压力为开仓工作压力;若不能保证掌子面稳定,则重新试验直至确定合理的开仓压力为止。

开仓前,确定开仓作业人员名单,作业人员应身体健康反应敏捷且具备丰富的开仓经验,明确开仓作业的各个岗位职责以及现场第一责任人。开仓时应准备应急设备及用品,包括应急照明灯具、手持气体检测仪器、应急通信工具、应急交通工具、排水消防设备、医用氧气、担架及应急军用大衣等。

在初次开仓前,土仓内保压时间不能低于2h。然后通过螺旋输送机将土仓内的渣土排出,应将土仓渣土位分两次降低,每降低一次须停机静置观察0.5h左右,观察土压变化情况从而判定掌子面的稳定性,并做好记录,等渣土降至人舱门底边以下后,停止出渣。

待各项准备工作就绪后,核查土仓压力传感器显示已经低于0.1bar后,通过土仓壁球阀确认土仓渣土已经低于人舱以下,打开人闸门旁通往土仓的球阀,泄气进行土仓内气体检测。若土仓内有害气体含量过高,则应立即将土仓门打开进行掌子面通风,通风降温过程中作业人员不能进入土仓内,通风时间不少于1h,通风过程全程进行气体检测。

将动物放到土仓内做活体试验并观察30min,如果动物活体无烦躁、呆滞、站立不稳、死亡等现象,则认为活体检测合格,即具备作业人员带压进仓进行换刀作业的条件。在开仓换刀前,应提前确定更换刀具的编号和位置,便于换刀作业人员进入土仓快速完成换刀作业。

3)开仓措施

进入土仓的作业人员一定要配备安全帽、安全带、安全绳等防护用品;刀具在土仓内运输时,要保证刀具下方没有施工作业人员,经确认后,方可进行刀具运输;需要旋转刀盘时,土仓内的工作人员必须全部撤离,经确认后,方可进行刀盘旋转。对于有毒气体的检测,除了开仓第一时间进行检测外,换刀作业时每间隔1h检测一次,并做好记录;开仓后必须保持不间断通风,直到开仓作业完成。土仓内与土仓门口保持对讲机联系,人员进入舱内气体检测仪直接放在土仓口,时刻检测有害气体,人员在土仓内作业期间,生物活体一直留置在土仓内。

9.4.4 “衡盾泥”辅助带压换刀

为了降低开仓作业风险,采用“衡盾泥”对盾体周边和刀盘前方以及土仓进行填充或换填,使盾体周边形成一个具有一定稳定性的密封空间,然后通过盾构机自身的保压系统,对掌子面逐级加压,确定满足带压开仓换刀作业条件后,再由作业人员进入刀盘前方换刀。“衡盾泥”是一种以无机黏土为主要材料,通过改性后与增黏剂反应形成一种高黏度的触变泥浆,具有良好的和易性和黏附性。衡盾泥浆体泥膜护壁具有较好的时效耐用性,封闭保压效果稳定,在水中不易被稀释带走,成膜稳定且附着力好,能满足带压开仓的需要,是一种绿色环保材料。

首先通过前盾体预留径向孔借助同步注浆系统向周圈注入衡盾泥,注入压力控制为0.5~2MPa,确保衡盾泥在盾体周边逐步渗透、扩散,同时打开相邻预留孔泄压观察是否有衡盾泥流出,使盾体周圈地层和盾体形成完整的包裹体,盾构机土仓形成一个密闭空间。采用同步注浆系统由土仓壁平衡球阀多点注入,土仓压力控制在1.5bar,同时通过螺旋输送机排渣,土仓压力波动范围控制在0.2bar,注入过程可缓慢转动刀盘,渣土置换需做好泵送量与出渣量统计,螺旋输送机出土口排出净衡盾泥,如图9-28所示。

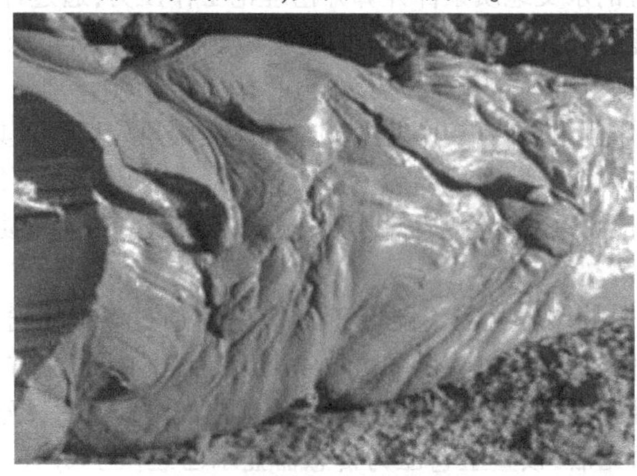

图9-28 螺旋输送机出土口排出净衡盾泥

土仓土体被置换为“衡盾泥”后，补充“衡盾泥”保持土仓内土压稳定在置换渣土的设定值，动态稳定 2h 后，方可开始分级加压。在实际施工中一般分 5 级加压，通过少量多次地注入衡盾泥进行加压，每级 0.2bar；且每级加压要求为土压保持动态稳定 3 ~ 4h，才能认为加压成功，否则应查找问题，重新加压。前三级加压过程可以保持刀盘不转动，避免刀盘转动扰动掌子面，影响后续施工；在最后两级加压过程需完成前盾后退，在土仓注入衡盾泥动态稳压条件下，缓慢回收推进油缸，每次全环收回 1cm 左右，推进油缸保持回收状态，此过程保压注入衡盾泥位置选择土仓壁 3 点、9 点位实施，有利于盾构机均匀后退，反复循环推进油缸回收动作，直至盾构机整体回收 8 ~ 10cm，此时应保证土仓能保持动态稳压。在最后一级加压时，需动态稳定在 12h 以上。此过程可转动刀盘，使盾构刀盘前方充分填充均匀的衡盾泥。在整个施工过程中应密切关注地表监测数据，若发现地面隆起现象，减少分级加压级数提前进行盾构机后退操作。

然后，在采用压缩气体置换衡盾泥之前，停止注入衡盾泥，使分级加压的土仓压力在周边土仓中释放，自然降压。当土仓压力降至略高于进仓压力设定值时，开启自动保压系统进行气换浆；若土仓在自然降压过程中土仓压力长时间（6h 以上）无明显变化（0.2bar 以内），螺旋输送机开始排土缓慢降压至设定进仓压力值，同时在降压过程中密切观察泄压时间并做好详细记录。

自动保压系统在设定压力下开始正常工作后，进行螺旋输送机口排渣换气，并应注意进气量与排泥量相匹配，保证土仓压力稳定在设定压力值（±0.1bar）。此过程分两步完成：第一步将土仓渣土降至自动保压系统供气口下 30cm 左右（出泥量约 $5m^3$），稳压观察土仓压力变化情况，若土仓压力能稳定保持在设定值 2h 以上；第二步换气至 3 点、9 点进仓工作面位置，通过土仓壁预留孔进行排气检查仓内液面。若出现螺旋机排土不畅，可在关闭螺旋输送机保压条件下转动刀盘（0.5r/min），扰动土仓内衡盾泥，增强土仓内泥渣的流动性能，方便螺旋输送机顺利排土。

开仓前应及时通风和进行气体检测，利用盾构机原有人舱保压系统管路，输入新鲜压缩空气，通过人舱平衡阀排气，在排气口采用专用气体检测仪，检查仓内排出气体中有害气体含量指标值。若有害气体含量检查合格，则方可组织下一步进仓作业；若检查出仓内有害气体含量超标，则继续进行循环换气，直至有害气体的各项指标满足要求后再进入下一步工作；或者采用活体动物试验进行气体检测，合格后方可进行施工，并按照要求做好记录。

在一切进仓准备工作完成后，带压进仓作业的相关要求按照相关规范和标准执行，与常规带压进仓相关相同完成仓内作业任务，即检查和更换刀具，及时清理土仓和清除刀盘泥饼，“衡盾泥”成型效果如图 9-29 所示。

此外，在换刀过程管理时要特别注意以下情况：

（1）土仓渣土土气置换一旦开始便不能停止供气，过程中保证土仓压力平衡在设定压力值。空压机平时应检修保养到位，保证能够持续提供足够的压缩空气，如果施工过程中空压机出现问题，则立刻往土仓内注入高浓度膨润土，以保持土仓内压力平衡；盾构机保压系统和泡沫系统进行检查维修，确保其可以正常运行在渣土置换期间可以持续往土仓注入压缩空气保持土仓压力平衡。

a) 刀盘前方“衡盾泥”护壁效果

b) 刀箱“衡盾泥”

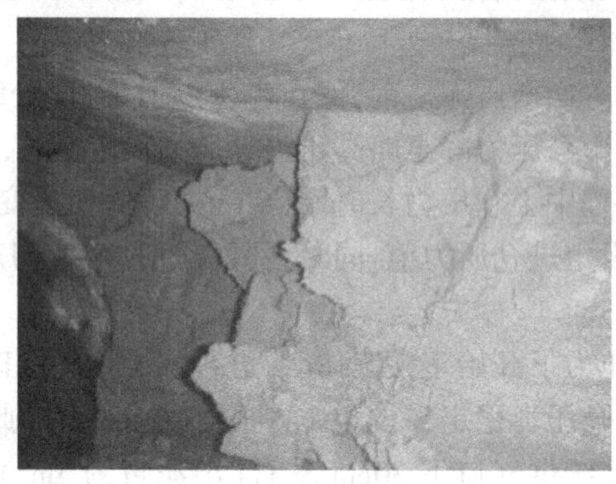

c) 土仓内“衡盾泥”

图 9-29 “衡盾泥”成型效果

(2) 盾构机膨润土罐台车平时应准备一整罐高浓度膨润土,并随时保证膨润土管路的畅通。如果在渣土置换时出现土压快速下降的现象,则应往土仓内注入压缩空气;如果出现不能够维持土仓压力平衡的情况,则立刻往土仓内注入高浓度膨润土作介质,以保持土仓压力平衡。

(3) 地面应安排人员 24h 巡视并随时与隧道内人员保持联系汇报地面情况。电机车等其他后配套设施检修保养到位,确保渣土置换在最短时间内完成。施工过程中,土仓内一直维持压力平衡,打开土仓壁球阀进行观察时要注意操作安全。在保压时间范围内保证空压机泄气量不大于 10%,通过记录空压机加卸载时间判断泄气量是否正常。

9.4.5 换刀新技术

近年来,随着科学技术的发展,一系列新的盾构换刀技术也孕育而生。

1) *冷冻刀盘换刀技术*

冷冻刀盘换刀技术有效结合了冷冻工法与盾构机功能。其原理是在刀盘内部布置冷冻管路,冷冻管路通过中心回转接头或盾体隔板上相应管路接口与盾构机内部的冷冻设备连接,在盾构机需要进仓作业时,通过冷冻系统能将土层温度在预计时间内降至 -28 ~ 30℃,使得盾构机刀盘和前盾结构与周边土体形成一个大型的“冻结圆盘”,为后续的开仓清理及换刀工作提供安全条件,如图 9-30 和图 9-31 所示。该技术适用于大埋深、高水压、地质条件稳定性差的盾构机换刀施工。

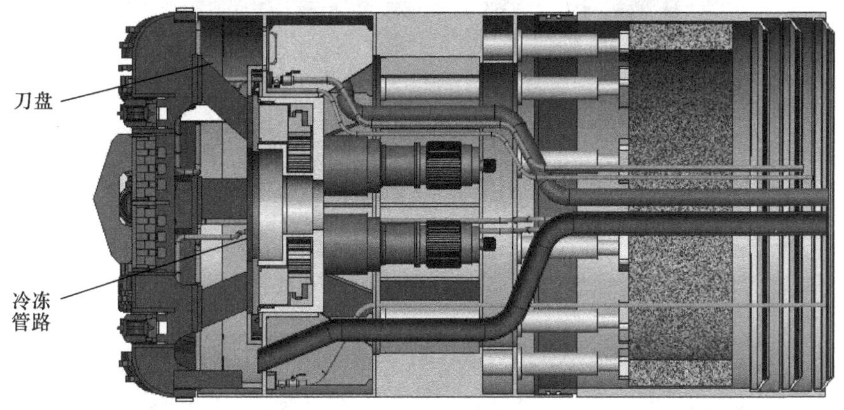

图 9-30　盾构机冷冻换刀技术

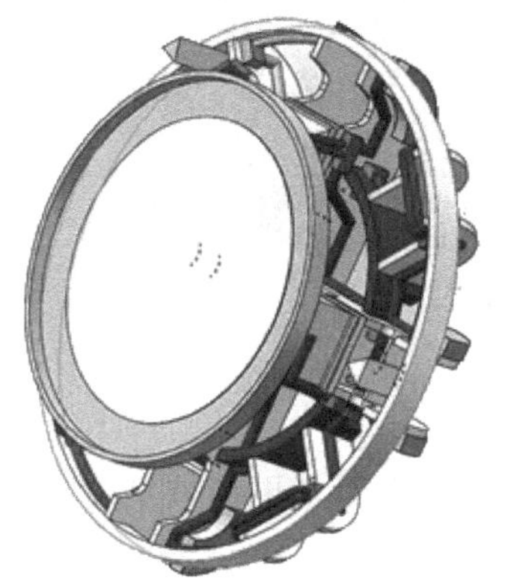

图 9-31　掘进机冷冻刀盘结构

2)机器人辅助换刀技术

盾构机的土仓是一个封闭的压力空间,施工人员往往无法直接进入或观测,另外在土仓狭小空间内实施刀具更换作业劳动强度非常大,且存在较高的安全风险,这是长期以来盾构施工的难点。近年来针对上述问题研发了多种机器人辅助换刀技术,采用这些技术已经在一些工程中取得了良好应用效果,主要相关技术列举如下:

(1)采用蛇形机械手施工

由于机械蛇形机械手臂的结构与人类手臂类似,机械手臂末端可以选装各种设备,如摄像机、照明设备、切割设备或高压水枪等,可以清理刀盘,消除堵塞。蛇形机械手可代替或辅助施工人员进入土仓作业,如图 9-32 所示。

(2)重型换刀机器人

换刀机器人可以在盾构机土仓内部将已经磨损的刀具拆卸,待土仓外的施工人员更换新的刀头后,再由换刀机器人安装到盾构机上。通过开挖仓配备的视频系统,可以提供实时操作监控画面,与土仓外的施工人员配合,高效完成刀具更换作业重型换刀机器人如图 9-33 所示。

图 9-32　盾构机土仓作业蛇形机械手

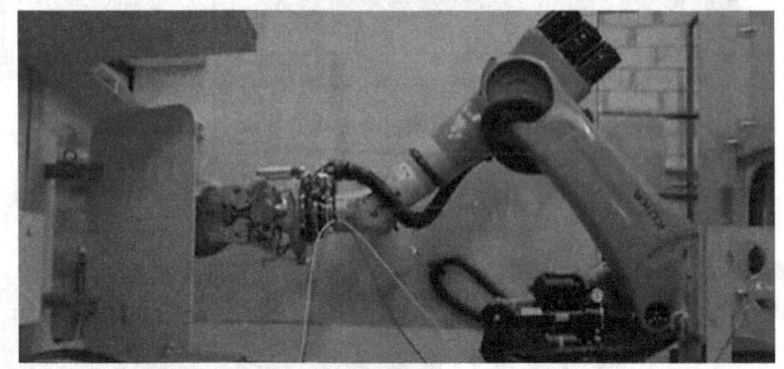

图 9-33　重型换刀机器人

9.4.6　换刀工程实例

以南京地铁 10 号线过江隧道为例具体说明常压条件下刀具更换技术。常压换刀空间如图 9-34 所示。

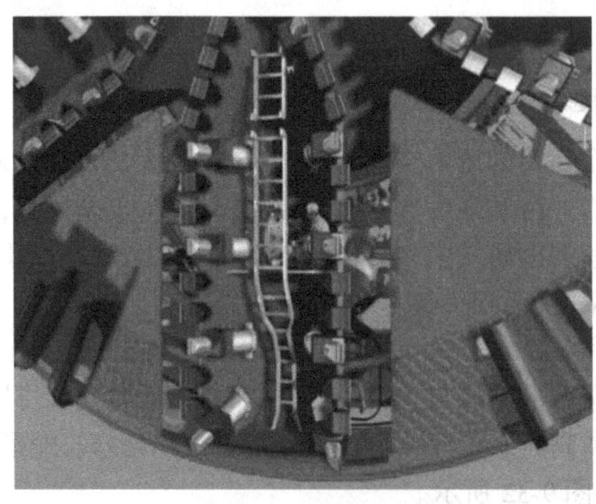

图 9-34　常压换刀空间

(1)刀具更换前应检查施工进度计划,编写更换检查刀具的专项技术方案,并进行安全交底,安全交底要落实到现场具体的操作人员,做到内容全面准确无误。检查更换刀具前做好同步注浆管的封堵,并进行 1 ~ 2h 泥水大循环,以泥浆管进出泥浆参数一致、泥浆站分离设备不出渣为标准,尽可能多地带走开挖仓内的渣土,以防止细小砂砾在换刀时进入刀腔,造成刀具拆卸安装困难;然后再往开挖仓注入高浓度膨润土浆液,以形成稳定的泥膜来保证掌子面的稳定。

(2)施工过程中,将刀盘旋转到特定的角度,打开刀盘中心体上的人孔进行通风,连接气管、水管、液压管、照明电缆等,保证刀具更换过程中水电及通风的供应充足。由机长对所有换刀工具进行全面检查并做好记录,外观存在安全隐患的机具和零部件严禁使用,并及时送地面维修车间更换。机电领班对气动葫芦导链、吊钩、吊挂葫芦的钢丝绳等机具进行检查,发现磨损应及时更换。南京地铁 10 号线过江隧道所用盾构机刀盘最外圈的刀具编号为 SG21 边缘刀,根据刀具磨损的一般规律,最外圈的边缘刀具磨损最快。但是该工程中磨损最快的却是邻近 SG21 刀具的 SG20 边缘刀,本方案以 SG20 边缘刀为例进行阐述,其余刀具更换同 SG20 边缘刀。SG20 边缘刀位于 3 号主臂,首先将刀盘旋转到 3 号主臂处于最底部的位置,开启中心轴的仓门,连接气管,置换刀盘中心体内部的空气。

(3)刀具更换过程准备:

①打开位于刀具基座上的两个球阀,选择合适的位置安装油缸,闸门开闭油缸如图 9-35 所示。

②打开盖上的球阀进行放气,此时应关闭外壳上的球阀。

③移去盖子,将刀具背部端盖拆掉,准备安装多级油缸,背部端盖如图 9-36 所示。

④松开螺栓,移去盖子 2,安装伸缩油缸;根据图纸,查找 SG20 刀具所需使用的多级油缸,应使用行程为 1010mm 的多级油缸,多级油缸如图 9-37 所示。

⑤安装伸缩油缸,旋进带垫圈的螺栓,并将其拧紧。

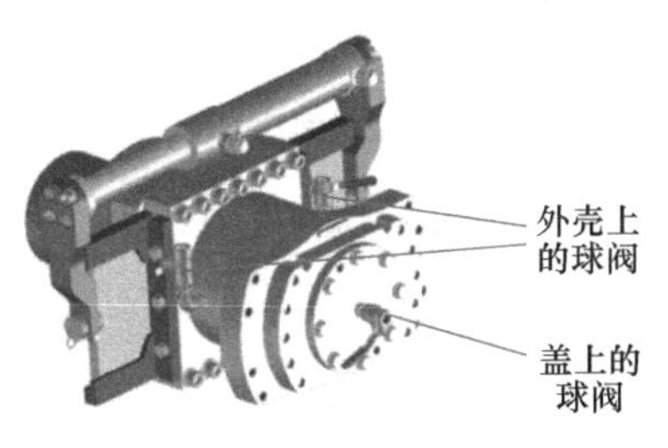

图 9-35　闸门开闭油缸安装

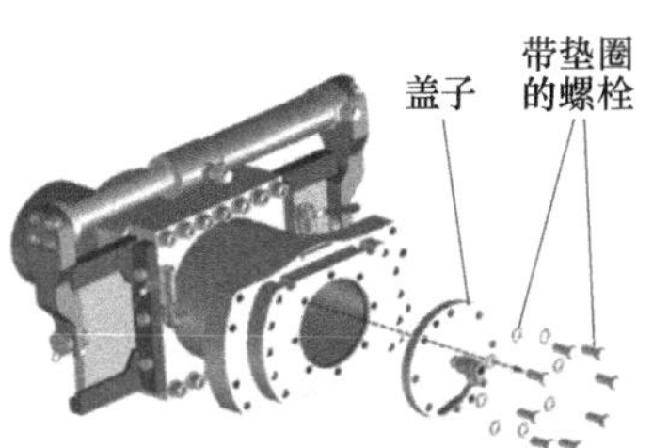

图 9-36　拆卸背部端盖

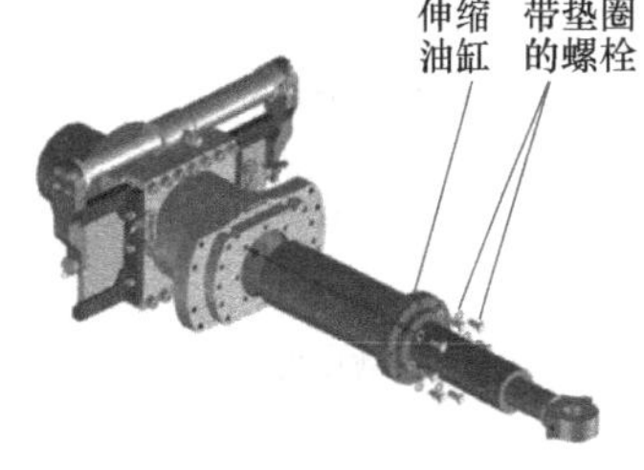

图 9-37　安装多级油缸

(4)通过查找换刀设备表格,安装刀具更换装置——导向/限位筒。因为不同颜色的导向/限位筒对应不同长度的刀具,因此确定 SG20 刀对应的导向/限位筒为黑色筒,如图 9-38 ~ 图 9-40 所示。

(5)松开刀具背面的刀具固定螺栓,如图 9-41 所示。连接液压管路,抽出刀具,关闭闸门,如图 9-42 所示。多级液压油缸收缩,直至完全缩回到位,将闸门开闭油缸回缩,关闭闸门,如图 9-43所示。

(6)压力补偿(通过两个球阀注入 10bar 压力水流,主要作用是冲洗可能塞住刀具的泥沙)需要在闸门关闭之前、油缸回缩的过程中一直进行。闸门关闭之后,应关闭压力补偿(图 9-44)。拆卸刀具之前,应通过开启压力补偿球阀,检查有无泥浆喷出,以确定闸门是否完全闭合。若有泥浆喷出,则还需设法将闸门完全闭合。拆卸刀具时候,用吊带将刀具固定基座一端拴好,缓缓移动刀具,直至刀头完全脱离固定基座的刀腔,拆卸刀具如图 9-45 所示。通过检查刀具有无崩齿及磨损情况,确认是否需更换刀具,对于尚不需更换的刀具,可立即装回刀腔内固定。对于有明显磨损的刀具,用游标卡尺测量刀头竖向和横向的磨损程度,如图 9-46 所示。根据量测磨损值的结果确定是否需要更换刀具,如果需更换刀具,则选取同型号新刀头进行更换。

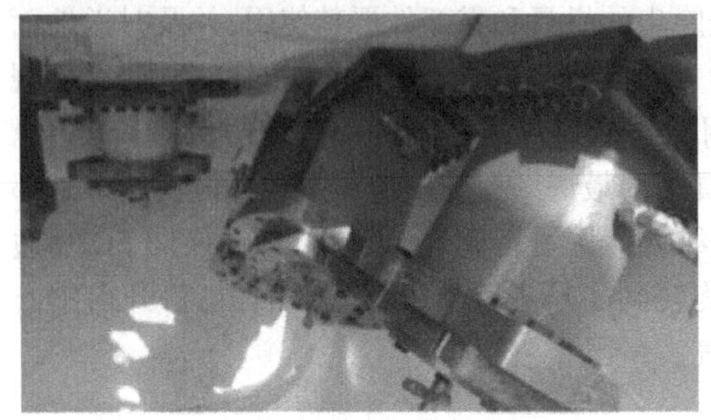

图 9-38　不同种类的刀具喷涂不同的颜色

图 9-39　不同种类的刀具对应不同的限位筒

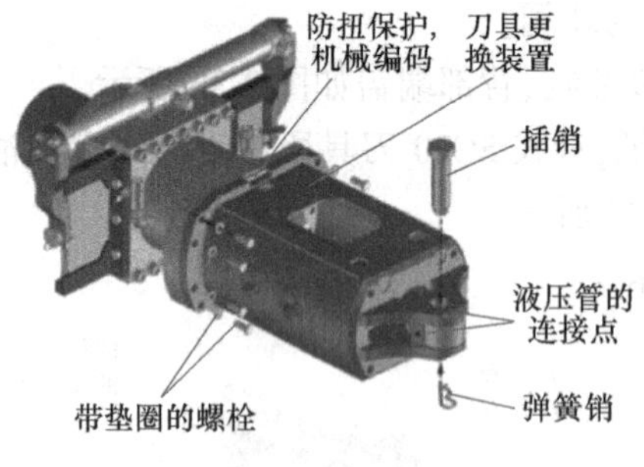

图 9-40　安装限位筒

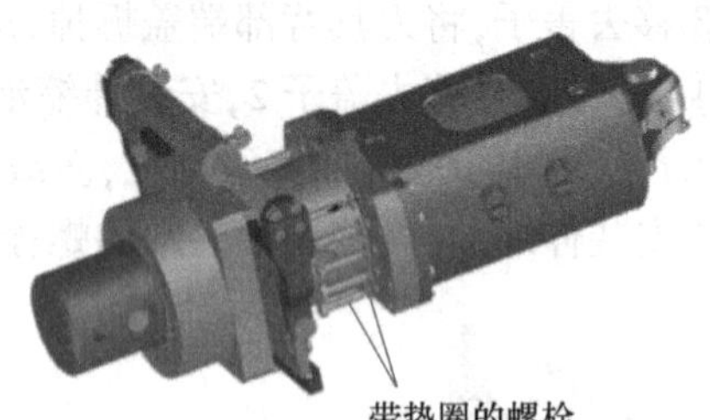

图 9-41　松开刀具固定螺栓

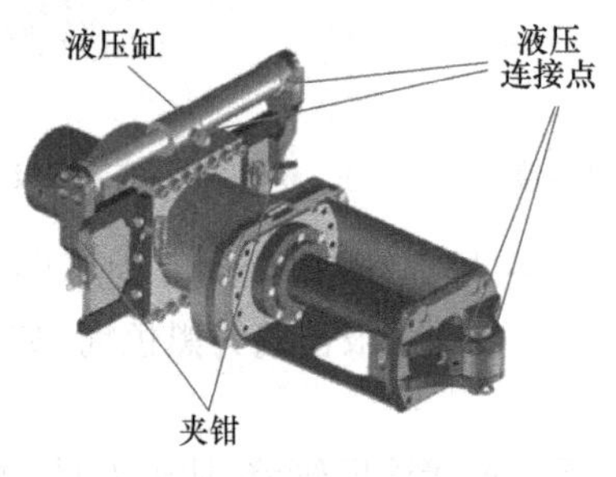

图 9-42　连接液压管路

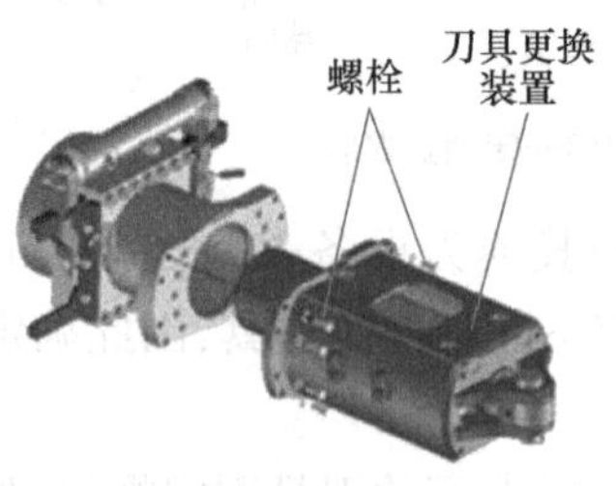

图 9-43　抽出刀具

(7)刀具拆出后,确认刀头需要更换后,开始更换刀头。刀头更换时,刀体仍然在限位筒内,可减少工作量。刀头更换步骤如下:清理螺栓孔内预先填充的玻璃胶→使用卡簧钳将螺栓限位卡簧取下→使用 19mm 内六角扳手将刀头固定螺栓取下→使用手锤敲击刀头,将刀头取下→将新刀头安装至刀体上→使用 19mm 内六角扳手将刀头规定螺栓拧紧→安装螺栓限位卡簧→在螺栓孔内涂抹填充玻璃胶,防止泥砂进入缝隙。

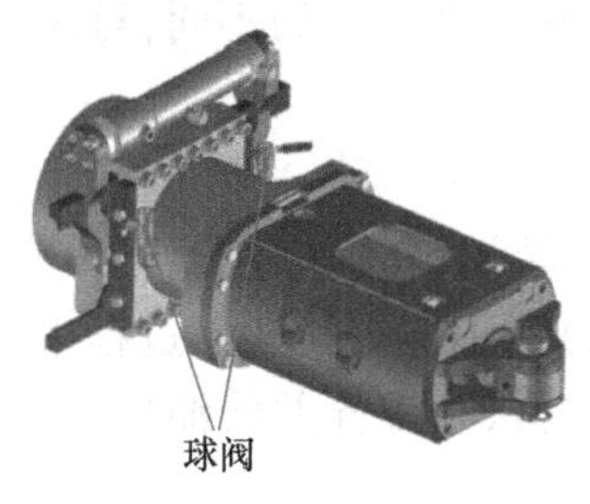

图 9-44　压力补偿,闸门完全关闭

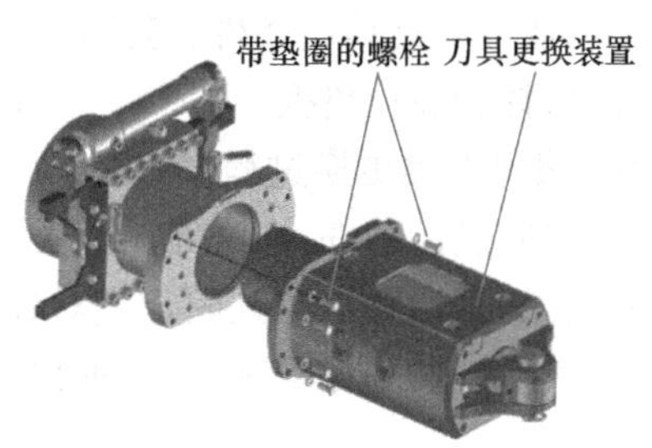

图 9-45　移出刀具

(8)刀具的安装首先应将更换好刀头的刀具,连同限位筒按原位置安装回刀腔上,如图 9-47所示。固定之前,在刀体上涂抹黄油,方便刀具装回。其次,使用手压油泵伸长闸门开闭油缸,打开闸门;再打开压力补偿球阀,同时伸长多级油缸,将刀具压回刀腔,过程中压力补偿球阀一直开启,不断冲洗前方;刀具到位后,连接刀具固定螺栓。最后,关闭水管球阀,拆除水管,将一根水管连接气动油脂泵,往刀腔内注入油脂,打开另一球阀检验是否有油脂涌出,以验证刀腔是否充满油脂。关闭阀门,在管路端头装上油堵,防止污渍杂物进入刀腔内。

图 9-46　测量磨损的刀头

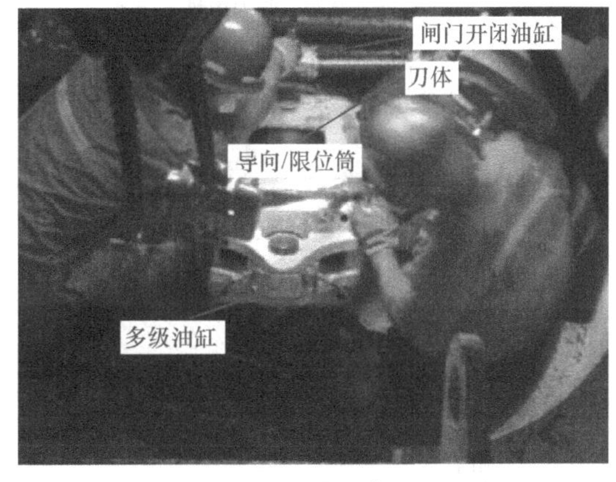

图 9-47　刀具装回

(9)对于滚刀常压更换技术仅适用于特定的盾构刀盘类型,即常压进仓式刀盘。这种刀盘的中心留有一定的中空区域,作为常压换刀的作业空间,由于滚齿刀刀具和刀筒尺寸较大,需要的作业空间也更大,且刀具刀筒应为背装型。常压滚刀齿刀更换如图 9-48 所示,滚齿刀常压更换的工作原理是利用刀筒盖板和刀腔中部的闸门实现泥水仓高压区域和刀盘中心常压区域的联通和隔离,施工人员可以通过中心锥运输通道进入到刀盘中心的中空区域,使用伸缩油缸—联通—半抽出—隔离—泄压—抽出等一系列操作后,将抽出的滚刀刀筒放置在常压区域进行刀具的磨损检测和更

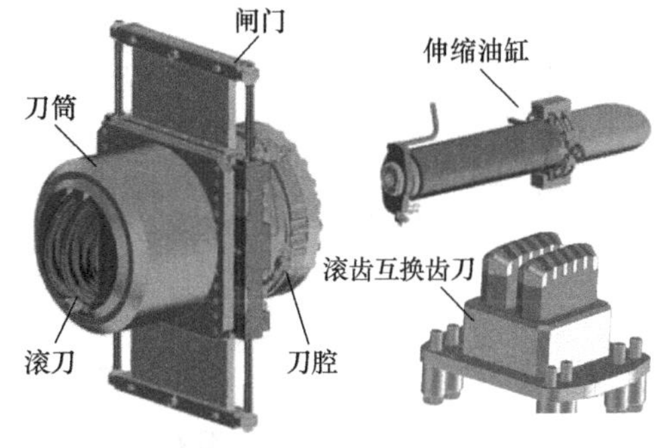

图 9-48　常压滚刀齿刀更换

换，再根据盾构所处地层条件，考虑滚刀和齿刀破岩机理和适用地层的不同，对滚刀和齿刀进行合理的选择和原位更换。

(10)滚刀刀具更换过程：

①对刀腔进行冲洗，冲洗完毕后关闭并拆除磨损探测装置，然后使用换刀吊机吊起油缸，利用油缸支架将油缸与油缸固定座对齐固定，如图9-49a)所示。更换滚刀过程中应确保油缸尾部的锁板与链条均在水平方向，伸出油缸并将锁板锁定，松开螺栓并给油缸一定的压力，如图9-49b)所示。

②将油缸收回，安装刀筒套箍和刀筒托架，利用气动葫芦施加一定的预拉力吊住刀筒，用管路连接控制阀与闸门板，关闭闸门，通过底部的冲刷球阀平衡内外压差后，将油缸完全收回，如图9-49c)所示。

③拆除油缸支架，抽出刀筒，并将油缸和刀筒通过中心锥运输通道运出，如图9-49d)所示，再逆向操作完成刀筒的安装。

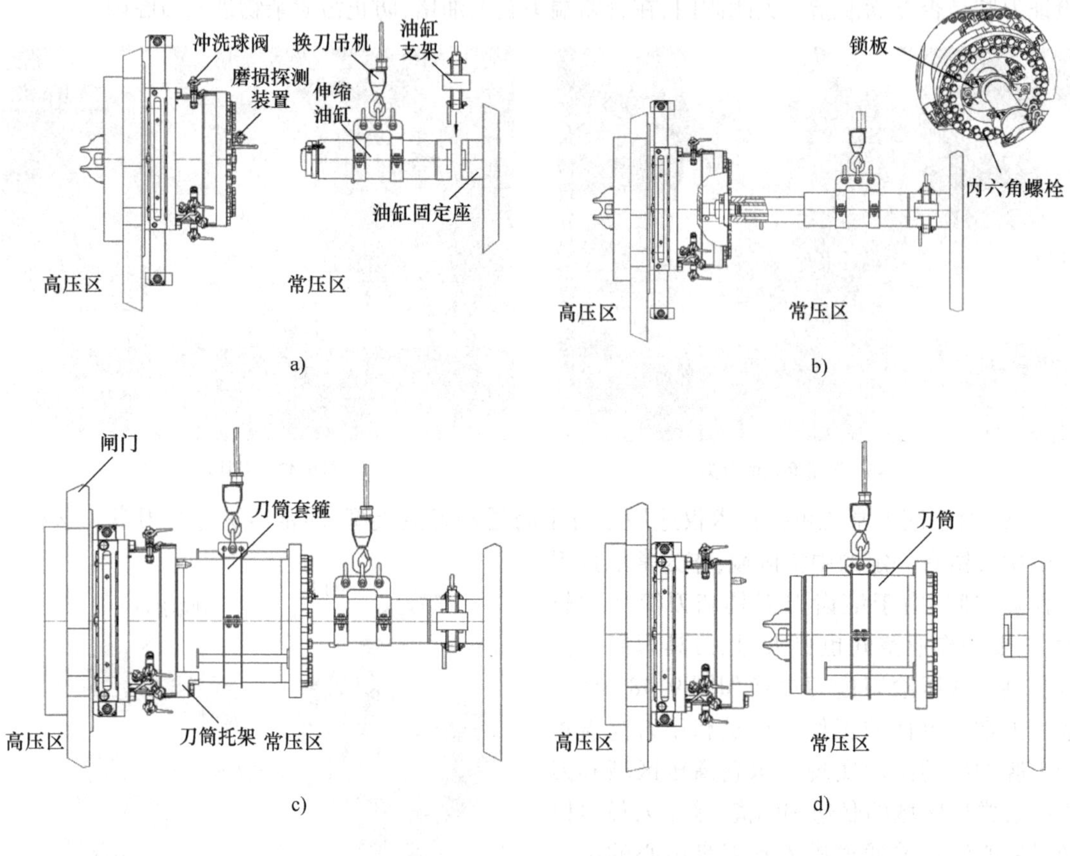

冲洗球阀 换刀吊机 油缸支架 磨损探测装置 伸缩油缸 油缸固定座 高压区 常压区

a)

锁板 内六角螺栓 高压区 常压区

b)

闸门 刀筒套箍 刀筒托架 高压区 常压区

c)

刀筒 高压区 常压区

d)

图9-49 滚刀(齿刀)常压更换具体流程

根据盾构所处地质条件和盾构的掘进参数以及刀具的磨损状况，合理选择并更换滚刀和齿刀。

(11)刀筒的拆卸过程中,每一个部件和步骤都有重要的作用和技术要点。采用高压水冲刷刀筒,既能起到冲洗作用,又能够防止泥浆外渗,同时保护套可以防止闸门意外关闭或开启。需要用插销锁死和施加压力的位置应按照规范严格执行,充分平衡内外压差,防止泥水仓内巨大的泥水压力将刀筒直接顶出。此外,刀筒的拆卸过程应控制好油缸的收回量,防止刀筒在闸门未关闭前脱出,在将刀筒完全抽出后,要有专人扶稳刀筒。刀筒的安装基本上是拆卸过程的逆向操作,因此安装操作与拆卸操作只有极小的区别。在刀筒放入刀腔前,须将闸门板内部完全清理干净,并用机油或黄油涂抹刀筒外表面;打开闸门板之前,通过刀筒上的冲洗球阀在刀筒和闸门板之间的狭小空间内注满水,所加水压需与掌子面压力一致。将刀筒推进闸门阀体时,刀筒上定位销与闸门阀体上定位孔应确保保持一致。

(12)滚刀更换过程应注意作业人员进仓后观察刀座处是否有渗漏,若有渗漏及时报告相关负责人,负责人根据现场情况确认有无风险并作相应处理,将现场情况报告给项目主管。新刀具装入刀座前,应由换刀负责人检查密封圈是否需要更换;还需要检查所装刀具型号及刀头的安装方向是否正确,确认无误后在相应的油缸上涂抹黄油,方可装入;同时及时将更换下的刀头搬运出中心锥,以防止刀头在中心锥内堆积而影响其他换刀工作。对于换下的刀具,首先进行清理,清理干净后贴好标签,测量磨损值,记录并拍照存档;当一个臂的换刀工作结束后,应将臂内彻底清理干净。

刀具更换易出现的问题及解决办法见表 9-10。

刀具更换易出现的问题及解决办法　　表 9-10

序号	易出现问题	解决方法
1	边缘刀具开关闸阀的油缸不容易安装到位	从各角度尝试安装,成功安装油缸后记录下安装角度和油缸端头两个扳手的型号,以便下一次换刀时能快速安装
2	开关闸阀的油缸回收不到位	逐项检查油缸回收不到位的原因,如排除故障所需时间较长,则先更换油缸,再修理坏的油缸
3	手动油泵有压力,但油缸无反应	油过多或过少则可在仓内通过放油或加油的方式进行简单处理;单向阀有问题则应更换油缸,将单向阀坏的油缸运到仓外清洗修理或更换
4	闸阀不能关到位及出现漏水	多次尝试后仍然无法关闭闸阀,且水压力较大,则原刀装回;如果泄压阀压力不是很大,则采用已放入仓底部的水泵抽水,并在刀具抽出后,及时盖上后端盖。装刀时,先开泄压阀泄压,再开后端盖装刀
5	刀座螺栓滑丝	刀座出现螺栓丝孔滑丝时,应给丝孔攻丝,并更换新螺栓
6	刀具拆不出	换刀时在装好油缸后将接水阀的 4 个接口接上 3 根水管(应将冲洗水管换成粗管,保证流量),这样能加大对填塞物的冲刷以减小摩阻力
7	刀具打不到位	加大循环时间,减少渣土沉积,同时加大冲洗水流量压力,小范围转动刀盘

参考文献

[1] 中华人民共和国住房和城乡建设部. 盾构法隧道施工及验收规范:GB 50446—2017 [S]. 北京:中国建筑工业出版社,2017.

[2] 中华人民共和国住房和城乡建设部. 岩溶地区建筑地基基础技术标准:GB/T 51238—2018 [S]. 北京:中国计划出版社,2018.

[3] 中华人民共和国住房和城乡建设部. 建筑地基基础工程施工质量验收标准: GB 50202—2018 [S]. 北京:中国计划出版社,2018.

[4] 中华人民共和国住房和城乡建设部. 城市轨道交通结构安全保护技术规范: CJJ/T 202—2013 [S]. 北京:中国建筑工业出版社,2013.

[5] 国家安全生产监督管理总局. 爆破安全规程: GB 6722—2014 [S]. 北京:中国标准出版社,2015.

[6] 中华人民共和国住房和城乡建设部. 城市轨道交通工程监测技术规范: GB 50911—2013 [S]. 北京:中国建筑工业出版社,2014.

[7] 中华人民共和国住房和城乡建设部. 建筑地基基础设计规范: GB 50007—2011 [S]. 北京:中国建筑工业出版社, 2012.

[8] 北京市规划委员会. 地铁设计规范: GB 50157—2013 [S]. 北京:中国建筑工业出版社,2014.

[9] 中华人民共和国建设部. 地铁及地下工程建设风险管理指南[M]. 北京:中国建筑工业出版社,2007.

[10] 国家铁路局. 公路与市政工程下穿高速铁路技术规程: TB 10182—2017[S]. 北京:中国铁路出版社,2018.

[11] 中华人民共和国住房和城乡建设部. 城市桥梁养护技术标准: CJJ 99-2017 [S]. 北京:中国建筑工业出版社,2018.

[12] 日本土木学会. 隧道标准规范(盾构篇)及解说[M]. 朱伟,译. 北京:中国建筑工业出版社,2011:43-65.